A TUTELA DO PATRIMÔNIO CULTURAL SOB O ENFOQUE DO DIREITO AMBIENTAL

M316t   Marchesan, Ana Maria Moreira
        A tutela do patrimônio cultural sob o enfoque do Direito Ambiental /
    Ana Maria Moreira Marchesan. – Porto Alegre: Livraria do Advogado Ed.,
    2007.
        317 p.; 23 cm.
        ISBN 85-7348-462-4

        1. Patrimônio cultural: Proteção. 2. Patrimônio cultural: Direito Am-
    biental. 3. Patrimônio cultural: Meio ambiente. I. Título.

                            CDU – 351.853

            Índices para o catálogo sistemático:
        Patrimônio cultural: Proteção
        Patrimônio cultural: Direito Ambiental
        Patrimônio cultural: Meio ambiente

        (Bibliotecária responsável: Marta Roberto, CRB-10/652)

Ana Maria Moreira Marchesan

A TUTELA DO PATRIMÔNIO CULTURAL SOB O ENFOQUE DO DIREITO AMBIENTAL

livraria
DO ADVOGADO
editora

Porto Alegre, 2007

©Ana Maria Moreira Marchesan, 2007

Capa, projeto gráfico e diagramação de
Livraria do Advogado Editora

Fotos da Capa
Igreja Matriz de Rio Pardo-RS
de Raimundo Panatieri

Rua da Ladeira
fornecida pela Arquiteta Vera Schultze
da Secretaria de Planejamento do Municipio de Rio Pardo-RS

Revisão
Betina Denardin Szabo

Direitos desta edição reservados por
Livraria do Advogado Editora Ltda.
Rua Riachuelo, 1338
90010-273 Porto Alegre RS
Fone/fax: 0800-51-7522
editora@livrariadoadvogado.com.br
www.doadvogado.com.br

Impresso no Brasil / Printed in Brazil

Ao meu amor, amigo e parceiro, André Marchesan,
por me ter propiciado realizar este sonho.

Aos meus filhos, Lourenço e Gustavo,
que foram tão compreensivos nas horas roubadas.

À minha mãe, Vera Moreira,
por existir e ser a pessoa que é aos 70 anos.

Ao meu pai pelo exemplo de trabalho, cultura e simplicidade.

Ao Ministério Público do Estado do Rio Grande do Sul
pela oportunidade de freqüentar as tão prazerosas aulas de
Mestrado junto à Universidade Federal de Santa Catarina.

Aos estimados colegas da Promotoria de Defesa do
Meio Ambiente de Porto Alegre pela inesquecível
demonstração de solidariedade.

Por fim, aos amigos, em especial Annelise Monteiro Steigleder,
Simone de Oliveira Fraga e Domingos Sávio de Barros Arruda,
com quem tenho compartilhado minhas angústias,
dúvidas e ideais.

Prefácio

É com imenso prazer e satisfação pessoal que venho prefaciar esta excelente obra, fruto da pesquisa jurídica da autora. Ana Marchesan é pessoa afável, culta e inteligente, além de promotora batalhadora, trabalhadora e perspicaz do Ministério Público do Rio Grande do Sul.

Congratulo a Editora Livraria do Advogado por proporcionar a seus leitores mais uma obra com qualidade de conteúdo e indispensável na pesquisa do direito ambiental.

Orientei a autora no seu mestrado no Curso de Pós-Graduação em Direito da Universidade Federal de Santa Catarina e aprendi muito com ela sobre o tema patrimônio cultural e seus matizes. Na defesa de seu mestrado em Banca examinadora composta pelo Prof. Dr. Carlos Frederico Marés de Sousa Filho e Prof. Dr. Rogério Portanova, a autora obteve a nota máxima com distinção e louvor. O livro publicado é fruto de sua pesquisa de mestrado, que contém uma ortografia perfeita e conteúdo de mérito de qualidade indiscutível.

Ana Marchesan alicerça sua obra numa excelente revisão bibliográfica e, no direito aplicado, na interpretação e construção da jurisprudência de ponta nacionais e estrangeiras sobre o tema. O objetivo principal de sua pesquisa é a tutela do patrimônio cultural, buscando examinar o meio ambiente cultural, suas dimensões e seu tratamento unificado. A autora procurou na sua pesquisa algo além da perspectiva da racionalidade jurídica, abeberando-se em outras áreas do saber, visando a trazer um enfoque transdisciplinar, como o tema o exige. Destaque-se, ao examinar o sentido da cultura, noções da antropologia, sociologia, arquitetura, entre outras abordagens. Também é examinado pela autora o estatuto do patrimônio e como ele se destaca no universo cultural. A importância da preservação do patrimônio cultural na pós-modernidade é estudada com profundidade e clareza pela autora, denotando a complexidade deste problema. Posteriormente, Ana Marchesan analisa a confluência entre patrimônio cultural e meio ambiente, buscando uma visão sistêmica dentro do aparato normativo. A autora busca trazer, de forma original, ao seu leitor, os princípios específicos da tutela do patrimônio cultural, partindo dos princípios gerais de direito ambiental. Ainda, a autora investiga a tutela administrativa e judicial do meio ambiente cultural, neste último tópico procura dar ênfase à responsabilidade civil e reparação dos danos ao meio ambiente cultural.

Apraz-me dizer que a pesquisa realizada contribui enormemente para a proteção mais eficaz do meio ambiente cultural, trazendo novas luzes no enfoque doutrinário do direito ambiental brasileiro.

Florianópolis, abril de 2006.

Prof. Dr. José Rubens Morato Leite

Professor de Direito Ambiental do Curso de Graduação e Pós-Graduação da UFSC;
Visiting Fellow Macquarie University/ Center for Environmental Law, Sydney, Austrália.
Diretor do Instituto "O Direito por Um Planeta Verde".

Sumário

Introdução 11

1. Cultura, Sociedade e Meio Ambiente sob o Enfoque Transdisciplinar 17
   1.1. A cultura na antropologia, na sociologia e no direito 17
      1.1.1. A cultura na antropologia 17
      1.1.2. A cultura na sociologia 22
      1.1.3. A Cultura no direito 26
   1.2. O patrimônio cultural: reflexões sobre sua gênese conceitual, o seu estatuto e sua importância na pós-modernidade 29
      1.2.1. A modernidade, o patrimônio cultural e a emergência de uma cultura preservacionista 29
      1.2.2. O Estatuto do patrimônio 38
      1.2.3. O conceito de patrimônio cultural na legislação brasileira 50
      1.2.4. A pós-modernidade e a importância da preservação do patrimônio cultural - o porquê de preservar 55
   1.3. A abordagem jurídica do duplo estatuto do ser humano: a visão holística do meio ambiente, a ordem social e a sadia qualidade de vida 73
      1.3.1. As concepções de meio ambiente na doutrina e na jurisprudência estrangeira 73
      1.3.2. As concepções de meio ambiente na doutrina e na jurisprudência pátria ... 83
      1.3.3. O meio ambiente e a cultura como integrantes da ordem social comprometida com a qualidade de vida 89

2. A Hermenêutica dos Princípios Regentes da Tutela do Patrimônio Cultural .. 101
   2.1. A força normativa dos princípios e a tutela ambiental 101
   2.2. Os princípios gerais do Direito Ambiental aplicáveis à tutela do patrimônio cultural 112
      2.2.1. O princípio da prevenção 112
         2.2.1.1. O caso do empreendimento imobiliário erguido com prejuízo ao conjunto de valor histórico-cultural formado pela Igreja, casas açorianas e cemitério de São Francisco de Paula em Florianópolis .. 116
         2.2.1.2. O caso da mansão que pertencera a Antônio Pedro Naves em Uberaba 117
         2.2.1.3. O caso da mineração próxima a cavernas 122
      2.2.2. O princípio da precaução e sua possível aplicação ao meio ambiente cultural 123

  2.2.3. O princípio do poluidor-pagador: conceito, localização no ordenamento
     jurídico internacional e pátrio e aplicação ao patrimônio cultural 133
  2.2.4. O princípio da função social da propriedade 138
    2.2.4.1. O princípio da função social da propriedade e a natureza jurídica do
      bem cultural 147
  2.2.5. O princípio da eqüidade ou da solidariedade intergeracional 155
 2.3. Os princípios específicos da tutela do meio ambiente cultural 168
  2.3.1. O princípio da preservação no próprio sítio e a proteção ao entorno . . 168
  2.3.2. O princípio do uso compatível com a natureza do bem 178
  2.3.3. O princípio pro monumento 184
  2.3.4. O princípio da valorização sustentável 186
  2.3.5. O princípio da participação da população 190

3. A Tutela do Meio Ambiente Cultural na Perspectiva do Direito Ambiental . . 199
 3.1. A tutela administrativa 199
  3.1.1. A competência administrativa para preservar e valorizar o meio ambiente
     cultural 199
  3.1.2. Os valores associados ao estatuto do patrimônio e as políticas de
     preservação 204
  3.1.3. O tombamento 212
  3.1.4. O inventário 227
  3.1.5. Os instrumentos urbano-ambientais 231
 3.2. A Tutela judicial e seus antecedentes 239
  3.2.1. O inquérito civil 242
  3.2.2. A supressão da omissão estatal lesiva 247
  3.2.3. A sindicabilidade da avaliação feita pela Administração 258
  3.2.4. A reparação dos danos causados ao meio ambiente cultural 266
    3.2.4.1. Indenização ou reconstrução: o caso do imóvel de valor histórico que
      dá lugar à construção de um shopping center 271
    3.2.4.2. A reconstrução de imóvel protegido e a proteção do entorno - o caso
      da Praça da Independência no Município paulista de Itu 273
    3.2.4.3. Preservação de sítio arqueológico localizado em dunas: indenização e
      recuperação da área degradada 274
  3.2.5. O regime da responsabilidade civil aplicável aos danos ao meio ambiente
     cultural 276
    3.2.5.1. Os agentes responsáveis e a solidariedade 283

Conclusão 293

Referências bibliográficas 301

Introdução

Vive-se na era do imediatismo, guiada pela lógica do presente. Nosso estilo de vida faz com que o tempo em curso abocanhe o passado, redesenhando-o à sua imagem e semelhança, e desconte para as gerações não nascidas, sequer concebidas, qualquer perspectiva existencial.

É essa a racionalidade cronocêntrica[1] que tem impulsionado a chamada crise civilizatória, dotada de uma série de riscos e perigos que, na visão do sociólogo inglês Anthony Giddens, são de variadas tipologias: os que derivam da carência de um sentido pessoal de vida ou incertezas; os que derivam do caráter reflexivo da modernidade; os que derivam da ameaça da violência humana gerada pela indústria da guerra, em especial a ameaça nuclear; o desmonte do Estado de Bem-estar (até então apresentado como um aparato desenhado para controlar riscos e que se desvirtuou como um reprodutor da ordem posta) e aqueles que derivam da ação tecnológica sobre o ambiente produzindo catástrofes ecológicas.[2]

Nesse trabalho, ousou-se considerar que, com apoio sobretudo no retrato social tão esmerado de autoria do sociólogo de origem polonesa Zygmunt Bauman,[3] de fato vivemos um período de superação dos elementos que compunham o paradigma[4] da modernidade a que se pode denominar de

---

[1] Miranda afirma que "O cronocentrismo é o pior dos etnocentrismos, ao assumir nosso tempo como centro e referência e ao levar alguns a envergonhar-se de suas raízes, rompendo a unidade do elo temporal e histórico" (MIRANDA, Evaristo Eduardo de. *Natureza, conservação e cultura*. São Paulo: Metalivros, 2004, p. 20).

[2] GIDDENS, Anthony. *As conseqüências da modernidade*. São Paulo: Unesp, 1991, p. 149.

[3] BAUMAN, Zygmunt. *O mal-estar da pós-modernidade*. Rio de Janeiro: Jorge Zahar, 1998b.

[4] Paradigma, na concepção de Morin, consiste numa determinada concepção que envolve a "Promoção/seleção dos conceitos-mestres da inteligibilidade. Assim, a Ordem, nas concepções deterministas; a Matéria, nas materialistas; o Espírito, nas espiritualistas. O nível paradigmático é o do princípio de seleção das idéias que estão integradas no discurso ou na teoria ou postas de lado e rejeitadas". Para Morin, o paradigma determina o realizar de operações lógicas-mestras: "O paradigma está oculto sob a lógica e seleciona as operações lógicas que se tornam preponderantes, pertinentes e evidentes. É ele que privilegia determinadas operações Por sua prescrição e proscrição, o paradigma funda o axioma e se expressa em axioma" (MORIN, Edgar. *Os sete saberes necessários à educação do futuro*. 2. ed. São Paulo: Cortez, 2000, p. 26). Kuhn, apontado como o fundador da idéia de paradigma, os considera como

pós-modernidade. A atual era é marcada pelo definhamento do poder do Estado-nação, que perde vigor frente a mecanismos supranacionais, unidos por uma lógica mercadológica; pela compressão do tempo-espaço; pela arrogância humana frente ao passado (por nós recriado) e frente ao futuro (por nós simplesmente desconsiderado) .

Partindo-se da premissa de que o ser humano é formado por um duplo estatuto – cultura e natureza[5] – dessume-se que a crise é complexa: afeta a cada um de nós de forma integral. Além do exaurimento dos insumos naturais que propiciam a continuidade da vida humana no planeta, também a redução da qualidade de vida nos afeta e certamente repercutirá nas futuras gerações que aparecem como um sujeito oculto nas relações que envolvem os homens e o meio ambiente nas suas diversas dimensões .

No tocante ao meio ambiente cultural, um paradoxo aparece como marca da atual relação do homem com o tempo pretérito.

Se de um lado o passado converteu-se em moda, estilo, consumo cultural e turismo, de outro, o que se vê é uma perda de importantes referenciais que poderiam guiar a condição humana para projetos de índole emancipatória.

Quanto mais a vida social se torna mediada pelo mercado global de estilos, lugares e imagens, pelas viagens internacionais, pelos veículos da mídia e pelos sistemas de comunicação interligados, mais as identidades se tornam desvinculadas – desalojadas – de tempos, lugares, histórias e tradições específicos e parecem flutuar de forma errante.

No interior do discurso do consumismo global, as diferenças e as distinções culturais, que até então definiam a identidade, reduzem-se a uma espécie de linguagem transfronteiriça ou moeda global, gerando, como uma das conseqüências, a chamada homogeneização cultural.

Mas, em meio a essa tendência padronizadora – somos filhos assumidos da Revolução Industrial –, também é possível identificar uma necessidade, uma ânsia de passado[6] com vistas à afirmação de uma identidade cultural.

Essa necessidade de afirmação identitária carrega a tutela do patrimônio cultural de uma carga civilizatória muito forte no tempo presente, adquirindo o tema uma relevância motivadora desta pesquisa cujo objetivo principal é

---

as "realizações científicas universalmente reconhecidas que, durante algum tempo, fornecem problemas e soluções modelares para uma comunidade de praticantes de uma ciência" (KUHN, Thomas. *A estrutura das revoluções científicas*. 8. ed. São Paulo: Perspectiva, 2003, p. 13).

[5] Idéia tão bem elaborada por Morin e Kern (MORIN, Edgar; KERN, Anne Brigitte. *Terra-pátria*. 4. ed. Porto Alegre: Sulina, 2003, p. 57).

[6] Cf. BALLART, Josep. *El patrimonio histórico y arqueológico:* valor y uso. 2. ed. Barcelona: Ariel, 2002, p. 230-235.

avaliar se, à luz da legislação brasileira, doutrina e jurisprudência nacionais e estrangeiras, é possível compreender que o meio ambiente cultural mereça um tratamento unificado com as demais dimensões ambientais, especialmente a natural.

Do ponto de vista do incremento da tutela, a real inserção da dimensão cultural no conceito de meio ambiente implica ampliar os instrumentos de proteção desses bens, em face dos privilégios e mecanismos postos pelo ordenamento jurídico pátrio para defesa do bem jurídico meio ambiente.

Além dos princípios assentados pela doutrina jusambientalista e em construção nos tribunais, os quais podem fornecer novos matizes aos instrumentos de tutela do patrimônio cultural, o direito ambiental é capaz de contribuir – e muito – quando se trata da imputação dos danos .

Uma revisão bibliográfica preliminar abriu caminho para uma reflexão quanto ao fato de haver certa incongruência entre uma visão conceitual do bem ambiental, enquanto unidade, e o tratamento que é dado à concretude da dimensão cultural do meio ambiente, o qual se nos afigura apartado, interpretado mais ao sabor da dogmática e da normativa do Direito Administrativo e até do Direito Civil, do que sob o enfoque do Direito Ambiental, enquanto disciplina naturalmente vocacionada à transdiciplinaridade porque sistematiza e articula a legislação, doutrina e jurisprudência relativas às dimensões integrativas do meio ambiente,[7] sem descurar de se valer dos conhecimentos científicos que venham a elucidar o enfrentamento das agudas dificuldades que permeiam o tratamento das questões ambientais.

A abordagem do tema foi feita através do método indutivo, utilizando-se como procedimento, de forma combinada, os métodos comparativo e monográfico. A transdisciplinaridade aparece como tônica da pesquisa.

Para que se alcançassem os objetivos da pesquisa, o trabalho foi dividido em três capítulos.

No primeiro deles, tratar-se-á de explorar o sentido da cultura, de forma transdisciplinar, recolhendo-se da antropologia, da sociologia e do direito os conceitos de maior expressão.

Tais áreas das ciências serão privilegiadas frente a outras que também se ocupam do tema (como, por ex., a economia, a psicologia, a psicanálise, etc.) por guardarem íntima relação com o tema específico deste estudo.

Partir-se-á do amplo universo da cultura para, num segundo momento, chegar-se ao patrimônio cultural, tendo-se por premissa básica a necessária redução, ou seja, nem tudo o que é cultura é patrimônio ao qual se agrega o

---

[7] Nesse sentido MACHADO, Paulo Affonso Leme. *Direito ambiental brasileiro.* 8. ed. São Paulo: Malheiros, 2000, p. 122.

adjetivo cultural. Mas o que é patrimônio cultural? O que faz com que um bem cultural qualquer, material ou imaterial, passe a integrar o seleto grupo do patrimônio cultural brasileiro?

Para se chegar a tal resposta, far-se-á um escorço histórico sobre a construção da idéia de patrimônio e de uma cultura preservacionista e a sua relação com a emergência dos estados nacionais.

De forma ambiciosa, buscar-se-á identificar o estatuto do patrimônio, quais suas características inarredáveis para, após, trabalhar-se com o seu conceito legal.

Ainda no primeiro capítulo, de molde a justificar a atualidade e a motivação da pesquisa, questionar-se-á sobre a importância da preservação do patrimônio cultural em tempos de pós-modernidade.

Do universo cultural migra-se paulatinamente para o meio ambiente, tendo como elo de ligação a ordem social e a sadia qualidade de vida.

O fato de a Constituição de 1988 ter tratado da disciplina da cultura e do meio ambiente no mesmo Título relativo à Ordem Social indicia a incorporação dessa idéia do duplo estatuto que rege o ser humano.

Ao inaugurar o Título VIII da Constituição Federal, o qual enfoca a tutela da ordem social, o Constituinte embasou-a no primado do trabalho, atribuindo-lhe dois objetivos básicos: o bem-estar e a justiça sociais (art. 193). Esse bem-estar pode ser identificado com qualidade de vida, situação complexa que, mercê da inter-relação entre uma série de fatores, irá ditar o tipo de vida humana.

Com apoio na idéia de que o ser humano necessita preservar seus laços e identidades pretéritas e presentes para edificar um futuro, afirma-se que, sem preservação do meio ambiente cultural, não há falar em qualidade de vida. Na feliz expressão de Huyssen, o ser humano carece de "reservas vitais"[8] como a memória e a lembrança para traçar o seu destino, funcionando o patrimônio cultural como uma "espécie de subsolo mental do país, alicerces de construção de um país".[9]

Na seqüência, a pesquisa debruçar-se-á sobre as concepções de meio ambiente na doutrina e na jurisprudência pátria e estrangeira, encerrando-se o primeiro capítulo com a idéia de que, ontológica e constitucionalmente, cultura e meio ambiente são fatores integrantes de uma ordem social comprometida com a qualidade de vida.

No segundo capítulo, voltar-se-á o olhar para a hermenêutica dos princípios aplicáveis à tutela do patrimônio cultural, iniciando-se com a pesquisa

---

[8] HUYSSEN, Andreas. *Memórias do modernismo*. Rio de Janeiro: UFRJ, 1996, p. 230.
[9] TEIXEIRA, Carlos Adérito. *Da protecção do património cultural*. Disponível em: www.diramb.gov.pt. Acesso em: 17 set. 2004.

sobre a teoria geral do direito constitucional, que a eles atribui força normativa e os distingue das regras, para, então, arrolar e analisar os princípios gerais de direito ambiental aplicáveis ao patrimônio cultural e sua judicialidade. Por fim, faz-se um esforço para identificar um rol de princípios específicos dessa tutela.

No terceiro capítulo, o foco recairá sobre as tutelas administrativa e judicial do meio ambiente cultural.

No tocante à esfera administrativa, cuidar-se-á de idéias básicas como a competência constitucional para a preservação e valorização do patrimônio cultural e os valores associados ao estatuto do bem cultural, ousando-se estabelecer um feixe axiológico capaz de nortear a qualificação de um bem como tal, para, então, esmiuçar os principais instrumentos de tutela do meio ambiente cultural, na perspectiva do direito ambiental.

O estudo da esfera judicial terá início com uma digressão sobre o inquérito civil, investigação que normalmente precede ao ajuizamento de ações civis públicas em prol do meio ambiente cultural para, em seguida, ingressar-se nas polêmicas que envolvem a supressão da omissão estatal lesiva, a sindicabilidade da avaliação feita pela Administração e o reconhecimento do valor cultural pelo Poder Judiciário. Finalizar-se-á esse capítulo com um estudo sobre a reparação dos danos causados ao meio cultural com especial atenção sobre os traços peculiares que marcam o rigoroso regime da responsabilidade civil ambiental.

Com o desenvolvimento desta pesquisa, pensamos estar contribuindo para a efetivação de uma proteção mais eficaz do meio ambiente cultural, radicalizando na aplicação do vigoroso sistema de tutela criado pelo Direito Ambiental no Brasil, país que se apresenta com um dos ordenamentos jurídicos mais avançados nessa matéria mas que, na prática, no tocante à vertente cultural, ainda se socorre muito mais do direito administrativo e, por vezes, até no direito civil, do que do direito ambiental.

1. Cultura, Sociedade e Meio Ambiente sob o Enfoque Transdisciplinar

1.1. A CULTURA NA ANTROPOLOGIA, NA SOCIOLOGIA E NO DIREITO

A expressão *cultura* é polissêmica. Martins, cientista político e estudioso da cultura popular, afirma tratar-se de "um conceito de extensão miseravelmente vasta. A rigor, quer dizer tudo que não é exclusivamente natureza e passa a significar praticamente tudo num mundo como o de hoje penetrado por todas as partes pela ação criadora do trabalho humano".[10]

A cultura é tudo aquilo que é criado pelo homem. É também um conjunto de entes que, embora não sejam fruto da criação humana (ex. as paisagens naturais), são valorados pelo homem como bens culturais.

Não há sociedade sem cultura. É a capacidade de produzir cultura que distingue o homem dos outros animais. A possibilidade de comunicação oral e de fabricar instrumentos que ampliam nossas capacidades biológicas tem-nos diferenciado do restante do reino animal.

A pesquisa sobre o sentido de cultura recolhida da antropologia, da sociologia e do direito prende-se a uma necessária definição de um universo de onde será extraído um grupo de bens-valores que virão a integrar a noção jurídica de patrimônio cultural, trilhando, assim, um percurso que se pretende desenvolver do geral para o particular.

1.1.1. A cultura na antropologia

A antropologia,[11] ciência recente que tem por objeto o estudo do homem, ainda está em busca de um conceito uniforme de cultura.

---

[10] MARTINS, Carlos Estevam. A questão da cultura popular. In: FÁVERO, Osmar (Org.). *Cultura popular, educação popular*: memória dos anos 60. Rio de Janeiro: Graal, 1983, p. 37.

[11] Conquanto existam outras ciências igualmente empenhadas em estudar o homem, tais como a sociologia, a psicologia, a história, a economia, a ecologia e as ciências políticas, "a antropologia se distingue

Na história dessa ciência, Edward Tylor aparece como aquele que, pela primeira vez, empregou o termo CULTURA num sentido antropológico, no primeiro parágrafo de seu livro *Primitive Culture* (1871).[12]

Discorrendo a respeito da origem da concepção antropológica da cultura, Laraia informa que *Kultur* é a expressão germânica utilizada, no final do século XVIII e no princípio do século XIX, para designar os aspectos espirituais de uma comunidade, enquanto que o vocábulo francês *Civilization* simbolizava as realizações materiais de um povo. Ambos os termos foram sintetizados por Tylor (1832-1917) no vocábulo inglês *Culture,* que tomado em seu amplo sentido etnográfico, é este todo complexo que inclui conhecimentos, crenças, arte, moral, leis, costumes ou qualquer outra capacidade ou hábitos adquiridos pelo homem como membro de uma sociedade.[13]

A importância de Tylor foi definir precisamente algo que já era latente nas mentes humanas, mas que ainda não estava sintetizado numa expressão suficientemente abrangente. Antes dele, John Locke (1632-1704), Jacques Turgot (1727-1781) e Jean Jacques Rousseau (1712-1778), dentre outros, aproximaram-se daquela ampla concepção de cultura.[14]

Os antropólogos divergem na maneira de exteriorizar o que é cultura.

No Brasil, o nome de Darcy Ribeiro é referência no tocante aos estudos de antropologia cultural. Para esse antropólogo, há três ordens de elementos que compõem uma formação sociocultural correlacionadas a três sistemas: a) o sistema adaptativo, envolvendo os modos de ação sobre a natureza (esfera cultural umbilicalmente ligada ao direito ambiental); b) o sistema associativo, composto dos modos mais ou menos padronizados de regulamentação das relações interpessoais; e c) o sistema ideológico integrado pelas técnicas de produção, normas sociais de cunho abstrato, formas de comunicação simbólica, corpos de crenças e ordens de valores, bem como os termos justificadores do modo de vida. A reunião dessas três ordens havidas como corpos simbólicos conforma a cultura de uma sociedade considerada historicamente em determinada situação espaço-temporal.[15]

---

por incluir na sua área de estudo as questões de ordem físicas, anatômicas e estruturais do homem, atendidas pela chamada Antropologia Física, que, tratando o homem como um organismo físico, seguiu as pistas da sua evolução a partir das formas mais primitivas da vida" (Disponível em http://educaterra/2002/06/07001.htm. Acesso em 05 dez. 2004).

[12] LARAIA, Roque de Barros. *Cultura*: um conceito antropológico. 3. ed. Rio de Janeiro: Jorge Zahar, 1988, p. 30.

[13] Ibidem, p. 25.

[14] Cf. Ibidem, p. 26-27.

[15] RIBEIRO, Darcy. *O processo civilizatório:* etapas da evolução sociocultural. 11. ed. São Paulo: Companhia das Letras, 1998, p. 53.

Para Goodman, professora de antropologia da universidade de Rice, no Texas, a cultura é o conjunto dos costumes praticados pelos membros de uma sociedade. É a forma particular de vida que é aprendida, compartilhada e transmitida pelos membros da sociedade possuidores de cultura. Uma sociedade é um número considerável de gente que se consideram a si mesmos e são considerados por outros como uma unidade – uma tribo, ou uma nação internamente organizada e persistindo no tempo. Cada uma dessas unidades do passado e do presente tem desenvolvido sua cultura peculiar e sua forma de vida.[16] Esse é, na visão do antropólogo contemporâneo Mathews, o conceito recorrente na antropologia.[17]

Kroeber e Kluckhohn estabeleceram 164 definições de cultura. Segundo eles, a idéia central da cultura consiste de padrões, explícitos ou implícitos, de e para a conduta, adquiridos e transmitidos mediante símbolos, constituindo os resultados distintivos dos grupos humanos, incluindo suas expressões em artefatos. Assim, o núcleo essencial da cultura consiste nas idéias tradicionais (quer dizer, derivadas e selecionadas historicamente) e especialmente dos valores que se lhes atribuem; os sistemas culturais podem, por uma parte, ser considerados como os produtos da ação; por outra parte, como elementos condicionadores para outras ações.[18]

Harris criou a teoria materialista cultural, aplicável ao estudo da evolução das sociedades humanas. Para esse antropólogo, a vida social era resultado de uma reação frente aos problemas de natureza prática que representa a luta pela sobrevivência. No ápice dessa luta, aparecem os artefatos criados pelo homem, os quais se apresentam como extensões dele. A atividade humana aparece nos artefatos que são, literalmente, produtos do engenho humano feitos a partir da modificação ou transformação dos recursos materiais que oferece o meio natural.[19]

Beckow acrescenta que o ser humano é o único que pode produzir e dar forma a um sistema cultural, bem como conferir sentido às coisas. E, partindo dessa premissa, juntamente com Karl Popper, estrutura a concepção ideacional da cultura. Para esses teóricos, nem o ato nem o artefato são, em si mesmos, cultura, mas consistem em manifestações da cultura. O antropólogo canadense Beckow, citado por Ballart, explica que:

> Sabemos que é impossível transmitir pautas de comportamento e artefatos de uma geração a outra separadamente das idéias que lhes proporcionam contexto e significa-

---

[16] GOODMAN, Mary Ellen. *El indivíduo y la cultura*. Cidade do México: Pax-México, 1971, p. 50.

[17] MATHEWS, Gordon. *Cultura global e identidade individual*. Bauru: Edusc, 2002, p. 15.

[18] KROEBER, Alfred; KLUCKHOHN, Clyde. *Culture:* a critical review of concepts and definitions. New York: Vintage Books, 1963.

[19] HARRIS, Marvin. *El materialismo cultural*. Madrid: Alianza, 1982, p. 11.

do; tudo o que pode ser transmitido ou comunicado são idéias por meio das quais podem produzir-se, utilizar-se ou valorar-se pautas de comportamento e artefatos. Assim, a cultura humana consiste simplesmente nas idéias que os seres humanos possuem e utilizam para compreender o mundo (tradução livre da autora).[20]

Mas tem sido Clifford Geertz quem, ao longo de sua obra, procura construir uma noção sofisticada, mais hermética de cultura, que envolve uma variedade de discursos das ciências humanas, a partir de suas experiências de campo na Indonésia e no norte da África.[21] Geertz é, depois de Claude Lévi-Strauss, provavelmente o antropólogo cujas idéias causaram maior impacto após a segunda metade do século 20, não apenas para a própria teoria e prática antropológicas, mas também fora de sua área, em disciplinas como a psicologia, a história e a teoria literária. Ele é considerado o fundador de uma das vertentes da antropologia contemporânea – a chamada antropologia hermenêutica ou interpretativa.[22]

Em sua coletânea de ensaios originalmente denominada "The Interpretation of Cultures", Geertz se declara partidário de um conceito essencialmente semiótico.[23]

Acreditando com Max Weber que o homem é um animal inserido em teias de significação que ele mesmo teceu, considero que a cultura é essa trama e que a análise da cultura há de ser, portanto, não uma ciência experimental em busca de leis, mas uma ciência interpretativa em busca de significações. O que busco é a explicação, interpretando expressões sociais que são enigmáticas em sua superfície" (tradução livre da autora).[24]

Procura enfatizar em seus escritos a cultura enquanto algo dinâmico, como um *documento ativo*. A cultura não existe na cabeça das pessoas, não é uma entidade oculta. A cultura é pública e merece ser decodificada, uma vez que a conduta humana é repleta de simbolismos.[25]

---

[20] "Sabemos que es imposible transmitir pautas de comportamiento y artefactos de uma generación a otra separadamente de las ideas que lhes proporcionan contexto y significado; todo lo que puede ser transmitido o comunicado son ideas por medio de las cuales pueden producierse, utilizarse o valorarse pautas de comportamiento y artefactos. Así, la cultura humana consiste simplesmente en las ideas que los seres humanos poseen y utilizan para comprender el mundo" (BECKOW, Steven. Culture, history and artifact. In: MATERIAL culture studies in america. Naschville, Tennesse, p. 113-123. apud BALLART, 2002, p. 15).

[21] Nesse sentido, KUPER, Adam. *Cultura:* a visão dos antropólogos. Bauru: EDUSC. 2002, p. 114.

[22] Informações de autoria de TSU, Victor Aiello. A mitologia de um antropólogo. *Revista Eletrônica Rever.* Disponível em: www.pucsp.br/rever/rv3_2001/i_geertz.htm. Acesso em: 17 set. 2004.

[23] "E. Ling. Denominação utilizada, principalmente pelos autores norte-americanos, para a ciência geral do signo; semiologia" (SEMIÓTICA. In: DICIONÁRIO Aurélio eletrônico, século XXI).

[24] "Creyendo con Max Weber que el hombre es um animal inserto em tramas de significación que él mismo há tejido, considero que la cultura es esa urdimbre y que el análisis de la cultura há de ser por lo tanto, no una ciencia experimental en busca de leyes, sino una ciencia interpretativa em busca de significaciones. Lo que busco es la explicaién, interpretando expresiones sociales que son enigmáticas en su superfície" (GEERTZ, Clifford. *La Interpretacion de las culturas.* 8. ed. Barcelona: Gedisa, 1997, p. 20).

[25] Aparece na obra de Geertz uma outra faceta da cultura como sendo composta de uma série de mecanismos de controle que governam a conduta humana e que o homem é o animal mais dependente

Opondo-se verticalmente às concepções "coisificantes" da cultura, que a identificavam como realidade "superorgânica", fechada em si mesma, dotada de forças e fins próprios, ou à perspectiva reducionista, que a considerava simplesmente como o esquema de conduta de determinada comunidade e, por fim, a uma visão mais complexa, denominada de antropologia cognitiva, que sustenta estar a cultura composta de estruturas psicológicas mediante as quais os indivíduos ou grupos de indivíduos guiam sua conduta,[26] Geertz também rechaçou a idéia estruturalista ou formalista da existência de um código universal, conhecido como *consensus gentium*, comum a todos os homens.

O que afirmo (que deveria ser claro e espero que seja ainda mais claro dentro de um instante), é, não que não se possam fazer generalizações sobre o homem como homem, salvo que esse é um animal sumamente variado, ou que o estudo da cultura em nada contribui a revelar tais generalizações. O que quero dizer é que elas não haverão de descobrir-se mediante a busca baconiana de universais culturais, uma espécie de escrutínio da opinião pública dos povos do mundo em busca de um *consensus gentium*, que em realidade não existe; e quero dizer, ademais, que o intento de fazê-lo conduz precisamente ao gênero de relativismo que toda esta posição se havia proposto expressamente evitar (tradução livre da autora).[27]

Kuper, ao comentar minuciosamente a obra de Geertz, conclui ter ele o mérito de lograr restringir e aprimorar a definição de cultura, tratando-a como um sistema simbólico que atua por meio de metáforas, uma mescla de textos e significações. A mensagem desse antropólogo, segundo Kuper, é de que "a cultura é o elemento essencial na definição de natureza humana, e força dominante na história".[28]

Mathews[29] propõe uma definição pós-moderna de cultura como sendo o conjunto de "informações e identidades disponíveis no supermercado cultural". A esse conceito, que vincula a cultura às forças do mercado e a considera uma questão de gosto pessoal,[30] se contrapõe o conceito tradicio-

---

desses mecanismos de controle extragenéticos aos quais denomina programas culturais para ordenar sua conduta. (GEERTZ, 1997, p. 24-25 e p. 51.)

[26] Ibidem, p. 25.

[27] "Lo que afirmo (que debería ser claro y espero que sea aún más claro dentro de un instante) es, no que no se puedan hacer generalizaciones sobre el hombre como hombre, salvo que éste es un animal sumamente variado, o que el estúdio de la cultura en nada contribuye a revelar tales generalizaciones. Lo que quiero decir es que ellas no habrán de descubrirse mediante la busca baconiana de universales culturales, una espécie de escrutínio de la opinión pública de los pueblos del mundo en busca de um *consensus gentium*, que en realidad no existe; y quiero decir además que el intento de hacerlo conduce precisamente al genero de relativismo que toda esta posición se había propuesto expresamente evitar" (Ibidem, p. 48).

[28] KUPER, 2002, p. 158.

[29] MATHEWS, 2002, p. 15.

[30] Nessa passagem é possível absorver concisamente a idéia de Mathews: "Há um sentido no qual nós que vivemos entre os afluentes 10 ou 15% da população do mundo, circulamos, sem dúvida, pelo 'supermercado cultural', escolhendo, ainda que de uma maneira altamente condicionada, as identidades que desempenhamos dentro de nossos mundos sociais" (MATHEWS, 2002, p. 25).

nal, vinculado às influências do Estado, segundo o qual a cultura seria o "modo de vida de um povo". Para Mathews, reconhecer a cultura nessa segunda perspectiva é hoje um tanto problemático: "há tanta diversidade e inter-relação dentro de cada sociedade diferente que já não podemos facilmente falar de 'cultura japonesa', ou 'cultura americana', ou 'cultura chinesa', como todos unificados, distintos, em oposição a outros todos unificados, distintos".[31]

1.1.2. A cultura na sociologia

As diversas abordagens antropológicas da cultura nos remetem à questão do relacionamento entre sociedade e cultura. O ser humano é uma criatura gregária. Aristóteles, com a sabedoria que lhe conferiu a imortalidade, já o dizia: "o homem é um animal cívico, mais social do que as abelhas e os outros animais que vivem juntos".[32] Sustentava ele que o homem era naturalmente feito para a sociedade política.[33]

De fato, o homem raramente vive só, e se o faz, é muito difícil que isso lhe agrade. As populações humanas se agrupam e aos grupos maiores, mais estáveis e autosuficientes, costumamos chamar de sociedades.[34] Cada sociedade pode ser descrita em termos de sua cultura,[35] dentre outros fatores. Os membros de qualquer sociedade praticam uma forma peculiar de vida, sendo portadores de uma cultura, o que não significa infirmar que toda cultura é multicultural.

O que nos uniformiza enquanto seres humanos "é a nossa capacidade comum de aprender, fazer empréstimos e assimilar".[36] Lévi-Strauss apregoava que todas as culturas resultam de uma miscelânea, de empréstimos e misturas que ocorreram, embora em ritmos distintos, desde os mais remotos tempos da humanidade.[37]

Procurando fugir de um conceito simplista, Bins[38] define a sociologia como a ciência que: "investiga e explica a Sociedade[39] como sendo esta um

---

[31] Ibidem, p. 24.
[32] ARISTÓTELES. A política. São Paulo: Martins Fontes, 1991, p. 4.
[33] Ibidem, p. 4.
[34] Nesse sentido, v. GOODMAN, 1971, p. 81.
[35] Goodman lembra, entretanto, que a sociedade precede e subjaz a qualquer cultura, ainda que no humano ambas estejam sempre associadas. A existência das sociedades de abelhas, desprovidas de cultura, nos remete a essa afirmação (Ibidem, p. 81).
[36] KUPER, 2002, p. 307.
[37] LÉVI-STRAUSS, Claude. Race et histoire. Paris: UNESCO, 1952, p. 330.
[38] BINS, Milton. O que é sociologia ? introdução à sociologia. Porto Alegre: Feplam, 1980, p. 3-16.
[39] Para o mesmo autor, que é professor da Universidade Federal do Rio Grande do Sul, a "sociedade é fundamentalmente um sistema complexo de relações econômicas entre as pessoas; sistema este que tem sua regulação reforçada por outros processos equilibradores, societários e comunitários" (Ibidem, p. 11).

sistema, uma totalidade. Desta forma, por tentativa e erro, por abstrações, recorrendo ao material empírico o mais abundante possível, a Sociologia constrói um modelo, ou seja, uma representação teórica dos processos mais importantes e de suas inter-relações".

A sociologia, assim como a antropologia, tem-se debruçado sobre o estudo da cultura. Tal reflexão, no contexto dessas ciências sociais, afigura-se extremamente relevante "para pensar a unidade da humanidade na diversidade além dos termos biológicos",[40] permitindo a identificação das denominadas áreas culturais.[41]

Partindo-se da premissa de que o "homem não nasce pronto",[42] ou seja, "não é um animal geneticamente especializado",[43] importante destacar que essa ausência de especialização genética é amplamente compensada pela presença de um cérebro poderoso, que nos permite criar a cultura.

Para Morin e Kern cultura é:

O conjunto de regras, conhecimentos, técnicas, saberes, valores, mitos, que permite e assegura a alta complexidade do indivíduo e da sociedade humana, e que, não sendo inato, tem necessidade de ser transmitido e ensinado a cada indivíduo em seu período de aprendizagem para poder se autoperpetuar e perpetuar a alta complexidade antropo-social.[44]

Conforme a cultura manifestam-se tipos de atitudes dominantes, comportamentos, agressividade, etc. Essa multiplicidade, diversidade, complexidade fazem também a unidade do homem.

Cada ser humano, afirmam Morin e Kern, é um *cosmos*. Cada indivíduo é uma efervescência de personalidades virtuais. Cada psiquismo secreta uma proliferação de fantasmas, sonhos, idéias.[45] "O princípio da identidade humana é *unitas multiplex*, a unidade múltipla, tanto do ponto de vista biológico quanto cultural e individual".[46]

Por fim, indicam os autores que o estudo do homem há de ser feito através de uma visão transdisciplinar,[47] articulando-se o biológico, o socio-

---

[40] CUCHE, Denys. *A noção de cultura nas ciências sociais*. Bauru: EDUSC, 1999, p. 9.
[41] Áreas culturais são aqueles feixes de culturas que, dispostos com certa homogeneidade, abrem a possibilidade de se fazer um mapeamento por áreas (v. HERSKOVITS, Melville. *Antropologia cultural*. São Paulo: Metre Jou, 1963, cap. XII).
[42] DERETTI, Tarcísio. Cultura. *Introdução à sociologia*. Porto Alegre: Feplam, 1980, p. 19.
[43] Ibidem, p. 19.
[44] MORIN; KERN, 2003, p. 56.
[45] Ibidem, p. 57.
[46] Ibidem, p. 59.
[47] Para uma visão completa da evolução do pensamento disciplinar (fragmentado), passando pelo multi ou pluridisciplinar (justaposição de várias disciplinas sem nenhuma tentativa de síntese) e interdisciplinar (síntese de duas ou várias disciplinas, instaurando um novo nível do discurso – metadiscurso-, caracterizado por uma nova linguagem descritiva e novas relações estruturais) até o transdisciplinar (envolve o

lógico, o econômico, o histórico, o psicológico. Essa reunião requer a passagem do pensamento redutor isolante, catalogante, ao pensamento complexo.[48]

Santos define cultura como o "processo social construído sobre a intercepção entre o universal e o particular".[49] Dessa noção dinâmica, emerge a preocupação de Santos, e de outros sociólogos comprometidos em traçar estratégias de emancipação, com o respeito à pluralidade cultural. Sob a denominação de "relatividade das culturas",[50] é possível conceituar a orientação sociológica fundada na *tolerância*, segundo a qual o cientista há de reconhecer dignidade e legitimidade a valores existentes em cada sociedade, especialmente aqueles que destoem da sua.[51]

A fim de superar a tendência à racionalização excessiva, à catalogação que conduz à padronização cultural, práxis herdadas da modernidade, Santos afirma o caráter emancipatório do respeito às diferenças, associando-o à dignidade humana. Para ele:

> Um dos princípios reguladores da validação é, pois, a democraticidade interna da comunidade interpretativa. O outro é um valor ético intercultural, o valor da dignidade humana. O novo paradigma não distingue entre meios e fins, entre cognição e edificação. O conhecimento, estando vinculado a uma prática e a uma cultura, tem um conteúdo ético próprio. Esse conteúdo assume diferentes formas em diferentes tipos de conhecimento, mas entre elas é possível a comunicabilidade e a permeabilidade, na medida em que todas as culturas aceitam um princípio de dignidade humana. Por exemplo, na cultura ocidental tal princípio é hoje expresso através do princípio de direitos humanos. Outras culturas exprimem-se noutros termos, mas a tradução recíproca é possível a partir da inteligibilidade intercultural assegurada pelo princípio da dignidade humana.[52]

Após apontar que a expansão européia, para além dos genocídios que a caracterizou, produziu ainda algo mais grave – o epistemicídio – a que adjetiva de eliminação de povos estranhos por terem formas estranhas de conhecimento e por serem essas sustentadas por práticas sociais igualmente estranhas –, Santos enfatiza o teor do paradigma da emancipação, que con-

---

reconhecimento da interdependência de todos os aspectos da realidade, v. WEIL, Pierre. Axiomática transdisciplinar para um novo paradigma holístico. In: WEIL, Pierre; DÁMBROSIO, Ubiratan; CREMA, Roberto. *Rumo à nova transdisciplinaridade*. São Paulo: Summus, 1993, p. 9-74).

[48] Ibidem, p. 59.
[49] SANTOS, Boaventura de Sousa. Os processos de globalização. In: SANTOS, Boaventura de Sousa (Org.) *A globalização e as ciências humanas*. São Paulo: Cortez, 2002, p. 25-101.
[50] Considera-se o alemão Johann Gootfried Herder precursor do relativismo cultural. Em um texto exaltador do "gênio nacional" da cada povo (*Volkgeist*), Herder, em 1774, abordara a especificidade de cada cultura como expressão peculiar de um aspecto da humanidade. Mas, na visão de Cuche, teria sido Franz Boas o antropólogo que concebeu o relativismo cultural, "mesmo que não tenha sido ele o primeiro a pensar a relatividade cultural nem o criador desta expressão que aparecerá apenas mais tarde"(Cf. CUCHE, 1999, p. 28 e p. 44-45).
[51] Cf. DERETTI, 1980, p. 23.
[52] DERETTI, 1980, p. 330.

sidera o epistemicídio como um dos grandes crimes contra a humanidade.[53] Esse paradigma comunga do respeito às culturas e aspira a uma ressocialização da equação interesse-capacidade e, portanto, a uma subjetividade que seja capaz dela.[54]

Para uma adequada compreensão entre as culturas diversas, Santos propõe um método interpretativo por ele denominado "hermenêutica diatópica", o qual permite o diálogo entre as diversas culturas, todas elas cientes de sua incompletude.[55] Nas palavras de Santos:

> Compreender determinada cultura a partir dos *topoi*[56] de outra cultura pode revelar-se muito difícil, se não mesmo impossível. Partindo do pressuposto de que tal não é impossível, proponho a seguir uma hermenêutica diatópica, um procedimento hermenêutico que julgo adequado para nos guiar nas dificuldades a enfrentar, ainda que não necessariamente para as superar.

Além de identificar um método para harmonizar a diversidade cultural, Santos estabelece dois imperativos interculturais que deveriam ser "aceitos por todos os grupos" envolvidos na hermenêutica diatópica. O primeiro diz que "das diferentes versões de uma dada cultura, deve ser escolhida aquela que representa o círculo mais amplo de reciprocidade dentro dessa cultura, a versão que vai mais longe no reconhecimento do outro"; o segundo afirma que "as pessoas e os grupos sociais tem o direito a ser iguais quando a diferença os inferioriza, e o direito a ser diferentes quando a igualdade os descaracteriza".[57]

Partindo desses referenciais básicos, Santos considera possível o estabelecimento de um diálogo intercultural[58] capaz de promover a idéia de dignidade humana em qualquer local do mundo.

---

[53] Santos aprofunda sua afirmação, nos seguintes termos: "Para além do sofrimento e da devastação indizíveis que produziu nos povos, nos grupos e nas práticas sociais que foram por ele alvejados, significou um empobrecimento irreversível do horizonte e das possibilidades de conhecimento. Se hoje se instala um sentimento de bloqueamento pela ausência de alternativas globais ao modo como a sociedade está organizada, é porque durante séculos, sobretudo depois que a modernidade se reduziu à modernidade capitalista, se procedeu à liquidação sistemática das alternativas, quando elas, tanto no plano epistemológico, como no plano prático, não se compatibilizaram com as práticas hegemônicas" (SANTOS, B., 2002, p. 329).

[54] Nesse aspecto, os escritos de Santos reeditam o significado ético da obra de Franz Boas, o qual afirmava, ao final de sua vida, a dignidade de cada cultura e exaltava o respeito e tolerância em relação a diferentes culturas (BOAS, Franz. *Race, language and culture*. New York: Macmillan, 1940).

[55] SANTOS, Boaventura de Sousa. Por uma concepção multicultural de direitos humanos. *Revista Lua Nova*, São Paulo, n. 39, p. 105-123, 1997.

[56] Topoi ou tópicos "são pontos de vista empregáveis em diversas instâncias, com validade geral, lançados na ponderação de prós e contras das opiniões e podem inferir o que é verdadeiro" (LARENZ, Karl. *Metodologia da ciência do direito*. 3.ed. Lisboa: Calouste Gulbenkian, 1997, p. 202).

[57] SANTOS, B., 1997, p. 122.

[58] Morin também advoga a idéia de diálogo, de abertura para o outro como interlocutor dotado de direitos iguais. "Não há diálogo possível entre um amo e seu escravo. O diálogo supõe a igualdade". Porém, explicita que as civilizações ou as culturas não dialogam, quem dialoga são os indivíduos. "Trata-se

A referência a Santos é feita porque se trata, na atualidade, de um teórico comprometido com uma perspectiva de mudança no atual estado de coisas. A cada problema por ele identificado como "patologia" da contemporaneidade, procura traçar uma estratégia no sentido da emancipação. Isso sem dúvida traduz um diferencial – referenciado ao seu engajamento – em relação a esse teórico frente aos demais.

1.1.3. A Cultura no direito

A afirmação da cultura como síntese de conhecimentos, crenças, arte, moral, costumes e outras capacidades ou hábitos adquiridos pelo homem enquanto membro da sociedade[59] desenvolveu-se paralelamente à idéia de que, dentre esse conjunto de expressões culturais, há algumas sobre as quais deve o direito incidir.

Partindo-se de um conceito axiológico do direito,[60] como expressão do "conjunto dos valores jurídicos mais elevados",[61] é possível constatar o ingresso de novos valores para a arquitetura dos sistemas jurídicos.

O século XX foi marcado pela predominância dos chamados direitos sociais, culturais e econômicos, bem como dos "direitos coletivos ou de coletividades, introduzidos no constitucionalismo das distintas formas de Estado social".[62] Esses direitos estão inspirados no ideal da igualdade e advieram da ideologia antiliberal.

No ocaso do século XX, passaram a ganhar espaço questões pautadas pelo ideal da solidariedade.[63] Bonavides faz referência à formação de um "um novo pólo jurídico de alforria do homem". Carregados de um alto grau de "humanismo e universalidade",[64] os direitos de terceira dimen-

---

daqueles que, no seio de uma cultura, têm um posicionamento aberto e reconhecem a existência do outro. Pensam que a partir das diferenças, pode-se encontrar uma base comum, uma linguagem comum" (MORIN, Edgar. O diálogo supõe a igualdade. In: CASTRO, Gustavo de; DRAVET, Florence. *Sob o céu da cultura*. Brasília: Thesaurus; Casa das Musas, 2004, p. 21).

[59] Conceito de TYLOR, Edward Burnett. apud CUCHE, 1999, p. 35.

[60] Santos adota um conceito amplo de direito, visto como "um corpo de procedimentos regularizados e de padrões normativos, considerados justificáveis num dado grupo social, que contribui para a criação e prevenção de litígios, e para a sua resolução através de um discurso argumentativo, articulado com a ameaça de força" (SANTOS, Boaventura de Sousa. *A crítica da razão indolente:* contra o desperdício da experiência. 3.ed. São Paulo: Cortez, 2001a, p. 290).

[61] CANARIS, Claus-Wilhelm. *Pensamento sistemático e conceito de sistema na ciência do direito.* Lisboa: Calouste, 1989, p. 22.

[62] BONAVIDES, Paulo. *Curso de direito constitucional.* 8. ed. São Paulo: Malheiros, 1999, p. 518.

[63] O primeiro teórico a identificar os direitos de solidariedade foi VASAK, Karel. Les institutions internationales de protection et de promotion des droits de l'homme. In: VASAK, Karel (Org.). *Les dimensions internationales des droits de l'homme.* Paris: Unesco, 1978, p. 244.

[64] BONAVIDES, Paulo. *Direitos fundamentais, globalização e neoliberalismo.* Disponível em: www.oab-sc.com.br/oab-sc/ outros/discursos/discurso_paulo.doc. Acesso em: 14 fev. 2006.

são[65] emergem sob a forma das tutelas dos direitos "à paz, à autodeterminação dos povos, ao desenvolvimento, *ao meio ambiente* e *qualidade de vida*, bem como *o direito à conservação e utilização do patrimônio histórico e cultural* e o direito à comunicação" (grifos nossos).[66] Essa transformação dos valores ou interesses relevantes em bens jurídicos, entendidos esses como valores pessoais ou comunitários que o direito quer preservar e coibir agressões,[67] é explicada por Alexy quando aborda o tema dos bens coletivos e, em especial, os casos de colisão entre esses bens e os direitos individuais. Esclarece o jurista:

> Para converter-se em um bem coletivo de um sistema jurídico, o interesse puramente fático tem que se transformar em um interesse juridicamente reconhecido e, nesse sentido, justificado. Mas um tal interesse justificado não é outra coisa que algo cuja persecução está ordenada *prima facie* ou definitivamente. Com isso, o interesse adquire um *status* normativo (tradução livre da autora).[68]

O processo de reconhecimento de valores como bens jurídicos traduz opções políticas, tomando-se a política no sentido do "conjunto de objetivos que informam determinado programa de ação governamental e condicionam a sua execução".[69] A análise de cada ordenamento jurídico, enquanto expressão política, indicará de que forma a cultura está sendo protegida. Na Constituição brasileira, a cultura é protegida como fenômeno social e fator de emancipação humana, especialmente no art. 215.

Silva considera que na nossa ordem constitucional se encontram duas vertentes de valores culturais ou dois sistemas de significações: uma que são

---

[65] Utilizamos a expressão "dimensões" de direitos, ao invés de gerações, para expressar a idéia, bem captada por Sarlet, Bonavides e Guerra Filho, dentre outros, de que "o reconhecimento progressivo de novos direitos fundamentais tem o caráter de um processo cumulativo, de complementaridade, e não de alternância, de tal sorte que o uso da expressão *gerações* pode ensejar a falsa impressão da substituição gradativa de uma geração por outra" (SARLET, Ingo Wolfgang. *A eficácia dos direitos fundamentais*. Porto Alegre: Livraria do Advogado, 1998, p. 47). Guerra Filho enfatiza que "mais importante é que os direitos 'gestados' em uma geração, quando aparecem em uma ordem jurídica que já traz direitos de geração sucessiva, assumem uma outra dimensão, pois os direitos de geração mais recente tornam-se um pressuposto para entendê-los de forma mais adequada – e, conseqüentemente, também para melhor realizá-los. Assim, por exemplo, o direito individual de propriedade, num contexto em que se reconhece a segunda dimensão dos direitos fundamentais, só pode ser exercido observando-se sua função social, e com o aparecimento da terceira dimensão, observando-se igualmente sua função ambiental" (GUERRA FILHO, Willis Santiago. *Introdução ao direito processual constitucional*. Síntese: Porto Alegre, 1999, p. 26).

[66] SARLET, op. cit., p. 51.

[67] PUREZA, José Manuel; FRADE, Catarina. *Direito do ambiente*. Coimbra: Faculdade de Economia da Universidade de Coimbra. 2001, v. 1: Parte: a ordem ambiental portuguesa, p. 32.

[68] "Para convertirse en un bien colectivo de un sistema jurídico, el interés puramente fáctico tiene que transformarse en un interés jurídicamente reconocido y, en este sentido, justificado. Pero, un tal interés justificado no es otra cosa que algo cuya persecución está ordenada *prima facie* o definitivamente. Con ello, el interés adquiere un *status* normativo" (ALEXY, Robert. *El concepto y la validez del derecho*. 2. ed. Barcelona: Gedisa, 1997a, p. 187).

[69] POLÍTICA In: DICIONÁRIO Aurélio eletrônico, século XXI.

as próprias normas jurídico-constitucionais, por si sós repositórios de valores (direitos culturais, garantia de acesso à cultura, liberdade de criação e difusão cultural, igualdade no gozo dos bens culturais, etc.); outra que se constitui da própria matéria normatizada: a cultura, o patrimônio cultural brasileiro, os diversos objetos culturais (formas de expressão; modos de criar, fazer e viver; criações artísticas; obras, objetos, documentos, edificações, conjuntos urbanos, sítios, monumentos de valor cultural).[70] Para ele, a Constituição não ampara a cultura na sua extensão antropológica enquanto toda e qualquer obra humana, mas se limita a tutelar os bens destacados com aquela significação referencial da norma constitucional. E exemplifica dizendo que "um garfo, uma colher, uma faca, uma espada, são utensílios – e, assim, objetos de cultura no sentido antropológico; mas qualquer deles só terá significação constitucional se se elevar àquele sentido referencial".[71] Ou seja, se tiver sido usado por um renomado personagem da nossa história ou, no caso da espada, brandido em alguma batalha de expressão.

No *caput* do art. 216, a Constituição conceitua o patrimônio cultural como "os bens de natureza material e imaterial, tomados individualmente ou em conjunto, portadores de referência à identidade, à ação, à memória dos diferentes grupos formadores da sociedade brasileira", exemplificando, nos incisos subseqüentes, as formas de expressão, os modos de criar, fazer e viver; as criações científicas, artísticas e tecnológicas; as obras, objetos, documentos, edificações e demais espaços destinados às manifestações artístico-culturais e os conjuntos urbanos e sítios de valor histórico, paisagístico, artístico, arqueológico, paleontológico, ecológico e científico. Para Rodrigues, o sentido dos arts. 215 e 216 da Constituição Federal é de impor como necessária uma política de preservação que garanta aos cidadãos o direito à cultura, "esta entendida como os valores pelos quais se reconhece uma nação".[72]

A análise e discussão dos diversos conceitos de cultura nas ciências sociais, bem como a visão dessa dupla perspectiva da proteção constitucionalmente a ela assegurada, conduz-nos a proceder a um recorte, meramente analítico, dentro do amplo universo identificado com a expressão cultura.

Nem tudo o que integra a cultura, nem tudo o que se apresenta como obra exclusiva do homem, nem tudo o que não é inteiramente natural está abarcado pelo conceito de patrimônio cultural, o qual, importa desde logo

---

[70] SILVA, José Afonso da. *Ordenação constitucional da cultura*. São Paulo: Malheiros, 2001, p. 35.

[71] Ibidem, p. 35.

[72] RODRIGUES, Francisco Luciano Lima. *A proteção do patrimônio cultural:* competências constitucionais municipais e o direito de construir regulado pela Lei n. 10.257/01 (Estatuto da Cidade). Disponível em: www1.jus.com.br/doutrina/texto.as?id=3160. Acesso em: 21 mar. 2005.

assentar, difere do sentido civilista de patrimônio.[73] Conforme será abordado nas próximas linhas, tratar o patrimônio cultural como categoria aberta não significa dizer que o integram todos os bens dotados de "algum valor cultural",[74] ou seja, todos aqueles fruto da criação ou da especial valoração humana, pois isso provocaria uma inconcreção também geradora de problemas.

Do universo da cultura caminha-se para uma primeira redução até se chegar ao patrimônio cultural para, logo em seguida, ampliar-se novamente o campo de análise para o meio ambiente, integrado não só pela dimensão cultural, como pela artificial e natural.

1.2. O PATRIMÔNIO CULTURAL: REFLEXÕES SOBRE SUA GÊNESE CONCEITUAL, O SEU ESTATUTO E SUA IMPORTÂNCIA NA PÓS-MODERNIDADE

Numa perspectiva aberta, dinâmica e, sobretudo, transdisciplinar, tratar daquela parcela do patrimônio ao qual se agrega o aditivo "cultural" é considerar o "continuum" da humanidade. O tempo que foi, não sem deixar suas marcas; o tempo presente e o tempo futuro, inclusive o futuro do passado (na feliz expressão de Meira[75]).

A história da "invenção" do patrimônio, especialmente no Iluminismo; as suas conexões com a Modernidade e os seus desvios contemporâneos são fatores de primeira grandeza para que se avalie se traduz ele uma dimensão relevante para o ser humano enquanto integrante do meio ambiente e fator essencial à sadia qualidade de vida.

1.2.1. A modernidade, o patrimônio cultural e a emergência de uma cultura preservacionista

O período societal da modernidade está impregnado de contradições. De um lado o homem arvora-se em senhor da natureza,[76] apropria-se de suas

---

[73] Patrimônio é explicado por Orlando Gomes como sendo o complexo de direitos e obrigações pecuniariamente apreciáveis de cada indivíduo, nele estando abarcados as coisas, os créditos e os débitos, enfim todas as relações jurídicas de conteúdo econômico das quais participe a pessoa, ativa ou passivamente. O patrimônio é, na sua conotação civilista, a "representação econômica da pessoa" (GOMES, Orlando. *Introdução ao Direito Civil*. 4. ed. Rio de Janeiro: Forense, 1974, p. 225).

[74] A expressão é usada pelos professores da Universidade de Granada, PARDO, Guilhermo Orozco; ALONSO, Esteban Pérez. *La tutela civil y penal del patrimonio histórico, cultural o artístico*. Madrid: McGraw-Hill, 1996, p. 53.

[75] MEIRA, Ana Lúcia. *O passado no futuro da cidade:* políticas públicas e participação popular na preservação do patrimônio cultural de porto alegre. Porto Alegre: Editora da UFRGS, 2004.

[76] Pureza e Frade, em magnífica abordagem sobre o ambiente e a nova racionalidade jurídica, destacam ser o "paradigma moderno" também um discurso jurídico, no qual "a natureza é vista puramente como

leis e procura controlá-la e dominá-la. De outro, observa a necessidade de preservar bens essenciais à sua existência, inclusive do ponto de vista transgeracional. Começam a florescer idéias preservacionistas, especialmente no tocante ao patrimônio cultural, cuja colocação em prática não se descola da preservação do patrimônio natural.

Modernidade[77] não é um conceito unívoco. No presente trabalho, é concebida como o período que teve início a partir das revoluções burguesas, identificado com o projeto que Habermas situa a partir do século XVIII.[78] Esse projeto equivalia, na visão do geógrafo David Harvey, a um "extraordinário esforço intelectual" dos pensadores iluministas para desenvolver "a ciência objetiva, a moralidade e a lei universais e a arte autônoma nos termos da própria lógica interna destas".[79] Subirats, filósofo espanhol, relata que o desenvolvimento tecno-científico legitimou-se desde os primórdios da modernidade, como uma forma de emancipar o homem de sua condição indigente. Conhecimento e disponibilidade técnica em relação à transformação da natureza foram considerados "expressão da sua criatividade e instrumento da sua liberdade, como aquela atividade que elevava o ser humano ao domínio sobre a natureza e à hegemonia sobre a história". Essa dupla determinação, material e filosófica, é identificada por Subirats com a tradição platônica de unir a "produção artesanal das coisas, o princípio criador e ideal da arte e a própria geração demiúrgica[80] do universo".[81]

---

um dado inerte, neutro e mecânico que o homem manipula livremente, numa relação de absoluta exterioridade e superioridade. Essa Natureza-matéria é, pois, inevitavelmente, a Natureza-objeto de direitos. O estatuto jurídico da natureza é um reflexo desse dualismo radical e da negação absoluta de qualquer relevância específica da natureza no discurso jurídico liberal sobre os sujeitos de direitos. Na verdade, a Natureza é considerada como um puro objeto de apropriação, sobre o qual se projetam os direitos básicos e inalienáveis do sujeito-proprietário: *jus fruendi, utendi et abutendi* (PUREZA; FRADE, 2001, p. 10)".

[77] Para uma inserção no tema da modernidade, consultar FAGÚNDEZ, Paulo Roney Ávila. O significado da Modernidade. In: LEITE, José Rubens Morato; BELLO, Ney de Barros. *Direito ambiental contemporâneo*. Barueri: Manole, 2004, p. 205-246. Igualmente profundas as reflexões de BARCELLONA, Pietro. *El individualismo propietario*. Madrid: Editorial Trotta, 1996.

[78] Habermas refere-se aos "novos tempos", citando Hegel, para quem esse período teria sido desencadeado pela cesura que o Iluminismo e a Revolução Francesa significaram no final do século XVIII e começo do século XIX (HABERMAS, Jürgen. *O discurso filosófico da modernidade*: doze lições. São Paulo: Martins Fontes, 2002, p. 11).

[79] HARVEY, David. *Condição pós-moderna*. 13. ed. São Paulo: Loyola, 2004, p. 23.

[80] Demiúrgica provém de "demiurgo". Demiurgo, segundo o Dicionário Aurélio Eletrônico é aquilo que se refere ao Deus criador do Universo, organizando a matéria preexistente (DEMIURGO. In: DICIONÁRIO Aurélio eletrônico, século XXI).

[81] SUBIRATS, Eduardo. *A cultura como espetáculo*. São Paulo: Nobel, 1989, p. 35. O autor discorre sobre os fundamentos filosóficos do conhecimento científico na concepção de Francis Bacon, um dos expoentes da Modernidade nesse campo. Para Bacon, o conhecimento envolvia ato supremo de liberdade, ao ponto de definir o significado da ciências empíricas e instrumentais como uma "nova criação" e a figura do cientista como uma reprodução da "potência originária de Deus" (ob. cit., p. 36).

Bauman,[82] baseado em Freud, seleciona os *topoi* da modernidade: beleza, limpeza e ordem. Beleza ("aquilo que não possui qualquer valor prático"),[83] para Freud, é algo que o homem "civilizado" tem de reverenciar, seja ela obra da natureza; seja obra do próprio homem. Limpeza ("a sujeira de qualquer espécie nos parece incompatível com a civilização"[84]) é um valor que deve ser ostentado pelos ambientes e pelo corpo humano (asseio). A ordem ("uma espécie de compulsão a ser repetida, compulsão que, ao se estabelecer um regulamento de uma vez por todas, decide quando, onde e como uma coisa será efetuada, e isso de tal maneira que, em todas as circunstâncias semelhantes, a hesitação e a indecisão nos são poupadas"[85]), assim como a limpeza, que só se aplica às obras do homem, mas foi imitada a partir da natureza. A ordem propicia ao homem a utilização racional do tempo e do espaço para seu melhor proveito, "conservando ao mesmo tempo as forças psíquicas dele".[86] Nas palavras de Bauman, a modernidade pode ser concebida como a "época, ou o estilo de vida, em que a colocação em ordem depende do desmantelamento da ordem 'tradicional', herdada e recebida: em que 'ser' significa um novo começo permanente".[87]

Para Santos, o projeto sociocultural da modernidade estruturou-se entre o século XVI e finais do século XVIII, período coincidente com o surgimento do capitalismo enquanto modo de produção predominante nos países europeus. Esse projeto assentou-se em dois pilares: a) o da regulação; e b) o da emancipação. O primeiro, constituído pelo princípio do Estado, cuja articulação se deve principalmente a Hobbes;[88] pelo princípio do mercado, dominado sobretudo pela obra de Locke,[89] e pelo princípio da comunidade, expresso na filosofia política de Rousseau.[90] O segundo ostenta três lógicas de racionalidade: a racionalidade estético-expressiva da arte e da literatura; a racionalidade moral-prática da ética e do direito; e a racionalidade cognitivo-instrumental da ciência e da técnica.[91]

---

[82] BAUMAN, 1998, p. 7-9.
[83] FREUD, Sigmund. *O mal-estar na civilização*. Rio de Janeiro: Imago, 2002, p. 45.
[84] Ibidem, p. 46.
[85] Ibidem, p. 46.
[86] Ibidem, p. 46-47.
[87] BAUMAN, op. cit., p. 20.
[88] HOBBES, Thomas. *O Leviatã ou matéria:* forma e poder de um estado eclesiástico e civil. 4. ed. São Paulo: Nova Cultural, 1998.
[89] LOCKE, Jonh. *Segundo tratado sobre o governo*. São Paulo: Martin Claret, 2003. Para um estudo aprofundado da obra de Locke e suas influências na construção jurídica do direito de propriedade e na doutrina política do liberalismo, v. LASSALE, José Maria. *Locke, liberalismo y propriedad*. Madrid: Fundacion Beneficentia et peritia iuris, 2003.
[90] ROUSSEAU, Jean-Jacques. *Do contrato social*. São Paulo: Martin Claret, 2004.
[91] SANTOS, Boaventura de Sousa. *Pela mão de alice*. 8. ed. São Paulo: Cortez, 2001a, p. 79. Consultar, também, SANTOS, 2001b, p. 50.

Fundados em lógicas ou princípios cada um deles dotado de uma aspiração de autonomia e de diferenciação funcional, que acabam gerando uma vocação maximalista, quer seja, no caso do pilar da regulação, a maximização do Estado, do mercado ou da comunidade, quer seja, no caso do pilar da emancipação, a estetização, a juridificação ou a cientifização da realidade social. Mas a dimensão mais profunda do déficit, segundo Santos, parece residir precisamente na possibilidade de estes princípios e lógicas virem a dissolver-se num projeto global de racionalização da vida social prática e quotidiana.[92]

Devido a suas contradições internas, dentre as quais se destaca a liberdade econômica no plano individual que acaba por minar a igualdade e a justiça, bem como a própria liberdade na sociedade de um modo geral, com base em Eagleton é possível concluir que a modernidade "seguiu seu curso triunfal para acabar em algum ponto frustrando o próprio progresso".[93]

Em função de sua demasiada ambição, o projeto da modernidade contempla tanto o excesso das promessas como a insuficiência de seu descumprimento. "O excesso reside no próprio projeto de vincular o pilar da regulação ao pilar da emancipação e de os vincular a ambos à concretização de objectivos práticos de racionalização global da vida colectiva e da vida individual".[94] O déficit de cumprimento vincula-se tanto ao horizonte excessivamente alargado das aspirações da modernidade como à possibilidade dos pilares da regulação e da emancipação virem a se dissolver num projeto global de "racionalização da vida social prática e quotidiana".[95]

Conquanto se identifiquem diversas evidências históricas de ideais ou práticas preservacionistas em períodos anteriores à modernidade,[96] especialmente no Renascimento italiano quando houve um despertar para o consciente apego aos monumentos clássicos,[97] é impossível negar ter sido no Século das Luzes[98] o período de florescimento e de desenvolvimento da idéia de preservação do patrimônio cultural.

---

[92] Ibidem, p. 78.
[93] EAGLETON, Terry. *As ilusões do pós-modernismo*. Rio de Janeiro: Jorge Zahar, 1998, p. 67.
[94] SANTOS, 2001a, p. 78.
[95] Ibidem, p. 78.
[96] Nesse sentido, merece ser lido o texto de COMPARATO, Fábio Konder. *A afirmação histórica dos direitos humanos*. 2. ed. São Paulo: Saraiva, 2001.
[97] RIEGL, Aloïs. *El culto moderno a los monumentos:* caracteres y origem. 2. ed. Visor: Madrid, 1999, p. 35.
[98] O século XVIII é conhecido como "O Século das Luzes" (*Aufklärung*, isto é, do racionalismo), período no qual a experiência, a razão e o método científico passam a ser as únicas formas de obtenção do conhecimento. O homem passa a ter uma nova relação com o mundo, no qual ele, "medida de todas as coisas, instala-se no centro do Universo, apropria-se dele e prepara-se para o transformar"(OST, François. *A natureza à margem da lei:* a ecologia à prova do direito. Lisboa: Piaget, 1995, p. 53). Nesse século,

Essa assertiva prende-se a duas justificativas de diferentes impactos na constituição de uma conclusão histórica. A primeira delas é a de que a preservação dos bens culturais está em muito associada à conservação do patrimônio de seus proprietários. Ademais, consoante relata Teixeira, na Idade das Luzes cresce a idéia de que tudo o que não era armado (v.g., cidades sem fortaleza ou o que nelas existia) deveria ser poupado dos ataques bélicos.[99] O advento da Revolução Francesa desencadeou diversos movimentos em torno da questão patrimonial, com ela surgindo políticas públicas necessárias à preservação e valorização dos bens representativos da nação.[100]

Partindo-se da explicação carreada pela especialista Françoise Choay[101] de originar-se o termo *patrimônio* de uma referência à ordem familiar, econômica e jurídica das sociedades do passado e que, ao ser combinado com determinado adjetivo, explicita diversos conjuntos de bens da maior relevância (jurídico, genético, natural, histórico, etc.),[102] com a ajuda dessa autora não parece forçado afirmar que a obra de proteção do patrimônio francês iniciada pela Revolução merece destaque, quer pelo pioneirismo, já que antecipou documentos e instrumentos que posteriormente viriam a ser utilizados para proteger o patrimônio, quer pelo caráter diacrônico. Se de um lado houve a transferência dos bens do clero, da Coroa e dos emigrados para a nação, enriquecendo o patrimônio nacional e sujeitando-o a políticas conservacionistas, de outro, houve a destruição ideológica de uma parte desses bens, particularmente sob o "Terror", período da Revolução Francesa compreendido entre 31 de maio de 1793 (queda dos girondinos) e 27 de julho de

---

marcado por filósofos como Jean-Jacques Rousseau, Montesquieu (o Barão de Brède e de Montesquieu), Voltaire (cujo verdadeiro nome era François Marie Arouet) e Immanuel Kant, teve como um de seus traços filosóficos, em muito influenciados pelo pensamento de René Descartes (que viveu entre 1596-1650), a idéia de dominação da natureza, a qual se converte em mera objetividade a ser transformada e dominada pelo homem (ADORNO, Theodor; HORKHEIMER, Max. *Dialética do esclarecimento:* fragmentos filosóficos. Rio de Janeiro: Jorge Zahar, 1985, p. 23). Barcellona considera um dos pilares da modernidade a construção de uma ordem jurídica individualista que transforma a natureza em "res" disponível, apropriável e transformável e que dá ensejo a uma tecnologia que tem como projeto construir uma "segunda natureza" sem raízes, uma natureza fundada na capacidade do homem de destruir e construir as coisas (BARCELLONA, 1996, p. 20; 29 e 100). Essa necessidade de apropriação e de domínio do natural é confirmada pelas características da casa nos séculos XVIII e XIX, "território através do qual os proprietários tentam apropriar a natureza pela exuberância dos jardins e das estufas onde as estações são abolidas, a arte pelo acúmulo de coleções ou pelos concertos privados, o tempo pelas lembranças da família ou de viagens, o espaço pelos livros que descrevem o planeta e pelos magazines ilustrados" (PERROT, Michelle. Maneiras de Morar. In: PERROT, Michelle (Org.). *História da vida privada:* da revolução francesa à primeira guerra. São Paulo: Cia. das Letras, 1991, p. 309).

[99] TEIXEIRA, 2004.

[100] BO, João Batista Lanari. *Proteção do patrimônio na Unesco:* ações e significados. Brasília: Unesco, 2003, p. 24.

[101] Choay é uma das mais respeitadas especialistas em patrimônio cultural no cenário internacional. Nascida em 1925, leciona urbanismo, arte e arquitetura nas Universidades de Paris I e VIII.

[102] CHOAY, Françoise. *A alegoria do patrimônio.* São Paulo: Unesp, 2001, p. 12.

1794 (morte de Robespierre). Durante esse período as garantias civis foram suspensas e o governo revolucionário, controlado pela facção da Montanha dentro do partido jacobino, perseguiu e assassinou seus adversários (milhares de pessoas foram guilhotinadas).[103]

Esse movimento de destruição suscitou uma reação de defesa imediata que objetivou não apenas conservar as igrejas medievais, "mas, em sua riqueza e diversidade, à totalidade do patrimônio nacional".[104] Um dos primeiros atos da Constituinte de 02 de outubro de 1789, foi o de colocar os bens do clero "à disposição da nação". Logo em seguida, vieram os dos emigrados e, por fim, os da Coroa. Essa megaoperação de transferência de dominialidades representou, de um lado, uma ampliação na fruição coletiva desses bens, mas, de outro, gerou problemas até então não vivenciados pelo novo governo francês. Como administrar tamanho acervo? Como conservar?

O momento histórico sem precedentes acabou por forjar uma das primeiras políticas conservacionistas. Por sugestão do Conde Honoré Mirabeau, um dos mais destacados tribunos revolucionários, e de Charles Maurice de Talleyrand-Perigord[105] foi criada uma comissão dos Monumentos para preparar o inventário dessa herança e definir regras de gestão.[106] Essa comissão iniciou pelo tombamento das diferentes categorias de bens recuperados pela Nação. Em seguida, de acordo com decreto de 13 de outubro de 1790, promover-se-ia o inventário das categorias e estabelecido o estado de conservação de cada um dos bens. Por fim, os bens seriam protegidos cautelarmente, com sua colocação fora de circulação, seja com sua reunião em depósitos, seja pela pela aposição de selos, especialmente nos edifícios.[107]

Ocorre que a guarda desses bens não era de fácil viabilização. Além disso, a necessidade de decidir, em regime de urgência e de forma a preservar o interesse coletivo, o destino de um patrimônio assaz heterogêneo significava um problema a mais para o Governo Revolucionário, que acabou, em muitos casos, optando pela venda de alguns bens a particulares, a fim de equilibrar as finanças públicas. A Assembléia Legislativa "não apenas decretou a fundição das pratarias e dos relicários, mas também mandou transformar em peças de artilharia as armações de telhado de chumbo ou de bronze das catedrais (Amiens, Beauvais, Chartres, Estraburgo), de basílicas

---

[103] Conforme explica a ENCICLOPÉDIA Eletrônica Wikipedia. Disponível em: http://pt.wikipedia.org/wiki/Terror_(Revolu%C3%A7%C3%A3o_Francesa). Acesso em: 28 jun. 2005.

[104] CHOAY, 2001, p. 97.

[105] Talleyrand-Perigord, apesar de ter sido bispo, acabou por abandonar a carreira eclesiástica, não sem antes propor a total colocação dos bens do clero à disposição da Nação (TALLEYRAND-Perigord. In: LAROUSSE cultural: grande enciclopédia. São Paulo: Nova Cultural, 1998, v. 22, p. 5571).

[106] CHOAY, op. cit., p. 99.

[107] Ibidem, p. 99-100.

(Saint-Denis) e de igrejas (Saint-Gervais, Saint-Sulpice, Saint-Louis-des-Invalides em Paris)".[108]

No entanto, um mês depois (3 de março de 1791) do decreto determinando a fundição, sobrevém um documento contendo um conjunto de instruções abrindo exceções à política de destruição. Nele constam critérios para motivar a conservação de bens condenados. Dentre esses critérios, que podem ser considerados como precursores da conservação reacional, figuram "o interesse para a história, a beleza do trabalho, o valor pedagógico para a arte e as técnicas".[109] O valor estético, conquanto privilegiado, não restou solitário no contexto da pioneira normativização.

Interessante observar, na trilha desbravada por Choay, que o mesmo aparelho que orientou no sentido de uma preservação parcial, proferiu ordens de eliminação de monumentos associados ao feudalismo, numa franca campanha de destruição ideológica. Esses monumentos que simbolizavam "poderes e valores execrados, encarnados pelo clero, pela monarquia e pelos senhores feudais" deveriam ser destruídos, na visão dos revolucionários, por remeterem a uma ordem finda fundada, dentre outros símbolos, na superstição. Por essa razão, a "destruição ideológica feita pela Revolução é iconoclasta".[110]

Superado esse momento inicial de vandalismo empregado como forma artificial e utópica de apagar um passado, os pensadores da revolução renderam-se à necessidade de preservação. Um grupo liderado por Félix Vicq dAzyr, Armand Guy Kersaint e Gilbert Romme (todos membros do *Comité d'Instruction Publique*) empreendeu esforços para compor um tecido semântico tramado com fragmentos do passado e do presente como forma de testemunho histórico sobre a conquista da liberdade. Choay, no intuito de destacar que, em determinados momentos históricos, é preciso distinguir a arte e o saber da ideologia, compara o papel desses homens ao dos revolucionários soviéticos que, depois de 1917, preservaram intocada a cidade que foi símbolo do poder dos Czares – São Petersburgo.[111]

Na Revolução Francesa, havia o desejo de eternizar e sublimar o momento de ruptura com o Velho Regime e isso poderia de fato ter-se convertido em uma grande obra de destruição. Mas o racionalismo de alguns revolucionários acabou por criar mecanismos inovadores de preservação.[112]

---

[108] CHOAY, 2001, p. 107.
[109] Ibidem, p. 107. A autora citada transcreve a integralidade das recomendações.
[110] Ibidem, p. 108-109.
[111] CHOAY, 2001, p. 113.
[112] BALLART, 2002, p. 148-149.

A par dos anseios da revolução burguesa, a construção da idéia de patrimônio cultural está em muito associada à figura do Estado-Nação,[113] conceituado por Canotilho como "um centro político – o Estado –, conformado por normas – as normas da Constituição – exerce a 'coacção física legítima' – poder – dentro de um território nacional".[114]

Esse novo ente tem sua origem associada à idéia de nação. "Com Sieyès e a Revolução Francesa, 'a nação' se transforma na fonte da soberania do Estado. A partir daí, cada nação deve ter o direito à autodeterminação política. O complexo étnico cede, pois, lugar à comunidade democrática internacional".[115] Assim, o significado da nação convola-se em característica constitutiva para a identidade política dos sujeitos de uma específica comunidade democrática. Para garantir a coesão desse grupo, a criação e consolidação de símbolos nacionais que integram um verdadeiro complexo "psicológico-social"[116] adquire irrefutável notoriedade.

Nos finais do século XIX, relata Teixeira, "assistimos a um crescendo de importância do patrimônio histórico-artístico, nomeadamente através da preocupação de salvaguarda dos bens imóveis".[117] A burguesia em ascensão, tanto na Europa pós-revolução francesa como nos Estados Unidos da América,[118] necessitava fortalecer o Estado-Nação e, para tanto, não poderia prescindir dos valores associados à cultura.[119] Como acentua Hobsbawm, o *nacionalismo*

---

[113] Nesse sentido, v. GALVÃO JÚNIOR, José Leme. *O instituto do tombamento:* a importância de Brasília. Disponível em: www.mpdft.gov.br/orgaos/promoj/prourb/deb_joseleme.htm. Acesso em: 11 dez. 2004.

[114] CANOTILHO, José Joaquim Gomes. *Direito constitucional.* 6. ed. Coimbra: Almedina, 1993, p. 17.

[115] HABERMAS, Jürgen. *Direito e democracia:* entre facticidade e validade II. 2. ed. Rio de Janeiro: Tempo Brasileiro, 2003, p. 282. É preciso lembrar que, para Habermas, a cidadania democrática não está amarrada à identidade nacional de um povo, mas requer a socialização de todos os cidadãos numa cultura política comum (Ibidem, p. 289).

[116] Habermas argumenta que o nacionalismo, fomentado por expressões culturais como a ciência e a literatura, formou uma identidade coletiva propícia ao exercício da cidadania, nos moldes em que ela aflorara da Revolução Francesa. O nacionalismo adquirido conseguiu promover a identificação do indivíduo com um papel que exige grande dose de sacrifício pessoal, podendo chegar a extremos exigíveis quando se tem em mira o serviço militar obrigatório. Esse conjunto de fatores, denominado pelo filósofo alemão de "complexo psicológico-social", não seria meramente de ordem conceitual, porquanto a autonomia nacional e a auto-afirmação coletiva contra nações estrangeiras podem ser interpretadas como formas coletivas de liberdade (Ibidem, p. 283).

[117] TEIXEIRA, 2004.

[118] Lynch destaca que nos EUA, as primeiras medidas conservacionistas se restringiram à conservação das edificações associadas a figuras patrióticas. Isso ocorreu nos períodos imediatamente anterior e posterior à Guerra Civil, tendo em conta a necessidade de apelar aos sentimentos de patriotismo e orgulho da cultura nacional como forma de reconstruir a coesão política. Nos períodos subseqüentes às duas guerras mundiais, esse tipo de política também foi usada como forma de estímulo à unidade nacional (LYNCH, Kevin. *De que tiempo és este lugar?* Barcelona: Gustavo Gili, 1973, p. 35).

[119] Na mesma direção aponta CHAUÍ, Marilena. Natureza, cultura, patrimônio ambiental. In: LANNA, Ana Lúcia Duarte (Org). *Meio Ambiente:* patrimônio cultural da USP. São Paulo: Edusp, 2003, p. 53.

tornou-se um substituto para a coesão social através de uma igreja nacional, de uma família real ou de outras tradições coesivas, ou auto-representações coletivas, uma nova religião secular, e que a classe que mais exigia tal modalidade de coesão era a classe média em expansão, ou antes, a ampla massa intermediária que tão notavelmente carecia de outras formas de coesão.[120]

Gellner chega a afirmar que o imaginário moderno repele a idéia de um homem sem uma nação. A nação[121] erigiu-se em algo tão vital ao ser humano como partes essenciais de seu corpo.[122]

Milet externa a indissociabilidade da idéia de proteção dos bens culturais, enquanto fragmentos que compõem o patrimônio, e da afirmação do Estado-Nação.[123] O *"mise en valeur"*[124] do edifício excepcional, ao desenvolver um sentimento de orgulho nacional, visa à ampliação da base social do Estado e, conseqüentemente, a sua legitimação".[125]

Para esse norte também aponta profundo texto do geógrafo Roberto Lobato Corrêa, Professor da Universidade Federal do Rio de Janeiro, no qual analisa os significados dos monumentos para a política e para a representação espacial das nações. Demonstra ele, através de diversos exemplos, a necessidade dos Estados-Nação afirmarem uma identidade própria pela construção, na sua percepção sempre intencional, de monumentos. Cita o caso da República do Usbequistão, cuja independência recente da extinta União Soviética gerou a necessidade de reinvenção dos espaços públicos, especialmente na capital, Tashkent. Assim, a ex-praça Lenin foi redenominada Praça da Independência, sendo que a gigantesca estátua de Lenin foi retirada de

---

[120] HOBSBAWN, Eric. A produção em massa de tradições: Europa, 1870 a 1914. In: HOBSBAWN, Eric; RANGER, Terence (Org.). *A invenção das tradições*. 3. ed. São Paulo: Paz e Terra, 1997, p. 311.

[121] Sobre a nação, Hall afirma não ser apenas uma entidade política, mas um sistema de representação cultural. As pessoas não são apenas cidadãos de uma Nação, mas elas participam da idéia de Nação tal como representada em sua cultura nacional. "Uma Nação é uma comunidade simbólica e é isso que explica seu poder para gerar um sentimento de identidade e lealdade" (HALL, Stuart. *A identidade cultural na pós-modernidade*. 2. ed. Rio de Janeiro: DP&A, 1998, p. 49).

[122] GELLNER, Ernest. *Nations and nationalism*. Oxford: Basil Blackwell, 1983, p. 6.

[123] MILET, Vera. *A teimosia das pedras*. Olinda: Prefeitura de Olinda, 1988, p. 77.

[124] A teoria francesa do "mise en valeur" define-se pela valorização do essencial, "do monumento excepcional", de molde a alijar tudo o que atrapalhasse a sua percepção (MALHANO, Clara Emília Sanches Monteiro de Barros. *Da materialização à legitimação do passado*: a monumentalidade como metáfora do Estado. Rio de Janeiro: FAPERJ/Lucena, 2002, p. 68). A expressão também aparece como sinônimo de *valorização* do bem cultural. Sobre o sentido e as estratégias de valorização, v. CASINI, Lorenzo. La valorizzazione dei beni culturali. *Rivista Trimestrale di Diritto Pubblico*, n. 3, p. 651-707, 2001. Para Ferri, a valorização de um bem cultural não pode se focar em intervenções que se dirijam ao aumento dos méritos artísticos e históricos inerentes ao bem, porque esses são, por definição, um dado da vida que refoge a qualquer tutela. Ao contrário, a função de valorização deve-se voltar à fruição pública do bem, propiciando, alargando ou melhorando a possibilidade de acesso ao conhecimento dos bens culturais (FERRI, Pier Giorgio. Os bens culturais no direito italiano. In: MIRANDA, Jorge; CLARO, João Martins; ALMEIDA, Marta Tavares de (Org.). *Direito do patrimônio cultural*. Oeiras: INA, 1996, p. 121).

[125] MILET, op. cit., p. 79.

seu centro e substituída, em 1992, por um imenso globo de bronze representando a Terra, no qual aparecem somente os limites do território usbeque. O memorial a Karl Marx, por seu turno, foi desconstruído e, no seu antigo lugar, colocada uma estátua eqüestre em homenagem ao Rei-Guerreiro medieval da Ásia Central, Tamerlão.[126]

Esse exemplo reforça a tese da vinculação estreita entre o Estado-Nação e o patrimônio cultural, tanto na invenção do conceito quanto na sua afirmação.

1.2.2. O Estatuto do patrimônio

Em primeiro lugar, importa pontuar que a idéia de patrimônio enquanto significante é objeto de críticas. Monnet,[127] docente da Universidade de Toulouse, Le Mirail, atenta para o fato de que o uso urbanístico desse conceito é recente e tem-se prestado a gestar políticas que acabam por imprimir às cidades uma formatação vinculada a interesses particulares. Por aparentarem neutralidade política, as intervenções urbanísticas materializadas em estratégias de proteção ao patrimônio, na profunda reflexão desse autor, acabam por esconder "um meio ideal de legitimação de uma intervenção sobre o espaço público, um instrumento eficaz de adesão social a um projeto", podendo, por vezes, servir de instrumento para encobrir um vazio, uma ausência de projeto que implique reais melhorias na qualidade de vida dos excluídos.

Essa perspectiva iconoclasta considera que a definição do patrimônio conduz a uma visão "centralizadora e uniformizadora"[128] da história como destino coletivo inexorável, através da qual a memória social só estaria apta a reter o que funde o conjunto de indivíduos em torno das autoridades ("constituídas como expressão desse destino"), e não o acaso ou o caos, oriundos de lógicas contraditórias e de acontecimentos desarticulados",[129] o que explicaria a vocação das sociedades ocidentais para a proteção dos espaços construídos em detrimento às atividades.[130]

Conquanto apta a despertar discussões em torno às políticas urbanas para conservação do patrimônio, essa posição não desconstrói a importância

---

[126] CORRÊA, Roberto Lobato. Monumentos, política e espaço. *Revista Eletrônica de Geografía y Ciencias Sociales*, Barcelona, v. 9, n. 183, 2005. Disponível em: www.ub.es/geocrit/sn/sn-183.htm. Acesso em: 30 mar. 2005.

[127] MONNET, Jérôme. O álibi do patrimônio. *Revista do IPHAN*, n. 24, 1996.

[128] Ibidem, p. 227.

[129] MONNET, 1996, p. 226-227.

[130] Quando dessa abordagem, o autor enfrenta a polêmica questão do comércio informal que se implanta no entorno dos sítios, monumentos e edifícios históricos. Para ele, a opção política tem recaído sobre a proteção do mais antigo e monumental, evocativos de um passado glorioso e heróico, que redesenha a gênese dos poderes que sobre nós são exercidos, em detrimento de um passado cotidiano e sem relevo dos mais numerosos (Ibidem, p. 228).

da preservação da memória cultural enquanto fator de emancipação. Inequivocamente associado à idéia do Estado-Nação, o patrimônio cultural aparece como expressão de uma parte do todo que é a cultura e encontra sua gênese na superação da preocupação egoística da proteção dada pelo direito aos bens de domínio público e privado, passando a abarcar igualmente as necessidades coletivas. Nas palavras de Piva,

> As suas propriedades econômicas, capazes de qualificar um bem como sendo jurídico, vão dividindo espaço com as suas propriedades afetas a valores de vida. O patrimônio constituído pelos bens jurídicos ganha adjetivos que ampliam o seu alcance econômico para aspectos figurados da expressão, tais como patrimônio histórico, patrimônio cultural e patrimônio genético.[131]

Por sua vez, o conceito de patrimônio acha-se decalcado à noção de bem cultural. Esse é a célula que compõe o tecido "patrimônio". Como ensina Teixeira, do ponto de vista econômico, "bem corresponde a tudo o que se mostra apto a satisfazer uma necessidade; e, num sentido jurídico, corresponde a tudo o que, dispondo de autonomia e utilidade, é susceptível de integrar a esfera jurídica de alguém em razão da protecção jurídica que a lei lhe confere".[132]

O bem cultural é algo apto a satisfazer uma necessidade de cunho cultural e que se caracteriza por seu valor próprio, independentemente de qualquer valor pecuniário, de ser testemunho da criação humana, da civilização, da evolução da natureza ou da técnica, não se esgotando em seus componentes materiais, mas abarcando sobretudo o "valor" emanado de sua composição, de suas características, utilidade, significado, etc.[133]

Essa noção aberta – normativa e valorativa[134] – encontra eco na doutrina de Alibrandi e Ferri, para quem o conteúdo do bem cultural deve ser preenchido por teóricos de outras disciplinas, de modo que a definição de bem cultural "como testemunho material dotado de valor civilizatório" – definição essa acolhida no ordenamento jurídico italiano – pode ser assumida como noção juridicamente válida, já que consegue exprimir o objeto ao qual se conecta, muito embora a normativa jurídica não consiga lhe conferir um conteúdo próprio e um tratamento jurídico conclusivo e rigorosamente vinculante.[135]

---

[131] PIVA, Rui Carvalho. *Bem ambiental*. São Paulo: Max Limonad. 2000, p. 105.

[132] TEIXEIRA, 2004.

[133] Ibidem.

[134] KRELL, Andreas. A recepção das teorias alemãs sobre 'conceitos jurídicos indeterminados' e o controle da discricionariedade no Brasil. *Revista do Instituto de Hermenêutica Jurídica*, Porto Alegre, v. 1, n. 2, p. 33-65, 2004, p. 40.

[135] ALIBRANDI, Tommaso; FERRI, Piergiorgio. *I beni culturali e ambientali*. Milão: Giuffrè, 1985, p. 18.

Os bens culturais vinculados ao território nacional integrarão o patrimônio cultural do país.[136] Assim, ao longo deste trabalho, as expressões patrimônio e bens culturais serão utilizadas como sinônimas.

Partindo-se da premissa de que a memória é, por natureza, uma capacidade seletiva (ou seja, para lembrar-se de algumas coisas é preciso esquecer-se de outras),[137] imperioso identificar qual a essência do patrimônio, qual a nota diferencial que, por um passe de mágica, permite o ingresso de um bem no seleto grupo do patrimônio cultural.

O arquiteto espanhol García Gil conceitua o patrimônio como:

> Sendo todas as realizações do homem ao longo das sucessivas gerações, traçadas através da relação do homem com seu meio físico e seus semelhantes, com sua intenção de fazer o mundo habitável e pela sua necessidade de comunicar-se com seus semelhantes. Dessa forma, o patrimônio cultural se apresenta numa dupla vertente: de um lado, essa necessidade de comunicação, de comunicação direta com seus semelhantes, ou através de diversos veículos, através de diversos meios ao longo dos tempos históricos e futuros (tradução livre da autora).[138]

Avaliando a definição antes transcrita, Montero[139] pondera ter sido conseqüência da Revolução Industrial a ampliação significativa do sentido de patrimônio, que cede no tocante à monumentalidade para acolher, além dos bens dotados de valor histórico, científico e arquitetônico, também aqueles vinculados a artes menores, artes aplicadas, artes decorativas, utensílios cotidianos e industriais. O conceito de bem cultural transcende às premissas materialistas e histórico-estéticas para abarcar todo e qualquer bem que constitua manifestação ou testemunho *significativo* da cultura humana.

Na mesma linha, Orozco Pardo e Pérez Alonso, após tratarem da polêmica envolvendo a inclusão, ou não, dos bens culturais imateriais no conceito em questão, identificam o patrimônio com uma categoria unitária no gênero e diversa nas suas espécies, na qual é irrelevante o tipo de titularidade ou de

---

[136] Convém não esquecer, com a ajuda de Souza Filho, que os bens culturais agrupam-se em diferentes conjuntos, formando, respectivamente, os patrimônios do Município, do Estado, da Nação ou da Humanidade (SOUZA FILHO, Carlos Frederico Marés de. *Bens culturais e proteção jurídica*. Porto Alegre: Unidade Editorial, 1997).

[137] SILVA, Maria Beatriz Setubal de Rezende. Preservação na gestão das cidades. *Revista do Patrimônio Histórico e Artístico Nacional*, n. 24, 1996, p. 165.

[138] "[...] todas las realizaciones del hombre a lo largo de las generaciones sucesivas, trazadas a través de la relación del hombre con su medio físico y sus semejantes, con su intención de hacer el mundo habitable, y por su necesidad de comunicarse con sus semejantes. De esta forma, el patrimonio cultural se presenta en una doble vertiente: por un lado, esta necesidad de comunicación, de comunicación directa con sus semejantes, o a través de diversos vehículos, a través de diversos medios a lo largo de los tiempos históricos y futuros" (GARCÍA GIL, Alberto. El patrimonio cultural. In: ACTAS de las primeras jornadas del patrimonio histórico artístico. Burgos, 1982, p. 79-82).

[139] MONTERO, Juan Monterroso. *Protección y conservación del patrimonio*: principios teóricos. Santiago de Compostela: Tórculo, 2001, p. 38.

regime jurídico que sobre ele recai, mas que tem como elo de ligação entre os bens que o compõem a afetação a uma função cultural que modela o exercício das faculdades inerentes ao domínio ou possessórias.[140]

Para a antropóloga Mariza Veloso Motta Santos, superada a concepção universalizante de valores culturais, a categoria fundamental à idéia discursiva sobre patrimônio é o *passado*. "O fato importante a destacar na narrativa sobre o Patrimônio é que neste discurso a identidade da nação é pensada através da idéia de *testemunho*"[141] (grifos nossos).

Justamente esse é o enfoque dado pela importante Comissão Franceschini[142] criada na Itália, pela Lei n. 310, de 26 de abril de 1964, para realizar a exaustiva tarefa de avaliar as condições dos bens culturais e propor medidas concretas de revisão da legislação, de organização do pessoal e de adequação de meios financeiros à preservação do incomensurável patrimônio italiano. Cortese observa que a Comissão Franceschini definiu valor cultural como assemelhado ao de testemunho dotado de valor civilizatório, o que faz do bem nele incorporado um bem de interesse público.[143]

De acordo com as conclusões da Comissão, que, segundo Giannini, empenhou-se em superar as idéias fragmentadas de coisas de interesse histórico, artístico, arqueológico e de belezas naturais panorâmicas,[144] a essência dos bens culturais ambientais (categoria compressiva dos bens paisagísticos e urbanísticos) está no seu particular valor enquanto vivo testemunho do processo civilizatório.[145]

Giannini acentua o caráter aberto dessa noção de patrimônio que incorpora a historicidade e, por essa razão, nos remete a disciplinas não jurídicas. Para ele,

> O atributo definitório do bem cultural como testemunho dotado de valor de civilidade torna a noção idônea a aderir a uma série de coisas, não somente num passado remoto, mas também daquele vizinho e até mesmo do presente. Em abstrato, portanto, mesmo objetos modestos de uso, como um tipo de faca, de vaso, de banco, etc., podem tornar-se bens culturais enquanto são testemunhos dotados de valores de civilização[146] (tradução livre da autora).

---

[140] PARDO; ALONSO, 1996, p. 54.
[141] SANTOS, Mariza Veloso Motta. Nasce a Academia SPHAN. *Revista do Patrimônio Histórico e Artístico Nacional*, Brasília, n. 24, p. 77-95, 1996.
[142] O nome da comissão se deve ao seu incansável Presidente, Francesco Franceschini. O relatório final e completo dos trabalhos da Comissão está publicado na COMISSÃO FRANCESCHINI. Relatório final. *Rivista Trimestrale di Diritto Pubblico*, Milano, v.16, p. 119-244, 1966.
[143] CORTESE, Wanda. *I beni culturali e ambientali:* profili normativi. 2. ed. Milão: Cedam, 2002, p. 121.
[144] GIANNINI, Massimo Severo. Ambiente: saggio sui diversi suoi aspetti giuridici. *Rivista Trimestrale di Diritto Pubblico*, Milano, n. 26, 1976a, p. 16.
[145] Declaração n. XXXIX constante do relatório da COMISSÃO FRANCESCHINI, ob. cit., p. 187.
[146] "Lattributo definitorio del bene culturale come testimonianza avente valore di civiltà rende idonea la nozione ad aderire ad ogni sorta di cosa, non solo del passato lontano, ma anche di quello vicino e

Da noção do mestre italiano, verifica-se a admissão até mesmo de bens culturais produzidos no presente a integrarem o patrimônio cultural.

O fato é que as práticas culturais diuturnamente produzidas serão sempre passado em relação ao seu reconhecimento como bem cultural.[147] Nesse sentido, calha como luva a ampla conceituação do patrimônio de Ana Cláudia Aguiar, citada por Castro:

> Estender o conceito de "patrimônio histórico e artístico" para "patrimônio cultural" significa compreender que o valor de um bem transcende em muito o seu valor histórico comprovado ou reconhecido oficialmente, ou as suas possíveis qualidades artísticas. É compreender que este bem é parte de um conjunto maior de bens e valores que envolvem processos múltiplos e diferenciados de apropriação, recriação e representação construídos e reconhecidos culturalmente e, aí sim, história e cotidianamente, portanto anterior à própria concepção e produção daquele bem.[148]

Chauí arrola três aspectos essenciais à idéia de patrimônio: a) conjunto de monumentos, documentos e objetos constitutivos da memória coletiva; b) edificações cujo estilo desapareceu e cujos exemplares devem ser conservados a título de reminiscência do passado da coletividade e c) as instituições públicas encarregadas de zelar pelo que foi definido como patrimônio da coletividade: museus, bibliotecas, arquivos, centros de restauro e preservação de monumentos, documentos, edificações e objetos.[149]

Vinculando a noção de patrimônio aos símbolos[150] da nação, referida filósofa fala da construção progressiva dos semióforos relativos aos patrimô-

---

finanche del presente. In astratto quindi anche oggetti modesti di uso, come un tipo di coltello, di vaso, di sgabello, ecc., possono divenire beni culturali in quanto siano testimonianza avente valore di civilità" (GIANNINI, 1976a, p. 9-10).

[147] A propósito, vale o comentário do professor da Universidade de Brasília: "A rigor, toda obra, no momento em que ela é lida, já é um legado do passado. De qualquer maneira, o estudo de uma obra legada pelo passado não deve ser a mera reposição dela na época em que ela se originou, nem deve ser só a imposição do presente ao passado numa identificação castradora das diferenças. Deve ser, porém, o mover-se na tensão entre estas duas posições" (KOTHE, Flávio. *Para ler Benjamin*. Rio de Janeiro: Francisco Alves, 1976, p. 46).

[148] AGUIAR, Ana Cláudia. *A comunidade é a melhor guardiã de seu patrimônio ?* 1997, p. 2, mimeografado, apud CASTRO, Sonia Rabello de. *O estado na preservação de bens culturais*. Rio de Janeiro: Renovar, 1991, p. 85.

[149] CHAUÍ, 2003, p. 53.

[150] Ao invés da expressão símbolo, a autora utiliza a expressão "semióforo", definida como "alguma coisa ou algum acontecimento cujo valor não é medido por sua materialidade e sim por sua força simbólica, por seu poder para estabelecer uma mediação entre o visível e o invisível, o sagrado e o profano, o presente e o passado, os vivos e os mortos e destinados exclusivamente à visibilidade e à contemplação porque é nisso que realizam sua significação e sua existência. Um semióforo é algo único (por isso dotado de aura) e uma significação simbólica dotada de sentido para uma coletividade. Mediador entre o visível e o invisível, é dotado de valor sacral e político, mas não de valor de uso" (CHAUÍ, 2003, p. 53). Meneses, após qualificá-la de "rebarbativa", define a expressão "semióforos" como capaz de "identificar objetos excepcionalmente apropriados e (exclusivamente) capazes de portar sentido, estabelecendo uma mediação de ordem existencial (e não cognitiva) entre o visível e o invisível, outros espaços e tempos, outras faixas de realidade" (MENESES, Ulpiano Bezerra de. *Memória e cultura material: documentos pessoais no espaço público*. Disponível em: www.cpdoc.fgv.br/revista/arq/238.pdf. Acesso em: 26 set. 2005).

nios cultural e ambiental, bem como das instituições públicas encarregadas da guarda, conservação e exibição desses símbolos. Para ela, a partir do Estado-Nação, a Natureza também passa a ser um objeto cultural. "Em outras palavras, a oposição Natureza-Cultura não tem validade aqui".[151] Sob a ação da ideologia pós-moderna, arremata Chauí, "novamente a oposição entre Natureza e Cultura perde validade, agora porém, porque tudo é mercadoria e tudo é objeto de marketing".[152]

Partindo da premissa de que cada cultura elabora seu sistema próprio de significações, seu texto cultural, Horta define o patrimônio cultural de um grupo como sendo "as 'palavras' – concretas ou não, verbais ou visuais, tangíveis ou intangíveis, com as quais este grupo escreve, compõe e manifesta o seu 'texto' cultural".[153] [154]

O conservador do Museu do Louvre, Hüghes de Varine-Bohan, apresenta uma concepção de patrimônio assaz abrangente, em muito assemelhada à idéia de cultura predominante na antropologia, que engloba três grandes categorias de elementos: o patrimônio de origem natural,[155] "isto é, o meio ambiente do homem, o quadro natural e o homem, e o quadro feito pelo homem, o quadro da vida do homem"; o patrimônio proveniente da ciência e do conhecimento, a parcela intangível, imaterial, desprovida de tridimensionalidade e, por fim, o patrimônio usualmente chamado de cultural, composto pelo conjunto de bens fabricados pelo homem, fruto da sua ação transformadora sobre a natureza.[156]

Prieur enfoca o patrimônio com maior ênfase no seu viés material, qualificando-o de "verdadeiro espelho de uma sociedade".[157] Na sua expressão como riqueza coletiva, o patrimônio engloba, na visão do professor da Universidade de Limoges, tanto os bens culturais como os naturais.

---

[151] CHAUÍ, 2003, p. 55.
[152] Ibidem, p. 55.
[153] HORTA, Maria de Lourdes Parreiras. Patrimônio cultural e cidadania. In: POSSAMAI, Zita Rosane; LEAL, Elisabete. *Museologia social*. Porto Alegre: Unidade Editorial, 2000, p. 16.
[154] Essa idéia de "texto" cultural condiz com o entendimento do filósofo e crítico americano Jameson, para quem o espaço pode ser identificado com uma "narrativa visual" (JAMESON, Fredric. *Pós-modernismo*: a lógica cultural do capitalismo tardio. São Paulo: Ática, 1996).
[155] SILVA não acolhe a inserção na noção de patrimônio cultural dos sítios e paisagens naturais por acreditar que tal proceder implica confusão entre natureza e cultura". Embora não devamos regredir a um dualismo metodológico inconseqüente, passando a considerar natureza e bens de valor inteiramente separados, precisamos circunscrever , como já o fizemos, os objetos culturais, do contrário perderemos os limites conceituais da matéria" (SILVA, J., 2001, p. 120-121).
[156] VARINE-BOHAN, Hügues. *Patrimônio cultural*: a experiência internacional." Curso ministrado na Faculdade de Arquitetura e Urbanismo da Universidade de São Paulo. 12 de agosto de 1974. Notas de Aula. Mimeografado.
[157] Nas palavras do autor: "véritable miroir d'une société" (PRIEUR, Michel. *Droit de l'environnement*. 4. ed. Paris: Dalloz, 2001, p. 795).

Chagas, inspirado na definição constante da Constituição brasileira, afirma que o patrimônio cultural não deve ser entendido apenas na sua "materialidade monumental – ou documental – dos seus bens móveis e imóveis, mas também, e muito, na imaterialidade singular e sedutora do nosso imenso acervo de mitos, ritos, tradições costumes, fazeres e comportamentos".[158]

Souza Filho desvincula o patrimônio de seu reconhecimento legal. Afirma o especialista:

> O que une estes bens em conjunto, formando-os patrimônio, é o seu reconhecimento como reveladores de uma cultura determinada, integrante da cultura nacional. Entretanto, com ou sem técnica jurídica, com ou sem reconhecimento jurídico, o conjunto de bens materiais e imateriais que garantem ou revelam uma cultura, são patrimônio cultural daquela cultura. Se o direito é capaz de criar normas protetoras, impondo ao Estado sua proteção, é outra coisa.[159]

Dos conceitos e análises precedentes, afigura-se possível identificar, na idéia metajurídica de patrimônio cultural, pelo menos três categorias-chave:[160] 1ª) a nação; 2ª) o testemunho; 3ª) a referência.

A nação: Da gênese do conceito e de sua operacionalização (incluindo a estrutura física e material para a valorização e preservação do patrimônio), vê-se o quanto esse conceito está amalgamado à nação,[161] enquanto unidade política, territorial e cultural, e ao sentimento de patriotismo, chegando Lemos a considerar, em obra clássica para quem se inicia na seara patrimonial, dever de patriotismo "preservar os recursos materiais e as condições ambientais em sua integridade, sendo exigidos métodos de intervenção capazes de respeitar o elenco de elementos componentes do Patrimônio Cultural".[162]

A Constituição Federal de 1988 foi muito feliz ao perceber o pluralismo que impregna, no bom sentido, a nação pós-moderna, considerando como integrantes do patrimônio cultural brasileiro os bens portadores de referência à identidade, à ação, à memória dos diferentes grupos formadores da sociedade brasileira .

---

[158] CHAGAS, Maurício. Patrimônio cultural. In: ENCONTRO NACIONAL DO MINISTÉRIO PÚBLICO NA DEFESA DO PATRIMÔNIO CULTURAL, 1., 2003, Goiânia. Anais... Goiânia: Instituto Centro-Brasileiro de Cultura, 2004, p. 19.

[159] SOUZA FILHO, 1997, p. 39.

[160] Em escrito anterior, definimos o estatuto do patrimônio de forma diversa, nele incluindo o passado, o público e a prescindível materialidade. Dessas três categorias, passamos a considerar que o passado conecta-se à idéia de testemunho. O público concerne à natureza jurídica do patrimônio. A prescindível materialidade não consegue ser uma categoria capaz de distinguir um bem cultural qualquer de outro que granjeie o "status" de bem integrante de nosso patrimônio cultural, daí por que também optamos por retirá-la do plano da essencialidade (MARCHESAN, Ana Maria Moreira. A importância da preservação do patrimônio cultural na pós-modernidade. In: FREITAS, Vladimir Passos de (Coord.) *Direito ambiental em evolução 4*. Curitiba: Juruá, 2005).

[161] TEIXEIRA, 2004.

[162] LEMOS, Carlos A. C. *O que é patrimônio histórico*. 5. ed. São Paulo: Brasiliense, 1987, p. 26.

Assim, vincular o patrimônio à idéia de nação não significa afastar qualquer cultura, qualquer povo que, de alguma forma, integre a nacionalidade.

Exatamente nesse diapasão, a especialista Fonseca aponta que o valor que perpassa o conjunto de bens, a par de seu valor histórico, artístico, etnológico, etc., é o nacional, vale dizer, aquele fundado em um sentimento de pertencimento a uma comunidade, no caso, a nação.[163] Essa autora não se omite de advertir que o grande desafio de se estabelecer uma política de preservação do patrimônio cultural democrática envolve a necessária apropriação, enquanto produção simbólica e prática política, pelos diferentes grupos que integram a sociedade brasileira.[164]

Tão imbricados estão os conceitos de nação e de patrimônio cultural que o constitucionalista alemão Peter Häberle[165] desenvolve um raciocínio, a partir da análise de diversos textos constitucionais, ao que chama de "Direito Constitucional Cultural", que finda por concluir que a cultura constitui o "quarto" elemento do Estado. Esse se define também por sua cultura.

Nesse norte, Santos considera que toda nação civilizada, comprometida minimamente com certos padrões de dignidade humana, desenvolvimento e justiça social, não pode se furtar ao "amparo, reconhecimento e preservação de sua cultura".[166]

É bem verdade que a crescente invenção do patrimônio da humanidade enfatiza a universalidade dos bens culturais como identificadores da semelhança da espécie humana enquanto única capaz de produzir cultura.[167] Todavia, a instância característica, desde a modernidade, para definir as

---

[163] FONSECA, Maria Cecília Londres. *Patrimônio em processo:* trajetória da política federal de preservação no Brasil. Rio de Janeiro: UFRJ/IPHAN, 1997, p. 30. No mesmo sentido, v. RODRIGUES, F., 2005.

[164] FONSECA, op. cit., p. 261.

[165] Häberle alerta para a necessidade de proteção do patrimônio cultural sob duplo enfoque. No âmbito nacional, de acordo com uma teoria da Constituição elaborada a partir de uma perspectiva da ciência da cultura e, no plano internacional, a proteção dos bens culturais com tal "status" de significação há de ser traçada sob a ótica de uma cultura plural universal da humanidade, como humanidade mundial unificada pelos direitos humanos – "teoria da humanidade". Somente graças à proteção nacional dos bens culturais se consegue a proteção internacional, ao ponto de afirmar que quanto mais efetiva e abrangente for a proteção nacional, maiores serão as possibilidades de que a proteção internacional não seja meramente "platônica" (HÄBERLE, Peter. La protección constitucional y universal de los bienes culturales: un analisis comparativo. *Revista Española de Derecho Constitucional*, n. 54, p. 11-38, set./dez. 1998, p. 24-25).

[166] SANTOS, Marcelo de Oliveira. Tombamento: uma análise constitucional. Aspectos da discricionariedade aplicáveis ao instituto. *Revista de Direito Constitucional e Ciência Política*, Rio de Janeiro, n. 6, p.192-213, jan./jun. 1988, p. 192.

[167] MORIN aponta para o duplo fenômeno da unidade e da diversidade das culturas. "A cultura mantém a identidade humana naquilo que tem de específico. As culturas são aparentemente fechadas em si mesmas para salvaguardar sua identidade singular. Mas, na realidade, são também abertas: integram nelas não somente os saberes e técnicas, mas também idéias, costumes, alimentos, indivíduos vindos de fora" (MORIN, 2000, p. 57).

referências patrimoniais é a nação (o que não significa que outras delimitações político-geográficas não venham a estabelecer pautas próprias em prol do patrimônio cultural).

Pensando nisso é que Fonseca não descura das novas dificuldades geradas para a atribuição de valor nacional a bens, "na medida em que passam a se tornar viáveis tombamentos estaduais e municipais",[168] bem como em função da emergência da noção de patrimônio da humanidade objeto da promoção por organismos internacionais.[169]

Essas questões hão de ser solvidas à luz da definição de patrimônio cultural brasileiro adotada pelo art. 216, "caput", da CF, que nele compreende os bens materiais e imateriais evocativos dos "diferentes grupos formadores da sociedade brasileira", não os restringindo, pois, aos que tenham uma correlação com "toda" a sociedade brasileira.

O testemunho: A idéia de testemunho subjaz à de patrimônio cultural. Esse testemunho[170] tem o valor de elo de ligação entre a prática, o objeto, o espaço dotado de especificidade, o imóvel de valor cultural e o espaço-tempo no qual ele se produziu. Ruskin chegou a criar a belíssima expressão *vozes do passado* para se referir a prédios históricos, mesmo os das famílias mais humildes, capazes de estabelecer comunicação com os atuais habitantes daquelas comunidades.[171]

Para compreender o patrimônio, é importante trazer à tona a discussão sobre as semelhanças e diferenças entre ruínas, documentos, obras de arte e monumentos.

Valendo-se da precisa análise de Kothe, ao comentar a vasta obra de Walter Benjamin, pode-se afirmar que a ruína expressa restos de um mundo que "já foi e já se foi".[172] Nessa medida, aproxima-se do documento, igual-

---

[168] FONSECA, 1997, p. 228.

[169] Ibidem, p. 79.

[170] Em julgado versando sobre a proteção de uma casa não tombada situada no Município paulista de Capivari, foi expressamente reconhecida essa função de testemunho: "Ora, a preservação desses marcos é que permitirá às novas gerações conhecer a evolução da nossa arquitetura e até revelar como viviam nossos antepassados. No Velho Mundo nada se destrói. As cidades crescem, sem destruir o passado. Preserva-se o antigo e constrói-se o moderno, que convivem em perfeita harmonia, realçando seus contrastes, sem embargo da falta de espaço para a expansão da cidade. Aqui acontece o inverso. Sobra espaço, mas as cidades são desfiguradas com as demolições e de marcos da nossa história para dar lugar aos modernos edifícios e ao lucro imobiliário. As edificações se verticalizam e transformam os centros urbanos em inabitáveis aglomerados de concreto" (SÃO PAULO. Tribunal de Justiça. Apelação Cível n. 151.028-1. Relator Des. Alves Braga. J. em 07 nov. 1991. *Revista do Tribunal de Justiça do Estado de São Paulo*, São Paulo, v. 136, p. 44-46, 1992).

[171] RUSKIN, John. *The seven lamps of architecture*. Londres: Dent and Sons, 1956, p. 190. Em inglês, Ruskin utiliza o neologismo *voicefulness*. Na elaboração da presente obra também consultamos a versão em espanhol, na qual não há uma tradução adequada para a belíssima expressão (RUSKIN, John. *Las siete lámparas de la arquitectura*. Valencia: F. Sempere, 1910).

[172] KOTHE, 1976, p. 44.

mente indiciador do passado de modo não intencional. Ao contrário do monumento,[173] ruínas, documentos e obras de arte não nascem de uma vontade direcionada a testemunhar algo historicamente relevante, mesmo que, posteriormente, venham a contribuir na narrativa histórica.

As ruínas e construções históricas, assim como a obra de arte de modo geral, são dotadas de uma historicidade inconsciente, no que se opõem ao monumento,[174] premeditadamente criado para invocar o passado.

Choay explica que o termo "monumento" origina-se etimologicamente do latim *"monumentum"*, do verbo *"monere"*, que significa *lembrar*.[175] Decalcado à idéia de memória, o monumento é intencionalmente erigido para evocar algum passado, garantindo a lembrança de fato, personagem, local, valor, imagem para a posteridade. Filosofa a autora acerca do papel do monumento como bálsamo para a efemeridade da existência:

> Para aqueles que edificam, assim como para os destinatários das lembranças que veiculam, o monumento é uma defesa contra o traumatismo da existência, um dispositivo de segurança. O monumento assegura, acalma, tranqüiliza, conjurando o ser do tempo. Ele constitui uma garantia das origens e dissipa a inquietação gerada pela incerteza dos começos, desafio à entropia, à ação dissolvente que o tempo exerce sobre todas as coisas naturais e artificiais, ele tenta combater a angústia da morte e do aniquilamento.[176]

A representação mental de monumento, pioneiramente detectada por Riegl,[177] é fruto de sua separação conceitual da noção de patrimônio, especialmente a partir dos anos 60, com a ampliação desse segundo conceito, que passou a abarcar todas as formas de arte de construir, eruditas e populares, suntuários e utilitários, todas as categorias de edifícios, desde os mais modestos aos mais sofisticados; arquitetura menor;[178] arquitetura vernacular,[179] edifícios isolados e conjuntos, aldeias, enfim, um universo edificado como atesta a "lista" do Patrimônio Mundial elaborada pela Unesco.[180]

De 1960 para cá a expresssão patrimônio cultural foi reidealizada, passando a abarcar não somente o construído, como também o intangível,

---

[173] O austríaco Aloïs Riegl classifica o monumento em duas espécies: o intencional, cuja função é recordar uma ação ou personagem pretérito; e o histórico e artístico, desprovido de intencionalidade, e cujos executores buscaram satisfazer as suas necessidades ou de seus contemporâneos sem uma preocupação transcendental (RIEGL, 1999, p. 30-32).

[174] "O monumento indicia intencionalmente o passado e pode tornar-se artístico quando tem uma validade estética em si, além do mero testemunho histórico que o origina e que é a sua finalidade e do qual a canonização estética é um mero reforço e adorno" (KOTHE, op. cit., p. 44).

[175] CHOAY, 2001, p. 17.

[176] Ibidem, p. 18.

[177] RIEGL, op. cit., p. 43.

[178] "Termo proveniente da Itália para designar as construções privadas não monumentais, em geral edificadas sem a cooperação de arquitetos" (CHOAY, op. cit., p. 12).

[179] "Termo inglês para distinguir os edifícios marcadamente locais"(Ibidem, p. 12).

[180] CHOAY, 2001, p. 13.

desprovido de tridimensionalidade, desde que comunique alguma história, evoque identidade, testemunhe valores civilizatórios.

Tomando de empréstimo um exemplo do antropólogo Clifford Geertz[181] para auxiliar na compreensão desse texto não escrito que dimana do patrimônio, pode-se referir o caso da Catedral de Chartres e seu significado. Para apreendê-lo é preciso perceber bem mais do que as propriedades genéricas da pedra e do vidro e bastante mais do que é comum a todas as catedrais. É necessário compreender os conceitos específicos sobre as relações entre Deus, o homem e a arquitetura que regeram a criação desse templo. Esse conjunto de significados consolida essa catedral como um imóvel dotado de valor que transcende sua materialidade e, portanto, converte-a em testemunho de uma determinada época.

Essa idéia de testemunho supera a noção de grandiloqüência que aparecia associada ao patrimônio cultural[182] e que inclusive apresenta resquícios na própria definição contida no art. 1º do Decreto-Lei nº 25/37, quando se refere à vinculação a "fatos memoráveis da história do Brasil". Como ensina o especialista italiano Casini,[183] mesmo no Tratado institutivo da Comunidade Européia, a idéia de "trésors nationaux" e de "national treasures" não se restringe a uma limitada categoria de bens culturais dotados de características de obras-primas ou de singularidade, mas alude a um vasto complexo de bens que, sem possuir características excepcionais, representam em seus contextos um testemunho de valor civilizatório para a Nação.[184]

Em função dessa idéia transcendental de testemunho, a noção de "excepcionalidade", inscrita no art. 1º do Decreto-Lei nº 25/37, tem sido constantemente reelaborada.

Tributária das idéias de genialidade e originalidade atribuídas pelo movimento romântico ao ato de criação, a noção de excepcionalidade destaca o sujeito da criação, que passa a ser visto como um verdadeiro herói.[185]

Com a tendência inspirada pelas cartas patrimoniais de preservação de conjuntos e de seus entornos, a expressão "excepcional" utilizada no art. 1º da Lei do Tombamento representa um problema a mais na concretização de

---

[181] GEERTZ, 1997, p. 56.

[182] Nesse norte ensina Júlio Nicolau de Curtis, ex-diretor da Secretaria do Patrimônio Histórico e Artístico Nacional do Ministério da Educação e Cultura (CURTIS, Júlio Nicolau de. Patrimônio ambiental urbano de Porto Alegre. In: CICLO DE PALESTRAS SOBRE PATRIMÔNIO CULTURAL, 1, 1979, Porto Alegre. *Conferências realizadas no 1º Ciclo de Palestras sobre patrimônio cultural*. Porto Alegre: Secretaria Municipal de Educação e Cultura, 1979, p. 50).

[183] Lorenzo Casini é professor da Universidade de Roma, dedica-se ao estudo das questões relativas aos bens culturais, desenvolvendo pesquisas no campo do Direito Administrativo e da Filosofia.

[184] CASINI, 2001, p. 704.

[185] FONSECA, 1997, p. 226-227.

atos de preservação, pois os proprietários[186] e os intérpretes da lei têm dificuldade para aceitar que um bem seja portador de algum valor "excepcional" quando está cercado por outros dotados de semelhantes características.

Não é por outra razão que a expressão tem sido "reinventada" para adquirir um sentido consentâneo com a capacidade do bem de mobilizar reações – ainda que negativas –, o que justificaria sua proteção. Dessa forma, a excepcionalidade estaria mais relacionada à eloqüência do testemunho, à força de sua expressão, do que à sua raridade.

Conectado à noção de testemunho aparece o passado.

Em que pese a amplitude conceitual proposta pelo mestre italiano Giannini, conforme averbamos alhures, o passado é indissociável do patrimônio.[187] O próprio termo "patrimônio"[188] indicia a idéia de herança,[189] daquilo que foi acumulado e herdado dos que nos antecederam. Esse distanciamento temporal é um dos traços que conforma a linha divisória entre cultura e patrimônio cultural. Nem tudo o que é cultura é patrimônio cultural.

A referência: Além de se conectar ao passado, através da sua função de testemunho, o bem integrante do patrimônio cultural há de interagir com o futuro, de molde a carrear elementos para sua construção.

Se partirmos da premissa de que a produção cultural funciona por acumulação, sendo imprescindível a transmissão de uma para outra geração, o patrimônio cultural serve como uma espécie de alicerce sobre o qual a civilização como um todo se edifica e evolui.

São dignos de repasse de uma para outra geração os bens valorados em seu papel de referência, ou seja, que tenham algo para ensinar, auxiliando dessa forma na construção do futuro.

Essa constante irrigação entre passado, presente e futuro propicia o fluir civilizatório que terá condições de ser melhor planejado se puder contar com um acervo significativo dos tempos que foram.

Partindo dessa decomposição, é possível construir um conceito de patrimônio cultural como sendo o conjunto de bens, práticas sociais, criações,

---

[186] Cf. FONSECA, 1997, p. 227.

[187] SANTOS destaca que "o passado é substância viva para compreender o presente" (SANTOS, M.V.M., 1996, p. 81).

[188] HORTA, 1996, p. 15.

[189] Ballart aproxima as idéias de herança e de patrimônio. Para ele, ambas caminham juntas. Por meio dos objetos, o passado se aproxima do presente, viaja até o presente e com ele a cultura flui. Mesmo os objetos antigos que permanecem estanques ao longo do tempo, mas que são conhecidos por sucessivas gerações, acabam por influenciá-las. Alimentam a cultura e condicionam novos produtores de artefatos e objetos (BALLART, 2002, p. 18-19).

materiais ou imateriais de determinada nação e que, por sua peculiar condição de estabelecer diálogos temporais e espaciais relacionados àquela cultura, servindo de testemunho e de referência às gerações presentes e futuras, constitui valor de pertença pública, merecedor de proteção jurídica e fática por parte do Estado.

1.2.3. O conceito de patrimônio cultural na legislação brasileira

Ainda que se identifiquem ações isoladas de conteúdo preservacionista no Brasil Império,[190] a institucionalização do patrimônio aflorou na Primeira República conduzida pelo Decreto n. 22.928, de 12 de julho de 1933, que elevou a cidade de Ouro Preto[191] à condição de Monumento Nacional. Na exposição de motivos desse ato normativo, lê-se: "Considerando que é dever do Poder Público defender o patrimônio artístico da Nação e que fazem parte das tradições de um povo os lugares em que se realizaram os grandes feitos da sua história".

Pela primeira vez aparece na legislação brasileira a expressão patrimônio significando conjunto de bens culturais. Essa pioneira ação, restrita ao caso de Ouro Preto, foi posteriormente ampliada até adquirir feição constitucional.

A Carta Constitucional de 1934, afinada com o paradigma do Estado de bem-estar social, foi a primeira a tratar da tutela de bens culturais. No art. 10, inc. III, conferiu competência concorrente à União e aos Estados para "proteger as belezas naturais e os monumentos de valor histórico ou artístico, podendo impedir a evasão de obras de arte". No título V, voltado à família, educação e cultura, atribuiu competência à "União, aos Estados e aos Municípios favorecer e animar o desenvolvimento das ciências, das artes, das letras e da cultura em geral, proteger os objetos de interesse histórico e o *patrimônio artístico do País*, bem como prestar assistência ao trabalhador intelectual" (grifos nossos).

Essa previsão constitucional demandava um detalhamento no âmbito infraconstitucional, motivando o então Ministro da Educação, Gustavo Ca-

---

[190] Exemplo disso é a carta datada de 5 de abril de 1742, de autoria de D. André de Melo e Castro, Conde das Galveias, Vice-Rei do Estado do Brasil de 1735 a 1749, ao ter ciência das intenções do então Governador de Pernambuco, Luís Pereira Freire de Andrade, buscando uma utilização mais racional das fortificações deixadas pelos holandeses naquele Estado. Escrevia ele um lamento quanto ao projeto que converteu o Palácio das Duas Torres, obra realizada pelo Conde de Nasssau, em quartel das tropas locais (parte da carta está transcrita na publicação Proteção e revitalização do patrimônio cultural no Brasil: uma trajetória. Brasília: Ministério da Educação e Cultura, Secretaria do Patrimônio Histórico e Artístico Nacional, Fundação Nacional Pró-Memória, 1980, p. 61). Comentários a respeito dessa pioneira carta aparecem em LEMOS, C.A.C., 1987, p. 34.

[191] Sobre os motivos que conduziram à preservação de Ouro Preto, v. Ibidem, p. 46-47.

panema, a iniciar tratativas junto à Câmara de Deputados para inserir, em projeto de lei que tratava da reestruturação daquele Ministério, emenda incluindo o Serviço do Patrimônio Histórico e Artístico Nacional (SPHAN), o qual deveria, desde já, passar a funcionar em caráter provisório, o que ocorreu em 19 de abril de 1936. Em 13 de janeiro do ano seguinte, o SPHAN foi definitivamente instalado,[192] constituindo-se num dos mais importantes ícones da cultura preservacionista nacional.[193]

Paralelamente, o então Ministro da Educação, Gustavo Capanema, solicitou verbalmente ao intelectual Mário de Andrade (na época Diretor do Departamento de Cultura e Recreação da Prefeitura de São Paulo)[194] que elaborasse um esboço de anteprojeto de lei federal instituidor de uma política nacional para o patrimônio cultural, o qual resultou num texto de perfil antropológico, contemplando no conceito de patrimônio categorias as mais diversas, como arte ameríndia, arte arqueológica, arte popular, arte histórica, arte erudita nacional, arte erudita estrangeira, artes aplicadas nacionais e artes aplicadas estrangeiras.

No seu esboço, Andrade procurava, enquanto homem muito adiante de seu tempo, proteger não só o patrimônio cultural material, mas sobretudo o imaterial, conferindo à palavra arte as mais diversas conotações.[195]

O texto não detalhava o regime jurídico a que estariam sujeitos os bens tombados, consagrando tão-somente o direito de preferência na aquisição, pelo Poder Público, em caso de alienação, pelo mesmo preço. Considerava integrantes do patrimônio artístico nacional as "obras de arte que estiverem inscritas, individual ou agrupadamente, nos quatro livros do tombamento adiante designados".[196]

Inaugurado o Estado Novo, é editada a Constituição de 1937, conhecida como "A Polaca", devido à sua inspiração na Constituição polonesa de 23 de abril de 1935. Nessa Constituição, a proteção do patrimônio cultural abarca os monumentos históricos, artísticos e naturais, bem como as paisa-

---

[192] Nesse sentido, MILET, 1988, p. 148.

[193] Para maiores informações, vale consultar o já referido texto de Mariza Veloso Motta Santos, no qual o SPHAN é revisitado e qualificado como "academia", como "institucionalização de um lugar da fala, que permite a emergência de uma formação discursiva específica, cuja dinâmica simbólica é dada pela permanente tematização do significado das categorias de histórico, de passado, de estético, de nacional, de exemplar, tendo como eixo articulador *a idéia de patrimônio*" – grifos nossos (SANTOS, M.V.M., 1996, p. 77).

[194] O ofício de Mário de Andrade a Gustavo Capanema remetendo o esboço do ante-projeto e um cronograma de implantação do Serviço de Proteção ao Patrimônio está publicado na Revista do Patrimônio Histórico e Artístico Nacional n. 30. Rio de Janeiro, 2002.

[195] Conforme LEMOS, C.A.C., 1987, p. 38-39.

[196] Capítulo II, item I, do Esboço de Anteprojeto publicado na Revista do Patrimônio Histórico e Artístico Nacional n. 30. Rio de Janeiro, 2002.

gens ou os locais particularmente dotados pela natureza, cabendo à União, estados e municípios o dever de cuidá-los e protegê-los (art. 134). No mesmo dispositivo há a equiparação dos atentados a esses bens aos cometidos contra o *patrimônio nacional*.

Vinte dias depois, é publicado o Decreto-Lei nº 25, de 30 de novembro de 1937. Com o esboço de Mário de Andrade, o festejado decreto-lei só tem em comum, além do direito de preferência, o estabelecimento dos livros de tombo, mesmo assim com a distinção de que o livro Arqueológico e Etnográfico idealizado pelo intelectual não contemplava o verbete "paisagístico" (art. 4º, item 1, do DL 25/37) e a idéia de paisagem digna de ser protegida quer por sua beleza natural ou determinada pela "indústria humana"[197] (art. 1º, § 2º, do DL 25/37). Segundo Rodrigo de Melo Franco de Andrade, em conferência proferida em 1968, o ato normativo em questão teria se inspirado em projeto de um jurista mineiro, ainda não identificado.[198] Aludido decreto-lei, que teve essa roupagem jurídica devido ao fechamento da Câmara de Deputados pelo então Presidente Getúlio Vargas, foi a primeira norma de amplitude territorial e substância nacional a conferir uma política ao patrimônio cultural brasileiro.

Conquanto seu art. 1º refira "conjunto de bens", Silva adverte não serem somente os conjuntos os objetos de tutela. Essa poderá recair tanto sobre um bem singular (um imóvel, uma estátua, um quadro), como sobre um conjunto de bens (quarteirão, cidade, coleção, acervo), não havendo distinção entre móveis ou imóveis.[199]

O Decreto-Lei nº 25/37 exclui de nosso patrimônio alguns bens definidos no art. 3º.[200] No entanto, o art. 4º do mesmo diploma prevê a inscrição nos Livros do Tombo das Belas Artes e Artes Aplicadas também das coisas de artes erudita e das obras de artes aplicadas estrangeiras, por serem obras de arte encontradas no território nacional. Portanto, integradas na cultura

---

[197] A idéia aparece no esboço de Mário de Andrade na definição das paisagens integrantes da categoria de Artes arqueológica e ameríndia.

[198] ANDRADE, Rodrigo Melo Franco de. Conferência. *Revista do IPHAN*, Rio de Janeiro, n. 17, 1969.

[199] SILVA, J., 2001, p. 151.

[200] "Artigo 3º – Excluem-se do patrimônio histórico e artístico nacional as obras de origem estrangeira:
1º) que pertençam às representações diplomáticas ou consulares acreditadas no País;
2º) que adornem quaisquer veículos pertencentes a empresas estrangeiras, que façam carreira no País;
3º) que se incluam entre as obras referidas no art. 10 da Introdução ao Código Civil, e que continuam sujeitas à lei pessoal do proprietário;
4º) que pertençam a casas de comércio de objetos históricos ou artísticos;
5º) que sejam trazidas para exposições comemorativas, educativas ou comerciais;
6º) que sejam importadas por empresas estrangeiras expressamente para adorno dos respectivos estabelecimentos.
Parágrafo único: As obras mencionadas nas alíneas 4 e 5 terão guia de licença para livre trânsito, fornecida pelo Serviço do Patrimônio Histórico e Artístico Nacional".

brasileira e, como tais, suscetíveis inclusive de tombamento como parte do patrimônio cultural brasileiro.[201]

Na Constituição de 1946, o tema é enfrentado no título VI, que versa sobre a família, a educação e a cultura. Além de proclamar o dever do Estado de amparar a cultura (art. 174), essa Carta declara sob proteção do Poder Público "as obras, monumentos e documentos de valor histórico e artístico, bem como os monumentos naturais, as paisagens e os locais dotados de particular beleza" (art. 175).

A Constituição de 1967 e a Emenda Constitucional nº 1/69 dão tratamento muito semelhante ao da Constituição de 1946. Na Constituição de 1967, os arts. 180 e 181, inseridos no título V ("Da família, da educação e da cultura"), têm praticamente a mesma redação dos acima citados arts. 174 e 175, com o acréscimo das jazidas arqueológicas dentre os bens protegidos pelo Poder Público. Na Emenda de 1969, um único artigo (art. 180) abarca os preceitos que, na Constituição de 1967, eram desdobrados em dois. Também nesse diploma o tema vem tangenciado no título destinado a regrar a família, a educação e a cultura (Título IV).

Por fim, a Constituição de 1988, alcunhada de "Constituição Cidadã", devido à interferência dos movimentos sociais na sua gênese, faz nascer uma nova concepção de patrimônio, ainda mais avançada que aquela constante do Decreto-Lei nº 25/37.

O patrimônio cultural brasileiro é constituído dos:

Art. 216 [...] bens de natureza material e imaterial, tomados individualmente ou em conjunto, portadores de referência à identidade, à ação, à memória dos diferentes grupos formadores da sociedade brasileira, nos quais se incluem:
I – as formas de expressão;
II – os modos de criar, fazer e viver;
III – as criações científicas, artísticas e tecnológicas;
IV – as obras, objetos, documentos, edificações e demais espaços destinados às manifestações artístico-culturais;
V – os conjuntos urbanos e sítios de valor histórico, paisagístico, artístico, arqueológico, paleontológico, ecológico e científico.

Do conceito constitucional,[202] é importante salientar a amplitude, abarcando tanto a dimensão material como a imaterial; a referência à formação

---

[201] Comunga dessa idéia SILVA, J.A., op. cit., p. 118.
[202] Para Nascimento, "A compreensão do que seja patrimônio cultural brasileiro é mais sensitiva que explicativa. Nenhum conceito será tão perfeito que alcance todas as hipóteses possíveis. Daí, mesmo a definição proposta pela Constituição é incompleta, contingência de não se poder adequá-la com exatidão. Contém, contudo, a definição idéias precisas, que permite uma razoável compreensão. Constitui-se dito patrimônio de bens que se referenciam a diversos grupos formadores da sociedade nacional, seja pela identidade, pela ação ou pela memória" (NASCIMENTO, Tupinambá Miguel Castro do. *A ordem social e a nova Constituição*: arts. 193 a 232. Rio de Janeiro: AIDE, 1991, p. 118).

da identidade brasileira; os bens criados pelo homem e aqueles que, de origem natural, por ele são especialmente valorados e, principalmente, o fato de que o bem cultural tem valor em si, prescindindo de qualquer reconhecimento jurídico-institucional para que venha a merecer uma política de preservação. Nesse sentido, aliás, situou-se o julgamento do e. Tribunal de Justiça de Minas Gerais, em questão que envolvia direito de lavra e preservação de patrimônio espeleológico, "in verbis":

> Desta forma, se a ação tivesse sido julgada antes da edição da atual CF/88, sua improcedência não arranharia nem a Const. Federal da época e nem a legislação, posto que o patrimônio cultural tinha sentido restrito e o tombamento ou uma declaração federal a respeito era exigível. Não agora, passado o tempo, constituída uma nova ordem jurídica, em que o tombamento passou a ser apenas um dos requisitos de apreciação e o ato jurídico perfeito (direito de lavra) foi obstado pelas novas disposições constitucionais.
> Ora, o ato jurídico perfeito para prevalecer deverá ser ressalvado expressamente ou não confrontar com os novos dispositivos constitucionais.
> Existe, aqui, o confronto. O art. 216 da CF/88, com nova visão, determina: "Constituem patrimônio cultural brasileiro os bens de natureza material e imaterial, tomados individualmente ou em conjunto, portadores de referência à identidade, à ação, à memória dos diferentes grupos formadores da sociedade brasileira, nos quais se incluem.
> I. as formas de expressão; II. os modos de criar, fazer e viver; III. as criações científicas, artísticas e tecnológicas; IV. as obras, objetos, documentos, edificações e demais espaços destinados às manifestações artísticos-culturais; V. os conjuntos urbanos e sítios de valor histórico, paisagístico, artístico, arqueológico, paleontológico, ecológico e científico; Parágrafo 1º – O Poder Público, com a colaboração da comunidade, promoverá e protegerá o patrimônio cultural brasileiro, por meio de inventários, registros, vigilância, tombamento e desapropriação, e de outras formas de acautelamento e preservação".
> Desta forma, o direito de lavra ficou condicionado e as grutas passaram a constituir patrimônio cultural, com a evolução que hoje se dá a este termo: cultura.
> É ele abrangente. Não se refere apenas a obras que tenham autor, mas a tudo que compõe o acervo de conhecimento estético, histórico, desenvolvimentista, científico, etc.
> O tombamento passou a ser um dos requisitos de configuração da conservação, não mais requisito imprescindível.[203]

O aresto supratranscrito sintetiza a visão hodierna de patrimônio e o enfoque ambiental respaldado na complexidade. Além de ter buscado as interações entre três segmentos de merecido destaque para o desenvolvimento humano – cultura, economia e ambiente –, os julgadores souberam fazer prevalecer o interesse público em face do meramente individual ou empresarial. A par disso, a decisão sublinha a inovação constitucional trazida pela Carta de 1988, na qual o tombamento deixa de ser requisito ao reconhecimento de um bem como integrante do patrimônio cultural brasileiro.

---

[203] MINAS GERAIS. Tribunal de Justiça. Apelação Cível nº 51.346-5. Relator Des. Schalcher Ventura. 22 ago. 1996. In: ACADEMIA PAULISTA DE MAGISTRADOS (Org.). *Direito ambiental:* legislação, doutrina, jurisprudência e prática forense. São Paulo: Plenum/Petrobrás. CD-ROM.

1.2.4. A pós-modernidade e a importância da preservação do patrimônio cultural – o porquê de preservar

Preservação é um substantivo vinculado ao verbo preservar, indicativa de ação que visa a garantir a integridade e a perenidade de algo. Todo bem cultural, mesmo o intangível, é passível de ações de salvaguarda, preservação.

Em relação aos bens imóveis, a preservação tem um sentido delimitado às ações ou intervenções que envolvam, na lição do especialista Galvão Júnior:

a) *restauração*:[204] no sentido de restituir, recuperar, reintegrar, no todo ou em parte, elementos constitutivos do imóvel;

b) *conservação*: intervenção que não necessita restituir ou reintegrar partes ou elementos, mas apenas garantir estabilidade e condições de uso adequadas ao imóvel;

c) *intervenções setoriais*: relacionadas à estabilidade estrutural dos imóveis ou de quaisquer dos seus componentes principais: base, estrutura de sustentação, pisos, tetos, esquadrias e instalações prediais.

d) *manutenção*: ação continuada para evitar danos e permitir usos adequados;

e) *renovação*: em casos excepcionais, notadamente em recuperação de áreas urbanas, é necessária a renovação de elementos e a inserção de outros para permitir a revitalização maior;

f) *revitalização ou reabilitação*: deve ter sempre caráter e dimensões urbanísticas, abarcando a reutilização de um bem cultural imóvel totalmente integrado às funções próprias e do ambiente imediato. Trata-se, nesse caso, de uma ação política, dotada de propósitos sociais e econômicos, a qual, necessariamente, deve envolver a participação da comunidade, especialmente daquela diretamente afetada pela ação.[205]

A idéia de pós-modernidade ainda é um tanto quanto controvertida entre os especialistas.

---

[204] A Carta de Restauro de 1987, elaborada por ocasião do Congresso sobre Problemas de Restauração, realizado na Itália e convocado pelo Centro Nacional de Pesquisa daquele país, buscou, em primeiro lugar, renovar, integrar e substituir a "Carta Italiana del Restauro del 1972". Nesse documento de 1987, que amplia as práticas de restauração para além do patrimônio edificado, se estendendo para libros, documentos e arquivos, há um glossário definindo conservação, prevenção, salvaguarda, restauro e manutenção. *Prevenção*, definição não incorporada por Galvão Júnior, significa, segundo a Carta de 1987, o conjunto de ações de conservação, pelo prazo mais longo possível, motivadas por conhecimentos prospectivos sobre o objeto especificamente considerado e sobre as condições de seu contexto ambiental (CARTA de Restauro de 1987. Disponível em: http://web.tiscali.it/restauroantico/carta_1987.htm. Acesso em: 20 ago. 2005).

[205] GALVÃO JÚNIOR, José Leme. *Patrimônio cultural urbano*: preservação e desenvolvimento. 2001. 261 f. Dissertação (Mestrado em Arquitetura) – Faculdade de Arquitetura e Urbanismo, Universidade de Brasília. Brasília, 2001, p. 42.

Neste trabalho, toma-se como referência a linha adotada pelo sociólogo Zygmunt Bauman, para quem vivemos um período de superação dos elementos que compunham o paradigma da modernidade. Bauman crê que, de fato, estamos numa nova era, a da pós-modernidade, cuja tônica é a do enfraquecimento do Estado-Nação. Segundo ele,

> Num mundo em que os principais atores já não são estados-nações democraticamente controlados, mas conglomerados financeiros não-eleitos, desobrigados e radicalmente desencaixados, a questão da maior lucratividade e competitividade invalida e torna ilegítimas todas as outras questões, antes que se tenha tempo e vontade de indagá-las [...].[206]

A principal causa desse solapamento de poder do Estado-Nação é a intensificação da globalização, enquanto processo "irresistível e irreversível de trocas econômicas e culturais",[207] caracterizado por cinco atributos gerais identificados por Gómez:[208] 1º) esticamento de atividades sociais, econômicas e políticas através das fronteiras nacionais, de modo que eventos ou decisões acontecidos em uma parte do mundo têm impacto imediato em outros lugares distintos; 2º) intensificação ou incremento de densidade dos fluxos e padrões em e entre Estados e sociedades que constituem o sistema mundial; 3º) aprofundamento e imbricação entre o local, o nacional, o regional e o global, confundindo o externo e o interno dessas instâncias; 4º) emergência de problemas transnacionais gerados ou intensificados pelo incremento das interconexões globais;[209] 5º) formação de uma intensa teia de relações de interdependência, dinâmica e contingente, complexa e instável entre Estados, instituições internacionais, corporações.

Ao lado do mercado estendido e dos circuitos globais de produção, surgiu uma ordem dotada de uma nova lógica e estruturada sob um comando difuso, de difícil identificação,

---

[206] BAUMAN, 1998, p. 61.

[207] NEGRI, Antonio; HARDT, Michael. *Império*. 5. ed. Rio de Janeiro: Record, 2003, p. 11.

[208] GÓMEZ, José María. *Política e democracia em tempos de globalização*. Petrópolis: Vozes, 2000, p. 56-57. Esse autor aborda as diversas visões da globalização, assim como seus males e benesses. Baseado em Anthony Giddens, a conceitua como "[...] efetiva transformação do espaço e do tempo (a chamada ação à distância, cuja expansão e intensificação recentes relacionam-se com o surgimento de meios de comunicação global instantânea e ao transporte de massa) com implicações importantes para a análise , como, por ex., a de que a globalização não deve ser equacionada exclusivamente como um fenômeno econômico ou como um processo único, mas como uma mistura complexa de processos, freqüentemente contraditórios, produtores de conflitos e de novas formas de estratificação e poder, que interpela fortemente subjetividades e tradições, exigindo maior flexibilidade na ação diante do incremento da complexidade e da incerteza, e que diz respeito não apenas à criação de sistemas em grande escala, mas também às mudanças nos contextos locais e até mesmo pessoais de experiência social" (Ibidem, p. 59).

[209] Dentre esses problemas, pela pertinência com o tema principal deste trabalho, destaca-se a degradação ambiental, apontada por Santos como o "mais intrinsecamente transnacional e, portanto, aquele que, consoante o modo como for enfrentado, tanto pode redundar num conflito global entre o Norte e o Sul, como pode ser a plataforma para um exercício de solidariedade transnacional e intergeracional" (SANTOS, B., 2001, p. 295).

uma *nebulosa* constituída por um conjunto complexo e inter-relacionado de redes de influências e agências que desenvolvem uma ideologia econômica comum e realizam uma função de governança global[210] ao injetar resultados consensuais transnacionais nos processos nacionais de tomada de decisão.[211]

Conquanto considere que o Estado ainda apresente raízes profundas na organização da vida civil, produzindo aparatos, instrumentos e instituições, Barcellona observa que ele é cada vez menos capaz de ser Estado,[212] é cada vez mais compacto.[213] Não somente em função das recorrentes crises que afetam o parlamento e as instituições representativas, mas porque o Estado perdeu sua conotação mais forte, o seu "olho panorâmico",[214] perdeu a capacidade de tudo ver. Isso se deve ao fato de ter-lhe escapado o monopólio da informação, da oferta de informação, a transformação da informação e suas redes não garantem qualquer controle quanto ao momento real da informação.[215] Ademais, essa nova configuração do Estado atende aos desígnios da economia de mercado que prescinde do "velho Estado de Direito como regra do jogo" e requer uma nova ordem objetiva baseada nas leis da economia, que incorpore a ciência e a técnica.[216]

Antunes opina no sentido de que, na pós-modernidade, assiste-se à "perda da lógica do centro, do Estado, que vê transferidas as suas competências (a soberania) para níveis supranacionais (CEE) e infra-nacionais (autarquias locais)".[217]

Situando o atual estágio do capitalismo como o do "capitalismo tardio" (designação tomada de empréstimo do economista Ernest Mandel), Jameson, em sua magistral obra sobre o pós-modernismo, define esse sistema econômico como um processo dotado de uma lógica "não-humana", uma força "aparentemente descarnada" derivada da ação de "agentes humanos treinados de formas específicas e inventando táticas originais localizadas e práticas de acordo com a criatividade da liberdade humana".[218] Acentua o quanto a

---

[210] Governança global pode ser definida como "a soma de todas as maneiras pelas quais todos os indivíduos e instituições, públicas ou particulares, administram seus interesses. É um processo contínuo pelo qual interesses conflitantes ou divergentes podem ser solucionados e assim adotar uma ação cooperativa. A governança global envolve tanto organizações não-governamentais, como as governamentais, movimentos de cidadania, corporações multinacionais e o mercado global de capital (GOVERNANÇA global. Disponível em: www.geocities.com/gladys_yoy_98/globalizacao.htm. Acesso em: 21 jan. 2005).
[211] GÓMEZ, 2000, p. 34.
[212] BARCELLONA, 1996, p. 126.
[213] Ibidem, p. 143.
[214] Ibidem, p. 126.
[215] Ibidem, p. 126.
[216] Ibidem, p. 143.
[217] ANTUNES, Luís Filipe Colaço. Colocação institucional, tutela jurisdicional dos interesses difusos e "acção popular de massas". Disponível em: www.diramb.gov.pt. Acesso em: 17 set. 2004.
[218] JAMESON, 1996, p. 405.

tecnologia contemporânea é "hipnótica e fascinante, não tanto em si mesma, mas porque nos oferece uma forma de representar nosso entendimento de uma rede de poder e de controle que é ainda mais difícil de ser compreendida por nossas mentes e por nossa imaginação".[219]

Não é difícil supor que o poder se desprende do território[220] e da comunidade, exigindo segurança nesse isolamento.[221] Para o sociólogo venezuelano De Venanzi, os estados nacionais se encaminham para uma administração meramente *simbólica* de um duplo processo que compreende o desfazimento entre uma realidade econômica que se globaliza e uma representação política desterritorializada e simplificada a que se reduz a nação.[222]

O exercício do poder na pós-modernidade também tem uma marca registrada em relação a tempos pretéritos. A cultura se incorpora no aparato produtivo sob o modelo neoliberal. O espaço e o tempo passam a pertencer ao mundo dos grandes negócios, assim como o lazer e as atividades recreativas.[223] Com respaldo na visão de Marcuse, De Venanzi afirma que a noção marxista do homem pleno e realizado no reino da liberdade parece ter sido relegada ao séc. XIX quando a cultura intelectual estava divorciada da cultura material, vale dizer, quando a cultura não se achava incorporada à produção massiva e ao consumo.

Na visão de Lindgren Alves, diplomata e militante comprometido com a causa dos direitos humanos,

> Desprovido de capacidade unificadora, tanto em decorrência de abusos na instrumentalização de "metanarrativas", quanto pela consciência contemporânea da "capilaridade do poder", o Estado nacional, como *locus* moderno da realização social, perde gradati-

---

[219] JAMESON, 1996, p. 64.

[220] A "desterritorialização" da política é fenômeno associado por Faria ao paulatino enfraquecimento do Estado-Nação, de sorte que "as decisões políticas tornam-se condicionadas por equilíbrios macroeconômicos que representam, mais do que um mero indicador, um verdadeiro princípio normativo responsável pela fixação de rigorosos limites às intervenções reguladoras do Estados nacionais" (FARIA, José Eduardo. Democracia e governabilidade: os direitos humanos à luz da globalização econômica. In: FARIA, José Eduardo (Org.). *Direito e globalização econômica*: implicações e perspectivas. São Paulo: Malheiros, 1996, p. 142).

[221] Bauman fala que os poderosos precisam cada vez mais isolar-se da localidade e ter segurança nesse isolamento – "uma condição de não vizinhança", de imunidade. "A desterritorialização do poder anda de mãos dadas, portanto, com a estruturação cada vez mais estrita do território" (BAUMAN, Zygmund. *Globalização:* as conseqüências humanas. Rio de Janeiro: Jorge Zahar, 1999, p.27). A definição desses territórios protegidos procura repelir, interceptar ou filtrar pretendentes a usuários. Exemplos deles são os cada vez mais numerosos e luxuosos condomínios fechados para cujo acesso é preciso uma senha ou uma capacidade especial para nele adentrar.

[222] DE VENANZI, Augusto. *Globalización y corporación*: el orden social en el siglo XXI. Barcelona: Anthropos, 2002, p. 38.

[223] De Venanzi considera que a lógica cultural constitui um verdadeiro subsistema no panorama do sistema-mundo e que essa apropriação econômica do tempo e do espaço pelo poder econômico dominante no capitalismo das corporações acaba por deixar pouco espaço para a reconstrução de um genuíno humanismo (Ibidem, p. 242).

vamente até mesmo a função identitária. O indivíduo, muitas vezes discriminado dentro do território nacional pela parcialidade da implementação dos direitos humanos e liberdades fundamentais, vai buscar outros tipos de "comunidades" preferenciais como âncoras de autoproteção – ou, como se diz atualmente, para sua própria autoconstrução.[224]

A soberania toma nova forma, "composta de uma série de organismos nacionais e supranacionais, unidos por uma lógica ou regra única", gerando um modelo global de economia denominada por Negri e Hardt de "Império".[225]

Guattari, em sua poética obra "As Três Ecologias", questiona os modos dominantes de valorização das atividades humanas: a) o do império de um mercado mundial que lamina os sistemas particulares de valor, colocando num mesmo plano de equivalência os bens materiais, os culturais, as áreas naturais, etc. b) o que coloca o conjunto das relações sociais e internacionais sob a direção das "máquinas policiais e militares". Nesse cenário, posiciona os estados entre essas duas pinças: numa, vêem seu tradicional papel de mediação reduzir-se cada vez mais; noutra, se colocam, na maioria das vezes, a serviço conjugado das instâncias do mercado mundial e dos complexos militar-industriais.[226]

A pós-modernidade é questionada por autores como Habermas, para quem a modernidade ainda vige, tratando-se de um projeto "inacabado". O filósofo da Escola de Frankfurt conduz uma crítica incisiva ao discurso pós-moderno, qualificando-o como uma forma de antimodernidade. Julga infundada a tese da pós-modernidade, porquanto, na sua ótica, nem a estrutura, o espírito da época ou o modo de debater as futuras possibilidades de vida apresentaram mudanças. Nem mesmo as utopias debandaram da consciência histórica.[227]

Santos entende que vivemos um momento de *transição paradigmática,* no qual promover a criatividade é tarefa crucial. A idéia de caos, confutada pela modernidade, retorna tanto na epistemologia, como nos processos sociais. "Longe de ser por essência negativo, o caos é um horizonte dramaticamente ampliado de possibilidades e, como tal, compreende, como nenhum outro, possibilidades progressivas e possibilidades regressivas".[228]

Enquanto Habermas[229] acredita que o projeto da modernidade está inacabado e ainda pode ser completado sob os auspícios dos instrumentos ana-

---

[224] ALVES, José Augusto Lindgren. *A declaração dos direitos humanos na pós-modernidade.* Disponível em: www.dhnet.org.br/direitos/militantes/lindgrenalves/lindgren_100.html. Acesso em: 20 jan. 2005.
[225] NEGRI; HARDT, 2003, p. 12.
[226] GUATTARI, Félix. *As três ecologias.* 14. ed. São Paulo: Papirus, 2003, p. 10.
[227] HABERMAS, Jürgen. *Teoría de la acción comunicativa.* Madrid: Taurus, 1987.
[228] SANTOS, B., 2001, p. 39.
[229] HABERMAS, Jürgen. Modernity: an incomplete project. In: FOSTER, Hal (Org). *The Anti-Aesthetic, essays on postmodern culture,* 1983, p. 3-15.

líticos, políticos e culturais desenvolvidos pela modernidade da qual não podemos nos retirar prematuramente, Santos pensa "que o que quer que falte concluir da modernidade não pode ser concluído em termos modernos, sob pena de nos mantermos prisioneiros da mega-armadilha que a modernidade nos preparou: a transformação incessante das energias emancipatórias em energias regulatórias".[230] Daí por que defende a necessidade de pensar em descontinuidades, em mudanças paradigmáticas. Para o novo começo dessa mudança propõe a designação de pós-modernidade.

Neste trabalho, entende-se que a modernidade, enquanto um conjunto de promessas não cumpridas, engendrou um caldo de fatos sociais, econômicos e culturais que desembocou num novo paradigma – a pós-modernidade. A característica precípua do nosso tempo é a da atenuação, do esmorecimento do poder do Estado-Nação frente à "nebulosa" composta pelo poder do capital.

Além dessa característica, destacados teóricos do pós-modernismo, como Harvey, Bauman e Hall, apontam a intensificação da compressão do tempo-espaço como marca referencial da pós-modernidade. Harvey sugere que essa intensa ação compressiva "tem tido um impacto desorientador e disruptivo sobre as práticas político-econômicas, sobre o equilíbrio do poder de classe, bem como sobre a vida social e cultural".[231] Essa aceleração temporal, que reduz e comprime o espaço, produz uma volatilização de modas, técnicas de produção, processos de trabalho, idéias e ideologias, valores e práticas. Vive-se uma sociedade do descarte que, mais do que jogar fora bens produzidos, é "capaz de atirar fora valores, estilos de vida, relacionamentos estáveis, apego a coisas, edifícios, lugares, pessoas e modos adquiridos de agir e ser".[232]

Hall considera essa compressão espaço-temporal uma das conseqüências mais visíveis da globalização. Sente-se o mundo menor e as distâncias mais curtas. Os eventos em um determinado lugar têm um impacto imediato sobre pessoas e lugares situados a uma grande distância.[233]

Bauman observa que a "expressão 'compressão tempo/espaço' encerra a multifacetada transformação em curso dos parâmetros da condição humana". Especulando sobre as causas e efeitos sociais dessa compressão, conclui ser evidente "que os processos globalizadores não têm a unidade de efeitos que se supõe [...] A globalização tanto divide como une".[234]

---

[230] SANTOS, B., 2001, p. 93.
[231] HARVEY, David. *Condição pós-moderna*. 13. ed. São Paulo: Loyola, 2004, p. 257.
[232] Ibidem, p. 258.
[233] HALL, S., 1998, p. 69-70.
[234] BAUMAN, 1999, p. 8.

O autor demonstra que estamos em movimento, mesmo quando imóveis. Essa fantástica mobilidade de que estamos dotados[235] – e quanto maior nossa potência econômica maior nossa capacidade de superar o imobilismo – nos é outorgada pelas tecnologias de transportes, telecomunicações e informática.

Assim, o tempo presente parece poder abocanhar o passado e antecipar o futuro.

Jameson avalia o crescimento demográfico e o fato de a população mundial viva estar na iminência de superar o total de hominídeos que já viveram ou morreram no planeta desde o começo da espécie[236] e compara o presente a uma "nação-Estado em expansão, cujos números e prosperidade a transformam em um rival inesperado das outras nações tradicionais". O nosso cronocentrismo possibilita que se relegue o passado ao esquecimento: "agora que nós, os vivos, temos a preponderância, a autoridade dos mortos – até aqui baseada nos números – diminui a uma velocidade vertiginosa (juntamente com todas as outras formas de autoridade e legitimidade)".[237] Relegado em sua importância, o passado[238] – e com ele suas lições – apresenta-se como mera "curiosidade", como "hobby" ou como forma de "turismo substitutivo".[239] A memória[240] se esvai em nossa era e, segundo as fortes palavras de Jameson, "serve apenas para aniquilar o tempo".[241]

Vivemos uma atitude arrogante diante do passado (e também do futuro, por nós desconsiderado) por nós recriado. A tecnologia e as artes visuais permitem-nos representar o passado, a nosso modo, sem qualquer compromisso com o real. Jameson fala de uma "historiografia fantástica pós-moderna" que ostenta duas variantes: em uma delas, faz-se uma crônica de uma geração ou genealogia, "cujas seqüências grotescas e personagens irrealistas, destinos irônicos ou melodramáticos, e pungentes (e quase cinematográficas)

---

[235] Característica pós-moderna também apontada por JAMESON, 1996, p. 389.
[236] Deve-se levar em conta que o texto original é de 1991.
[237] JAMESON, 1996, p. 360.
[238] Jonas, no seu humanismo focado na perspectiva transgeracional, sublinha a importância do passado como fonte de saber sobre o homem, ou seja, sobre o que ele é, sobre o positivo e o negativo e, através desse aparato, projetar o futuro. Propõe que se acabe com a idéia de uma pré-história cujo fim recairia em nós próprios os quais nos converteríamos, também, em meios para um fim definitivo. Além desse fim definitivo inexistir, diz ele, o mais importante é entender que *todo presente do homem é seu próprio fim* e o foi também em seu passado. (JONAS, Hans. *El principio de responsabilidad:* ensayo de una ética para la civilización tecnológica. Barcelona: Herder, 1995, p. 350; 352-353).
[239] Conforme Ibidem, p. 361.
[240] Segundo JAMESON, a "natureza é relacionada à memória não por razões metafísicas, mas porque ela evoca o conceito e a imagem de um modo de produção agrícola mais antigo, que podemos reprimir, lembrar vagamente ou recuperar de forma nostálgica em momentos de perigo ou vulnerabilidade"(Ibidem, p. 365).
[241] Ibidem, p. 364.

oportunidades perdidas imitam as reais",[242] num jogo livre com o passado, alheio a prioridades e aos compromissos políticos. A segunda vertente dessa historiografia traduz uma intenção puramente ficcional e, em meio a eventos imaginários, ocorrem inesperadas inserções e supressões de figuras reais.

Ambas as formas de abordagem confundem o fato com sua narrativa, e o passado é alvo de um mimetismo que permite arquivar "momentos diferentes do tempo histórico e existencial [...] em lugares diferentes".[243] Huyssen contribui profundamente para a análise da questão, aduzindo que "quanto mais o capitalismo de consumo avançado prevalece sobre o passado e o futuro, sugando-os num espaço sincrônico em expansão, mais fraca sua autocoesão, menor a estabilidade ou a identidade que proporciona aos assuntos contemporâneos".[244] Para esse autor, a cultura contemporânea aliou-se à memória e ao passado devido à angústia de um futuro desprovido de utopia. O presente, desnorteado entre passado e futuro, apresenta-se como um espaço sensorial restrito e tomado por um mal-estar (antecipado por Freud e retomado por Bauman), fruto da "sobrecarga informacional e percepcional combinada com uma aceleração cultural, com as quais nem a nossa psique e nem os nossos sentidos estão equipados para lidar".[245]

Esse sentimento de angústia também é explorado por Subirats, para quem "aquela visão emancipadora da civilização com que o humanismo científico havia sonhado, desde a revolução copernicana dos céus até a concepção moderna de progresso", cedeu lugar a uma perspectiva do ocaso da história e do homem, fruto da consciência do envolvimento em crescentes conflitos, de proporções catastróficas, e das condições de sobrevivência, cada vez mais difíceis, para significativas camadas sociais das metrópoles industriais e para os habitantes de regiões do globo castigadas por práticas colonialistas e espoliativas.[246] A angústia, na reflexão afiada de Subirats, ocupa, no cenário da cultura tecnocientífica contemporânea, "aquele mesmo lugar que a cultura ilustrada do século XVIII ou a filosofia positivista do século XIX concederam à fé no progresso, à confiança no poder da razão ou à utopia de um futuro social justo e igualitário".[247] Essa nova condição espiritual está associada à consciência que o homem passa a ter de suas limitações cognitivas frente a um universo desumanizado tomado pelas no-

---

[242] Ibidem, p. 367.
[243] JAMESON, 1996, p. 371-372.
[244] HUYSSEN, Andreas. *Seduzidos pela memória*: arquitetura, monumentos, mídia. Rio de Janeiro: Aeroplano, 2000, p. 28.
[245] Ibidem, p. 32.
[246] SUBIRATS, 1989, p. 37.
[247] Ibidem, p. 39.

vas tecnologias da inteligência, mas especialmente do sentimento de impotência diante de um vir a ser imprevisível em termos políticos, sociais e naturais.[248]

Essa crise de historicidade desemboca numa desorganização temporal, propiciando que a cultura, na pós-modernidade, seja cada vez mais dominada pelo espaço e pela lógica espacial.

> Se, de fato, o sujeito perdeu sua capacidade de estender de forma ativa suas pretensões e retenções em um complexo temporal e organizar seu passado e seu futuro como uma experiência coerente, fica bastante difícil perceber como a produção cultural de tal sujeito poderia resultar em outra coisa que não 'um amontoado de fragmentos' e em uma prática da heterogeneidade a esmo do fragmentário, do aleatório.[249]

Balandier também adverte sobre o fato de as imagens terem se convertido em meios mais eficientes de construir a realidade, sobretudo aquelas imagens sintéticas ou calculadas que atuam por meio do *simulacro*,[250] permitindo o ingresso nos chamados mundos virtuais, cuja diferença com o mundo real se apresenta cada vez mais tênue. O mundo das imagens[251] se compromete com uma economia de mentiras e verdades distorcidas, no qual é por demais difícil separar o que de fato nos diz a realidade e o que deriva de suas múltiplas montagens e simulações. O autor fala de um cenário onde encontraremos o homem comprometido e iludido pela imagem virtual de tal forma que se deparará com o risco, a longo prazo, de suscitar condutas de rejeição ao real. O homem fixar-se-ia num "estado de espelho coletivo"[252] sintetizado naquilo que as telas dos televisores refletiriam.[253]

Subirats aborda a questão da vanguarda tecno-industrial e de como sua produção transcende uma ordem de racionalidade epistemológica, de funcio-

---

[248] Ibidem, p. 39. Essa linha de raciocínio e de considerações filosóficas também pode ser identificada na obra de BECK, para quem o homem vive hoje numa sociedade de riscos, cujo núcleo repousa na solução de problemas consistentes em como evitar, minimizar, dramatizar, canalizar os riscos e perigos que se produzem sistematicamente no processo avançado de modernização e limitá-los e reparti-los de tal modo que não se obstaculize o processo de modernização nem superem os limites do suportável (ecológica, médica, psicológica e socialmente) ? (BECK, Ulrich. *La sociedad del riesgo:* hacia una nueva modernidad. Barcelona: Paidós Ibérica, 1998, p. 26).

[249] JAMESON, 1996, p. 52.

[250] Por SIMULACRO, Harvey entende "um estado de réplica tão próxima da perfeição que a diferença entre o original e a cópia é quase impossível de ser percebida" (HARVEY, 2004, p. 261). Subirats acrescenta que o simulacro é "aquela representação que compete ontologicamente com o ser do representado, o sobrepuja, elimina e finalmente substitui, para se converter no único ser objetivamente real" (SUBIRATS, 1989, p. 59).

[251] De Venanzi considera que, a despeito de seu poder persuasório, a "hiperrealidade" não cancela a realidade, mas parece torná-la irrelevante. Para ele, isso é conseqüência, dentre outras causas, do aparecimento de novas e sofisticadas formas de falseamento como a virtualização (DE VENANZI, 2002, p. 147).

[252] No original: "estado del espejo colectivo".

[253] BALANDIER, Georges. *El poder en escenas:* de la representación del poder al poder de la representación. Barcelona: Paidós, 1994, p. 160.

nalidade econômica e social para incidir sobre os meios da produção cotidiana da vida, regulando possibilidades e limitações da comunicação humana, influindo sobre decisões sociais e políticas, sobressaindo como importante vetor de formação da cultura coeva. Diz ele, com a profundidade que lhe é peculiar:

> A tecnociência moderna define as palavras e as imagens do mundo, nosso conhecimento e nossa própria decisão moral sobre as coisas da vida; ela também preside a configuração dos espaços internos e externos da existência como sua organização através do tempo, configura os valores de prazer ou felicidade, e decide tanto sobre a morte como sobre a vida.[254]

Mas, se de um lado a cultura pós-moderna confunde os tempos e os fatos, numa mescla ilusionista, de outro, ela ostenta um historicismo sem rival. Mais uma vez, com base em Jameson, afirma-se que vivemos um tempo marcado pelo gosto "onipresente e indiscriminado por estilos e modas do passado. Enquanto isso, uma certa caricatura de pensamento histórico – que não podemos nem caracterizar como *de geração,* tal a rapidez de seu impulso – também se tornou universal".[255] A memória histórica é tantas vezes apresentada como uma réplica consertada do que realmente foi ou do que se quer tenha sido, exibida, no dizer de Subirats, "sob a figura de pacotes midiais [...], controle computadorizado da degradação ambiental, técnicas do espetáculo arquitetônico e urbanístico, [...] ou criação cibernética da última obra de arte".[256]

Comentando a filmografia que nos remete a tempos pretéritos, Jameson fala de uma nostalgia de passado que o transforma em alegoria e nos treina como bons "consumidores de passado".[257] O presente coloniza o passado e o traduz à luz de valores contemporâneos.[258]

Em termos de restauração[259] de monumentos históricos, duas grandes correntes se debatem, uma conservacionista ou anti-intervencionista, advo-

---

[254] SUBIRATS, ob. cit., p. 52.
[255] JAMESON, 1996, p. 292.
[256] SUBIRATS, 1989, p. 155.
[257] Ibidem, p. 293.
[258] No dizer de Gastal, "com este subterfúgio, o cinema e a televisão estariam realizando, ao mesmo tempo, um *pastiche* do passado e uma compressão do presente" (GASTAL, Susana de Araújo. *Alegorias urbanas:* o passado como subterfúgio. Tempo, espaço e visualidade na pós-modernidade. 2002. 278 f. Tese (Doutorado em Comunicação Social) – Curso de Pós-graduação em Comunicação Social, Pontifícia Universidade Católica do Rio Grande do Sul. Porto Alegre, 2002. p. 115).
[259] O professor italiano Ambrogio Annoni classifica os métodos de restauração em seis: a) *o romântico* ou de integração estilística, que prega a reconstrução do monumento mesmo arruinado, colocando-se o arquiteto responsável na posição de autor primitivo da obra; b) *o historicista,* que tolera reconstruções recuperadas, inclusive de ruínas, dentro do mesmo estilo e acabamento originais; c) *o arqueologista,* que aceita a pura consolidação das ruínas, sem acatar simulacros, acolhendo, em caso excepcionais, tão-somente a *anastilose,* que é "a reconstrução baseada nos elementos originais dispersos ainda conservados"

gando[260] a noção de que se deve manter o monumento o mais próximo possível de suas características originais.[261] Essa corrente, historicamente fundada pelo inglês John Ruskin (1818-1900) e denominada culturalista,[262] predomina ainda hoje na Grã-Bretanha. Nos demais países europeus, ganha terreno a linhagem intervencionista,[263] também conhecida como adepta do método romântico ou de integração estilística,[264] respaldada nas idéias do francês Viollet-le-Duc (1814-1879), para quem restaurar um edifício pode significar colocá-lo em um estado que talvez nunca ostentara antes.[265] Esse "intervencionismo militante" preocupa Choay, na medida em que as restaurações, e mesmo as reconstruções, não respeitam as características basilares dos monumentos históricos. Adverte que o grande público que produz o turismo de massa de visitação a esses ícones é muitas vezes enganado pela

---

(conforme LEMOS, C.AC., 1987,p. 72); d) *o científico*, o qual proíbe reconstruções de ruínas e o uso de espaços vazios, impondo nos trabalhos de consolidação que estejam identificados os materiais e recursos da nova tecnologia empregada; e) *o método artístico ou de reintegração artística*, que vem a ser a conjugação dos métodos arqueologista e científico, com ênfase nos aspectos plásticos e na adequação estética do meio ambiente ao monumento; f) e, por fim, o *não método*, que entende que cada caso deve ser olhado individualmente, merecendo uma peculiar solução (ANNONI, Ambrogio. *Scienza ed arte del restauro archittetonico: idee ed esempli*. Milano: Edicioni Artistiche Framar, 1946). Essa classificação é de grande valor acadêmico, mas dificilmente uma determinada obra de restauro irá amparar-se num único método. A par disso, essas seis tipologias podem ser agrupadas, contemporaneamente, em dois grandes grupos que revelam duas tendências, explicadas na seqüência deste trabalho.

[260] A propósito, PELLEGRINI FILHO, Américo. *Ecologia, cultura e turismo*. 4. ed. Campinas: Papirus, 2000, p. 92.

[261] Ruskin e seus adeptos tratavam do monumento histórico como algo sagrado, pertencente em parte aos que o edificaram e em parte às gerações humanas que nos sucederão. Consideravam um "sacrilégio" intervir nessas "relíquias". Na verdade, reprovavam a restauração, defendendo meras ações conservativas do "status" do monumento (nesse sentido, v. CHOAY, 2001, p. 155-156). Em sua clássica obra sobre a arquitetura veneziana, Ruskin deixa clara sua indignação com um traço marcante da arquitetura de seu tempo: "a diminuição da sinceridade e de vida". Qualifica a "adulteração exagerada e as classificações inexatas" doenças dos "tempos modernos"que tiveram seu germe na Renascença (RUSKIN, John. *As pedras de Veneza*. São Paulo: Martins Fontes, 1992, p. 17 e p. 19).

[262] SIMÃO, Maria Cristina Rocha. *Preservação do patrimônio cultural em cidades*. Belo Horizonte: Autêntica, 2001, p. 25.

[263] Adriano La Regina, superintendente arqueológico de Roma, defende a não supressão de intervenções que o bem cultural tenha sofrido ao longo de sua existência, desde que não configurem manipulações, deturpações, que o tornem "ilegível". Segundo ele, esse critério histórico desenvolveu-se quando a atenção dos especialistas se voltava para os restauros feitos em esculturas clássicas, no período do Renascimento, por grandes artistas que, na realidade, muito alteraram as obras originais, de modo que essas passaram a ser valiosas não só para entender arte antiga como também para propiciar o conhecimento dos artistas do Renascimento em relação à arte clássica. Paulatinamente, esse critério acabou sendo incorporado à arquitetura que deixou de ver "como deturpantes os acréscimos e transformações recebidas pelos edifícios em particular e pelo tecido urbano ao longo de suas existências" (LA REGINA, Adriano. *Preservação e revitalização do patrimônio cultural na Itália*. São Paulo: FAUUSP, 1982, p. 65).

[264] LEMOS, C.A.C., 1987, p. 70.

[265] Segundo Simão, as teorias de Viollet-le-Duc inspiraram intervenções nas quais a historicidade do monumento ficou relegada em função da reconstituição estilística. "Os acréscimos ocorridos ao longo do tempo são normalmente desprezados em nome de uma unidade estilística, quase sempre suposta e não comprovada"(SIMÃO, op. cit., p. 25).

"indústria patrimonial, que – temos de admitir –, na esteira da evolução das sociedades industriais avançadas, tende a vender-lhe ilusões à guisa dos valores prometidos".[266]

Da mesma preocupação comunga a historiadora de arte, Araceli Alonso. Segundo ela, está superada a restauração idealizada, baseada numa "fetichização" do bem cultural. Um monumento é sobretudo um processo evolutivo inserido em um contexto histórico transtemporal, razão por que qualquer intervenção física no patrimônio implica um exercício de humildade e de rigor por parte de todos os agentes sociais que podem e devem participar no processo.[267]

Em tempos de sociedade de consumo, pós-industrial, em que, na visão de Jameson, caminha-se para o "consumo da própria produção de mercadorias como processo",[268] o passado – objeto de consumo preferencial – convola-se em mercadoria[269] e perde o seu real sentido civilizatório.

Miranda sintetiza a questão como um paradoxo pós-moderno. Numa época "toda imbuída de ciência e tecnologia e menos propensa à criação cultural sente-se obrigada a conservar a massa enorme de monumentos de toda a espécie legadas por épocas anteriores".[270]

Ballart fala do crescimento da demanda de consumo cultural, no qual o passado é visto como uma mercadoria a mais posta à disposição do turista, cliente ou consumidor potencial.[271] Para o especialista em patrimônio arqueológico,

> O desejo de passado constitui hoje em dia o impulso primordial que move o interesse de tanta gente por descobrir e conservar vestígios de passado. Para muitos estudiosos do fenômeno [...], a ânsia de passado é uma das manifestações mais significativas que adota a reação da sociedade contemporânea ante a consciência de perda de continuidade cultural que provocou a velocidade e a escala de mudanças que afeta o entorno físico e cultural das sociedades. Como acertadamente afirma Lowenthal [...], o passado segue tendo hoje a força potente que sempre teve nos assuntos humanos, como fonte

---

[266] CHOAY, ob. cit., p. 228.

[267] ALONSO, Araceli Pereda. La Sobreexplotación en el uso de monumentos. *Debates de patrimonio*. Hispania Nostra. 16 fev. 2005. Disponível em: www.hispanianostra.es/patrimonio/docs/resumen. Acesso em: 22 ago. 2005.

[268] JAMESON, 1996, p. 14.

[269] Pérez Luño pontua que as leis do mercado não perdoaram de seus afãs especulativos os bens integrantes do patrimônio cultural, os quais são submetidos, como mercadorias, às regras do tráfico econômico (PÉREZ LUÑO, *Derechos humanos, estado de derecho e constitución*. 6.ed. Madrid: Tecnos, 1999, p. 496).

[270] MIRANDA, Jorge. O património cultural e a Constituição: tópicos. In: MIRANDA, Jorge; CLARO, João Martins; ALMEIDA, Marta Tavares de (Coord.). *Direito do património cultural*. Oeiras: INA, 1996, p. 262.

[271] BALLART, 2002, p. 230.

de identidade pessoal e coletiva e como baluarte contra as mudanças massivas e angustiantes[272] (tradução livre da autora).

O patrimônio cultural, que nos reporta ao passado, torna-se objeto de um consumo descomprometido e mesmo, na dicção de Meneses, de um *voyeurismo* que vindica um sujeito passivo.[273] Baudrillard, com sua radical crítica à sociedade de consumo, vai ainda mais fundo, aludindo a uma perda geral de significado humano dos objetos culturais, devido à ação do proprietário de transformá-los em "feitiços que lhe permitem apoiar uma atitude".[274]

Essa idéia de simulacro parece ter sua gênese na escola britânica capitaneada por Jonh Ruskin. Em uma de suas principais obras, opõe-se ferozmente à restauração:

> No antigo havia vida, havia a misteriosa sugestão do que havia sido e do que se perdera, do encanto das suas suaves linhas, obra do sol e das chuvas. Nada disso pode haver na brutal dureza da nova escultura. [...] Não falemos, pois, em restauração. A coisa em si não é em suma mais que um engano [tradução livre da autora].[275]

Harvey atenta para a ironia da situação, na qual há um consumo desenfreado de passado, mas de um passado tantas vezes ilusório. "A busca de raízes termina, na pior das hipóteses, sendo produzida e vendida como imagem, como um simulacro ou *pastiche* (comunidades de imitação construídas para evocar imagens de algum passado agradável, o tecido de comunidades operárias tradicionais apropriado por uma pequena nobreza urbana)".[276] – grifo nosso.

Essa mercadoria apresenta-se hoje como altamente vendável,

> mas os efeitos culturais são negativos, pois redundam num esvaziamento da cultura, que abrange todas as dimensões da existência humana, a começar daquelas que se envolvem com as condições de produção e reprodução da vida orgânica, psíquica e social, que deveriam ser *todas* qualificadas. Esta qualificação implica em consciência, olhar crítico – isto é, capaz de diferenciar, distinguir. Concebida não como uma dimen-

---

[272] "Las ganas de pasado constituye hoy en día el impulso primordial que mueve el interés de tanta gente por descubrir y conservar retazos de pasado. Para muchos estudiosos del fenómeno [...], el ansia de pasado es una de las manifestaciones más significativas que adopta la reacción de la sociedad contemporánea ante la conciencia de pérdida de continuidad cultural que ha provocado la velocidad y escala del cambio que afecta al entorno físico y cultural de las sociedades. Como muy certeramente afirma Lowenthal [...], el pasado sigue teniendo hoy la fuerza potente que siempre tuvo en los asuntos humanos, como fuente de identidad personal y colectiva y como baluarte contra el cambio masivo y angustiante" (BALLART, 2002, p. 37).

[273] MENESES, Ulpiano Bezerra de. A paisagem como fato cultural. In: YÁZIGI, Eduardo (Org.). *Turismo e paisagem*. São Paulo: Contexto, 2002, p. 55

[274] BAUDRILLARD, Jean. *A sociedade de consumo*. Lisboa: Edições 70, 2003, p. 92.

[275] "En el antiguo había vida, había la misteriosa sugestión de lo que había sido y de lo que había perdido, del encanto de las suaves líneas, obra del sol y de las lluvias. Nada de esto puede haber en la brutal dureza de la nueva escultura. [...] No hablemos, pues, de restauración. La cosa en sí no es en suma más que un engaño" (RUSKIN, 1910, p. 233).

[276] HARVEY, 2004, p. 273.

são, mas como um *segmento* da existência, a cultura passa assim a servir de álibi para a lógica do mercado.[277]

Numa perspectiva psicanalítica, Alexander observa que o apego ao folclore[278] pode ser um mecanismo psicológico de regressão a que os indivíduos recorrem quando se deparam com dificuldades. "Uma das manifestações mais comuns dessa tendência geral é o culto ao passado, dos dias felizes de antanho que já não voltarão"[279] [tradução livre da autora].

Já numa abordagem marxista, fulcrada na luta de classes como motor de propulsão da história, Lemos considera que a classe dominante costuma herdar seu prestígio e, por essa razão, preserva e recupera os testemunhos materiais de seus antepassados, numa demonstração que alia romantismo e saudosismo, constituindo uma política de afirmação elitista.[280] "Vive-se do passado, das glórias dos outros tempos. A preservação de bens culturais para ela constitui a obrigação de manter viva a memória dos avós".[281]

Santos, ao avaliar o conjunto de promessas não cumpridas pela modernidade e revelar-se ainda um esperançoso de uma reinvenção do futuro, sinaliza que, "depois de séculos de modernidade, o vazio do futuro não pode ser preenchido nem pelo passado nem pelo presente. O vazio do futuro é tão-só um futuro vazio".[282]

Nessa crise de valores, de colonização pelo capitalismo dos mais diversos setores da vida social,[283] transformando coordenadas básicas da vida humana – como o passado – em mercadoria, de rápido consumo e descarte, pergunta-se: resta alguma importância para a preservação do patrimônio cultural?

Não há dúvida de que o patrimônio cultural é a base sobre a qual a civilização como um todo se edifica e evolui. O patrimônio cultural nacional,

---

[277] MENEZES, 2002, p. 56.

[278] Folclore, de acordo com definição sugerida pela UNESCO, "é o conjunto de mitos, crenças, histórias populares, lendas, tradições e costumes que são transmitidos de geração em geração, que faz parte da cultura popular". A palavra folclore vem do inglês "folk" = povo e "lore" = conhecimento. Disponível em www.ifolclore.com.br/div/folk2.htm. Acesso em 03 mai. 2005.

[279] "Una de las manifestaciones más comunes de esta tendencia general es el culto del pasado, de los días felices de antaño que ya no volverán" (ALEXANDER, Franz. *Nuestra era irracional:* un estudio de las fuerzas irracionales de la vida colectiva. Buenos Aires: Poseidón, 1944, p. 198).

[280] Sobre as funções ideológicas do patrimônio cultural, La Regina identifica três veios: as finalidades conservadoras ou elitistas; as finalidades populistas ou cripto-conservadoras e as finalidades democráticas (LA REGINA, 1982, p. 57-58).

[281] LEMOS, C.A.C., 1987, p. 31.

[282] SANTOS, B., 2001b, p. 322.

[283] Um outro possível traço diferencial entre a modernidade e a pós-modernidade diz respeito à superlativização do econômico. Enquanto "o século XVIII viu o nascimento da economia política, com Adam Smith e os fisiocratas" (TAYLOR, Charles. *As fontes do self:* a construção da identidade moderna. São Paulo: Loyola, 1997, p. 370), a pós-modernidade se depara com uma hipervalorização da dimensão econômica que acaba por se sobrepor na escala de valores e prioridades.

a seu turno, identifica-se com os valores precípuos de uma Nação. Representa os alicerces da construção de um país. Nas sábias palavras do especialista português,

> O patrimônio cultural de um povo constitui um espaço de independência cultural, no seu modo específico de resistência à importação de modelos de cultura de massas; representa uma base de superação das teses reducionistas da dimensão integral do homem; torna-se fonte de diálogo do homem consigo próprio e com a sua comunidade; revela-se a ponte que liga o presente ao futuro através do passado; constitui o legado cultural nacional em trânsito.[284]

Nessa linha de raciocínio, dessume-se a necessidade de se passar de uma visão essencialista do patrimônio – na qual ele é visto como fim em si mesmo, objeto de contemplação e até de estudos, símbolo da Nação –, para uma visão da importância do patrimônio enquanto fator relevante para o desenvolvimento da personalidade humana.

Essa concepção está atrelada à visão do Estado como ente dinâmico no seio da vida social, intervindo para construir uma justiça social, não só "relativamente aos bens materiais, mas diz também respeito aos bens da cultura, apoiando-se para tal no princípio capital da dignidade humana, o qual exige o livre desenvolvimento da personalidade dos cidadãos".[285]

A carência de cultura traduz uma necessidade vital do homem que aspira à condição de cidadão. Nas memoráveis palavras de Magalhães, um dos grandes artífices da preservação do patrimônio cultural brasileiro, os valores nos quais podemos nos apoiar, nos sustentar, compõem essa categoria denominada patrimônio cultural da Nação:

> Só o acervo do nosso processo criativo, aquilo que construímos na área da cultura, na área da reflexão, que deve tomar aí o seu sentido mais amplo – costumes, hábitos, maneiras de ser. Tudo aquilo que foi sendo cristalizado nesse processo, que ao longo desse processo histórico se pode identificar como valor permanente da nação brasileira. Estes são os nosso bens, e é sobre eles que temos que construir um processo projetivo.[286]

A construção de uma cultura, bem como a de uma personalidade, pressupõe acúmulo e esse requer um legado apropriável pelo sujeito. Quanto maior o recuo temporal viabilizado por políticas legítimas de preservação, maior a possibilidade de projeção. Magalhães nos traz uma metáfora perfeita para representar tal assertiva:

---

[284] TEIXEIRA, 2004.

[285] IBÁÑEZ, María del Rosario Alonso. Direito do património cultural em Espanha: situação actual e perspectivas. In: MIRANDA, Jorge; CLARO, João Martins; ALMEIDA, Marta Tavares de (Org.). *Direito do património cultural*. Lisboa: INA, 1996, p. 156.

[286] MAGALHÃES, Aloísio. *E triunfo? A questão dos bens culturais no Brasil*. Rio de Janeiro: Nova Fronteira; Fundação Nacional Pró-Memória, 1985, p. 41.

Da mesma maneira como, analogicamente, uma pedra vai mais longe na medida em que a borracha do bodoque é suficientemente forte e flexível para suportar uma grande tensão, diametralmente oposta ao objetivo de sua direção. Pode-se mesmo afirmar que, no processo de evolução de uma cultura, nada existe propriamente de 'novo'. O 'novo' é apenas uma forma transformada do passado, enriquecida na continuidade do processo, ou novamente revelada, de um repertório latente. Na verdade, os elementos são sempre os mesmos; apenas a visão pode ser enriquecida por novas incidências de luz nas diversas faces do mesmo cristal.[287]

A transformação desse legado em mercadoria cerceia a plena formação do indivíduo que será talhado de acordo com o molde que o mercado, como agente invisível e fator preponderante no atual estágio do capitalismo, lhe impuser. Silva adverte para o risco da deformação patrimonial, ou seja, pela integração a esse universo de elementos sem valor ou expressão. Também o deformam "as restaurações abusivas, as reconstruções e as réplicas".[288]

Assim, preservar um patrimônio nas suas características genuínas (o que não significa dizer afastá-lo de usos) é atitude de resistência e de conteúdo inegavelmente emancipatório, ainda que tal atividade traga como reflexos o fortalecimento da idéia de Estado-Nação, lucros derivados do turismo ou de outras atividades na qual o patrimônio esteja envolvido.

Reconhecer um "direito ao passado",[289] como sintetiza, nessa feliz expressão, Paoli, é fazer emergir e preservar não só o "passado dos vencedores, sobre cujos feitos foram produzidos os documentos e erigidos os monumentos",[290] mas também aquele composto de outras narrativas, tantas vezes silenciadas, suprimidas ou privatizadas da população, aceitando os riscos da diversidade e da ambigüidade das lembranças e esquecimentos, contemplando inclusive a historiografia dos menos favorecidos, dos vencidos, do patrimônio vernacular.

Ao desempenhar uma função de comunicação que dispensa mesmo a palavra, superando-a, o patrimônio representa a realidade: "mais do que simples linguagem, pode tornar-se pólo de intervenção, quando traduz o quotidiano dos povos, a degradação social ou a injustiça latente da sociedade (pense-se, v.g., no *Asseio dos Presos* de Van Gogh) e o sentimento do indivíduo (v.g., em o *Grito* de Edvard Munch)".[291]

Se lembrarmos de objetos, construções, tradições do passado que resistem à ação do tempo e do homem, carregam eles consigo uma propriedade

---

[287] MAGALHÃES, 1985, p. 44-45.
[288] SILVA, J.A., 2001, p. 153.
[289] PAOLI, Maria Célia. Memória, história e cidadania: o direito ao passado. In: CUNHA, Maria Clementina Pereira (Org.). *O direito à memória:* patrimônio histórico e cidadania/DPH. São Paulo: DPH, 1992, p. 27.
[290] Ibidem, p. 26.
[291] TEIXEIRA, 2004.

anamnésica, um valor de memória que vale mais do que qualquer reconstrução temporal feita, por exemplo, num vídeo televisivo ou em filmes cinematográficos, porque essas formas de expressão terão sempre a influência do tempo presente e de seu criador contemporâneo.

Discorrendo a respeito da importância dos museus, Huyssen considera que, quanto mais "mumificado um objeto, mais intensa é sua habilidade de nos render experiências, um sentido autêntico. Não importa o quanto seja frágil a relação entre o objeto do museu e a realidade que documente, pois de qualquer maneira ele é exibido ou está na mente do espectador".[292]

Como testemunho de componentes civilizatórios, o patrimônio expressa também a estética dos povos em determinados espaço-temporais, suas preferências e opções, permitindo o repasse dessas escolhas às futuras gerações, realizando, na plenitude, o princípio da solidariedade intergeracional ou da eqüidade transgeracional .

É na área do patrimônio cultural que esse princípio, que adiante será melhor explorado, se apresenta em toda a sua plenitude, irmanando gerações pretéritas, presentes e futuras que intercambiam valores.

Na pós-modernidade, o homem necessita de referenciais sólidos pelos quais possa se guiar, a fim de que não sucumba frente às leis ditadas pelo mercado e por sua mais forte ideóloga – a mídia.

O patrimônio é prova evidente da existência de vínculos com o passado e alimenta no ser humano uma sensação reconfortante de continuidade no tempo e de identificação com uma determinada tradição.[293]

Em passagem na qual analisa a rapidez das transformações operadas no mundo e, por outro lado, o crescimento em importância que o culto ao passado passa a ter para o ser humano, Ballart bem demonstra a complexidade da questão e a interação entre o natural e o cultural; o dado e o criado:

> A sociedade contemporânea acelerou de uma maneira extraordinária, em relação a outras épocas, o ritmo de produção de objetos graças ao progresso tecnológico e também o de geração de dejetos e, ainda, o de destruição de objetos sub-repticiamente convertidos em obsoletos. Essa espiral produção-destruição de objetos, sem aparente solução de continuidade, chega a extremos que provocam alarme social, como põem de manifesto tanto os movimentos conservacionistas do meio cultural, como os movimentos ecológicos. A modificação do entorno físico com as alterações provocadas na paisagem e a prática desaparição em todo o planeta do entorno natural primígeno, o crescimento demográfico e os grandes movimentos de população, o incremento do meio edificado, o aumento da contaminação atmosférica e das águas, alertam a população

---

[292] HUYSSEN, 1996, p. 230.
[293] BALLART, 2002, p. 36.

do mesmo modo que o sentimento de perda de relação com o passado e com a tradição (tradução livre da autora).[294]

O passado se destaca no contexto contemporâneo como fonte de cultura, como última referência frente à falta de estabilidade das situações e como objeto de um consumo capaz de preencher certos vazios de simbolismo e pertencimento que afligem o homem da pós-modernidade.[295] "O passado nas coisas ou no ambiente forma parte das vivências habituais das pessoas de qualquer lugar. Não é um ingrediente da vida do qual alguém possa facilmente desprender-se; é uma forma de apegar-se à realidade. A representação do passado feita pela maioria das pessoas é uma forma de viver o tempo presente"[296] [tradução livre da autora].

Para formar sua identidade, o sujeito contemporâneo tem de ter à sua disposição, naquilo que alguns chamam de "supermercado cultural",[297] a herança cultural das gerações que o precederam, ou seja, os fragmentos de cultura mais expressivos daqueles que edificaram a obra sobre a qual irá fruir sua existência. Suprimido ou deturpado esse legado, haverá uma solução de continuidade geracional, constituindo uma lacuna de conseqüências incalculáveis para a formação da pessoa e para a sua plenitude existencial.

Chagas destaca que a preservação do patrimônio cultural não se apresenta na atual conjuntura, por ele descrita como a de um planeta "em processo de acelerada uniformização de cenários, gostos, de modos e de modas", como uma alternativa ou opção, mas como uma imposição de "natureza política, de garantia de soberania, de segurança nacional, de manutenção da face da nação: o espelho no qual ao nos olharmos nos reconhecemos na imagem nele refletida!".[298]

Morin sintetiza melhor que ninguém a importância das culturas se reencontrarem com seu passado como forma de irrigarem seu presente e prepa-

---

[294] "La sociedad contemporánea ha acelerado de una manera extraordinaria, en relación a otras épocas, el ritmo de producción de objetos gracias al progreso tecnológico y también el de generación de desechos y aun el de destrucción de objetos subrepticiamente convertidos en obsoletos. Esta espiral producción-destrucción de objetos, sin aparente solución de continuidad, llega a extremos que provocan alarma social, como ponen de manifiesto tanto los movimientos conservacionistas del medio cultural, como los movimientos ecologistas. La modificación del entorno físico con los cambios provocados en el paisaje y la práctica desaparición en todo el planeta del entorno natural primigenio, el crecimiento demográfico y los grandes movimientos de población, el incremento del medio edificado, el aumento de la contaminación atmosférica y de las aguas, alertan a la población del mismo modo que el sentimiento de pérdida de la relación con el pasado y con la tradición" (BALLART, 2002, p. 37). Semelhante reflexão é feita por ALIBRANDI; FERRI, 1985, p. 47.

[295] BALLART, op. cit., p. 127.

[296] "El pasado en las cosas o en el ambiente, forma parte de las vivencias habituales de las personas de cualquier lugar. No es un ingrediente de la vida del que uno pueda fácilmente desprenderse; es una forma de apegarse a la realidad. La representación del pasado que se hace la mayoría de la gente es una forma de vivir el tiempo presente" (Ibidem, p. 131).

[297] MATHEWS, 2002, p. 22. O termo também é empregado por HALL, S., 1998, p. 75.

[298] CHAGAS, 2004, p. 17.

rarem um futuro melhor. "Todo ser humano, toda coletividade deve irrigar sua vida pela circulação incessante entre o passado, no qual reafirma a identidade ao restabelecer o elo com os ascendentes, o presente, quando afirma suas necessidades, e o futuro, no qual projeta aspirações e esforços". [299]

1.3. A ABORDAGEM JURÍDICA DO DUPLO ESTATUTO DO SER HUMANO: A VISÃO HOLÍSTICA DO MEIO AMBIENTE, A ORDEM SOCIAL E A SADIA QUALIDADE DE VIDA

Morin e Kern articulam a idéia de que o ser humano é orientado por um duplo estatuto composto por cultura e natureza.[300] Häberle considera a proteção da natureza e a proteção da cultura como duas vertentes de um todo que é a *proteção da humanidade*.[301] Essa conexão, diz ele, se enraiza na *conditio humana* que está selada pela natureza e pela cultura, e a vida humana só floresce sobre a base de uma proteção interestatal e universal da cultura e da natureza.[302]

A interação do homem com o meio natural se dá a partir de sua bagagem cultural[303] e, para atingir o ideal da qualidade de vida, o ser humano necessita de um equilíbrio entre todas as dimensões que integram o conceito de meio ambiente. Havendo distorções em algum desses planos, rompido está o sensível equilíbrio ambiental.

Partindo dessas considerações de ordem filosófica, passa-se ao exame das diversas concepções jurídicas de meio ambiente, especialmente daquelas presentes no Direito pátrio e, em especial, da visão constitucional sobre o tema, da qual sobressai o aspecto de estarem os direitos fundamentais à cultura e ao meio ambiente sadio e ecologicamente equilibrado inseridos ambos no Título relativo à Ordem Social.

1.3.1. As concepções de meio ambiente na doutrina e na jurisprudência estrangeira

Cumpre aclarar que a pesquisa ateve-se ao direito ocidental, especialmente europeu, com especial atenção para o dos países que, além de apre-

---

[299] MORIN, 2000, p. 77.
[300] MORIN; KERN, 2003, p. 57.
[301] HÄBERLE, 1998, p. 25.
[302] Ibidem, p. 30.
[303] CUNHA, Danilo Fontenele Sampaio. *Patrimônio cultural:* proteção legal e constitucional. Rio de Janeiro: Letra Legal, 2004, p. 40.

sentarem um grande acervo em termos de bens culturais (portanto, aqueles em que esse tema tem sido alvo de crescentes preocupações), mais têm influenciado a construção do Direito pátrio, ostentando um ordenamento jurídico assentado sobre o Direito Positivo.

Começa-se, portanto, pela Itália, onde os trabalhos da Comissão Franceschini, anteriormente referida,[304] forjaram um movimento de unificação, de identificação de pontos comuns relacionados à tutela dos bens culturais, dentre os quais vários deles não tiveram na sua gênese qualquer ato de criação ou de transformação operada pelo homem.

Eram basicamente três as leis italianas que resguardavam os bens chamados culturais: a Lei nº 1.089, de 1º/06/39, que tratava das coisas móveis e imóveis de interesse artístico, histórico, arqueológico e etnográfico; a Lei nº 1.497, de 29/06/39, que tratava das coisas imóveis de notável caráter de beleza natural ou de singularidade geológica, tais como vilas, jardins, parques de beleza incomum, conjuntos imobiliários que componham um característico aspecto de valor estético e tradicional, e o Decreto da Presidência da República (DPR) nº 1.409, de 30/09/63, que tratava das coisas do patrimônio arquivístico (documentos e coisas públicas ou privadas dotadas de interesse histórico para os arquivos). Em 29 de outubro de 1999, essa legislação fragmentada foi unificada pelo Decreto Legislativo nº 490 que aprovou um texto único versando sobre a tutela dos bens culturais. Posteriormente, em 22 de janeiro de 2004, o Decreto Legislativo nº 42,[305] não sem críticas da doutrina italiana, aprovou novo texto, unificando a tutela da paisagem e a tutela dos bens culturais.

A divisão tripartite que anteriormente marcava a legislação italiana, conforme assinala Giannini, passou a ser alvo de especulações doutrinárias e jurisprudenciais que redundaram na identificação de pontos em comum, quais sejam: identidade de regime jurídico para coisas de pertencimento público, de um lado, e privado, de outro; identidade de procedimentos administrativos para tutela de interesses muito específicos para o ordenamento de coisas de pertencimento público e procedimentos administrativos ablatórios nos confrontos dos particulares e entes públicos menores.

Sobre essa base construiu-se uma realidade homogênea[306] indiciada pelo art. 9º da Constituição italiana em vigor (que é de 1947), o qual reputa deveres da República promover o desenvolvimento da cultura e da pesquisa

---

[304] COMISSÃO FRANCESCHINI, 1966, p. 120.

[305] DECRETO legislativo n. 42. Disponível em: www.ambientediritto.it/Legislazione. Acesso em: 16 set. 2005.

[306] Consoante assevera GIANNINI, 1976, p. 5.

científica e técnica, e tutelar a paisagem e o patrimônio histórico e artístico da Nação.[307]

Sem embargo disso, a legislação italiana trata do meio ambiente sob quatro enfoques distintos: os bens culturais (disciplinados, basicamente, no texto único antes referido); o direito paisagístico, que abarca as belezas naturais, os centros históricos, os parques naturais, florifaunísticos e as florestas; as normas sobre proteção do ar, da água, do solo, enfim, a tutela ecológica que envolve a repressão e a prevenção das agressões ambientais e, por fim, as normas sobre assentamento territorial.[308] Na concepção de Giannini, todos os ordenamentos confluem para o ordenamento urbanístico.

Giannini aponta para uma tendência de configuração de uma categoria geral, abstrata, cognitiva do bem ambiental, especificada em mais categorias normativas, das quais a do bem cultural ambiental tem caráter funcional geral, enquanto as outras teriam caráter funcional especial.[309]

Aberto o caminho por Giannini, outros doutrinadores italianos passaram a especular sobre essa união conceitual.

Pela profundidade e beleza textual, merece ser reproduzida a reflexão de Lettera:

> A oscilação das orientações testemunha o efeito de ruptura sobre os esquemas preexistentes das problemáticas ambientais; defrontado com a unidade da natureza, o direito ambiental atinge essa unidade, como a luz um prisma, e faz aparecer uma pluralidade de bens, cada um dos quais tende a ser atraído ao mundo da juridicidade, alguns ao nível dos direitos subjetivos, outros de interesses legítimos, todos coexistindo e empurrando para o declínio uma concepção absolutista e exclusiva do direito de propriedade, pela qual resta inconcebível que sobre uma mesma coisa possa pairar uma pluralidade de bens, cada um dos quais recorrendo a um sujeito diverso, quase como quotas ideiais acionárias de uma sociedade unitariamente estruturada e funcionalizada[310] [tradução livre da autora].

---

[307] Art. 9. "La Repubblica promuove lo sviluppo della cultura e la ricerca scientifica e tecnica. Tutela il paesaggio e il patrimonio storico e artistico della Nazione".

[308] Segundo Ferri, a normativa italiana a respeito do ordenamento do solo está disposta nas leis n. 1150/42; n. 765/67; n. 10/77 e n. 47/85. (FERRI, 1996, p. 111-148). Quanto à paisagem, sua tutela está concentrada, ao nível do Estado, também no Decreto Legislativo n. 42, de 22.01.04.

[309] "La tendenza è semmai nel senso di configurare una categoria generale astratta, conoscitiva, di bene ambientale, specificata in più categorie normative, delle quali quella di bene culturale ambientale ha carattere funzionale generale, mentre le altre hanno carattere funzionale speciale" (GIANNINI, 1973, p. 27).

[310] "L'oscillazione di orientamenti testimonia l'effetto dirompente sugli schemi preesistenti delle problematiche ambientalli; a fronte dell'unità della natura, il diritto ambientale colpisce questa unità, come la luce un prisma, e rifrange una pluralità di beni, ciascuno dei quali tende ad essere attratto nel mondo della giuridicità, alcuni a livello di diritti soggettivi, altri di interessi legittimi, tutti coesistendo e spingendo al tramonto una concezione assolutista ed esclusiva del diritto di proprietà, per la quale è restato inconcepibile che su una medesima cosa possa insistere una pluralità di beni, ciascuno dei quali facente capo ad un soggetto diverso, quasi ideali quote azionarie di una società unitariamente strutturata e funzionalizzata" (LETTERA, Francesco. *Lo stato ambientale*. Il nuovo regime delle risorse ambientali. Milão: Giuffrè, 1990, p. 29).

Maddalena afirma que essa concepção unitária e integrativa do meio ambiente está atrelada ao programa da Unesco intitulado "Man and biosphere" (MAB), desenvolvido desde 1971, e que tem por base a visão transdisciplinar[311] das questões ambientais. Nas palavras do especialista italiano:

[...]o bem ambiental se apresenta, conforme o perfil jurídico, como um conjunto de bens naturais e culturais sob tutela direta do ordenamento jurídico. Portanto, em virtude do perfil jurídico devem ser rechaçadas aquelas definições de ambiente que recolhem algumas de suas características, mas que não evidenciam seu conteúdo fundamental enquanto conjunto de bens[312] (tradução livre da autora).

Giampietro, comentando dispositivos da Lei nº 349/86, sustenta que esse diploma confere um tratamento unitário ao bem ambiental, rompendo com a tutela disomogênea e fragmentada de seus diversos componentes (ar, água, solo, paisagem, flora, fauna, etc.), então fundada numa concepção civilística assentada sobre um regime proprietário.[313] Graças aos arts. 8, *3 e 4 comma*, e 18, *3 comma*, da aludida lei, o ambiente aparece configurável como bem público confiado aos cuidados do Estado-Administração e conotado aos valores naturalísticos, estético-culturais e de salubridade ambiental.[314]

Dell'anno comenta a tendência a uma compreensão unitária do meio ambiente, com reflexos nas decisões da Corte Constitucional italiana.

---

[311] Nas palavras do professor Mantovani, especialista em ecologia e professor do Instituto de Biociências da USP, "a transdisciplinaridade leva o indivíduo a tomar consciência do essencial no outro e da sua inserção na realidade social, natural e planetária. [...] A proposta transdisciplinar parte do reconhecimento de que a proliferação atual de disciplinas e especialidades acadêmicas e não-acadêmicas, conduz a um crescimento incontestável do poder associado aos detentores desses conhecimentos fragmentados. Essa nova tendência é vista como um agravamento das relações de dominação que prevalecem entre indivíduos, comunidades, nações e países. Uma ética total tem como princípio essencial: restabelecer a integridade do homem e do conhecimento, integrando o sensorial, o místico, o emocional, o intuitivo, o racional na totalidade da mente, do corpo, do cosmos, mediante a ética da diversidade: respeito, solidariedade e cooperação" (MANTOVANI, Waldir. O que a USP faz com seu patrimônio ambiental ? In: LANNA, Ana Lúcia Duarte (Org.). *Meio ambiente:* patrimônio cultural da USP. São Paulo: Edusp, 2003, p.65).

[312] "[...] el bien ambiental se presenta, conforme al perfil jurídico, como un conjunto de bienes naturales y culturales bajo la tutela directa del ordenamiento jurídico. Por tanto, en virtud del perfil jurídico deben ser rechazadas aquellas definiciones de ambiente que recogen algunas de sus características, pero que no ponen en evidencia su contenido fundamental en tanto conjunto de bienes" (MADALLENA, Paolo. Las transformaciones del derecho a la luz del problema ambiental: aspectos generales. *Revista del Derecho Industrial,* Buenos Aires, n. 41, p. 345-372, maio/ago. 1979, p. 364).

[313] A posição de GIAMPIETRO é contraditada por CORDINI, para quem "a lei n. 349/86 sobre a criação e a organização do Ministério do Ambiente não permitiu ultrapassar a segmentação da Legislação já existente. A tese que atribui a existência de uma noção unitária de ambiente enquanto *bem jurídico*, fundamentada também com referências ao artigo 18 da Lei n. 349 não é totalmente convincente" (CORDINI, Giovanni. O direito ao ambiente em Itália. In: AMARAL, Diogo Freitas do (Coord.). *Direito do ambiente.* Oeiras: INA, 1994, p. 214).

[314] GIAMPIETRO, Franco. *La responsabilità per danno all'ambiente:* profili aministrativi, civili e penali. Milão: Giuffrè, 1988, p. 176.

Na sentença nº 210/1987, a Corte afirmara:

É reconhecido o esforço na ação de dar um reconhecimento específico à salvaguarda do ambiente como direito da pessoa e interesse fundamental da coletividade e de criar institutos jurídicos para sua proteção. Tende-se, assim, a uma concepção unitária do bem ambiental, compressiva de todos os recursos naturais e culturais.[315] (tradução livre da autora).

Em outro julgado (sentença nº 641/1987[316]), o mesmo Pretório exprimiu a seguinte convicção:

O fato de que o ambiente possa ser fruível em várias formas e diferentes papéis, assim como possa ser objeto de várias normas que asseguram a tutela de múltiplos perfis nos quais se externa, não o torna menor e não ataca a sua natureza e a sua substância de *bem unitário* que o ordenamento leva em consideração. O elemento unitário é referido à qualidade de vida, ao habitat natural no qual o homem vive e age, necessário à coletividade e aos cidadãos[317] (tradução livre da autora).[318]

Do supracitado aresto, destaca-se a *ênfase na noção de qualidade de vida* enquanto vetor de confluência de todas as dimensões englobadas pelo conceito sistêmico de meio ambiente, suplantando uma visão atomística de seus componentes singulares. Reeditando posição de Giannini, Cordini sustenta a possibilidade de o ponto de convergência dos diversos segmentos que compõem o meio ambiente se harmonizarem em torno da noção de território, concebido como objeto em relação ao qual os homens exercem atividades reguladas juridicamente segundo um modelo unitário.[319]

O fato é que a visão holística prevalece de tal sorte na Itália que a própria legislação coacervou os bens culturais e a paisagem em um texto único.

De forma um pouco mais tímida, provavelmente face à total ausência de qualquer referência ao meio ambiente (e à respectiva tutela) na Constituição,[320] na França também se identifica essa tendência unificadora do conceito de meio ambiente.

---

[315] "[...]va riconosciuto lo sforzo in atto di dare un riconoscimento specifico alla salvaguardia dell'ambiente come diritto della persona e interesse fondamentale della collettività e di creare istituti giuridici per la loro protezione. Si tende, cioè, ad una concezione unitaria del bene ambientale, comprensiva di tutte le risorse naturali e culturali" (DELL'ANNO, Paolo. *Manuale di diritto ambientale*. 4. ed. Pádua: Cedam, 2003, p. 7).

[316] SENTENÇA n. 641/1987. *Rivista Giuridica Ambientale*, 1988, p. 93.

[317] "[...]il fatto che l'ambiente possa essere fruibile in varie forme e differenti ruoli, così come possa essere fruibile in varie forme e differenti ruoli, così come possa essere oggetto di varie norme che assicurano la tutela dei vari profili in cui si estrinseca, no fa venir meno e non intacca la sua natura e la sua sostanza di bene unitario che l'ordinamento prende in considerazione. L'elemento unitario è riferito alla qualità della vita, allhabitat naturale nel quale luomo vive ed agisce, necessario alla collettività e ai cittadini" (DELL'ANNO, op. cit., p. 7).

[318] A mesma sentença é comentada por CORDINI, 1994, p. 213.

[319] CORDINI, 1994, p. 228.

[320] Como reporta Prieur, tramita na Assembléia francesa um projeto de emenda constitucional, formado por dez artigos, para inserção dos princípios básicos para a tutela ambiental. Esse projeto teve entrada

Lamarque tem-se destacado na construção de uma visão sistêmica de meio ambiente. Refere-se à proteção da natureza e do meio ambiente. No primeiro "universo", inclui a proteção dos conjuntos naturais (sítios e monumentos naturais, parques nacionais e parques naturais regionais) e a proteção dos elementos da natureza (o ar, a água, o solo, os bosques, a flora e a fauna). No segundo, situa os temas relacionados a atividades classificadas, contaminação das águas, contaminação da atmosfera e a luta contra a poluição sonora. O nexo entre meio ambiente e natureza seria duplo: de um lado, os elementos da natureza costumam ser veículos de prejuízos ambientais; de outro, a luta contra as diversas formas de contaminação ambiental é uma forma de proteger a natureza.[321] Observa-se que o sistema engendrado pelo autor não contempla elementos pertinentes ao patrimônio cultural, denotando a necessidade de os juristas serem contagiados por uma visão sistêmica ou transdisciplinar reveladora da complexidade humana.

Para além de uma definição constitucional, o especialista em patrimônio, Mesnard, aponta para uma política global no tocante ao patrimônio, reconhecendo que a existência humana se localiza num ambiente que é, "simultaneamente, um ambiente cultural construído e, claro, um ambiente natural".[322]

Prieur parece reticente quanto à inserção dos elementos artificiais e culturais na concepção de meio ambiente, tanto que, ao referir-se ao núcleo do direito ambiental, considera-o constituído do direito da natureza, o direito das poluições e dos riscos, o direito dos monumentos naturais, dos sítios e das paisagens. O direito do urbanismo, o direito rural, o direito dos monumentos históricos, dentre outros, são por ele tomados como direitos que se relacionam com o do meio ambiente, mas residem fora de seu núcleo.[323] Entretanto, enfatiza que a noção global de equilíbrio ecológico inclui o homem e suas motivações psicossociais (equilíbrio harmonioso e bem-estar das populações) que constituem os elementos de uma visão jurídica voltada para o futuro.[324]

No direito espanhol, a visão unitária de meio ambiente ainda atrai poucos adeptos, pois a posição predominante, baseada no atual estágio evo-

---

em 27/06/03 e significaria, para o Direito francês, *une véritable révolution* (PRIEUR, Michel. *Vers un droit de l'environnement renouvelé*. Disponível em: www.conseil-constitutionnel.fr/cahiers/ccc15/env2.htm. Acesso em: 15 dez. 2004).

[321] LAMARQUE, Jean. *Droit de la protection de la nature et de l'environnement*. Paris: Pedone, 1973, p. XV.

[322] MESNARD, André-Hubert. Política e direito do património cultural em França: situação actual e perspectivas. In: MIRANDA, Jorge; CLARO, João Martins; ALMEIDA, Marta Tavares de (Coord.). *Direito do património cultural*. Oeiras: INA, 1996, p. 181

[323] PRIEUR, 2001, p. 9.

[324] Ibidem, p. 10.

lutivo da legislação daquele país, é capitaneada pelo jusambientalista Mateo, para quem o âmbito conceitual do ambiente não abarca as dimensões artificial e cultural, incluindo somente aqueles elementos naturais de titularidade comum e de características dinâmicas como o ar, a água, veículos básicos de transmissão, suporte e fatores essenciais para a existência humana na Terra.[325] Justifica sua posição sob o argumento de que seria inútil, perturbador, incluir sob a noção de meio ambiente a defesa da qualidade de vida, do marco existencial ou a solução de questões sociais, já que essas questões envolvem medidas não compatíveis com as que demanda a conservação do equilíbrio ecológico, por exemplo.[326]

Numa escala um pouco ampliada, Ramón identifica o meio ambiente com os recursos naturais, não só com o ar e a água, mas também com a flora, a fauna, o solo e os elementos inorgânicos da terra (*la gea*).[327]

Sánchez, após trazer à tona diversas definições de doutrinadores espanhóis, constrói o seu conceito de meio ambiente, excludente de aspectos culturais, *in literis:*

> A nosso juízo, o termo meio ambiente corresponde à palavra inglesa *environment*, à francesa *environnement*, à italiana *ambiente* e à alemã *umwelt*. Refere-se basicamente ao entorno, e por isso pode se definir, na linha do apontado por Díez-Picazo, como o conjunto de elementos naturais que determina as características de um lugar, tais como o ar, a água, o solo, a flora, a fauna, a paisagem e outras que contribuem ao gozo dos bens da natureza, como o silêncio e a tranqüilidade. Esta definição está em consonância com a Constituição, cujo artigo 45 evidencia que os recursos naturais são o elemento nuclear do conceito constitucional de meio ambiente[328] (tradução livre da autora).

De se salientar que o conceito por ele eleito é bem mais amplo que o de Mateo, porquanto abarca o solo, flora, fauna e, destacadamente, a paisagem, valor que nos remete a juízos culturais e estéticos, que se distanciam dos elementos meramente naturalísticos.

---

[325] MATEO, Rámon Martín. *Tratado de derecho ambiental*. Madrid: Trivium, 1991, v. 1, p. 86. Para uma visão panorâmica da cizânia doutrinária existente sobre o assunto no Direito Espanhol, v. MOLINA GÍMENEZ, Andrés. *Las antenas de telefonía móvil*: regímen jurídico. Madrid: Aranzadi, 2002, p. 24-25.

[326] MATEO, op. cit., p. 87-88.

[327] RÁMON, Fernando López. *La conservación de la naturaleza*: los espacios naturales protegidos. Bolonia: Colégio de España, 1980, p. 39.

[328] "A nuestro juicio, el término medio ambiente se corresponde con la palabra inglesa *environment*, la francesa *environnement*, la italiana *ambiente* y la alemana *umwelt*. Se refiere básicamente al entorno, y por ello puede definirse, en línea con lo apuntado por Díez-Picazo, como el conjunto de elementos naturales que determinan las características de un lugar, tales como el aire, el agua, el suelo, la flora, la fauna, el paisaje y otras que contribuyen al goce de los bienes de la naturaleza, como el silencio y la tranquilidad. Esta definición está en consonancia con la Constitución, cuyo artículo 45 evidencia que los recursos naturales son el elemento nuclear del concepto constitucional del medio ambiente" (CABANILHAS SÁNCHEZ, Antonio. *La reparación de los daños al medio ambiente*. Pamplona: Aranzadi, 1996, p. 26).

Ferrando consegue sintetizar o amplo cenário de posições presentes na doutrina espanhola em cinco grupos: 1°) os que consideram somente incluídos os recursos naturais, renováveis ou não; 2°) os que agregam os elementos artificiais obra da ação humana, como o patrimônio histórico-artístico e demais aspectos ou bens culturais; 3°) aqueles que introduzem aspectos associados ao urbanismo e à ordenação territorial; 4°) os que agregam o ruído e as vibrações, os resíduos, as radiações e as atividades industriais e classificadas e, finalmente, 5°) aqueles que tomam por referência absoluta a vida humana e seu entorno.[329]

Após plasmar a necessária distinção, nem sempre feita pelos autores, entre os elementos do meio ambiente, as técnicas de proteção e melhoria (urbanismo, ordenação territorial, dentre outras) e os agentes contaminantes e suas fontes produtoras, considera, no primeiro grupo, indiscutível a inclusão do ar, da água, do solo e da natureza em geral – flora, fauna e espaços naturais, ampliando-se cada vez mais a idéia da inclusão do patrimônio histórico e de outros bens culturais.[330]

A abordagem de Zsögön revela-se peculiar por seu caráter historicizante. Nas palavras da autora,

> o ambiente pode ser concebido como a síntese histórica das relações de intercâmbio entre sociedade e natureza em termos de tempo e espaço, mas não é algo neutro nem abstrato e se apresenta como uma realidade histórica, posto que o ambiente e todas as suas conotações jurídicas entram para a história com o homem, desde o momento que este toma consciência de sua existência e dos diferentes bens naturais que lhe podem ser úteis para satisfazer suas necessidades (tradução livre da autora).[331]

Por fim, Pérez Luño, interpretando o art. 45 Constituição espanhola, considera que o meio ambiente deva ser entendido como o conjunto de condições externas que conformam o contexto da vida humana[332] e, ao comentar o art. 46 da mesma Carta, o qual versa sobre a tutela do patrimônio histórico e artístico da Espanha, destaca sua caracterização como um setor do meio ambiente e uma exigência para o atingimento de cotas apreciáveis de qualidade de vida. Por isso, aduz, a necessidade de submeter o modelo de desenvolvimento exponencial à preservação de um meio ambiente equilibra-

---

[329] DOMPER FERRANDO, Javier. *El medio ambiente y la intervencion administrativa en las actividades clasificadas:* planteamientos constitucionales. Madrid: Civitas, 1992, v. 1, p. 73-74.

[330] Ibidem, p. 75.

[331] "el ambiente puede ser concebido como la síntesis histórica de las relaciones de intercambio entre sociedad y naturaleza en términos de tiempo y espacio, pero no es algo neutro ni abstracto y se presenta como una realidad histórica, puesto que el ambiente y todas sus connotaciones jurídicas, entran a la historia con el hombre, desde el momento que éste toma conciencia de su existencia y de los diferentes bienes naturales que le pueden ser útiles para satisfacer sus necesidades" (ZSÖGÖN, Silvia Jaquenod de. *El derecho ambiental y sus principios rectores*. 3. ed. Madrid: Dykinson, 1991, p. 82).

[332] PÉREZ LUÑO, 1999, p. 469.

do e a um progresso dotado de qualidade incide diretamente na conservação dos bens culturais.[333]

Quanto à jurisprudência do Tribunal Constitucional Espanhol, um sentido de complexidade pode ser identificado.

Como refere Ferrando, o colegiado, em seu primeiro pronunciamento sobre a matéria, assentou: "o caráter complexo e multidisciplinar que ostentam as questões relativas ao meio ambiente faz com que essas afetem aos mais variados setores do ordenamento jurídico"[334] (tradução livre da autora).

O Supremo Tribunal, tendo por base o art. 45 da Constituição espanhola, optou por um conceito de meio ambiente notadamente antropocêntrico, na análise de Cabanilhas Sánchez, voltado para o desenvolvimento da pessoa humana e relacionado à qualidade de vida através da utilização racional de todos os recursos naturais, aderindo a isso a defesa e restauração do meio ambiente.[335]

O Tribunal Constitucional decompôs os elementos constitutivos da noção de meio ambiente que dimana do aludido art. 45, distinguindo um *componente estático*, integrado por recursos naturais; a paisagem, entendida como o *componente estético* do ambiente e no qual se entrecruzam ingredientes naturais (terra, mar, montanha) com outros históricos e culturais, e um *componente dinâmico*, no qual o meio ambiente é concebido como um sistema que supera a mera justaposição dos recursos naturais e sua base física, [como][...] a trama complexa de relações de todos esses elementos que, por si mesmos, têm existência própria e anterior, mas cuja interconexão lhes dota de um significado transcendente, mas além do individual de cada um"[336] (tradução livre da autora). Em outro julgado, o mesmo tribunal definiu meio ambiente como "o conjunto de circunstâncias físicas, culturais, econômicas e sociais que rodeiam as pessoas oferecendo-lhes um conjunto de possibilidades para fazer sua vida"[337] (tradução livre da autora).

Na doutrina portuguesa predomina uma visão ampliada do bem ambiental, muito em função da Constituição daquele país que assumiu, na esfera do

---

[333] PÉREZ LUÑO, 1999, p. 511.

[334] "el carácter complejo y multidisciplinario que tienen las cuestiones relativas al medio ambiente hace que éstas afecten a los más variados sectores del ordenamiento jurídico" (Sentença n. 64/1982, f.j. 5, citada por DOMPER FERRANDO, 1992, p. 79).

[335] Sentença do Tribunal Supremo (Sala 2ª), 11/03/92 (RJ 1992, 4319), citada por CABANILHAS SÁNCHEZ, 1996, p. 24.

[336] "[...]la mera yuxtaposición de los recursos naturales y su base física, [como][...]el entramado complejo de las relaciones de todos esos elementos que, por sí mismos, tienen existencia propia y anterior, pero cuya interconexión les dota de un significado trascendente, más allá del individual de cada uno" (Sentença do Tribunal Constitucional (STC 102/1995, FJ 6), citada por PÉREZ LUÑO, 1999, p. 469).

[337] "[...]el conjunto de circunstancias físicas, culturales, económicas y sociales que rodean a las personas ofreciéndo-les un conjunto de posibilidades para hacer su vida" (STC 102/1995m FJ 4, citada por PÉREZ LUÑO, 1999, p. 469).

direito constitucional comparado, um viés vanguardeiro, reconhecendo um direito ao ambiente associado à qualidade de vida,[338] a par de ter considerado, já em seus princípios fundamentais, como tarefa essencial do Estado português, "proteger e valorizar o património cultural do povo português, defender a natureza e o ambiente, preservar os recursos naturais e assegurar um correcto ordenamento do território".[339]

Com respaldo nesses dispositivos e na Lei de Bases do Ambiente, Ferreira afirma "que o ordenamento português não adoptou um conceito restritivo de ambiente, antes tendo elegido um conceito extensivo, em que se reconhece, para além de uma dimensão ecológica, intrínsecas dimensões económicas, sociais e culturais".[340]

Neste sentido, aponta claramente a Lei de Bases do Ambiente (Lei nº 11/87 de 7/4), ao definir ambiente como o "conjunto dos sistemas físicos, químicos e biológicos e suas relações e dos factores económicos, sociais e culturais com efeito directo ou indirecto, mediato ou imediato, sobre os seres vivos e a qualidade de vida do homem".[341]

Canotilho e Moreira também sustentam que a Constituição portuguesa alberga uma visão unitária do meio ambiente,[342] em consonância com diplomas internacionais.

Numa brilhante síntese do Direito português, Sendim reporta que aquele sistema acolhe dois níveis valorativos de proteção aos quais correspondem duas "zonas de bens jurídicos diferenciados"

> a) Num primeiro nível, visa-se preservar a capacidade funcional ecológica e a capacidade de aproveitamento dos bens naturais (a água, o ar, a luz, a fauna, a flora, o solo e o sub solo) como forma de preservar directamente o equilíbrio ecológico do património natural e de obter indirectamente um ambiente humano e sadio (arts. 6º a 16º e 21º a 26º da LBA);
> b) Já num segundo nível, tutela-se a paisagem e o 'património natural' e construído (bens culturais imateriais) e preserva-se a salubridade ambiental (ausência de actividades directamente perturbadoras da saúde e do bem estar das pessoas – como por exemplo a poluição sonora), visando-se directa e exclusivamente a obtenção de uma melhoria da qualidade de vida do Homem (arts. 17º a 22º da LBA).[343]

---

[338] Arts. 66 e 52 da CRP.
[339] Art. 9, "e".
[340] FERREIRA, Maria Manuela Flores. *Responsabilidade civil ambiental em Portugal*: legislação e jurisprudência. Disponível em: www.diramb.gov.br/mainframes.htm. Acesso em: 17 dez. 2004.
[341] Definição extraída do art. 2, alínea "a", da Lei de Bases do Ambiente.
[342] CANOTILHO, José Joaquim Gomes; MOREIRA, Vital. *Constituição da república portuguesa anotada*. 3. ed. Coimbra: Coimbra, 1993, p. 347. No mesmo sentido, RANGEL, Paulo Castro. *Concertação, programação e direito do ambiente*: a propósito do sentido e da causa-função do contrato-programa de redução da carga poluente. Coimbra: Coimbra, 1994.
[343] SENDIM, José de Sousa Cunhal. *Responsabilidade civil por danos ecológicos:* da reparação do dano através da restauração natural. Coimbra: Coimbra, 1998, p. 126-127.

A diferenciação das zonas não afasta, segundo Sendim, a existência de um fundamento axiológico comum na proteção dos bens ambientais e que conduz a um bem unitário. "Tal fundamento vem a radicar no fim unitário que se visa assegurar no direito fundamental ao ambiente consagrado no art. 66º da CRP, e que se caracteriza como um ambiente humano e ecologicamente equilibrado".[344]

Teixeira, em texto no qual praticamente disseca os mais diversos aspectos atinentes à tutela do patrimônio cultural português, considera que a noção de "património natural e a de património cultural se combinam no binômio 'território-tempo', decalcado numa estrutura permanente, o *continnum naturale*, e numa estrutura viva, o solo vivo, e, ainda, numa conjuntura, correspondente às intervenções humanas".[345]

No âmbito da normativa internacional, a Diretiva da Comunidade Européia de 27 de junho de 1985, sobre avaliação de impacto ambiental, parte de um conceito bastante amplo de meio ambiente, ao referir-se ao homem, à fauna, à flora, ao solo, ao ar, ao clima, à paisagem, aos bens materiais e ao patrimônio cultural (art. 3º), ao contrário da Diretiva de 07 de junho de 1990, que versa sobre liberdade de acesso à informação em matéria ambiental, cujo texto se limita aos recursos naturais.[346]

Merece destaque, ainda, o conceito empregado pela Convenção de Lugano, de 23 de junho de 1993, sobre a responsabilidade civil por danos resultantes de atividades perigosas, segundo a qual "o meio ambiente compreende os recursos naturais abióticos e bióticos, tais como o ar, a água, o sol, a fauna e a flora, e a interação entre esses fatores; os bens que compõem a herança cultural e os aspectos característicos da paisagem".[347]

1.3.2. As concepções de meio ambiente na doutrina e na jurisprudência pátria

A quase unanimidade da doutrina brasileira,[348] com exceção para Marcelo Abelha Rodrigues[349] em sua recente obra de autoria individual,[350] parte de uma concepção holística, sistêmica ou unitária de meio ambiente, na qual

---

[344] SENDIM, p. 127.
[345] TEIXEIRA, 2004.
[346] Ambas referidas por CABANILHAS SÁNCHEZ, 1996, p. 27.
[347] Arts. 2-10.
[348] Por todos, v. MILARÉ, Édis. *Direito do ambiente*. São Paulo: Revista dos Tribunais, 2000, p. 52-54.
[349] RODRIGUES, Marcelo Abelha. Instituições de direito ambiental. São Paulo: Max Limonad, 2002, v. 1, p. 63-67.
[350] A referência à obra de autoria individual é feita, porquanto na que escreveu em conjunto com Celso Pacheco Fiorillo a visão de meio ambiente eleita é a unitária (RODRIGUES, Marcelo Abelha; FIORILLO, Celso Pacheco. *Manual de direito ambiental e legislação aplicável*. 2. ed. São Paulo: Max Limonad, 1999, p. 56).

estão compreendidas as dimensões[351] relativas ao meio ambiente natural, ao meio ambiente cultural e ao meio ambiente artificial. Fiorillo e Figueiredo ainda inserem no conceito de meio ambiente o meio ambiente do trabalho.[352]

A definição de meio ambiente, segundo Fiorillo, inclusive à luz do art. 3º, inc. I, da Lei nº 6.938/81, é ampla, tendo o legislador optado por trazer um *"conceito jurídico indeterminado,* a fim de criar um espaço positivo de incidência da norma".[353] Enfatiza a unidade do conceito de meio ambiente. Ao discorrer mais especificamente sobre o meio ambiente cultural, prende-se ao art. 216 da Constituição Federal,[354] fazendo breve menção ao art. 225 para reforçar a "conotação multifacetária" do bem ambiental.[355]

Um dos conceitos mais reproduzidos é o de José Afonso da Silva, para quem o meio ambiente é "a interação do conjunto de elementos naturais, artificiais e culturais que propiciem o desenvolvimento equilibrado da vida em todas as suas formas. A integração busca assumir uma concepção unitária do ambiente compreensiva dos recursos naturais e culturais".[356]

Machado[357] adota o conceito de meio ambiente trazido pelo art. 3º, inc. I, da Lei da Política Nacional do Meio Ambiente (Lei nº 6.938/81), no qual se vislumbra uma conotação unitária do bem ambiental, que, nas palavras de Leite, "realça a interação e a interdependência entre o homem e a natureza".[358]

Freitas, conquanto reconheça uma predominância dos aspectos naturalísticos por ele identificados com a ecologia, adverte que o conceito de meio ambiente é mais amplo. "Inclui urbanismo, aspectos históricos, paisagísticos e outros tantos essenciais, atualmente à sobrevivência sadia do homem na Terra".[359]

Milaré considera que, para o Direito brasileiro, são elementos do meio ambiente, "além daqueles tradicionais, como o ar, a água e o solo, também

---

[351] A expressão "dimensões" é empregada propositadamente, para insinuar a união entre esses "meio ambientes" e arredar a perspectiva da fragmentação. A identificação das diversas facetas (ou dimensões) do meio ambiente é usualmente feita para facilitar a perfeita identificação da atividade degradante e dos meios adequados para coibi-la.

[352] FIORILLO; RODRIGUES, op. cit., p. 57. Consultar ainda FIORILLO, Celso Pacheco. *Curso de direito ambiental brasileiro.* 2. ed. São Paulo: Saraiva, 2001, p. 21; e FIGUEIREDO, Guilherme José Purvin. Direito ambiental internacional e o controle e eliminação do uso do amianto no direito do trabalho. In: DERANI, Cristiane; COSTA, José Augusto Fontoura (Org.). *Direito ambiental internacional.* Santos: Editora Universitária Leopoldianum, 2001, p. 163-198.

[353] FIORILLO, 2001, p. 19.

[354] Ibidem, p. 19-21.

[355] Ibidem, p. 179.

[356] SILVA, José Afonso da. *Direito ambiental constitucional.* São Paulo: Malheiros, 1994, p. 2.

[357] MACHADO, 2000, p. 122.

[358] LEITE, José Rubens Morato. *Dano ambiental:* do individual ao coletivo extrapatrimonial. São Paulo: Revista dos Tribunais, 2000, p. 81.

[359] FREITAS, Vladimir Passos de. *A Constituição Federal e a efetividade das normas ambientais.* 2. ed. São Paulo: Revista dos Tribunais, 2002, p. 15.

a biosfera, esta com claro conteúdo relacional (e, por isso mesmo, flexível)".[360] Explicita que, para além dos bens naturais, "vamos encontrar uma série de bens culturais e históricos, que também se inserem entre os recursos ambientais, como meio ambiente artificial ou humano, integrado ou associado ao patrimônio natural".[361] Em texto específico sobre a proteção penal do meio ambiente, esclarece ser adepto de um conceito abrangente do meio ambiente natural (constituído pelo solo, água, ar atmosférico, flora, fauna, enfim, a biosfera); meio ambiente cultural (integrado pelo patrimônio histórico, artístico, turístico, paisagístico, arqueológico, espeleológico, etc.) e meio ambiente artificial (formado pelo espaço urbano construído).[362]

Custódio, em opúsculo no qual se dedica a traçar os aspectos basilares da preservação do patrimônio cultural, aporta vários conceitos sistêmicos de meio ambiente, concluindo não remanescer dúvidas sobre a amplitude da noção desse bem jurídico,

> uma vez que abrange, sem exceção, todos os recursos naturais e culturais (nestes compreendidos os artificiais) indispensáveis à concepção, à germinação ou a qualquer outra circunstância originária, ao nascimento, ao desenvolvimento e à preservação da vida em geral, tanto da pessoa humana como dos seres vivos em geral (animais, vegetais, microorganismos).[363]

Derani traz-nos uma visão econômico-antropocêntrica do bem ambiental, com ênfase na constante interação homem e natureza:

> Meio ambiente seria toda a *entourage*[364] deste solitário sujeito. Não somente a natureza bruta em sua forma primitiva é meio ambiente, porém todo o momento de transformação do recurso natural, ou seja, todo movimento deste objeto que circunda o homem, que sobre ele age com seu poder, querer e saber, construindo o meio ambiente. Meio ambiente é um conceito que deriva do homem e a ele está ligado, porém o homem não o integra.[365]

Derani sela o casamento entre natureza e cultura, compreendendo essa última como gradual continuação da primeira. Enfatiza a unidade dialética entre ambas ao asseverar que "toda formação cultural é inseparável da natureza, com base na qual se desenvolve".[366]

---

[360] MILARÉ, 2000, p. 56.

[361] Ibidem, p. 56.

[362] MILARÉ, Édis. A nova tutela penal do ambiente. In: CONGRESSO INTERNACIONAL DE DIREITO AMBIENTAL, 3., 1999, São Paulo. Anais... São Paulo: IMESP, 1999, v. 1, p. 139-183.

[363] CUSTÓDIO, Helita Barreira. Normas de proteção ao patrimônio cultural brasileiro em face da Constituição Federal e das normas ambientais. *Revista de Direito Ambiental*, São Paulo, n. 6, p. 17-39, abr./jun.. 1997.

[364] *Entourage* significa "meio" (ENTOURAGE. In: DICIONÁRIO Larousse de bolso. Paris: Larousse, 2001. p.137). A palavra também é usada com o sentido de entorno.

[365] DERANI, 1997, p. 71.

[366] Ibidem, p. 68.

Piva distingue o bem ambiental dos recursos ambientais, salientando que o objeto tutelado pelo art. 225 da Constituição Federal é imaterial e referido à qualidade de vida. Para ele o bem ambiental "é um valor difuso e imaterial, que serve de objeto mediato a relações jurídicas de natureza ambiental".[367]

Perrini sustenta que

> o ambiente pode ser definido como o conjunto de elementos naturais e culturais que, integrados, comporão o meio em que vivemos. Destarte, o conceito de meio ambiente deve abarcar toda esta gama de elementos, entre os quais se incluem as riquezas naturais (como, v.g., a água, o ar, o solo, a fauna), artificiais e os bens culturais correspondentes (patrimônio histórico, artístico, etc). [368]

Souza Filho, buscando uma visão humanista e abrangente de meio ambiente, concebe-o como inclusivo da natureza e das modificações que nela introduz o ser humano. Para ele,

> o meio ambiente é composto pela terra, a água, o ar, a flora e a fauna, as edificações, as obras-de-arte e os elementos subjetivos e evocativos, como a beleza da paisagem ou a lembrança do passado, inscrições, marcos ou sinais de fatos naturais ou da passagem de seres humanos. Desta forma, para compreender o meio ambiente é tão importante a montanha, como a evocação mística que dela faça o povo.[369]

Uma perspectiva socioambiental é encontrada nos estudos de Vieira, professor que se dedica a questões de planejamento e gestão sob a ótica do desenvolvimento sustentável à luz do paradigma da transdisciplinaridade. Inspirado em Jollivet e Pavé,[370] define meio ambiente como "o conjunto de componentes físico-químicos e biológicos, associado a fatores socioculturais suscetíveis de afetar, direta ou indiretamente, a curto ou longo prazos, os seres vivos e as atividades humanas no âmbito globalizante da ecosfera".[371] A opção pelo uso do termo "ecosfera", esclarece o autor, condiz com uma visão abrangente do conjunto de transformações envolvendo o inter-relacionamento entre os sistemas socioculturais e seu substrato biofísico, numa hierarquia de níveis de organização que se estende do local ou comunitário ao global ou ecosférico.

Mirra reconhece que o Ordenamento Positivo Brasileiro encampou uma orientação unitária da noção de meio ambiente ainda nas definições trazidas

---

[367] PIVA, R., 2000, p. 152.

[368] PERRINI, Raquel Fernandes. A ação popular como instrumento de defesa ambiental. *Cadernos de Direito Constitucional e Ciência Política*, São Paulo, n. 11, abr./jun. 1995, p. 197.

[369] SOUZA FILHO, 1997, p. 9.

[370] JOLLIVET, Marcel; PAVE, Alain. L'Environnement: questions et perspectives pour la recherche. *Lettre du programme environnement du CNRS*, n. 6, 1992.

[371] VIEIRA, Paulo Freire. Meio ambiente, desenvolvimento e planejamento. In: VIOLA, Eduardo et al. *Meio ambiente, desenvolvimento e cidadania:* desafios para as ciências sociais. 2. ed. São Paulo: Cortez, 1998, p. 49.

pela Lei da Política Nacional de Meio Ambiente (Lei n° 6.938/81), orientação essa reforçada pela Constituição de 1988 que deu "tratamento unificado" nos dispositivos sobre o Patrimônio Cultural Brasileiro (art. 216, I a V e §§ 1° a 5°) e no capítulo sobre o Meio Ambiente (art. 225, *caput*, e §§ 1° a 6°), com vistas a uma aplicação e a uma proteção integrada dos bens ambientais.[372]

Também tomando por base a definição contida no art. 3°, inc. I, da Lei n° 6.938/81, Grau enfatiza que o legislador brasileiro adotou um conceito "amplíssimo" de meio ambiente, que, "não se resume, nos termos e para os efeitos da lei, apenas aos recursos naturais, mas, ademais, está relacionado também com tudo quanto *permite, abriga e rege a vida em todas as suas formas*".[373]

Barreto Júnior propõe a reconstrução do conceito e do tratamento dogmático dispensado ao meio ambiente. Partindo de uma visão abarcadora dos elementos naturais, culturais e artificiais, também sustenta um tratamento integrado das "questões ambientais, urbanísticas e culturais".[374]

Dos diversos conceitos antes elencados, todos guiados por uma concepção abrangente do meio ambiente, afirma-se estar a absoluta maioria da doutrina nacional inserida numa tendência dominante, inclusive em sede de Direito Comparado, de atribuir tratamento integrado ao bem ambiental, o que, aliás, já foi assentado por Steigleder.[375]

Na literatura especializada em patrimônio cultural, a visão do todo ainda aparece de forma acanhada. Essa compartimentação dos patrimônios foi diagnosticada por Lemos, o qual chega a dizer nunca ter havido um movimento conciliando as diversas dimensões do meio ambiente,[376] afirmação essa da qual se diverge, porquanto não parece exagerado afirmar a existência dessa tendência desde a Carta de Veneza, de 1964, elaborada por ocasião do 2° Congresso Internacional de Arquitetos e Técnicos dos Monumentos Históricos.

A própria noção de monumento histórico, constante do art. 1° da Carta, resulta ampliada para contemplar a dimensão natural, acolhendo no seu

---

[372] MIRRA, Álvaro Luiz Valery. *Ação civil pública e a reparação do dano ao meio ambiente*. São Paulo: Juarez de Oliveira, 2002, p. 19.
[373] GRAU, Eros Roberto. Proteção do meio ambiente: o caso do parque do povo. *Revista dos Tribunais*, São Paulo, v. 702, abr. 1994, p. 258.
[374] BARRETO JÚNIOR, Luiz Fernando Cabral. O controle judicial das omissões do Poder Público no dever de proteção ao patrimônio cultural. In: ENCONTRO NACIONAL DO MINISTÉRIO PÚBLICO NA DEFESA DO PATRIMÔNIO CULTURAL, 1., 2003, Goiânia. *Anais...* Goiânia: Instituto Centro-Brasileiro de Cultura, 2004.
[375] STEIGLEDER, Annelise Monteiro. *Responsabilidade civil ambiental:* as dimensões do dano ambiental no direito brasileiro. Porto Alegre: Livraria do Advogado, 2004, p. 96-101.
[376] LEMOS, C.A.C., 1987, p. 32-33.

universo o sítio urbano ou rural, desde que expresse testemunho de uma "civilização particular, de uma evolução significativa ou de um acontecimento histórico". Especialmente o art. 13 da Carta destaca a importância de que os acréscimos ao monumento, entendido esse como uma ampla noção, "só poderão ser tolerados na medida em que respeitarem todas as partes interessantes do edifício, seu esquema tradicional, o equilíbrio de sua composição e *suas relações com o meio ambiente*" (grifei), princípio esse estendido aos chamados sítios monumentais (art. 14).

Na trajetória dessa tendência, é de se referir, ainda, a Convenção da ONU sobre a salvaguarda do patrimônio mundial, cultural e natural de 16 de novembro de 1972, conhecida como Carta de Paris, que constitui um marco na normativa internacional, por aderir a uma visão sistêmica de meio ambiente, na qual são tramados os aspectos naturais, culturais e artificiais como partes de um todo,[377] a partir das definições constantes dos arts. 1º e 2º de patrimônio cultural e natural, respectivamente.

Em sede jurisprudencial, verifica-se a ausência de pontes entre as questões associadas ao patrimônio cultural e o meio ambiente, que acaba sendo identificado com a sua dimensão naturalística. Poucas são as decisões que inter-relacionam as diversas dimensões.

Uma visão articulada aparece no seguinte aresto envolvendo a destruição de um sítio arqueológico:

MEIO AMBIENTE. Patrimônio cultural. Destruição de dunas em sítios arqueológicos. Responsabilidade civil. Indenização. O autor da destruição de dunas que encobriam sítios arqueológicos deve indenizar pelos prejuízos causados ao meio ambiente, especificamente ao meio ambiente natural (dunas) e ao meio ambiente cultural (jazidas arqueológicas com cerâmica indígena da Fase Vieira).[378]

No seguinte julgado do Tribunal de Justiça mineiro é possível depreender um conceito unitário de meio ambiente, envolvendo uma interpretação alargada do art. 3º, inc. I, da Lei nº 6.938/81:

Aliás, em se cuidando do conceito e conteúdo do meio ambiente, há por ser dito que no espaço legislativo, o mesmo é entendido como "o conjunto de condições, leis, influências e interações de ordem física, química e biológica, que permite, abriga e rege a vida em todas as suas formas" (Lei nº 6.938/81, art. 3º, inciso I).
Por assim, entendível resulta que o meio ambiente integra-se, verdadeiramente, de elementos *naturais, culturais e, mesmo, artificiais*, possibilitando, destarte, sua divisão em natural, cultural e artificial, respectivamente, a saber: solo, água, ar atmosférico, flora e fauna; patrimônio artístico, histórico, turístico, paisagístico, arqueológico e espeleológico; espaço urbano construído, consubstanciado no conjunto de edificações e

---

[377] Nesse sentido, v. BARRETO JÚNIOR, 2004, p. 149.
[378] BRASIL. Superior Tribunal de Justiça. REsp. 115599/RS. Relator: Min. Ruy Rosado de Aguiar Júnior. J. 27 jun. 2002. Disponível em: www.stj.gov.br. Acesso em: 23 dez. 2004.

pelas ruas, praças, áreas de verdes, ou seja, os assentamentos de reflexos urbanísticos.[379] (grifos nossos).

Da mesma forma, o seguinte julgado do Tribunal paulista, baseado em doutrina de Hely Lopes Meirelles, acolhe uma visão complexa do bem ambiental:

> A ação civil pública, disciplinada pela Lei 7.347/85, é instrumento processual adequado para reprimir ou impedir os danos ao meio ambiente [...] Meio ambiente, para os fins desta ação, é o conjunto de elementos da natureza – terra, ar, flora e fauna ou criações humanas essenciais à vida de todos os seres e ao bem-estar do homem na comunidade.[380]

Dos conceitos presentes na legislação, doutrina e jurisprudência alienígena e nacional, é possível inferir uma tendência de síntese em relação à ontologia do bem ambiental. O patrimônio natural é indissociável da cultura, pois nele se assenta parte de nossa memória.[381] Historicamente, a forma como o homem moldou – e por vezes destruiu – a natureza é por si um vivo testemunho. Pinturas rupestres, monumentos naturais,[382] paisagens constituem bens que revelam, na plenitude, a fusão entre cultura e natureza. A dimensão territorial alia-se à temporal para produzir um texto não escrito capaz de concretizar a transmissão cultural.

Essa tendência emana da própria constituição do ser humano: como já dito, o homem é cultura e natureza e só realiza suas plenas potencialidades quando há equilíbrio entre essas dimensões.

1.3.3. O meio ambiente e a cultura como integrantes da ordem social comprometida com a qualidade de vida

A Constituição de 1988 parece ter incorporado essa idéia do duplo estatuto que rege o ser humano. No seu Título VIII trata dos princípios e mecanismos implementadores da ordem social idealizada pelo processo legislativo que redundou em nossa Lei Maior em vigor.

Um conceito do que seja ordem social não é de fácil formulação, mas passa necessariamente por uma avaliação moral, na qual sejam estabelecidas

---

[379] MINAS GERAIS. Tribunal de Justiça. Agravo de Instrumento n. 54.889-1. Agravante: Bar & Pagode José Pedro Ltda. (Magnata's); Agravado: Ministério Público Estado Minas Gerais. Relator: Des. Isalino Lisbôa. 08 fev. 1996. ACADEMIA PAULISTA DE MAGISTRADOS. (Org.). *Direito ambiental:* legislação, doutrina, jurisprudência e prática forense. São Paulo: Plenum/Petrobrás. CD-ROM.

[380] SÃO PAULO. Tribunal de Justiça. Apelação Cível n. 179.559-1/6. Relator Des. Munhoz Soares. J. em: 03 dez. 1992.

[381] Nesse sentido, v. CUNHA, 2004, p. 100.

[382] *Monumento natural* é uma categoria de unidade de conservação prevista na Lei n. 9.985, de 18/06/00, conhecida como Lei do SNUC (Sistema Nacional de Unidades de Conservação), no art. 8º, inc. IV. Essa categoria tem por objetivo preservar sítios naturais raros, singulares ou de grande beleza cênica.

regras mínimas de conduta que propiciam uma vivência digna a todos e uma não-prevalência dos valores individuais sobre os coletivos.[383]

Esse "protótipo" da ordem social está em tudo coerente com a carta de intenções do Estado de Direito instaurado em 1988, contida no preâmbulo constitucional, e com os fundamentos da República Federativa do Brasil elencados pelo art. 1º do Texto Constitucional, dentre os quais se destacam, por pertinência com o tema em foco, a dignidade da pessoa humana e os valores sociais do trabalho e da livre iniciativa.

A busca do bem-estar dos indivíduos aparece como escopo da República, tanto no preâmbulo como no artigo inaugural do Título VIII (art. 193).

Bem-estar é expressão sinônima de qualidade de vida. A roborar tal assertiva, verifica-se que a legislação basilar sobre promoção, proteção e recuperação da saúde no Brasil, a Lei Federal nº 8.080/90, quando faz o detalhamento dos fatores determinantes e condicionantes da efetividade desse direito igualmente fundamental, insere em seu elenco o meio ambiente e, em seguida, considera como ações voltadas à sua promoção as que se destinam a garantir às pessoas e à coletividade condições de "bem-estar físico, mental e social".[384]

Qualidade de vida ou, no dizer de Rangel, "vida de qualidade" (conceito que superaria a vida com nível[385]), é considerado por Mateo[386] e Prieur[387] um conceito extremamente vago a consubstanciar o fundamento moral para a proteção do meio ambiente.

Mateo chega a sustentar a inutilidade de uma macroconceituação de qualidade de vida por envolver uma noção intrinsecamente valorativa condicionada aos critérios subjetivos de quem, no caso concreto, vier a ser demandado para ponderar uma situação frente a outra.[388] Considera inviável subtrair as condições de tempo, lugar e cultura dominante para um juízo acerca do sentido carregado pela expressão qualidade de vida.

Sem embargo, procura dotar a expressão, presente com singular intensidade na Constituição espanhola,[389] de juridicidade, ajustando-a a um "plus"

---

[383] Nesse sentido, RIOS, Arthur. A ordem social: da moralidade, eticidade, legitimidade, eqüidade e da axiologia do direito. *Revista Trimestral de Jurisprudência dos Estados*, São Paulo, v. 145, p. 35-41, fev. 1996.

[384] "Art.3º – A saúde tem como fatores determinantes e condicionantes, entre outros, a alimentação, a moradia, o saneamento básico, *o meio ambiente*, o trabalho, a renda, a educação, o transporte, o lazer e o acesso aos bens e serviços essenciais; os níveis de saúde da população expressam a organização social e econômica do País".

[385] RANGEL, 1994, p. 34.

[386] MATEO, 1991, v. 1, p. 100-101.

[387] PRIEUR, 2001, p. 4.

[388] MATEO, op. cit., p. 100.

[389] A expressão aparece no preâmbulo e no art. 45.2 da Constituição espanhola.

de proteção (a qualidade de vida atuaria como um determinante para a instauração e manutenção de medidas adicionais tendentes a evitar a maior incidência de condutas prejudiciais sobre o meio ambiente) e aplicando-a como um critério valorativo, não absoluto, do qual restará consumado um desvio quando constatado o desaparecimento ou a deterioração de condições prévias e legítimas de bem-estar.[390]

Molina Giménez[391] considera que o direito ao meio ambiente adequado apresenta uma vertente subjetiva associada à qualidade de vida, identificada na imposição aos poderes públicos, contida no supracitado dispositivo, de proteger e melhorar a qualidade de vida dos cidadãos.

Nas suas palavras,

> a relação entre a qualidade de vida e o direito a um meio ambiente adequado não é necessariamente automática; o certo é que algumas agressões ao ambiente supõem uma maior qualidade de vida das pessoas e inclusive um incremento de sua renda. Esses mesmos fatores podem, sem embargo, degradar essa mesma qualidade de vida a médio ou largo prazos, toda vez que afetarem a aspectos como saúde ou estética, ou, ainda, produzirem uma diminuição da renda ante a necessidade de corrigir os efeitos causados pela degradação[392] [tradução livre da autora].

Conclui, revelando forte influência de Mateo, que a melhor doutrina se inclina por considerar a qualidade de vida como um grau de proteção adicional frente às exigências do meio ambiente. "A tutela do bem-estar exige ir mais além na proteção ambiental, superando as técnicas dirigidas exclusivamente a garantir a proteção dos elementos naturais".

Noção inconstante no tempo, a qualidade de vida associa-se à evolução tecnológica, econômica e sociocultural. Ao se conectar com o direito ao meio ambiente sadio e ecologicamente equilibrado, não se revela restrita à dimensão natural, mas se projeta diretamente no homem e nas suas relações sociais, culturais, de trabalho e lazer.[393]

A "sadia qualidade de vida" a que faz referência o art. 225 da Constituição Federal, conquanto distanciada de um conceito estático, preciso, mensurável com uma régua, não pode ser neutralizada, despida de concretude, mas há que ser identificada com um piso mínimo de bem-estar espiritual e material com o qual se compromete a República Federativa do Brasil para o atingimento da dignidade humana.

---

[390] MATEO, op. cit., p. 107.

[391] MOLINA GIMÉNEZ, 2002, p. 188.

[392] "[...] la relación entre la calidad de vida y el derecho a un medio ambiente adecuado no es necesariamente automática: lo cierto es que algunas agresiones al ambiente suponen una mayor calidad de vida de las personas e incluso un incremento de su renta. Esos mismos factores pueden sin embargo degradar esa misma calidad de vida a medio o largo plazo, toda vez que afectarán a aspectos como la salud o la estética, o incluso producirán una disminuición de renta ante la necesidad de corregir los efectos causados por la degradación" (MOLINA GIMÉNEZ, 2002, p. 188).

[393] PRIEUR, 2001, p. 4.

Nessa linha, Derani,[394] com particular profundidade, avalia que a qualidade de vida no ordenamento jurídico brasileiro apresenta dupla configuração: "o do nível de vida material e o do bem-estar físico e espiritual. Uma sadia qualidade de vida abrange esta globalidade, acatando o fato de que um mínimo material é sempre necessário para deleite espiritual".[395]

Após assentar que a objetivação da idéia de qualidade de vida depende dos aspectos relacionados ao meio físico, a questões antropológicas e de tutela do bem-estar (referido a políticas que conduzam ao atendimento das necessidades básicas de alimentação, habitação, saúde e educação), resume sua posição na vinculação da obtenção da qualidade de vida à efetivação das normas de direito ambiental que conduzam ao bem-estar de toda a coletividade e não somente de grupos isolados.[396]

O Estado de Direito que se pretendeu implantar com a edição da nova Carta amolda-se às novas características do Estado Social, que deixa de ser um passivo espectador, regulador de conflitos e repressor dos atentados aos valores consagrados pelo sistema capitalista, para ser um ente ativo na correção das distorções e, em especial, das injustiças sociais. Não é por nada que a Constituição encerra provisões destinadas a amparar os hipossuficientes, especialmente aquelas gravadas com o rótulo dos direitos sociais (arts. 6º a 11). Na esteira da doutrina de Canotilho, pode-se, sem medo de errar, dizer que nossa Constituição, ao invés de ser um "mero estatuto organizatório liberal", compromete-se na órbita social com objetivos bem claros, podendo ser qualificada, em razão disso, de "constituição programático-dirigente".[397]

Comparato esboça a distinção entre o Constitucionalismo do Estado Liberal, segundo o qual "não compete ao Estado guiar a sociedade para a realização de fins comuns" e o do Estado Social, que incumbe a esse "pilotar a sociedade na rota do *bem comum,* entendido este, doravante, como um conjunto de metas ou objetivos a serem alcançados pelo desenvolvimento de políticas públicas".[398] O poder político do qual os governantes são munidos é, antes de mais nada, serviço social.[399] E servir à sociedade é, no atual contexto, buscar políticas emancipatórias que concretizem o ideal da dignidade humana, para cuja densificação necessariamente deve-se, e muito, in-

---

[394] DERANI, Cristiane. *Direito ambiental econômico.* São Paulo: Max Limonad, 1997, p. 94.

[395] Ibidem, p. 77.

[396] DERANI, 1997, p. 80.

[397] CANOTILHO, 1993, p. 334.

[398] COMPARATO, Fábio Konder. O ministério público na defesa dos direitos econômicos, sociais e culturais. In: GRAU, Eros Roberto; CUNHA, Sérgio Sérvulo da (Org.). *Estudos de direito constitucional:* em homenagem a José Afonso da Silva. São Paulo: Malheiros, 2003, p. 253.

[399] Assim já o dizia Almir de Andrade em clássico texto no qual debate o direito constitucional e diversas visões sobre a sua função social (ANDRADE, Almir de. O direito constitucional e a ordem social. *Revista de Informação Legislativa*, Brasília, v. 3, n. 11, p. 21-38, set. 1966).

vestir na cultura, como universo referencial, e no patrimônio cultural como elemento basilar de construção da identidade da Nação multicultural. Afinal de contas, como argutamente observa Périnet-Marquet, o Estado continua a ser, como o foi nos tempos da Realeza, um mecenas privilegiado na formação do patrimônio cultural de amanhã.[400]

No tocante às normas relacionadas à cultura, exige-se dessa nova visão do Estado uma ação cultural afirmativa, que tenda a realizar a igualização dos socialmente desiguais e à universalização do acesso às benesses da cultura,[401] mercê do reconhecimento e concretização de um "direito à memória", o qual, na feliz dicção de Chauí, "tem o papel de nos liberar do passado como fantasma, como fardo" [402] para auxiliar na compreensão do presente e construção/invenção do futuro.[403]

Da mesma forma, ao fundar a Ordem Social no primado do trabalho e comprometê-la com o bem-estar e com a justiça social, a Constituição deixou claro que os corpos orgânicos por ela eleitos para tentar realizar dita ordem (que se opõe à anarquia), vale dizer, a seguridade social, a cultura, a educação, o desporto, a ciência, a tecnologia, o meio ambiente e os instrumentos de apoio às pessoas carecedoras de especial atenção por parte do Estado (crianças, adolescentes, idosos e indígenas) hão de trabalhar em consonância com o princípio basilar da dignidade da pessoa humana. A par disso, como adverte Silva, a "ordem social se harmoniza com a ordem econômica, já que esta se funda também na valorização do trabalho e tem como fim (objetivo) assegurar a todos existência digna.[404]

Muito embora visualize os direitos culturais como manifestações dos direitos sociais por serem os atos de cultura, isto é, a construção, apreensão e utilização de formas simbólicas, *fatos sociais,*[405] Silva considera que o Constituinte acabou mesclando, no contexto da ordem social, assuntos que a ela não pertenceriam, tais como o meio ambiente, a ciência e a tecnologia.[406]

---

[400] PÉRINET-MARQUET, Hugues. La protection publique des biens culturels en droit français. *Revue Internacionale de Droit Comparé*, Paris, n. 2, p. 789-804, abr./jun. 1990, p. 789.
[401] Nesse sentido, SILVA, J., 2001, p. 49.
[402] CHAUÍ, Marilena. Política cultural, cultura política e patrimônio histórico. In: CUNHA, Maria Clementina Pereira (org.). *O direito à memória:* patrimônio histórico e cidadania/DPH. São Paulo: DPH, 1992, p. 43.
[403] "Uma política cultural que idolatre a memória enquanto memória ou que oculte as memórias sob uma única memória oficial está irremediavelmente comprometida com as formas presentes de dominação, herdadas de um passado ignorado. Fadada à repetição e impedida de inovação tal política cultural é cúmplice do *status quo*" (Ibidem, p. 43).
[404] SILVA, José Afonso da. *Curso de direito constitucional positivo.* 5. ed. São Paulo: Malheiros, 1998, p. 694.
[405] SILVA, J.A., 2001, p. 36.
[406] Ibidem, p. 794-795.

Essa mescla, entretanto, insinua a preocupação do legislador constitucional de envolver num mesmo Título da Constituição aspectos essenciais da vida humana, daí por que, com a devida vênia, as normas que tutelam o meio ambiente são também elas integrantes da ordem social, já que a sociedade, para se estruturar harmonicamente, imprescinde de um patamar mínimo de qualidade ambiental; assim como as normas relativas à cultura propiciam ao indivíduo o seu desenvolvimento enquanto pessoa integrante de um corpo social. Coordenadas básicas de nossa existência, como o espaço e o tempo,[407] estão incorporadas nas dimensões ambiental e cultural e encarnam o contexto de vida presente, a herança cultural e as perspectivas das gerações ainda não nascidas.

Transparece dessa visão inaugurada na Carta de 1988, uma concordância com a afirmação de que o ser humano é um ente dotado de um duplo estatuto: cultura e natureza. E que, para atingir o ideal da qualidade de vida[408] (o bem-estar de que fala o art. 193 da CF), é preciso possa ele se desenvolver em um meio ambiente sadio e ecologicamente equilibrado, no qual estejam em condições de preservação e harmonia as três dimensões do ambiente usualmente definidas sob as rubricas do cultural, do natural e do artificial.

Essa harmonia é por vezes difícil de se concretizar. Há situações de conflito entre cultura e meio ambiente. Exemplo típico disso ocorre com a tradição catarinense da farra do boi, uma prática herdada da cultura açoriana e que envolve uma série de atos cruéis aos bois à guisa de diversão.

Aludida prática cultural foi submetida ao crivo do Supremo Tribunal Federal, do qual emanou decisão sintetizada na seguinte ementa:

COSTUME – MANIFESTAÇÃO CULTURAL – ESTÍMULO – RAZOABILIDADE – PRESERVAÇÃO DA FAUNA E DA FLORA – ANIMAIS – CRUELDADE. A obrigação de o Estado garantir a todos o pleno exercício de direitos culturais, incentivando a valorização e a difusão das manifestações não prescinde da observância do inc. VII do art. 225 da Constituição Federal, no que veda prática que acabe por submeter os animais à crueldade. Procedimento discrepante da norma constitucional denominada "farra do boi".[409]

---

[407] O fator tempo tem merecido destaque no planejamento e na gestão ambiental. O trabalho, núcleo da ordem social, é dimensionado e redimensionado constantemente tendo em conta o tempo. "As diversas combinações do uso do tempo aparecem como as características mais pertinentes dos estilos de vida vigentes em cada sociedade" (VIEIRA, Paulo Freire. Meio ambiente, desenvolvimento e planejamento. In: VIOLA, Eduardo et al. *Meio ambiente, desenvolvimento e cidadania:* desafios para as ciências sociais. 2. ed. São Paulo: Cortez, 1998, p. 61).

[408] Na visão de Giampietro, qualidade de vida é a garantia de uso equilibrado dos recursos naturais e das condições psíco-físicas do indivíduo (GIAMPIETRO, 1988 p. 150).

[409] BRASIL. Supremo Tribunal Federal. REsp. 153.531-8/SC. Redator p/o acórdão: Min. Marco Aurélio. J. 03 jun. 1997. Disponível em: www.stf.gov.br. Acesso em: 28 mar. 2006.

O conflito submetido ao nosso Pretório de maior graduação retrata uma situação de atrito entre a cultura e o meio ambiente (no caso, de forma mais direta, a fauna) representando significativo exemplo de um caso de colisão de princípios (o princípio da difusão e valorização das manifestações culturais populares *versus* o da preservação do meio ambiente), como bem apontou Bahia, em artigo no qual critica a decisão do Supremo Tribunal Federal, por não ter aplicado o princípio da proporcionalidade e ter-se baseado em posições unilaterais.[410]

Asseverando que os bens integrantes do patrimônio cultural brasileiro (arrolados no art. 216 da CF) são recursos essenciais à sadia qualidade de vida, Reisewitz observa que, por meio da sua preservação, a sociedade exerce o seu direito à memória, do qual depende sua sobrevivência histórica. "Aquilo que não está guardado na memória não existiu. Portanto, para a construção da cidadania, da identidade nacional e da soberania, é preciso preservar os patrimônios de nossa cultura".[411]

Richter realça que a ampla aceitação da noção holística de meio ambiente, abrangente de tudo o que nos cerca, enfatizou a importância das produções humanas sobre os demais componentes da natureza a integrar "este mesmo mundo circunstante e, de produto, tornam-se cenário, palco, condicionantes do espaço onde se desenvolve o cotidiano do homem. Daí porque *(sic)* não poder ignorar tal categoria no estudo do direito à qualidade de vida".[412]

Não em outro sentido entendeu o e. Superior Tribunal de Justiça, ao conferir legitimidade para uma associação de bairro, que contemplava em seu estatuto a defesa do bem-estar coletivo, "incluída evidentemente nessa cláusula a qualidade de vida, só preservada enquanto favorecida pelo meio ambiente",[413] para figurar no pólo ativo de ação civil pública ambiental.

Essa idéia de proteção do meio ambiente, inclusive em sua feição cultural, reconduzível à qualidade de vida também aparece em julgado do Tribunal de Justiça de Minas Gerais, no qual foi admitida uma associação comunitária na posição de assistente simples a figurar no pólo ativo de ação civil pública de autoria do Instituto Estadual do Patrimônio Histórico e

---

[410] BAHIA, Carolina Medeiros. A farra do boi à luz do princípio da proporcionalidade. In: LEITE, José Rubens Morato; BELLO, Ney de Barros. *Direito ambiental contemporâneo*. Barueri: Manole, 2004, p. 96.

[411] REISEWITZ, Lúcia. *Direito ambiental e patrimônio cultural*: direito à preservação da memória, ação e identidade do povo brasileiro. São Paulo: Juarez de Oliveira, 2004, p. 59.

[412] RICHTER, Rui Arno. Omissão do Poder Público na gestão do patrimônio cultural. In: ENCONTRO NACIONAL DO MINISTÉRIO PÚBLICO NA DEFESA DO PATRIMÔNIO CULTURAL, 1., 2003, Goiânia. *Anais...* Goiânia: Instituto Centro-Brasileiro de Cultura, 2004, p. 68.

[413] BRASIL. Superior Tribunal de Justiça. RESP n. 31.150. Relator Ministro Ari Pargendler. J. em 20 maio 1996. Disponível em: www.cjf.gov.br/Jurisp/Juris.asp. Acesso em: 2 set. 2005.

Artístico de Minas Gerais (IEPHA), objetivando garantir a preservação de obras sacras.[414]

A interconexão dos fenômenos tem sido alvo de uma moderna percepção científica que rompe com análises reducionistas, fundadas na perspectiva instaurada pelos teóricos do Iluminismo, e parece ter inspirado o texto constitucional ao integrar vetores distintos do contexto social no Título VIII.

Para que se construa a idealizada "Ordem Social" é preciso políticas sérias de planejamento e gestão socioambiental. Essas políticas não podem se pautar pela superada visão fragmentada que, na completa análise de Vieira, ainda impera nos meios acadêmicos e políticos,[415] mas devem se reconduzir ao paradigma sistêmico e transdisciplinar.[416]

À luz dessa interpretação, pode-se afirmar que assim como a saúde física e mental depende de um meio ambiente dotado de um mínimo de higidez e equilíbrio[417] para se realizar, o desenvolvimento da pessoa como cidadão requer um ambiente cultural harmônico. Esse desenvolvimento só se dará se ao indivíduo estiver franqueado o acesso aos bens e valores associados à cultura, cujo poder de humanização e emancipação é destacado por Pérez Luño.[418]

A noção contemporânea de ecodesenvolvimento não dispensa a dimensão cultural, baseando-se na teoria geral do sistema ecossocial (ou socioambiental), o qual se define, nas palavras de Vieira, como "um ecossistema alterado pela presença de um sistema sociocultural" que difere do ecossistema natural pelo fato de, "para além da obediência a leis naturais, sujeitar-se também a leis ditadas pela expressão de necessidades e aspirações humanas". A seu turno, o sistema sociocultural pode ser compreendido como um conjunto "de quatro componentes interdependentes e abertos ao meio ambiente.

---

[414] MINAS GERAIS. Tribunal de Justiça. Agravo de Instrumento n. 1.0245.03.029114-1/003(1). Relator Des. Célio César Paduani. J. em 03 ago. 2004. Disponível em: www.tjmg.gov.br/juridico/jt/inteiro_teor. Acesso em: 02 set. 2005.

[415] VIEIRA, P., 1998, p. 76.

[416] Transdisciplinaridade: termo empregado pioneiramente por Jean Piaget para designar um método de abordagem científica que, além de atingir interações ou reciprocidades entre pesquisas especializadas, as situaria no interior de um sistema total, sem fronteiras estáveis entre as disciplinas. Diz respeito, na visão do físico romeno Nicolescu, ao que está, ao mesmo tempo, entre as disciplinas, através das diferentes disciplinas e além de todas as disciplinas, sendo o seu objetivo a compreensão do mundo presente tendo como um dos imperativos para isso a unidade do conhecimento (consultar: WEIL, Pierre; D'AMBROSIO, Ubiratan; CREMA, Roberto. *Rumo à nova transdisciplinaridade*. São Paulo: Summus, 1993, p. 39. e NICOLESCU, Basarab. A evolução transdisciplinar da Universidade. *Condição para o desenvolvimento sustentável*. Tailândia, nov. 1997. Disponível em: www.cetrans.futuro.usp.br/thailandiaport.html. Acesso em: 27 nov. 2004).

[417] Silva sustenta que o direito ao meio ambiente ecologicamente equilibrado, inseparável que é do mais precioso bem para todo o ser humano – a vida – deveria ter sido tratado juntamente desse direito (SILVA, J., 1998, p. 809).

[418] PÉREZ LUÑO, 1999, p. 509.

Estes elementos são denominados, respectivamente, subsistemas biológico, econômico, político e cultural".[419]

A tônica da transdisciplinaridade perpassa inclusive as discussões envolvendo a preservação de monumentos e sítios de valor cultural.[420]

Remonta à Carta de Atenas, de 1931, recomendação no sentido de que, em cada país, haja colaboração "dos conservadores de monumentos e dos arquitetos com os representantes das ciências físicas, químicas e naturais para a obtenção de métodos aplicáveis em casos diferentes".[421]

A Carta de Veneza, documento internacional resultante do encontro que reuniu cerca 700 profissionais, inclusive brasileiros, no II Congresso Internacional de Arquitetos e Técnicos dos Monumentos Históricos,[422] enfatiza a necessidade do diálogo entre especialistas na conservação e restauração de bens. Diz o "art. 2º": A conservação e a restauração dos monumentos constituem uma disciplina que reclama a colaboração de todas as ciências e técnicas que possam contribuir para o estudo e a salvaguarda do patrimônio monumental".[423]

As atividades ligadas à preservação do patrimônio cultural, não só do material, mas sobretudo do imaterial, usualmente requerem a participação de profissionais das mais diferentes áreas, tais como historiadores, arquitetos, antropólogos, químicos, artesãos. O fenômeno da ampliação do mercado de trabalho relacionado à valorização e preservação do meio ambiente cultural tem sido destacado, especialmente na Europa, onde a tecnologia desenvolve-se a passos largos no sentido de apurar os meios mais eficazes de implementação desses objetivos, como focaliza Bifulco.[424]

Graças ao aumento das diversas formas de poluição, esse diálogo técnico tem sido mais e mais freqüente no sentido de salvar tesouros do passado, o que demonstra não só a necessária interação científica, mas a real integração entre as dimensões do meio ambiente,[425] tema que não passou despercebido por Teixeira, para quem, na sociedade coeva,

---

[419] VIEIRA, P., op. cit., p. 51.
[420] Conforme destaca a especialista em restauração FRONER, Yacy Ara. *Patrimônio histórico e modernidade:* construção do conceito a partir da noção de revitalização de sítios, monumentos e centros urbanos. Disponível em: www.ufop.br/ichs/conifes/ac2.htm. Acesso em: 11 ago. 2005.
[421] CARTA de Veneza. Disponível em: www.iphan.gov.br/legislac/cartaspatrimoniais/veneza-64.htm. Acesso em: 26 abr. 2005.
[422] Congresso realizado em maio de 1964 e que redundou na criação do ICOMOS (Conselho Internacional de Monumentos e Sítios ou *International Conciul on Monuments and Sites*), conforme LEMOS, C.A.C., 1987, p. 76.
[423] CARTA de Veneza, op. cit.
[424] BIFULCO, Raffaele. Lavorare nei beni culturali: le possibilitá di inserimento. Disponível em: www.diritto.it/materiali/informatica/cv_fuxa.html. Acesso em: 10 dez. 2005.
[425] Matérias publicadas na mídia eletrônica apontam para essa integração quando demonstram os danos que a poluição atmosférica, por exemplo, vem causando a bens culturais. A chuva ácida está desfiguran-

a degradação da qualidade de vida nos grandes centros urbanos, os níveis de poluição industrial, urbana e difusa, o sinal de esgotamento de recursos naturais, etc., conduziram, nas últimas décadas, ao despertar da consciência cívica, à apetência da comunicação social pela temática ambiental e cultural (com a inerente mediatização), à introdução do referencial de "desenvolvimento sustentável" nos assuntos económicos, à crescente tendência de participação dos cidadãos nas decisões que os regem, ao reforço de interesse no acesso à fruição de bens naturais e culturais, emergindo como ponto de convergência de ambos os vectores o sentido de duradouro/sustentável.[426]

A Carta de Veneza prega no seu enunciado n° 6 que o autor do projeto de intervenção/restauração não atue de forma isolada, segundo critérios pessoais, devendo ouvir terceiros, especialistas, recomendando-se, então, a interdisciplinaridade.[427]

Nas palavras do especialista espanhol Montero, somente a partir do diálogo entre historiadores, conservadores de patrimônio, arquitetos, de forma interdisciplinar, é que se pode abarcar "toda a ambivalência que possuem os objetos que nos rodeiam e constituem nosso patrimônio cultural". (tradução livre da autora).[428]

Magalhães, visionário da doutrina preservacionista, alertava que uma das mais importantes mudanças de nossa época talvez tenha sido o fim do pensamento linear, o declínio das ciências separadas e o advento de um pensamento globalizador também imperativo quando se trata de restaurações de bens culturais.[429]

Canotilho fala de uma verdadeira *constituição cultural* que, tendo dado destaque à cultura como "abrangente da formação educacional do povo, expressões criadoras da pessoa e das projeções do espírito humano materializadas em suportes expressivos que são portadores de referências à identidade, à ação, à memória dos diferentes grupos formadores da sociedade

---

do, na cidade chinesa de Xinhua, a maior estátua de Buda sentado do mundo. A obra de arte, com mais de 1,2 mil anos e considerada patrimônio da humanidade, apresenta manchas negras e cinzas no corpo. Segundo o jornal chinês "China Daily", o fenômeno da chuva ácida deriva das atividades manufatureiras que operam nas imediações em instalações inadequadas e que não ostentam qualquer preocupação ambiental. (Disponível em: www.jornaldomeioambiente.com.br/imprimir_notificas.asp?id=6907. Acesso em: 22 abr. 2005). Os famosos profetas de Congonhas do grande escultor do Barroco Mineiro, o "Aleijadinho", também sofrem com a poluição atmosférica e com a presença de agentes biológicos (fungos e líquens). Em março de 2005, o IPHAN, através do projeto Monumenta, deu início a mais um procedimento de limpeza das estátuas e aplicação de um novo tipo de produto desenvolvido pela instituição "Investigations Into Devices Against Environemental Attack on Stones" com o fito de coibir a deterioração paulatina (Disponível em: http://diversao.terra.com.br/interna/0,,OI501414-EI3615,00.html. Acesso em 12 set. 2005).

[426] TEIXEIRA, 2004.
[427] Conforme LEMOS, C.A.C., 1987, p. 81.
[428] No original: "toda la ambivalencia que possen los objetos que nos rodean y constituyen nuestro patrimonio cultural" (MONTERO, 2001, p. 9).
[429] MAGALHÃES, 1985, p. 97.

brasileira",[430] demonstra o comprometimento do Estado brasileiro com políticas voltadas ao fomento de atividades culturais e com a preservação de nosso patrimônio cultural, o qual, como deixa clara a inserção de ambas as dimensão no título dirigido ao regramento da ordem social, não se desconecta do meio ambiente.

Silva divisa na Constituição brasileira uma dupla dimensão da expressão direitos culturais (art. 215): o direito cultural como *norma agendi* (assim, o Estado como garantidor a todos do pleno exercício dos direitos culturais), e o direito cultural como *facultas agendi* (normas que garantem a todos o pleno exercício dos direitos decorrentes da faculdade de agir com base nelas). O conjunto de normas jurídicas disciplinadoras das relações de cultura conformam, na concepção do constitucionalista, a ordem jurídica da cultura, ou o chamado "direito objetivo da cultura".[431]

A análise do texto constitucional em vigor, mais especificamente da Seção II do Capítulo III do Título VIII, permite enxergar as características essenciais de nossa "Constituição Cultural": a) um caráter abrangente reconduzível a uma cláusula geral avessa a casuísmos identificado com a definição de patrimônio cultural brasileiro constante do "caput" do art. 216; b) uma perspectiva dinâmica que fomenta as manifestações culturais (art. 215, "caput") e a adoção de políticas voltadas à promoção do patrimônio cultural (art. 216, § 1º); c) o escopo de democratização da cultura, pois o Estado deve garantir a todos o exercício pleno dos direitos culturais e o acesso às fontes da cultura nacional (art. 215, "caput"), pois é inegável que a falta de cultura, de acesso aos bens vinculados à arte, à estética, à história, enfim, à memória, condena o indivíduo à subalternidade[432] e d) por fim, a função social dos bens culturais, enquanto merecedores de proteção e promoção pelos mais diversos meios exemplificados no § 1º do art. 216, sem prejuízo da punição aos danos e ameaças ao patrimônio cultural (art. 216, § 4º).

Dessas considerações acerca da Ordem Social na Constituição de 1988, é possível concluir que a fragmentação dos valores associados à qualidade de vida não oferece ganhos para o trato das questões relacionadas aos bens ambientais, seja qual for a sua dimensão.

---

[430] CANOTILHO, 1993, p. 800.

[431] SILVA, J.A., 2001,p. 47-48.

[432] PÉREZ LUÑO, Antonio Enrique. *Comentarios a las leyes políticas*. Constitución Española de 1978. Madrid: Edersa, 1984, p. 181. Em outra obra, o mesmo autor afirma que a subalternidade nada mais é que a alienação quanto ao pleno desenvolvimento individual e comunitário do homem e que lhe impede de se apropriar do aspecto qualitativo do mundo refletido nos bens da arte e da cultura. Por isso, diz ele, tomando por base a Constituição espanhola, o horizonte emancipatório desse texto constitucional não pode se despregar da criação de condições socioeconômicas e culturais que permitam o reconhecimento do direito de todos os cidadãos ao pleno exercício de seus direitos culturais (PÉREZ LUÑO, 1999, p. 510).

Também se conclui, na esteira do já identificado por Orozco Pardo e Pérez Alonso, tendo por base a ordem jurídica espanhola, haver conexão entre a função social dos bens culturais, no interesse da coletividade, com outros princípios e direitos, como o da dignidade da pessoa humana, da qualidade de vida[433] e do meio ambiente sadio e ecologicamente equilibrado.[434]

---

[433] Pérez Luño estabelece íntima co-relação entre qualidade de vida e a proteção do patrimônio histórico-cultural no qual se detém o art. 46 da Constituição espanhola (Ibidem, p. 511).
[434] PARDO; ALONSO, 1996, p. 42.

2. A Hermenêutica dos Princípios Regentes da Tutela do Patrimônio Cultural

2.1. A FORÇA NORMATIVA DOS PRINCÍPIOS E A TUTELA AMBIENTAL

Por influência do constitucionalismo alemão contemporâneo, a análise dos princípios e de sua força normativa tem sido explorada fartamente pela doutrina pátria.

Talvez seja a seara ambiental um dos campos de maior incidência das tensões envolvendo os princípios e, por decorrência, os valores neles hospedados.

Expressão clássica de interesse difuso[1] tal e qual definido pelo art. 81 do Código de Proteção e Defesa do Consumidor (Lei nº 8.078/90),[2] o meio ambiente dotado de higidez e equilíbrio[3] consubstancia interesse marcado pelos traços da *indivisibilidade* (o meio ambiente só pode ser considerado

---

[1] Não se pode esquecer que o conceito de interesse difuso tem assento constitucional (art. 129, inc. III, da CF) e pode ser enquadrado naquilo que Canotilho e Vital Moreira chamam de "conceitos primariamente constitucionais", ou seja, "conceitos que, não obstante a sua utilização e definição a nível infraconstitucional, devem ser preenchidos em primeiro lugar através da análise do seu sentido na Constituição" (CANOTILHO; MOREIRA, 1991, p. 54).

[2] Importante advertir, como o fazem Nery Júnior e Andrade Nery, que essa e as demais definições contidas no art. 81 do CDC são aplicáveis a todas as situações em que se faz necessária a recondução a esses conceitos e não apenas às lides envolvendo relações consumeristas. "Todas as outras definições de direitos difusos e coletivos que contrariem o texto ora analisado devem ser entendidas como proposições de *lege ferenda*, inaplicáveis às situações concretas levadas ao judiciário" (NERY JÚNIOR, Nelson; NERY, Rosa Maria Andrade. *Código de processo civil comentado e legislação processual civil extravagante em vigor*. 4. ed. São Paulo: Revista dos Tribunais, 1999, p. 1864).

[3] Em visionário artigo publicado no longínquo ano de 1979, o professor Sérgio Ferraz atentava para a necessidade de uma conscientização acerca da natureza jurídica do patrimônio ambiental como *res omnium* (coisa de todos) e não *res nullius* (coisa de ninguém). "Todos temos interesse jurídico na preservação do ambiente. Por isso, todos temos, reconhecido pela ordem jurídica, direito subjetivo à tutela ambiental" (FERRAZ, Sérgio. Responsabilidade civil por dano ecológico. *Revista de Direito Público*, São Paulo, v. 49-50, p. 34-41, jan./jun. 1979, p. 35).

como um todo, não se pode atribuir, por exemplo, um percentual da atmosfera a cada cidadão planetário nem uma parcela "x" da expressão cultural representada por um imóvel de notável valor histórico); da *indeterminabilidade de titulares* (o pertencimento do direito recai sobre uma coletividade não individualizável de sujeitos); e da *ligação desses sujeitos por circunstâncias de fato* (ou seja, não existe um vínculo comum de natureza jurídica que os una, v.g., o interesse em preservar uma paisagem vinculada à identidade cultural de uma determinada cidade ou o de fazer cessar a exploração de areia em determinada rio que vem degradando local onde, às margens, situa-se um sítio histórico tombado, a afetar uma pluralidade de interessados, alguns sequer nascidos).[4]

Colaço Antunes refere que o interesse difuso caracteriza-se como sendo aquele que cada indivíduo possui pelo simples fato de estar integrado à pluralidade de sujeitos a que se refere determinada norma em questão. Não se confunde com o interesse próprio de uma comunidade estruturada e constituída pela soma total ou parcial de interesses de cada um dos indivíduos que a compõem. Para ele, "o conteúdo ou a conseqüência jurídica do interesse difuso é o reconhecimento de uma pluralidade de situações objetivas a sujeitos individuais ou a entes associativos",[5] no que se distingue do interesse público clássico, mesmo quando a pluralidade em que se reconhece o interesse tenda a coincidir com a totalidade dos cidadãos. Conclui ele que o interesse difuso tem caráter híbrido, por possuir "uma alma pública e um corpo privado, que transcende o direito subjetivo privado e se estende pelo público".

Como se vê, para além das características indicadas na legislação infraconstitucional, o direito ao meio ambiente (e não a qualquer meio ambiente, mas a um meio ambiente qualificado) apresenta, como nenhum outro, o carimbo da intensa litigiosidade interna ou de uma larga área de conflituosidade,[6] não sendo ousadia afirmar que as lides ambientais, em sua grande

---

[4] A propósito do tema, v. ZANETI JÚNIOR, Hermes. Direitos coletivos *lato sensu*: a definição conceitual dos direitos difusos, dos direitos coletivos *stricto sensu* e dos direitos individuais homogêneos. In: AMARAL, Guilherme; CARPENA, Márcia Louzada (Coord.). *Visões críticas do Processo Civil:* uma homenagem ao Prof. Dr. José Maria Tesheiner. Porto Alegre: Livraria do Advogado, 2005.

[5] ANTUNES, Luís Filipe Colaço. *A tutela dos interesses difusos em direito administrativo:* para uma legitimação processual. Coimbra: Livraria Almedina, 1989, p. 22-23.

[6] Mancuso, um dos doutrinadores brasileiros que mais escreveu sobre o tema, agrega ainda a característica da "duração efêmera ou contingencial" dos interesses difusos, porquanto, diferentemente dos direitos, que têm a balizá-los normas de cunho permanente ou estável, seriam referenciados a situações de fato, sofrendo reformulações inopinadas. Entretanto, ele mesmo a reconhece como menos evidente (MANCUSO, Rodolfo de Camargo. Interesses difusos: conceito e colocação no quadro geral dos interesses. *Revista do Processo*, São Paulo, v. 55, jul./set. 1989, p. 173).

maioria, enquadram-se, ou ao menos detêm potencial para tanto, na noção desenvolvida por Dworkin de "hard cases".[7]

Inspirado em Dworkin, Guerra Filho conceitua os "hard cases" como as questões mais tormentosas, aquelas que terminam sendo examinadas no exercício da jurisdição constitucional, as quais não são resolvidas satisfatoriamente apenas com o emprego de regras jurídicas, mas demandam o recurso aos princípios para que sejam solucionadas em sintonia com o fundamento constitucional da ordem jurídica.[8]

Esse importante aspecto não passou ao largo da percuciente análise escandida por Mancuso,[9] o qual salientou que os conflitos envolvendo tal categoria de interesses de massas, "não raro caracterizando verdadeiras escolhas políticas", transpõem o plano dos litígios clássicos entre indivíduo "a" contra indivíduo "b" (Caio x Tício) ou indivíduo "a" contra o Estado para se situar no âmbito dos litígios metaindividuais. Assim, a proteção de um determinado imóvel de notável valor cultural que se situa no leito de uma grande avenida projetada pode corresponder a um dissídio entre o direito à preservação do patrimônio cultural e direito a uma melhoria no sistema viário urbano.[10]

As lides ambientais soem colocar frente a frente valores de envergadura constitucional tutelados por princípios com semelhante assento e que envolvem direitos fundamentais.

Com base na teoria dos direitos fundamentais tão bem arquitetada por Alexy, afirma-se que o universo normativo[11] apresenta como sua mais importante distinção estrutural aquela que imprime contraste entre *regras* e *princípios*. Essa linha divisória constitui a base para uma fundamentação jusfundamental e é uma chave para a elucidação de problemas nucleares que

---

[7] Dworkin considera caso difícil (*hard case*) aquele para o qual não há uma norma estabelecida que dite uma decisão em algum sentido (DWORKIN, Ronald. *Los derechos en serio*. Barcelona: Ariel, 1997, p. 149). Para ele, numa postura antipositivista, o juiz deve, nos chamados *hard cases*, amparar-se em princípios e, na ponderação desses princípios, pautar-se por raciocínios e critérios objetivos (Ibidem, p. 147-207).

[8] GUERRA FILHO, 1999, p. 36.

[9] MANCUSO, 1989, p. 174.

[10] Mancuso, trazendo à colação Angel Langoni Sosa, identifica os interesses difusos nos conflitos envolvendo o "interesse na preservação de casas antigas, representativas de uma época, versus interesse dos incorporadores imobiliários e de pessoas desejosas de adquirirem terrenos baratos" (MANCUSO, Rodolfo de Camargo. *Interesses difusos*: conceito e legitimação para agir. 6. ed. São Paulo: Revista dos Tribunais, 2004, p. 102).

[11] O universo normativo aqui referenciado coincide com a totalidade das normas. O conceito de norma não é idêntico ao de enunciado (formulação, disposição) normativo. O enunciado normativo faz parte de um texto normativo, ou seja, de uma fonte de direito. "Norma é o sentido ou significado adscrito a qualquer disposição (ou a um fragmento de disposição, combinação de disposições, combinações de fragmentos de disposições. Disposição é parte de um texto ainda a interpretar; norma é parte de um texto interpretado" (CANOTILHO, José Joaquim Gomes. *Direito constitucional*. 6. ed. Coimbra: Almedina, 1993. p. 203).

permeiam a dogmática dos direitos fundamentais. Para Alexy, sem ela não pode existir uma teoria adequada dos limites, nem uma teoria satisfatória de colisão e, tampouco, uma teoria suficiente acerca do papel que jogam os direitos fundamentais no sistema jurídico.[12] A *summa divisio* entre princípios e regras constitui uma das bases do edifício que representa a teoria dos direitos fundamentais.

Partindo dos pressupostos de que estabelecer os marcos distintivos entre regras e princípios não envolve tarefa inútil e de que a diferença entre eles não é somente de grau, mas precipuamente qualitativa, Alexy define os princípios como normas ordenadoras no sentido de que algo seja realizado na maior medida possível dentro das possibilidades jurídicas e reais existentes. Portanto, são *mandatos de otimização* que se caracterizam pelo fato de que podem ser cumpridos em diferente grau e que a medida devida para seu cumprimento não só depende das possibilidades reais mas também das jurídicas. O âmbito das possibilidades jurídicas, por sua vez, é definido pelos princípios e regras opostos.

Para o juspublicista Bandeira de Mello,

princípio, já averbamos alhures, é, por definição, *mandamento nuclear de um sistema*, verdadeiro alicerce dele,[13] disposição fundamental que se irradia sobre diferentes normas compondo-lhes o espírito e servindo de critério para sua exata compreensão e inteligência, exatamente por definir a lógica e a racionalidade do sistema normativo, no que lhe confere a tônica e lhe dá sentido humano. É o conhecimento dos princípios que preside a intelecção das diferentes partes componentes do todo unitário que há por nome sistema jurídico positivo. Violar um princípio é mais grave que transgredir uma norma. É a mais grave forma de ilegalidade ou inconstitucionalidade, conforme o escalão do princípio atingido, porque representa insurgência contra todo o sistema, subversão de seus valores fundamentais, contumélia irremissível a seu arcabouço e corrosão de sua estrutura mestra[14] (destacamos).

Barroso destaca serem os princípios constitucionais, explícitos ou não, a síntese dos valores hospedados pela ordem jurídica e, nessa condição, espelham a ideologia da sociedade, fins e postulados basilares. Servem de guia ao exegeta, cuja tarefa primeira há de ser a de identificar qual o princípio de maior expressão a regrar o *thema decidendum*. Os papéis desempe-

---

[12] ALEXY, Robert. *Teoria de los derechos fundamentales*. Madrid: Centro de Estudios Constitucionales, 1997b, p. 82. Do mesmo autor, com semelhante abordagem: ALEXY, 1997a, p. 75.

[13] Também no sentido de que os princípios expressam valores fundamentais do sistema, é proveitosa a leitura de FARIAS, Paulo José Leite. *Competência federativa e proteção ambiental*. Porto Alegre: Sérgio Antonio Fabris, 1999, p.269. Para o Prof. Paulo Bonavides, rebuscando-se em Luís Diez Picazo, a idéia de princípio provém da linguagem da geometria, "onde designa as verdades primeiras". Exatamente por isso são princípios, na medida em que "estão ao princípio", "sendo as premissas de todo um sistema que se desenvolve *more geometrico*" (BONAVIDES, 1999, p. 228-229).

[14] BANDEIRA DE MELLO, Celso Antônio. *Curso de direito administrativo*. 15. ed. São Paulo : Malheiros, 2002, p. 817-818.

nhados pelos princípios são o de condensar valores, conferir unidade ao sistema e condicionar a atividade do intérprete.[15]

As regras, a seu turno, são normas que só podem ser cumpridas ou não. Se uma regra é válida, deve-se fazer o que ela exige. Portanto, contém determinações no âmbito do que é fática e juridicamente possível. Nenhuma norma foge da dúplice classificação: ou é regra ou é princípio.[16]

Para uma melhor compreensão das diferenças entre princípios e regras, desenha-se o seguinte quadro comparativo:

REGRAS	PRINCÍPIOS
1. Trazem a descrição de um *fato* ou de um *certo número deles*.	Há referência direta a valores.
2. Por mais geral e abstrata que seja uma regra, essa possuirá um grau menor de generalidade (referente à classe de indivíduos à que a norma se aplica) e abstração (referente à espécie de fato a que a norma se aplica), donde mais fácil de se apontar uma violação.	Enquanto "determinações de otimização" têm um grau bem mais alto de generalidade (referente à classe de indivíduos à que a norma se aplica) e abstração (referente à espécie de fato a que a norma se aplica), donde mais difícil de se apontar uma violação.
3. Se vinculam a suportes fáticos específicos.	Não se reportam, ainda que hipoteticamente, a nenhuma espécie de situação fática, que dê suporte à incidência de norma jurídica.
4. Aparecem na Constituição e na legislação infraconstitucional.	Sua ambiência natural é o texto constitucional.
5. Quando existem duas regras que disponham diferentemente sobre uma mesma situação ocorre um excesso normativo, uma antinomia jurídica que deve ser afastada com base em critérios que, em geral, são fornecidos pelo próprio ordenamento jurídico para que se mantenha unidade e coerência.	Quando existem dois princípios incidindo sobre determinada situação e apontando para soluções opostas, um é compatível com o outro e apenas, em certo caso concreto, um deles será diminuído ou pontualmente terá sua eficácia reduzida.
6. Não podem existir implicitamente no sistema normativo.	Em virtude de sua natureza, os princípios podem existir implicitamente no sistema normativo.

Não há dúvidas de que o Constituinte vinculou-se aos valores do meio ambiente sadio e ecologicamente equilibrado e da preservação do patrimônio cultural material e imaterial.[17]

Ainda que não inseridos no rol do art. 5º da mesma Carta, tais valores estão densificados na forma de direitos fundamentais, os quais, na lição de Sarlet, constituem

> todas aquelas posições jurídicas concernentes às pessoas que, do ponto de vista do direito constitucional positivo, foram, por seu conteúdo e importância (fundamentalidade em sentido material), integradas ao texto da Constituição e, portanto, retiradas da esfera

---

[15] BARROSO, Luís Roberto. Fundamentos teóricos e filosóficos do novo direito constitucional brasileiro (Pós-modernidade, teoria crítica e pós-positivismo). In: GRAU, Eros Roberto; CUNHA, Sérgio Sérvulo da (Org.). *Estudos de direito constitucional em homenagem a José Afonso da Silva*. São Paulo: Malheiros, 2003, p. 45.

[16] ALEXY, 1997b, p. 87.

[17] Arts. 215, 216 e 225 da Constituição Federal.

de disponibilidade dos poderes constituídos (fundamentalidade formal), bem como as que, por seu conteúdo e significado, possam lhes ser equiparados, agregando-se à Constituição material, tendo, ou não, assento na Constituição formal (aqui considerada a abertura material do Catálogo.[18] [19]

A textura aberta da Constituição de 1988, no tocante ao rol de direitos fundamentais, é exposta pelo § 2º do art. 5º e encontra ampla acolhida doutrinária e jurisprudencial. Guerra Filho sintetiza a perspectiva dominante, ponderando não ser a norma jurídica a única expressão de direitos fundamentais, por serem esses uma realidade mais abrangente que a norma. Daí por que, diz o brilhante constitucionalista cearense, estão positivados em nosso ordenamento outros direitos fundamentais não previstos na Carta Constitucional, como consta do § 2º do art. 5º.[20]

Sarlet, no afã de rebater a tese de que os direitos fundamentais conformam um sistema fechado e separado no contexto da Constituição brasileira, põe em destaque o conceito materialmente aberto dessa ordem de direitos incorporada pelo art. 5º, § 2º, da CF, o qual reconhece a existência de direitos fundamentais positivados em outras partes do texto constitucional bem como em tratados internacionais, além do possível reconhecimento de direitos fundamentais não-escritos e daqueles decorrentes do regime e dos princípios da Constituição.[21]

No direito estrangeiro, as teses anteriormente esgrimidas encontram eco na doutrina desenvolvida por Pérez Luño, para quem a hodierna concepção de direitos fundamentais não se restringe aos direitos públicos subjetivos, vinculados à concepção individualista própria do Estado Liberal de Direito, mas abocanha também os direitos econômicos, sociais e culturais típicos do Estado Social de Direito, em cujo cenário jurídico-normativo é possível conectar os direitos fundamentais a um sistema de necessidades humanas básicas, dentre as quais sobressai a de fruição pelos indivíduos dos bens ligados à história, arte e cultura de cada Nação.[22]

---

[18] SARLET, 1998, p. 80. Por todos vale também explorar o pensamento de Alexy, para quem, em apertada síntese, os direitos fundamentais são a codificação de direitos do homem em uma constituição (ALEXY, Robert. Direitos fundamentais no estado constitucional democrático. *Revista da Faculdade de Direito da Universidade Federal do Rio Grande do Sul*, Porto Alegre, v. 16, p. 203-214, 1999b, p. 210. No mesmo sentido, ALEXY, Robert. Colisão de direitos fundamentais e realização de direitos fundamentais no Estado democrático. *Revista da Faculdade de Direito da Universidade Federal do Rio Grande do Sul*, v. 17. p. 267-279, 1999a).

[19] Para Guerra Filho, os direitos fundamentais são " manifestações positivas do direito, com aptidão para a produção de efeitos no plano jurídico, dos chamados direitos humanos, enquanto pautas ético-políticas, situados em uma dimensão supra-positiva, deonticamente diversa daquela em que se situam as normas jurídicas" (GUERRA FILHO, Willis Santiago. *Teoria processual da Constituição*. 2. ed. São Paulo: Celso Bastos, 2002, p. 98-99).

[20] GUERRA FILHO, 1999, p. 29.

[21] SARLET, op. cit., p. 75.

[22] PÉREZ LUÑO, 1999, p. 508.

O Ministro Carlos Velloso, em voto proferido em sede de ação direta de inconstitucionalidade,[23] apregoou que esses direitos estão espalhados por toda a Constituição e não apenas nos setenta e sete incisos do art. 5°, *in verbis*:

> Direitos e garantias individuais não são apenas os que estão inscritos no art. 5º. Não. Esses direitos e essas garantias se espalham pela Constituição. O próprio art. 5º, no seu § 2º, estabelece que os direitos e garantias expressos nesta Constituição não excluem outros decorrentes do regime e dos princípios por ela adotados, ou tratados internacionais em que a República Federativa do Brasil seja parte. Sabido, hoje, que a doutrina dos direitos fundamentais não compreende, apenas, direitos e garantias individuais, mas, também, direitos e garantias sociais, direitos atinentes à nacionalidade e direitos políticos. Este quadro todo compõe a teoria dos direitos fundamentais. Hoje não falamos apenas em direitos individuais, assim de primeira geração. Já falamos de direitos de primeira, de segunda, de terceira e até de quarta geração.[24]

Analisando ação direta de inconstitucionalidade contra emenda constitucional que autorizava, no âmbito do Estado do Rio Grande do Sul, a queima de campos, o e. Tribunal de Justiça daquele Estado acabou por proclamar o direito ao meio ambiente sadio e ecologicamente equilibrado como direito fundamental, apesar de não constar expressamente no rol do art. 5°. Trecho do aresto diz o seguinte:

> A doutrina qualifica o direito ao meio ambiente como direito fundamental de terceira geração, inserindo dentre os direitos de solidariedade, direitos de fraternidade ou direitos dos povos. Firmada a fundamentalidade do direito ao meio ambiente equilibrado e sadio, deve-se destacar que tal 'status' veda qualquer possibilidade de emenda constitucional que permita situações de enfraquecimento ou esvaziamento do preceito, tanto quanto aquilo que a parte da doutrina chama 'retrocesso social'.[25] [26]

Assim, partindo-se do pressuposto de que o direito ao meio ambiente sadio e ecologicamente equilibrado (nele inserido organicamente o meio ambiente cultural) é direito fundamental,[27] por força da abertura material expressa no art. 5°, § 2°, da CF, é coerente afirmar que esse direito sujeita-se aos rigores estabelecidos no art. 60 do mesmo texto, constituindo cláusula pétrea e, como tal, passível de ser removido ou reduzido em sua amplitude

---

[23] ADIN n. 939-7 do Distrito Federal.
[24] ADIN n. 939-7. Acórdão publicado na íntegra na Revista Trimestral de Jurisprudência 151, p. 755-841.
[25] Disponível em: www.tj.rs.gov.br/. Acesso em 16 mar. 2005.
[26] Também reconhecendo a fundamentalidade do direito ao meio ambiente, v. PARANÁ. Tribunal de Alçada. Apelação Cível nº 0171186-2 (15980), Relatora: Maria José Teixeira. j. 12 ago. 2003. DJ 05 set. 2003. *JURIS PLENUM*, v. 1, mai.-jun. 2004, CD-ROM. No mesmo sentido: TRIBUNAL REGIONAL FEDERAL DA 4ª Região. Recurso em Sentido Estrito nº 3918/RS (200271050019133). Relator: Élcio Pinheiro de Castro. J. 20 ago. 2003. unânime. DJU 03 nov. 2003. *JURIS PLENUM*, v. 1, mar./abr. 2004. CD-ROM.
[27] Sobre o tema, v. SILVA, J. 1994, p. 36, e GOMES, Luís Roberto. Princípios constitucionais de proteção ao meio ambiente. *Revista de Direito Ambiental*, São Paulo, n. 16, p. 164-191, dez. 1999.

somente através de um especial poder constituinte (poder constituinte originário).[28]

Inserido no espectro desses direitos que gozam de "status" privilegiado, o direito fundamental ao meio ambiente com o seu indissociável viés cultural requer uma interpretação adequada e que atenda aos anseios de uma sociedade repleta de carências materiais como o é a brasileira.

Na arguta constatação de Bonavides, vivemos uma nova fase do Direito Constitucional, na qual a grande tensão que norteia a atuação dos operadores do direito (especialmente os doutrinadores e os juízes) migra para a "nervosa esfera dos direitos fundamentais",[29] decaindo de ênfase a questão da separação dos poderes, que ocupou grande parte das discussões desencadeadas pelo constitucionalismo após o estabelecimento das codificações oriundas das revoluções burguesas. Nesse trajeto, os direitos fundamentais incorporaram a dimensão jurídico-objetiva, cujas características de maior destaque são: a) a eficácia vinculante, cada vez com maior carga afirmativa, com relação aos três Poderes, servindo como verdadeiros guiões a orientá-los; b) a irradiação desses direitos a todas as "províncias"[30] do Direito, mesmo jusprivatistas, incidindo também nas relações entre particulares; c) o afastamento dos direitos fundamentais da noção de normas meramente programáticas, sendo, portanto, reconhecidos como de eficácia direta e imediata, abandonando a condição de mera "lírica"[31] constitucional; d) a emergência e uso disseminado[32] do princípio da proporcionalidade vinculado à "hermenêutica concretizante" e à colisão entre princípios.[33]

Confrontando-se o elevado patamar no qual estão esses direitos posicionados, de um lado, e o déficit na sua implementação, de outro, afiguram-se de todo insuficientes os métodos tradicionais de interpretação (a saber: gramatical, lógico, sistemático e histórico), por serem, de certa forma, como aponta Bonavides, refratários a valores.[34]

---

[28] Nesse sentido, v. SARLET, 1998, p. 79.
[29] BONAVIDES, 1999, p. 539.
[30] Expressão de Ibidem, p. 541.
[31] Alexy enfatiza que os direitos fundamentais na Alemanha e também no Brasil vinculam os Poderes, perdendo o caráter de "mera lírica constitucional" (Ibidem, p. 273) . "Direitos do homem insistem em sua institucionalização. Assim, existe não somente um direito do homem à vida, senão também um direito do homem a isto: que exista um Estado que concretize tais direitos" (ALEXY, 1999a, p. 274).
[32] Bonavides refere também um "abuso" na utilização desse critério, com graves riscos ao equilíbrio entre os Poderes, "com os membros da judicatura constitucional desempenhando de fato e de maneira insólita o papel de legisladores constituintes paralelos, sem todavia possuírem, para tanto, o indeclinável título de legitimidade" (BONAVIDES, op. cit, p. 542).
[33] Essa relação das dimensões jurídico-objetivas dos direitos fundamentais constitui uma síntese daquela trazida por BONAVIDES, op. cit., p. 541-542.
[34] BONAVIDES, 1999, p. 545.

No intuito de buscar uma alternativa, Bonavides lança mão da "Teoria Estruturante do Direito", idealizada pelo professor da Universidade de Heidelberg, Friedrich Müller, concluindo haver no texto constitucional "normas que se interpretam e normas que se concretizam",[35] encaixando-se os direitos fundamentais nesse segundo grupo,[36] justamente por estarem vinculados a valores, conquanto com eles não se confundam, já que expressam comandos que incorporam o caráter do dever ser, transcendendo o mero plano axiológico.[37]

Nessa hercúlea tarefa de concretizar os direitos fundamentais, o aplicador do Direito há de orientar-se pelos princípios e, nas hipóteses de colisão entre eles, pela proporcionalidade.

Os princípios gozam, pois, no cenário da Nova Hermenêutica Constitucional, comprometida que é com a concretização dos direitos fundamentais, de inegável força normativa, consubstanciando balizas para a realização do escopo maior do Direito Ambiental que é o desenvolvimento sustentável, para cuja realização a proteção dos valores atinentes à cultura é imperativa.

Ao reconhecer o direito fundamental ao meio ambiente sadio e ecologicamente equilibrado, *essencial à sadia qualidade de vida*,[38] o Constituinte não deixou de inserir em tal direito a dimensão cultural, porque não há falar em vida dotada de qualidade quando se arredam os valores associados à cultura.[39]

No Direito português, a doutrina e a jurisprudência costumam conectar o direito ao meio ambiente sadio e ecologicamente equilibrado aos direitos de personalidade. De tal relação não escapa o viés cultural, de relevância ímpar para a relização das plenas potencialidades do indivíduo.

Sendim destaca ser a existência de um ambiente humano e ecologicamente equilibrado condição *sine qua non* ao pleno desenvolvimento da personalidade humana, o que justifica a prevalência do direito ou da situação jurídica da personalidade em confronto com direitos ou interesses de cunho essencialmente patrimonial.[40] Não por outro motivo é que o Supremo Tribunal de Justiça português, no acórdão de 06 de janeiro de 1988,[41] reconheceu

---

[35] BONAVIDES, 1999, p. 543.
[36] Ibidem, p. 545.
[37] Nesse sentido, v. ALEXY, 1997b, p. 147.
[38] Art. 225, "caput".
[39] A propósito da institucionalização do direito à preservação do patrimônio cultural, inclusive imaterial, v. FONSECA, Maria Cecília Londres da. Referências culturais: base para novas políticas de patrimônio. Disponível em: www.ipea.gov.br/pub/bps/bps_02.pdf. Acesso em: 19 mar. 2005.
[40] SENDIM, 1998, p. 106-107.
[41] Julgado citado e comentado por SENDIM, 1998, p. 107.

que a proprietária da "Casa dos Carneiros", imóvel "classificado"[42] e provido de uma zona de proteção ao entorno de 50m a partir do seu jardim, tinha legitimidade para postular a condenação dos réus à abstenção de proceder à urbanização e edificação na aludida zona, bem assim a demolir as intervenções já realizadas, e a não alienar os lotes nela situados.

Na decisão, foi reconhecido que, na condição de proprietária do imóvel de valor cultural, desfruta ela de um particular interesse na sua proteção para gozo e realização pessoal, especialmente ante a ameaça à integridade do bem que consubstancia ofensa potencial ao seu direito subjetivo de personalidade.[43] Entendeu-se, ainda, que, em nível individual, o portador de interesse difuso pode judicializar seu direito respaldado na moldura dos direitos de personalidade, com abrigo no art. 72 do Código Civil português.

Não se pode desprezar a circunstância de que a tutela dos direitos da personalidade é bem mais ampla no Direito luso[44] do que no brasileiro, porquanto na respectiva Constituição há o reconhecimento explícito do direito fundamental ao desenvolvimento da personalidade (art. 26) ao que se alia o Código Civil que, ainda na Parte Geral, consagra a tutela geral da personalidade.[45] Por sua vez, nosso Código Civil atual limita-se a prever a existência de um direito subjetivo consistente na possibilidade de se exigir que cesse a ameaça, ou a lesão, a direito da personalidade, bem como de reclamar perdas e danos, sem prejuízo de outras sanções previstas em lei,[46] carecendo de uma maior explicitação quanto ao universo englobado na noção dos direitos de personalidade, no que também não se fez suficientemente clara a Constituição Federal.

No direito pátrio, Leite, após trazer a lume diversos autores portugueses e partir da premissa de que o direito da personalidade é uma cláusula aberta, considera que a ofensa ao meio ambiente atinge concomitantemente a um direito ou interesse da pessoa singular, a par de afetar toda a coletividade de

---

[42] A classificação corresponde, no Direito português, ao nosso tombamento.

[43] No Direito brasileiro, Gogliano conceitua os direitos da personalidade como "os direitos subjetivos particulares, que consistem nas prerrogativas concedidas a uma pessoa pelo sistema jurídico e asseguradas pelos meios de direito, para fruir e dispor, como senhor, dos atributos essenciais da sua própria personalidade, de seus aspectos, emanações e prolongamentos, como fundamento natural da existência e liberdade, pela necessidade da preservação e resguardo da integridade física, psíquica e moral do ser humano, no seu desenvolvimento" (GOGLIANO, Daisy. *Direitos privados da personalidade*. São Paulo: FADUSP, 1982, p. 363).

[44] BRASIL. *Decreto nº 47.344*, de 25-11-1966 Disponível em: www.giea.net/legislacao.net/codigos/codigo_civil/index.htm. Acesso em 21 fev. 2006.

[45] "Art. 70 – 1. A lei protege os indivíduos contra qualquer ofensa ilícita ou ameaça de ofensa à sua personalidade física ou moral. 2. Independentemente da responsabilidade civil a que haja lugar, a pessoa ameaçada ou ofendida pode requerer as providências adequadas às circunstâncias do caso, com o fim de evitar a consumação da ameaça ou atenuar os efeitos da ofensa já cometida".

[46] Art. 12 do novo Código Civil.

modo indivisível e anônimo. Nessa perspectiva, desenvolve raciocínio que acaba por considerá-lo como um direito "da personalidade de dimensão coletiva e que, em sua cota parte, pertence singularmente ao indivíduo, mas de forma indeterminada".[47]

Uma nova tendência que tem sido explorada na doutrina brasileira, respaldada na obra de Alexy,[48] diz com o reconhecimento do direito fundamental ao meio ambiente como um direito a prestações[49] em sentido amplo. Gavião Filho[50] penetra nesse universo temático considerando que a arquitetura constitucional atual do direito fundamental ao meio ambiente no Brasil franqueia considerá-lo "um direito fundamental como todo". Disso dimana a possibilidade de decomposição de sua estrutura normativa. Primeiro, "como um direito a algo e, segundo, em decorrência disso, como um direito à prestação em sentido amplo".

Nessa linha, preleciona o autor que o objeto do direito ao ambiente será sempre "uma ação negativa ou uma ação positiva (fáctica ou normativa) do destinatário", configurando um direito a prestações em sentido amplo que se desdobra quatro vertentes: "direito à proteção, direito à organização e ao procedimento e direito à prestação em sentido estrito".

Partindo da teoria de Alexy, para quem os direitos fundamentais a prestações em sentido estrito são aqueles oponíveis pelo indivíduo frente ao Estado, dele se exigindo prestações fáticas ou materiais, Gavião Filho conclui que a posição fundamental jurídica definitiva a uma prestação em sentido estrito submete-se à existência de razões, no caso concreto, que justifiquem a prevalência do direito fundamental ao ambiente em relação a outros princípios como, por exemplo, o do reconhecimento do direito à propriedade privada.[51]

No tocante à preservação da dimensão cultural do meio ambiente, a partir do momento em que se visualiza ela como inserida no núcleo do bem jurídico ambiente e, como tal, essencial a uma vida provida de qualidade e que propicie aos cidadãos o bem-estar a que faz referência o Preâmbulo de nosso Texto Excelso, não se apresenta desarrazoado afirmar haver um direito fundamental à preservação do patrimônio cultural, direito esse que envolve inclusive o direito a prestações em sentido estrito.

---

[47] LEITE, 2000, p. 290.
[48] ALEXY, 1997b, p. 419.
[49] MEDEIROS, Fernanda Luiza Fontoura de. *Meio ambiente:* direito e dever fundamental. Porto Alegre: Livraria do Advogado, 2004. p. 90-91.
[50] GAVIÃO FILHO, Anizio Pires. *Direito fundamental ao ambiente*. Porto Alegre: Livraria do Advogado, 2005, p. 47.
[51] Ibidem, p. 196.

Assim, a promoção e proteção do direito ao meio ambiente sadio há de se concretizar à luz de uma perspectiva ampliada e guiada pelos princípios, dentre os quais os que passaremos a enumerar e especular.

2.2. OS PRINCÍPIOS GERAIS DO DIREITO AMBIENTAL APLICÁVEIS À TUTELA DO PATRIMÔNIO CULTURAL

Antes de ingressar no rol e características específicas desses princípios, importa indagar se o Direito Ambiental e sua dogmática se prestam tanto à tutela do patrimônio cultural material, composto por bens dotados de tridimensionalidade,[52] tangíveis, como à do patrimônio exclusivamente imaterial,[53] no qual se compreendem os bens incorpóreos, constituídos pelas práticas, pelas representações, pelas expressões, pelos conhecimentos, assim como pelos objetos, artefatos e espaços culturais com eles associados, que as comunidades reconhecem como parte da sua identidade coletiva.[54]

O jusambientalista espanhol, Mateo, considera a rubrica "ambiente cultural" desorientadora e rechaça mesmo a construção da idéia de patrimônio imaterial tais como a cultura popular e as particularidades lingüísticas, as quais reputa dignas de proteção, mas por outras vias distantes do direito ambiental e da planificação territorial.[55] Por sua vez, os também espanhóis Orozco Pardo e Pérez Alonso, ao enfrentarem esse tema, acabam por sentenciar não ser a materialidade um requisito essencial para a proteção de um bem, mas sua capacidade de ser percebido através de um meio de expressão e de comunicação adequado.[56]

Não desconhecendo essa controvérsia, opta-se por uma posicionamento ao final do texto, a fim de instigar a extração de conclusões por parte do leitor.

2.2.1. O princípio da prevenção

Na hierarquia de objetivos visados pelo Direito Ambiental, o primeiro deles é, sem dúvida, evitar o dano. É um direito de antecipação, graças ao

---

[52] Definição tomada de empréstimo de VARINE-BOHAN, 1974, Notas de Aula. Mimeografado.

[53] "Este patrimonio, transmitido de geração em geração, é constantemente recriado pelas comunidades e pelos grupos em resposta à interacção com a história e a natureza dessas práticas, proporcionando sentimentos de identidade e continuidade desta diversidade cultural" (Disponível em: www.revistamuseu.com.br/naestrada/naestrada.naestrada.asp. Acesso em 19 mar. 2005).

[54] O patrimônio cultural imaterial é tutelado no Brasil, de forma mais direta, através do Decreto Federal nº 3.551, de 04 de agosto de 2000, que instituiu o registro dos bens culturais de natureza imaterial que integram o patrimônio cultural brasileiro.

[55] MATEO, Ramón Martín. *Tratado de derecho ambiental*. Madrid: Edisofer, 2003, v. 4, p. 348.

[56] PARDO; ALONSO, 1996, p. 53.

qual se procura inibir condutas que venham a causar danos e até mesmo pôr em risco valores ambientais.

Mesmo quando se apóia em dispositivos de cunho sancionatório, os quais portam, implicitamente, uma vocação para ameaçar e admoestar, os objetivos desse ramo do Direito são fundamentalmente preventivos.[57]

Essa feição de antecipação do Direito Ambiental é um de seus traços mais marcantes.[58] Pode-se, inclusive, afirmar que a prevenção consubstancia o núcleo essencial desse ramo da ciência jurídica, justamente porque se tem hoje a clareza de que é por demais difícil, quando não impossível, a restauração dos bens ambientais com o respectivo retorno ao "status quo ante", vale dizer, repristinação.[59]

Reisewitz, autora que também trabalha com a real inserção do meio ambiente cultural no espectro do Direito Ambiental, destaca que os instrumentos preventivos, jurisdicionais e administrativos hão de prevalecer sobre os demais, "cabendo tal responsabilidade ao Estado em conjunto com a coletividade, nos termos da determinação expressa no art. 225 da Constituição, que impõe ao Poder Público e à coletividade o dever de defendê-lo e preservá-lo para as presentes e futuras gerações.[60]

Como leciona Benjamin, o Direito Ambiental tem "verdadeira ojeriza à degradação", dirigindo suas regras, "num primeiro momento, a providências impeditivas da lesão, aplicando a prevenção e a precaução; é a missão de instrumentos como o planejamento ambiental e o Estudo de Impacto Ambiental".[61]

Tal é a inserção deste princípio no contexto do Direito Ambiental[62] que se pode afirmar, na esteira do já feito pela jusambientalista espanhola

---

[57] MATEO, 1999, v. 1. p. 93.

[58] Benjamin lembra que outras áreas do Direito, como por ex., a proteção da saúde, a tutela do trabalho, as normas sobre segurança de veículos e construções, também ostentam nítido conteúdo preventivo (BENJAMIN, Antônio Herman. Objetivos do direito ambiental. In: CONGRESSO INTERNACIONAL DE DIREITO AMBIENTAL, 5. 2001, São Paulo. *Anais* São Paulo: IMESP, 2001, p. 71). Acrescentamos ao rol a legislação voltada à proteção da infância e adolescência, cujo escopo, dentre outros, é adotar medidas de proteção e prevenção à família e à criança e ao adolescente, respeitadas sua condição peculiar de pessoa em desenvolvimento. O art. 70 do Estatuto da Criança e do Adolescente (Lei nº 8.069/90) considera dever de todos *prevenir* a ocorrência de ameaça ou violação dos direitos da criança e do adolescente.

[59] Nesse sentido, vale consultar o julgado do Tribunal de Justiça mineiro (MINAS GERAIS. Tribunal de Justiça Agravo de Instrumento n. 1.0000.00.313359-2/0001. Relator Des. Alvim Soares. J. em 28 abr. 2003. Disponível em: www.tj.mg.gov.br. Acesso em: 07 out. 2005).

[60] REISEWITZ, 2004, p. 108.

[61] BENJAMIN, op. cit.,p. 70.

[62] No Direito português, a legislação que protege especificamente o patrimônio cultural subaquático (PORTUGAL. *Decreto-lei nº 164/97*. Disponível em: www.ipa.min-cultura.pt/legis/ legis_e_reguls/folder/lei_cnans. Acesso em: 11 jun. 2005) contém um dispositivo dedicado às medidas de prevenção que podem ser impostas pelo Instituto Português de Arqueologia (IPA), designadamente de navegação e

Zsögön, que a prevenção é, por si, uma solução ambiental.[63] Reforçar o viés preventivo constitui condição necessária a toda política ambiental que se preze. Não sem razão a leitura de tratados, cartas e legislações de âmbito internacional voltadas à tutela do meio ambiente permite detectar inúmeras referências a esse tipo de postura.

Como exemplos, citam-se o Tratado de Maastricht, cujo artigo 130R consagra a necessidade de "preservar, proteger e melhorar a qualidade do ambiente"; a Convenção das Nações Unidas sobre o Direito do Mar de Montego Bay, de 10-12-1982, art. 194, nº 1; os princípios 2 a 7 da Declaração de Estocolmo (essa, pode-se dizer, trata-se de um documento impregnado de prevenção), de 16-06-1972; o princípio 15 da Declaração do Rio, de 14-06-92; o princípio inscrito no art. 3º, item 3, da Convenção-Quadro das Nações Unidas sobre Mudança do Clima, assinada em Nova York, em 09-05-92, aprovada pelo Decreto Legislativo nº 1, de 3-02-94 e incorporada ao direito pátrio por força do Decreto nº 2.652, de 01.07.98; os arts. V e VII da Convenção para a Proteção da Flora, Fauna e das Belezas Cênicas dos países da América, assinada em Washington, em 12-10-40, aprovada pelo Decreto Legislativo nº 3, de 13-02-48 e incorporada ao direito pátrio por força do Decreto nº 58.054, de 23-03-66; o art. 4º da Convenção para a proteção dos bens culturais em caso de conflito armado, assinada em Haia em 14-05-54, aprovada pelo Decreto Legislativo nº 32, de 14-8-56 e incorporada ao direito pátrio por força do Decreto nº 44.851, de 11-11-58, e, sobretudo, os itens 2 e 3 do art. 6º da Convenção da Unesco para a Proteção do Património Mundial, Cultural e Natural, assinada em Paris em 23-11-72, aprovada pelo Decreto Legislativo nº 74, de 30-06-77 e incorporada ao direito pátrio por força do Decreto nº 80.978, de 12-12-77.

No vetusto e festejado Decreto-Lei nº 25/37, já se vislumbra um compromisso preventivo, quando, no § 3º do art. 19 propicia que o extinto SPHAN, atual IPHAN, projete e execute, às expensas da União, as obras necessárias a evitar o perecimento do bem tombado, ainda que o proprietário não tenha procedido à comunicação a que faz referência o "caput" do mesmo dispositivo.[64]

---

pesca, que se mostrem adequadas à salvaguarda dos achados que possam integrar aludido patrimônio (arts. 11 e 23). Interessante destacar que nosso ordenamento jurídico não ostenta legislação específica sobre a tutela dessa importante dimensão do patrimônio cultural. O que temos, na verdade, é uma legislação (Lei n. 7.542/86) que tutela a dominialidade dos achados subaquáticos e que, em sendo eles considerados relevantes do ponto de vista do valor artístico, interesse histórico ou arqueológico, passarão automaticamente ao domínio da União, *in verbis:* "Art. 20. As coisas e os bens resgatados, de valor artístico, de interesse histórico ou arqueológico, permanecerão no domínio da União, não sendo passíveis de apropriação, adjudicação, doação, alienação direta ou através de licitação pública, e a eles não serão atribuídos valores para fins de fixação de pagamento a concessionário".

[63] ZSÖGÖN, 1991, p. 374.

[64] Sobre a obrigatoriedade de o proprietário do imóvel tombado peticionar ao IPHAN declarando insuficiência de recursos para promover as obras de restauro, v. acórdão MINAS GERAIS. Tribunal de

No panorama do meio ambiente cultural, esse princípio incide em sua plenitude, porquanto a recuperação de bens culturais padece dos mesmos problemas que afetam os bens naturais.

Por ser um recurso "não renovável", o bem cultural, ao desaparecer, não pode ser substituído por uma cópia, porque, como enfatiza Meira, essa não seria mais do que um simulacro.[65] Jamais a imagem poderá substituir o objeto.[66]

Os bens culturais não são unidades de produção industrial passíveis de reposição. São sempre únicos e sujeitos à avaliação majorada por sua autenticidade.[67]

Discorrendo sobre a importância das medidas cautelares em prol da tutela do meio ambiente, Barbosa Moreira exemplifica: "[...] destruída a rocha que embelezava a paisagem, o dano é irreparável e não há como pretender substituir aquilo que deixou de existir por uma compensação pecuniária".[68]

Condesso fala da característica da "irrepetibilidade" ínsita ao patrimônio, vale dizer: "o olhar que lançamos, hoje, sobre o nosso planeta, sobre as nossas cidades e sobre o património construído, que estas contêm e a percepção da necessidade de os proteger resultam, em grande parte, de termos, também compreendido que a sua destruição é irreversível".[69]

Esse aspecto da irrepetibilidade do bem cultural inclusive restou assentado em aresto do Supremo Tribunal Federal, em trecho que merece transcrição:

> A restauração, por melhores que sejam seus resultados, por mais perfeita que seja a reconstituição histórica, nunca corresponderá, com exatidão, à edificação do século XVIII, assim como não teria como ser recuperado um fóssil que fosse danificado –, com o que mais uma vez se mostra de rigor a concessão da liminar. Os Municípios, sem o concurso do Estado e da União, não terão condições de evitar que a riqueza arqueológica que neles se localiza venha a sofrer 'mudanças que a tornam imprestável para o fim a que era destinada', para se utilizar a expressão do Conselheiro Lafayette Rodrigues Pereira.[70]

Justiça. Agravo de Instrumento n. 1.0461.03.012490-7/001. Relator Des. Pinheiro Lago. J. em: 15 jun. 04. Disponível em: www.tj.mg.gov.br. Acesso em: 31 mar. 2005.

[65] MEIRA, 2004, p. 38.

[66] Ibidem, p. 34.

[67] CURTIS, 1979, p. 50.

[68] BARBOSA MOREIRA, José Carlos. Ação civil pública. *Revista Trimestral de Direito Público*, São Paulo, n. 3, p. 187-203, 1993, p.196. Concorda-se com o autor quando afirma não ser possível a reparação "in natura" em casos que tais. Todavia, justamente para esses é que se dirige a indenização (JUCOVSKY, Vera Lúcia. Considerações sobre a ação civil pública no direito ambiental. Disponível em: www.cjf.gov.br/revista/numero3/artigo03. Acesso em: 06 dez. 2005).

[69] CONDESSO, Fernando dos Reis. *Direito do ambiente*. Coimbra: Almedina, 2001, p. 1201.

[70] BRASIL. Supremo Tribunal Federal. Ação Direta de Inconstitucionalidade n. 2.544-9. Relator: Ministro Sepúlveda Pertence. J. em 12 jun. 2002. Disponível em: www.gemini.stf.gov.br. Acesso em: 26 set. 2005.

Semelhante posicionamento não foi o eleito pelo Tribunal de Justiça do Rio Grande do Sul que, ao arrepio de qualquer sentido de cautela, confirmou sentença de primeiro grau que extinguira o processo, sem julgamento do mérito, em sede de ação popular objetivando proteger a sede do Clube Ijuí, arredando qualquer autorização para demolição do imóvel. Assim entendeu o eminente Des. Relator:

> Se e quando determinada a demolição do prédio, caberá, a qualquer cidadão, debater o decreto ou a ordem de demolição em si. Seja através de ação popular, seja através de outra via processual. Coisa que, outrossim, também não se poderá afastar de eventual ação civil pública, promovida por quem legitimado a tal e com a devida fundamentação.[71]

Teixeira enfoca a aplicação desse princípio ao patrimônio cultural e o considera o mais importante na tutela dessa vertente ambiental. Luminares são suas palavras, ora transcritas:

> Um princípio básico neste campo é o princípio da prevenção. Com efeito, o levantamento, o estudo e a inventariação dos bens visam despoletar e oficializar a informação necessária para acautelar situações antes da ocorrência de danos ou do desaparecimento dos objectos susceptíveis de protecção, funcionando como operadores de prevenção. Por outro lado, a classificação visa, em larga medida preventivamente, conferir um estatuto especial ou mesmo pôr a salvo os bens que "mereçam especial protecção". Além de que a Administração dispõe de mecanismos preventivos próprios – para além do uso que pode fazer das providências cautelares cíveis em tribunal – como seja o estabelecimento de "reserva arqueológica de protecção" (art. 40º da LQ) a que a lei reconhece expressamente "carácter preventivo e temporário" com vista a garantir-se a execução de trabalhos de emergência para apuramento do interesse cultural do lugar onde seja de presumir a existência de monumento, conjunto ou sítio com valor cultural (arqueológico) suficiente. Até a própria expropriação pode revestir uma finalidade preventiva.[72]

Uma coletânea de casos recortados da jurisprudência pátria, inclusive alguns que estampam a desconsideração a ele, bem ilustram a relevância desse princípio à tutela do patrimônio cultural, conforme se verá.

2.2.1.1. O caso do empreendimento imobiliário erguido com prejuízo ao conjunto de valor histórico-cultural formado pela Igreja, casas açorianas e cemitério de São Francisco de Paula em Florianópolis:

Em sede de Agravo de Instrumento julgado pela 4ª Câmara Cível do Tribunal de Justiça Catarinense,[73] entendeu-se de não suspender o andamento

---

[71] RIO GRANDE DO SUL. Tribunal de Justiça.. Apelação Cível n. 596236133. Relator Des. Armínio José Abreu Lima da Rosa. J. em 17 dez. 1997. Disponível em: www.tj.rs.gov.br. Acesso em: 31 mar. 2005.

[72] TEIXEIRA, 2004.

[73] SANTA CATARINA. Tribunal de Justiça. Agravo de Instrumento n. 6562. Relator Des. Cláudio Marques. J. em 19 dez. 1991. Disponível em: www.tj.sc.gov.br. Acesso em: 31 mar. 2005.

de obra consistente na implantação do empreendimento imobiliário denominado "Colinas de São Francisco", já em avançado estado de conclusão, sob os seguintes argumentos: a) em que pese o empreendimento situar-se no entorno de sítio dotado de um conjunto de imóveis tombados, sua suspensão, em estágio avançado, nenhum benefício traria à sociedade, representada pelo Ministério Público Estadual como autor da ação civil pública; b) a concessão da liminar outorgada na Instância "a quo" trouxe excessivo gravame à construtora, que aportara vultosos recursos na consecução do empreendimento; c) no caso de procedência da ação, a construtora/ré submeter-se-ia à eventual ordem de demolição, com todos os ônus da repristinação que lhe são inerentes, e d) por fim, havendo aquiescência dos órgãos vinculados à proteção da cultura e do meio ambiente, afastado estaria o "fumus boni juris" imprescindível à tutela liminar.

O aresto entendeu que a obra, em que pesem indícios flagrantes relacionados à legalidade de sua aprovação, deveria ser concluída e, se fosse o caso, demolida posteriormente.

O fato é que os danos ocorreram já no momento em que deflagradas as edificações, tanto no tocante à ambiência, que passou a ser descaracterizada, abrindo caminho para posteriores intervenções predatórias, como no tocante à vegetação de preservação permanente, também pretendida proteger em função da ação ministerial.

Concluídas as obras, a magistrada que apreciou a demanda considerou prejudicada a ação, extinguindo-a sem julgamento do mérito, porquanto a inicial não continha pedido sucessivo de indenização.[74]

Esse caso bem estampa a chamada "teoria do fato consumado", acolhida na íntegra pelo aresto antes citado, e que consiste em pernicioso precedente a consolidar degradação em área dotada de especiais características culturais.

2.2.1.2. O caso da mansão que pertencera a Antônio Pedro Naves em Uberaba:

Em meados do século XX, em Uberaba, foi desenvolvida a criação de gado da raça Zebu pelos criadores do Triângulo Mineiro, conhecidos como "Barões do Zebu", e que, para ostentar riqueza, mandavam erguer palacetes suntuosos, projetados por arquitetos italianos e que possuíam, na maior parte, arquitetura eclética. Em complemento aos grandes fazendeiros, também figuraram, nesta época, os mascates, comerciantes aventureiros dispostos a apresentar e vender a raça de boi zebu, desconhecida entre os pecuaristas da época.

---

[74] FLORIANÓPOLIS. 2º Juizado da Vara dos Feitos da Fazenda Pública. Ação Civil Pública 302/90. Prolatora Juíza Substituta Vera Regina Bedin. Sentença publicada em: 04 jan. 1991.

Antônio Pedro Naves foi um desses mascates que, após ter acumulado capital, mandou construir o palacete cuja destruição ocorreu sob os olhares estáticos do Poder Público local.

Figuras 1 e 2 – Situação do Palacete

Situação do palecete antes da demolição.   Situação em 15.12.2002.

Fonte: Fotos do jornalista André Azevedo. Disponíveis em: www.revelacaoonline.uniube.br/cultura03/cronolo1.html www. Acesso em 2.4.2005.

Seu palacete, com evidentes influências de arquitetura oriental, foi projetado por Francesco Palmério e executado por Miguel Laterza após a 1ª Guerra Mundial. Chamou a atenção do Instituto Estadual de Patrimônio Histórico e Artístico de Minas Gerais (IEPHA-MG), tendo sido registrado no Inventário de Proteção do Acervo Cultural de Minas Gerais (IPAC-MG) em 1987. No fichamento, lavrado pela arquiteta Denise Thomaz Teixeira, está escrito que "a edificação encontra-se em satisfatório estado de conservação. Apresenta descaracterização no porão, acesso principal, e outras de caráter reversível como o uso de anúncios publicitários nas fachadas".

Em nível local, o órgão institucional encarregado de executar o tombamento dos bens culturais de interesse público é o Conselho Deliberativo Municipal de Patrimônio Histórico e Artístico de Uberaba – CODEMPHAU.

Em 11 de abril de 2002, com base em parecer favorável do Conselho, iniciou-se o processo de tombamento com a notificação do proprietário Idivaldo Odi Afonso, detentor de fração equivalente a 97% do imóvel.

Idivaldo contestou administrativamente o tombamento e insistia na demolição do imóvel. Seus advogados alegavam diversas irregularidades no processo administrativo de tombamento, tais como: "ausência da ata de reunião que decidiu pelo tombamento, existência de um documento assinado por apenas uma das conselheiras, ausência de numeração e rubricas nas páginas do processo e a não notificação da outra proprietária do imóvel", o que inviabilizaria o tombamento parcial do imóvel conforme inc. I do art. 9º do Decreto-Lei nº 25/37. Alegaram, ainda, que, "se caso o imóvel viesse a sofrer ou provocar qualquer avaria nas proximidades, a responsabilidade seria da prefeitura, pois o proprietário não tinha condições financeiras para mantê-lo, restaurá-lo ou vigiá-lo adequadamente".

Essas irregularidades acabaram sendo sanadas e, em 26 de julho de 2002, quando notificada a última das proprietárias remanescentes, o palacete estava novamente tombado a título provisório.

Com o processo administrativo em andamento, Idivaldo entrou com pedido de demolição junto à Secretaria Municipal de Obras, alegando o risco de desmoronamento do imóvel em virtude de uma forte chuva que havia causado o desabamento do telhado de parte do palacete que foi isolado pelos bombeiros para evitar posteriores danos. No entanto, seu alvará foi negado e, pelo CODEMPHAU, foi informado que "o laudo desfavorável emitido pelo cabo do Corpo de Bombeiros se referia, na verdade, a um cômodo de 15m², construído nos fundos do terreno – quando no palacete funcionou um hospital, não sendo, portanto, parte integrante da casa histórica em processo de tombamento".[75]

Além disso, o proprietário majoritário requereu à Prefeitura que informasse se havia previsão orçamentária para a reforma do prédio, visto que, segundo alegava, não detinha condições para tanto, ao que o então Secretário de Obras informou negativamente e reiterou a urgência com que deveria ser efetuada a reforma do palacete, assinalando que não assumiria qualquer responsabilidade pela segurança e solidez da obra. Informou, ainda, que o alvará de demolição não havia sido autorizado porque o impedimento estava respaldado juridicamente pela Procuradoria Municipal.

Em reunião de 11 de dezembro de 2002, baseado no parecer final de um conselheiro, o CODEMPHAU rejeitou a impugnação apresentada pelos advogados dos proprietários e decidiu pelo tombamento definitivo, sendo que o decreto nesse sentido foi publicado no jornal local uma semana depois.

Paralelamente, os advogados dos proprietários impetraram, no dia 7 de outubro de 2002, um mandado de segurança contra o ato do Secretário de Obras que denegara o pedido de demolição. O objetivo era conseguir uma "tutela judicial autorizativa de demolição", já que seu alvará fora barrado na Secretaria de Obras, devido ao impedimento do CODEMPHAU, e que, até aquele momento, não havia um decreto, mas apenas uma ata de uma reunião do Conselho, do início de 2000, decidindo pelo tombamento. Sustentava o

---

[75] Transcrição recolhida do site do jornalista André Azevedo. Disponível em: www.revelacaoonline.uniube.br/cultura03/cronolo1.html. Acesso em 02 abr. 2005.

mandamus que o procurador do Conselho teria redigido seu parecer pensando cegamente na defesa de "supostos interesses públicos", mas ignorando a vontade dos proprietários que, além de não terem interesse algum na reforma do palacete, também não possuíam os vultosos valores para a reforma (aproximadamente R$ 178.000,00),[76] que seria, na verdade, uma reconstrução.

Em 9 de dezembro de 2002, sobreveio a sentença autorizativa da demolição, em cuja argumentação se acatou a idéia de que o tombamento era irreal, pois não fora apresentado o "decreto do Executivo tombando o imóvel", mas "apenas um parecer" do CODEMPHAU, juntamente com a ata da reunião do Conselho, datada de 9 de fevereiro de 2000. A magistrada prolatora da sentença entendeu que a abertura do processo de tombamento através do órgão competente asseguraria a preservação até decisão final, que deveria ser tomada dentro de 60 dias,[77] o que inocorreu, abrindo ensejo ao mandado de segurança.

O Ministério Público ingressou com recurso de apelação no Tribunal de Justiça pedindo a revisão da sentença que autorizou a demolição e, conforme noticia o aludido site, o Promotor responsável pela apelação quer avaliar a possibilidade de instauração de uma Ação Civil Pública contra Idivaldo, exigindo indenização por danos morais causados à coletividade.

Entrementes, o que fica claro dessa longa e trágica narrativa é que não houve um mínimo de consideração com o princípio da prevenção. Pode-se até imaginar que a ação civil pública de iniciativa ministerial venha a ser exitosa, mas no que isso redundará para a coletividade que teve amputada uma parte de sua história junto com os escombros do palacete? Como se quantificar o valor do bem perdido é também uma questão que se impõe.

Mais. Não seria adequado exigir do poluidor/destruidor que reconstruísse o imóvel para que não pudesse ele vir a dar o destino especulativo pleiteado?

---

[76] Valor esse consignado na sentença prolatada pelo Juízo da Comarca de UBERLÂNDIA. Mandado de Segurança n. 701020156280. Impetrante: Idivaldo Odi Afonso. Impetrado: Secretário Municipal de Obras, impetrado. Prolatora da Sentença: Régia Ferreira de Lima. Sentença de 09 dez. 2002, cuja cópia foi obtida diretamente dos autos do processo.

[77] Também considerando fatal o prazo de 60 dias entre o tombamento provisório e o definitivo, v. acórdão do SÃO PAULO. Tribunal de Justiça de São Paulo. Apelação Cível n. 43.146-5/9. Relator: Des. Scarance Fernandes. Acórdão de 11 ago. 1998. Disponível em: www.tj.sp.gov. Acesso em: 23 abr. 2005. Considerando que o escoamento do prazo implica o fim da restrição imposta ao bem, mas não invalida o processo de tombamento, vide: SÃO PAULO. Tribunal de Justiça. Apelação Cível n. 120.187-5/6. Relator Des. José Raul Gavião de Almeida. Acórdão de 09 abr. 2002. Disponível em: www.tj.sp.gov.br. Acesso em: 23 abr. 2005. Do mesmo tribunal, considerando mera irregularidade o extrapolar do prazo de três dias úteis previsto no art. 14 da L. Municipal n. 10.209/86 de São Paulo, o qual determina a publicação, no Diário Oficial do Município e em pelo menos um jornal de grande circulação, da resolução de abertura do processo de tombamento (SÃO PAULO. Tribunal de Justiça. Apelação Cível n. 136.642.5/5. Relator: Des. Antonio Villen. Acórdão de 30 ago. 2000. Disponível em: www.tj.sp.gov.br. Acesso em 23 abr. 2005).

A questão se nos afigura ainda mais complexa porque a demolição foi respaldada em ato judicial, em cujo contexto assim escreveu a d. magistrada:

> É sabido que, o *direito de propriedade* está íncito *(sic)* na Constituição Federal e prevalece sobre o pedido de tombamento que não está concretizado.
> Pelo que depreende-se dos autos é um prédio velho, que poderá a qualquer momento vir a desmoronar (fls. 95/106) e mais, ocasionar acidentes graves, o proprietário é pessoa simples, que trabalhou árduos 35 (trinta e cinco) anos tendo adquirido o imóvel. Questiono: é fundamental investir em reformar um imóvel, que não poderá de forma alguma servir ao comércio?[78]

A argumentação desenvolvida na sentença está condizente com o chamado "individualismo proprietário" que perpassa praticamente todos os sistemas jurídicos ocidentais, conforme reflexão desenvolvida pelo filósofo italiano Pietro Barcellona,[79] dando guarida, sumariamente (já que o mandado de segurança é ação de cognição sumária), a um pleito individual em detrimento aos interesses da coletividade de preservação da memória cultural.

Essa decisão foi mantida por acórdão do Tribunal mineiro, assim ementado:

> MANDADO DE SEGURANÇA – DIREITO DE PROPRIEDADE – DEMOLIÇÃO DE IMÓVEL – RISCO DE DESABAMENTO – DIREITO LÍQUIDO E CERTO – CONFIRMAÇÃO DA SENTENÇA. O direito de propriedade deve ser exercido em consonância com as suas finalidades econômicas e sociais visando à preservação do patrimônio histórico e artístico, o que não consiste no abandono do imóvel ante a ausência de recursos para sua restauração e muito menos em colocar em risco a população da cidade.Rejeitada preliminar, em reexame necessário, confirma-se a sentença, prejudicados os recursos voluntários.[80]

No corpo do acórdão, duas afirmações sobressaem: a primeira, no sentido de que, embora a Administração Municipal reconheça a importância do bem e busque o seu tombamento, à luz da função social da propriedade, alegara não ter verba para ajudar em sua reforma, "ocasionando, assim, o abandono do imóvel". Adiante, o ilustre Des. Relator afirma não haver dúvidas de que o impetrante detinha direito líquido e certo de "exercer a sua propriedade da forma que melhor lhe aprouver".

---

[78] Fl. 148 dos autos do processo do Mandado de Segurança n. 70102015628-0.

[79] Para Barcellona vivemos sob a égide de um "sistema proprietário", no qual a propriedade foi incluída e transformada em objeto disponível e reprodutível como princípio organizacional, razão e regra de funcionamento do sistema e de seu conjunto. Dessa forma, o sistema se apresenta como produtor, reprodutor e destruidor de objetos voltados à apropriação e, ao ocaso de seu ciclo vital, nos devolve um sujeito relacionado ao objeto consumível (que constitui o suporte do sistema). O sujeito proprietário convola-se em sujeito consumidor. A qualidade converte-se em quantidade e, o objeto de apropriação, resume-se a aferições numéricas (BARCELLONA, 1996, p. 91).

[80] MINAS GERAIS. Tribunal de Justiça. Apelação Cível n. 1.000.00.352927-8/000. Relator Des. Kildare Carvalho. Acórdão de 19 fev. 2004. Disponível em: www.tjmg.gov.br/juridico/jt/inteiro_teor. Acesso em: 20 abr. 2005.

Para a sociedade, que poderá ingressar em juízo através do Ministério Público ou de algum outro co-legitimado, restará muito provavelmente a via indenizatória. Mas, considerando que a demolição respaldou-se em decisão judicial (o ato foi, portanto, lícito), a questão deveria ser tratada à luz de um outro instituto, qual seja o da responsabilidade civil pelos atos do Poder Judiciário, tema assaz debatido e pouco praticado na vida jurídica pátria.

Esse cenário de questionamentos faz emergir a clareza de que prevenir é sempre melhor do que remediar, especialmente quando se tem em conta valores insubstituíveis ou bens infungíveis como de regra o são aqueles que integram o patrimônio cultural material.

2.2.1.3. O caso da mineração próxima a cavernas

Em outro julgado, também envolvendo patrimônio situado no Estado de Minas Gerais, houve a aplicação do princípio da cautela.

Trata-se de um agravo de instrumento interposto no bojo de uma ação civil pública aforada pelo Ministério Público Estadual contra Indústria de Cimento e Cal Sete Lagoas Ltda., Estado de Minas Gerais, Fundação Estadual de Meio Ambiente (FEAM), Conselho de Política Ambiental (COPOM) e Município de Sete Lagoas, tendo por objeto a abstenção da prática de atos administrativos destinados ao licenciamento ambiental da exploração de calcário em fazendas de responsabilidade da empresa-ré, sob o argumento de que o uso de explosivos nas atividades de mineração estaria a causar danos ao patrimônio espeleológico,[81] arqueológico[82] e paleontológico.[83]

---

[81] De acordo com o inc. III do art. 2º da Resolução n. 347, de 10/09/04, do CONAMA, considera-se patrimônio espeleológico "o conjunto de elementos bióticos e abióticos, socioeconômicos e históricos-culturais, subterrâneos ou superficiais, representados pelas cavidades naturais subterrâneas ou a estas associadas".

[82] O art. 2º da Lei n. 3.924, de 26 de julho de 1961, define o patrimônio arqueológico como sendo aquele composto das "a) jazidas de qualquer natureza, origem ou finalidade, que representem testemunhos da cultura dos paleoameríndios do Brasil, tais como sambaquis, montes artificiais ou tesos, poços sepulcrais, jazigos, aterrados, estearias e quaisquer outras não especificadas aqui, mas de significado idêntico, a juízo da autoridade competente; b) os sítios nos quais se encontram vestígios positivos de ocupação pelos paleomeríndios, tais como grutas, lapas e abrigos sob rocha; c) os sítios identificados como cemitérios, sepulturas ou locais de pouso prolongado ou de aldeamento "estações" e "cerâmios", nos quais se encontram vestígios humanos de interesse arqueológico ou paleoetnográfico; d) as inscrições rupestres ou locais como sulcos de polimentos de utensílios e outros vestígios de atividade de paleoameríndios".

[83] Patrimônio paleontológico é "aquele integrado pelos fósseis, que são vestígios de seres vivos contidos em rochas sedimentares" (RODRIGUES, José Eduardo Ramos. Da proteção ao patrimônio cultural arqueológico e paleontológico. In: ENCONTRO NACIONAL DO MINISTÉRIO PÚBLICO NA DEFESA DO PATRIMÔNIO CULTURAL, 1., 2003, Goiânia. *Anais...* Goiânia: Instituto Centro-Brasileiro de Cultura, 2004, p. 109-120). Esse patrimônio está regrado no Brasil pelo Decreto- nº 4.146 de 4/3/42, composto de apenas um artigo. Por sua vez, a paleontologia é a ciência dedicada ao estudo de restos e vestígios de animais ou vegetais pré-históricos com o objetivo de conhecer a vida nesse período geológico. Esses estudos nos remetem à história da migração nos continentes, mudanças climáticas, extinções

A ementa desse aresto está assim vazada:

AGRAVO DE INSTRUMENTO. MINERAÇÃO DE CALCÁRIO EM ÁREA PRÓXIMA A SÍTIOS ARQUEOLÓGICOS. EMBARGO DO LICENCIAMENTO AMBIENTAL. ANTECIPAÇÃO DE TUTELA. PRESENÇA DOS REQUISITOS CONSTANTES DO ART. 273 DO CPC. RECURSO IMPROVIDO. Uma vez atendidos os requisitos da verossimilhança das alegações do MP quanto ao caráter irreversível dos danos ao meio ambiente e ao patrimônio cultural, palenteológico e espeleológico da exploração minerária de extração de calcário em área contígua a outra já sujeita embargo judicial, impõe- se a confirmação da decisão pela qual foi concedida antecipação de tutela no sentido da abstenção, pelos Órgãos ambientais, de proceder aos atos administrativos preparatórios do licenciamento ambiental do empreendimento.[84]

Da leitura do corpo do acórdão verifica-se que, ante a juntada pelo autor de laudo técnico atestando que as explosões típicas da mineração de calcário estavam a degradar o patrimônio cultural indicado, o colegiado manteve antecipação dos efeitos da tutela, obstaculizando a continuidade da atividade econômica e ousando ir além de um mero provimento cautelar, decisão que se apresenta em ajustada consonância com a salvaguarda constitucional e infraconstitucional desenhada aos bens culturais de relevância para a Nação.

Esse julgado também está a demonstrar a total imbricação entre as dimensões cultural, artificial e natural do meio ambiente. A retirada de um recurso não renovável disponível nas jazidas – o calcário – , mediante métodos artificialmente criados – utilização de explosivos – estava a causar danos às cavernas da região, patrimônio espeleológico dotado de significativo valor cultural (especialmente turístico), localizado em áreas de sítios arqueológicos e paleontológicos que, devido ao seu manancial, possuem elementos formativos e informativos capazes de auxiliarem na reconstrução da história[85] da pré-história nacional.

2.2.2. O princípio da precaução e sua possível aplicação ao meio ambiente cultural

O princípio da precaução é filho do princípio da prevenção, ou seja, é fruto da construção aprimorada[86] de uma diretriz do Direito Ambiental apli-

---

em massa e alterações na biota. Sobre o tema, v. SILVEIRA, Patrícia Azevedo da. A proteção jurídica dos sítios paleontológicos no Brasil. In: FREITAS, Vladimir Passos de (Coord.) *Direito ambiental em evolução 3*. Curitiba: Juruá, 2003, p. 293-311.

[84] MINAS GERAIS. Tribunal de Justiça. Agravo de Instrumento n. 1.0000.00.350774-6/000.Relator: Des. Fernando Bráulio. J. em 18 mar. 2004. Disponível em: www.tjmg.gov.br. Acesso em: 31 mar. 2005.

[85] Montero compara a história ao mar, cuja água vem desde as entranhas da Terra e retrocede para realimentar-se. Tudo se move e tudo é vivo (MONTERO, 2001, p. 27). A memória coletiva, conformada pelo patrimônio cultural que vincula o tempo pretérito ao presente (e até mesmo ao futuro, em termos de projeção), constrói a história.

[86] Jiménez de Parga y Maseda refuta a tese de que o princípio da precaução se constitua numa fase superior ou mais avançada da prevenção. Para a professora da Universidade Complutense de Madrid, o

cada às atividades humanas, especialmente aquelas que envolvem recursos naturais (ou mesmo culturais) e tecnologia. Ambos se fundam na antecipação e nos remetem a um relativismo[87] em termos de saber científico.

Enquanto a prevenção se volta à adoção de cautelas relacionadas a atividades e/ou comportamentos sobre as quais o atual estágio da ciência esteja munido de informações certas e precisas sobre a periculosidade e o risco por eles fornecido,[88] a precaução, princípio de formulação recente, importa em antecipação ainda maior, na medida em que busca cautelas relacionadas a atividades e/ou comportamentos em relação aos quais a ciência ainda não detém uma gama razoável de informações a respeito das possíveis conseqüências nocivas daquela atividade.[89] Para o professor francês Alexandre Kiss, o princípio da precaução, em muitas situações, se apresenta como condição fundamental para proteger os direitos das futuras gerações.[90]

Machado, rebuscando-se em doutrina estrangeira, distingue perigos e riscos para então vincar as diferenças entre os princípios da prevenção e da precaução.

Os perigos referem-se aos danos já existentes ou na iminência de existir, ao passo que os riscos repousam nas condutas sobre as quais haja dúvida ou incerteza científica sobre seus possíveis efeitos nocivos ao ambiente.[91]

Nessa medida, é possível afirmar, na esteira do que o fazem Leite e Ayala, que a prevenção se estabelece para acautelar perigo concreto, enquanto a precaução volta-se para o perigo abstrato.[92]

---

princípio da precaução deve circunscrever-se por completo aos riscos de danos ambientais muito significativos ou importantes ou, mais estritamente, aos irreversíveis, afirmando-se, portanto, como complementar à prevenção (JIMÉNEZ DE PARGA Y MASEDA, Patricia. *El principio de prevención en el derecho internacional del medio ambiente*. Madrid: Ecoiuris, 2001, p. 85). Wold, com fulcro no direito pátrio que consagra a necessidade do prévio estudo de impacto ambiental para o licenciamento de atividades potencialmente causadoras de *significativo impacto ambiental*, considera entendimento inequívoco subjacente às decisões dos diferentes tribunais nacionais de que o dano ou impacto ambiental a ser evitado seja significativo (WOLD, Chris. Introdução ao estudo dos princípios de direito internacional do meio ambiente. In: SAMPAIO, José Adércio; WOLD, Chris; NARDY, Afrânio. *Princípios de direito ambiental:* na dimensão internacional e comparada. Belo Horizonte: Del Rey, 2003, p. 5-42 p. 19).

[87] JIMÉNEZ DE PARGA Y MASEDA, op. cit., p. 76.
[88] LEITE, José Rubens Morato; AYALA, Patrick Araújo. *Direito ambiental na sociedade de risco*. Rio de Janeiro: forense Universitária, 2002, p. 62.
[89] LOPERENA ROTA, Demetrio. *Los principios del derecho ambiental*. Madrid: Civitas, 1998, p. 92-94.
[90] KISS, Alexandre. Os direitos e interesses das gerações futuras e o princípio da precaução. In: VARELLA, Marcelo Dias; PLATIAU, Ana Flávia Barros (Org.) *Princípio da precaução*. Belo Horizonte: Del Rey, 2004, p. 11.
[91] MACHADO, Paulo Affonso Leme. Princípio da precaução no direito brasileiro e no direito internacional e comparado. In: VARELLA, Marcelo Dias; PLATIAU, Ana Flávia Barros (Org.). *Princípio da precaução*. Belo Horizonte: Del Rey, 2004, p. 362-363.
[92] LEITE; AYALA, 2002, p. 62.

No plano internacional, o princípio da precaução foi definitivamente acolhido em 1992, por ocasião da Conferência do Rio de Janeiro sobre o Meio Ambiente e Desenvolvimento.[93] Instrumento não-cogente ou também chamado de "soft law" ou de "soft norm",[94] esse documento tem servido de inspiração para a adoção de regras jurídicas obrigatórias tanto no plano internacional como nacional.

Na legislação brasileira, o princípio da precaução ostenta raízes bem desenvolvidas.

Está contemplado na Lei da Política Nacional do Meio Ambiente (Lei nº 6.938/81), principalmente quando coloca a avaliação dos impactos ambientais dentre os instrumentos dessa Política (art. 9º, inc. III).

Essa ótica precautória aparece também na nossa Constituição Federal, no art. 225, § 1º, inc. V, ao impor ao Poder Público o controle da produção, comércio e emprego de técnicas, métodos e substâncias que comportem risco para a vida, qualidade de vida e o meio ambiente.

Mais recentemente, a chamada Lei dos Crimes Ambientais (Lei nº 9.605/98) referiu-se explicitamente a "medidas de precaução" na redação do tipo penal de poluição (art. 54, § 3º). Houve, ainda, menção expressa ao "princípio da precaução" no art. 5º do Decreto Federal nº 4.297/02, quando trata da regulamentação do art. 9º, inc. II, da Lei nº 6.938/81, estabelecendo critérios para o zoneamento ecológico-econômico do Brasil – ZEE. E, para não deixar qualquer dúvida quanto à acolhida da precaução na ordem jurídica nacional, o art. 2º do Decreto Federal nº 5.098/04, que versa sobre controle de acidentes com cargas perigosas, o inseriu no seu rol de princípios.

A jurisprudência vem agasalhando o princípio, ainda que por vezes o invoque em situações de danos já consolidados, como foi o caso da degradação de uma área onde funcionara o extinto Instituto Nacional de Malariologia, na localidade chamada de "Cidade dos Meninos", na Baixada Fluminense, sobre a qual se assentara um abrigo de crianças que restaram intoxicadas pelos resíduos de HCH (hexaclorociclohexano), vulgo "pó-debroca". Para condenar a União Federal a indenizar as vítimas dos danos à

---

[93] "Princípio 15 – Com o fim de proteger o meio ambiente, o princípio da precaução deverá ser amplamente observado pelos Estados, de acordo com suas capacidades. Quando houver ameaça de danos graves ou irreversíveis, a ausência de certeza científica absoluta não será utilizada como razão para o adiamento de medidas economicamente viáveis para prevenir a degradação ambiental" (Disponível em: www.iphan.gov.br/legislac/cartaspatrimoniais/cartario-92.htm. Acesso em 02 jul. 2005).

[94] Como ensinam Sadeleer (SADELEER, Nicolas de. O estatuto do princípio da precaução no direito internacional. In: VARELLA, Marcelo Dias; PLATIAU, Ana Flávia Barros (Org.). *Princípio da precaução*. Belo Horizonte: Del Rey, 2004, p.50) e Silva (SILVA, Solange Teles da. Princípio da precaução: uma nova postura em face dos riscos e incertezas científicas. In: VARELLA, Marcelo Dias; PLATIAU, Ana Flávia Barros (Org.). *Princípio da precaução*. Belo Horizonte: Del Rey, 2004, p. 76).

saúde, o e. Tribunal Regional Federal da 2ª Região invocou, além do princípio da precaução, o do direito ao meio ambiente consoante a regra do art. 225 da CF.[95]

A fundamentação racional do princípio da precaução e sua aplicação à tutela do meio ambiente assenta-se, como explicam McIntyre e Mosedale, em três fatores: a) vulnerabilidade do ambiente; b) limitações das ciências para predizer de maneira antecipada e com exatidão os danos que pode sofrer o ambiente e c) a alternativa de processos e produtos menos danosos.[96] A esse rol poder-se-ia agregar, sem medo de equívoco, a extraordinária disponibilidade para o risco apresentada pela atual fase da economia de mercado,[97] além de todos os fundamentos da eqüidade intergeracional, os quais serão esmiuçados adiante.

Interessante destacar que o princípio da precaução não se traduz numa unanimidade do ponto de vista da doutrina jusambientalista. Não são poucas as vozes que o põem em xeque ou mesmo o contestam. Os professores ingleses Bell e McGillivray, por exemplo, consideram que ele se reduz a apenas mais um ingrediente a ser levado em conta quando da tomada de decisões envolvendo regras e questões ambientais, juntamente com *a percepção pública do risco, os benefícios da atividade proposta, a noção de interesse público e a proteção dos direitos individuais*.[98]

Jiménez de Parga y Maseda argumenta que a precaução, em sua formulação essencial, pressupõe que o risco de dano ambiental não pode ser conhecido antecipadamente porque não podemos materialmente conhecer os efeitos de médio e longo prazo de determinadas ações. Mas essa possibilidade é limitada e imperfeita ao se basear em nosso estágio atual de conhecimentos científicos, o que inviabiliza a tomada de medidas para neutralizar os riscos de danos, justamente porque esses não podem ser conhecidos em exatidão.[99]

Os fundamentos éticos do princípio da precaução repousam na evolução do pensamento científico político e jurídico em matéria ambiental, o qual se

---

[95] RIO DE JANEIRO. Tribunal Regional Federal da 2ª Região. Apelação Cível n. 9602088818. Relator: Des. Sergio Schwaitzer. Acórdão de 17 nov. 2004. Disponível em: www.trf2.gov.br. Acesso em: 01 ago. 2005.

[96] MCINTYRE, Owen; MOSEDALE, Thomas. The precautionary principle as a norm of customary international law. *Journal of environmental law*, v. 9, n. 2, p. 220-241, 1997, p. 222.

[97] BARCELLONA, 1996, p. 117. O teórico italiano adverte que a grande operação em curso envolve a instituição de um sistema econômico, em âmbito mundial, no qual o saber está controlado pelo mercado, reduzindo a ciência essencialmente à ciência aplicada e respondendo a problemas que têm como *input* problemas econômicos, numa equação fundada em – economia-saber-técnica – o qual se descolou do controle social e político e que tende a converter-se em sistema compacto (Ibidem, p. 143).

[98] BELL, Stuart; MCGILLIVRAY, Donald. *Environmental law*. 5. ed. Londres: Blackstone Press, 2000, p. 47.

[99] JIMÉNEZ DE PARGA Y MASEDA, 2001, p. 84.

rendeu à constatação de que premissas científicas antes absolutas logo podem ser tidas como equivocadas, e no imperativo categórico definido por Hans Jonas[100] para a civilização tecnológica de necessariamente munir-se de conhecimentos acerca dos efeitos de longo prazo daquela atividade humana.

Para Jonas, o novo imperativo, ao contrário do Kantiano que implicava concordância interna do indivíduo com ele próprio, apela a outro tipo de concordância:

> Não a do ato consigo próprio, mas à concordância de seu efeitos últimos com a continuidade da atividade humana no futuro. E a universalização que contempla não é de modo algum hipotética, vale dizer, não é a mera transferência lógica do "eu" individual a um "todo" imaginário e sem nenhum vínculo causal com esse ("se todos obraram assim"). Antes, ao contrário, as ações submetidas ao novo imperativo – ações do Todo coletivo – têm sua referência universal na medida real de sua eficácia; se "totalizam" a si mesmas no progresso de seu impulso e não podem senão desembocar na configuração do estado universal das coisas. Isso agrega ao cálculo moral o horizonte temporal que falta na operação lógica instantânea do imperativo kantiano [tradução livre da autora].[101]

No atual estágio da civilização, por este trabalho intitulado de pós-modernidade, as atividades econômicas nos remetem a toda uma gama de riscos dotados de características peculiares e para os quais as ciências não têm uma resposta definitiva. Essa incerteza nos recomenda uma *atitude de prudência* que impõe, nas palavras de Ost, "simultaneamente, a obrigação de procurar saber, a abstenção na dúvida persistente, a orientação segundo a hipótese de superveniência da conjuntura mais desfavorável, e, finalmente, a manutenção de opções o mais amplamente abertas ao futuro".[102]

Ao desenvolver o seu paradigma das "sociedades de riscos", por ele definidas como "aquelas sociedades que, a princípio, de maneira encoberta e logo cada vez mais evidente, estão enfrentadas aos desafios da possibilidade de auto-destruição real de todas as formas de vida desse planeta" [tradução livre da autora],[103] o sociólogo alemão Ulrich Beck adverte que esses novos

---

[100] JONAS, 1995.

[101] "El nuevo imperativo apela a otro tipo de concordancia: no a la del acto consigo mismo, sino a la concordancia de sus *efectos* últimos con la continuidad de la actividad humana en el futuro. Y la universalización que contempla no es de ningún modo hipotética, es decir, no es la mera transferencia lógica del *yo* individual a un *todo* imaginario y sin ningún vínculo causal con ello (*si todos obraran así*). Antes el contrario, las acciones sometidas al nuevo imperativo – acciones del Todo colectivo – tienen su referencia universal en la medida real de su eficacia; se *totalizan* a sí mismas en el progreso de su impulso y no pueden sino desembocar en la configuración del estado universal de las cosas. Esto añade al cálculo moral el horizonte temporal que falta en la operación lógica instantánea del imperativo kantiano" (Ibidem, p. 41).

[102] OST, 1995, p. 275.

[103] Sociedades de riscos são "aquellas sociedades que, al principio de manera encubierta y luego cada vez más evidente, están enfrentadas a los desafíos de la posibilidad de autodestrucción real de todas las formas de vida de este planeta" (BECK, Ulrich. *Políticas ecológicas en la edad del riesgo*. Antídotos. La irresponsabilidad organizada. Barcelona: El Roure, 1998b, p. 120).

riscos não mais estão atrelados ao lugar onde são gerados, pondo em perigo a vida na Terra em todas as suas formas. Comparados com eles, os riscos profissionais da industrialização primária pertencem a outra época. Os perigos das forças produtivas muito desenvolvidas química e atomicamente suprimem as bases e categorias com as quais pensamos e atuamos até agora: espaço e tempo, trabalho e tempo livre, empresa e Estado nacional, inclusive os limites entre blocos militares e continentais.[104]

Pregando a prudência e a solidariedade na era tecnológica, a partir do reconhecimento de que, na sociedade de riscos, o medo aparece como passageiro clandestino de diversas atividades desenvolvidas pelo conjunto da sociedade, Santos argumenta que esse princípio[105] gera uma dupla exigência: de um lado, impõe que, devido aos limites de nossa capacidade de previsão frente ao poder e complexidade da *praxis* tecnológica, enfatizemos apurar as conseqüências negativas desta em face das positivas; de outro, assumir uma certa "hermenêutica da suspeição", que parte do pressuposto de que conseqüências nocivas duvidosas devem ser tidas como certas.[106]

O princípio da precaução apresenta-se, assim, como um sinal da nova orientação na relação entre ciência e direito, assim como uma reviravolta epistemológica nessa mesma relação, a partir do momento em que nos demos conta da falibilidade e da relatividade da ciência e da necessidade de o direito atuar no sentido de evitar prejuízos sérios e irreparáveis à saúde humana e ao meio ambiente.

Decorrem desse princípio duas conseqüências de extrema relevância no sentido da tutela dos direitos das populações afetadas: inversão do ônus da prova e imposição de elevados e diferenciados standards qualitativos para o exercício da atividade potencialmente danosa .

Abordados o conceito, a sua ocorrência na normativa internacional e nacional, seus fundamentos práticos e éticos, resta, agora, avaliar a sua aplicabilidade no tocante ao meio ambiente cultural.

A poluição atmosférica advinda de atividades que envolvam a liberação de combustíveis fósseis acaba por degradar o meio ambiente cultural.

Atualmente, sabe-se que os gases emitidos por automóveis aliados a outras combustões industriais, especialmente as produzidas por usinas termoelétricas, causam, dentre outras formas de poluição, o fenômeno hoje conhecido como chuva ou precipitação ácida.[107]

---

[104] BECK, 1998a, p. 28.

[105] Por ele chamado de "princípio da prudência" (SANTOS, B., 2001a, p. 80).

[106] Ibidem, p. 80-81.

[107] A chuva ácida é o fenômeno derivado da combinação entre o SO_2 (dióxido de enxofre) produzido pela queima de combustíves fósseis e o vapor de água (H_2O), produzindo gotinhas de ácido sulfúrico diluído (H_2SO_4), que caem sobre a terra como uma chuva ácida (ODUM, Eugene. *Ecologia*. Rio de Janeiro: Guanabara Koogan, 1983, p. 119).

Essas pequenas gotículas com o PH alterado castigam monumentos, prédios e centros históricos.

Monumentos de grande valor histórico, arquitetônico e artístico estão sendo corroídos pela precipitação ácida: a Acrópole, em Atenas; o Coliseu, em Roma; o Taj Mahal, na Índia; as catedrais de Notre Dame em Paris e em Colônia,[108] além da maior estátua de Buda sentado existente no mundo, a qual se situa na cidade chinesa de Xinhua.

Mas, apesar de estar ocorrendo desde o início do século XVIII com o desencadear da Revolução Industrial, somente no final do século XIX é que se identificou o fenômeno inicialmente denominado por "precipitação suja".[109]

Quer pelas suas características praticamente imperceptíveis, quer pelo fato de que a poluição costuma migrar desde sua origem, produzindo efeitos por vezes em sítios bem distantes (ex. os poluentes gerados no Pólo Petroquímico de Cubatão freqüentemente são levados para o litoral norte de São Paulo; o dióxido de enxofre da Termelétrica de Candiota no Rio Grande do Sul precipita-se no Uruguai[110]), o exemplo bem demonstra a imperatividade do princípio da precaução a informar o uso de tecnologias não inócuas, inclusive para resguardar o patrimônio cultural, especialmente o material.

Weiss traz alguns exemplos relativos à deterioração de acervos de bens culturais não edificados, como, por exemplo, os livros e as fitas de áudio e/ou vídeo,[111] os quais, não submetidos a processos adequados e, não raras vezes, caros, de conservação, acabam se perdendo e, com eles, um conjunto de recursos culturais.

A deterioração do papel, especialmente esse de fabrico posterior ao séc. XIX, de qualidade inferior ao fabricado a partir do séc. XII, resulta do uso dos ácidos que quebram as fibras da celulose em pedaços sempre mais curtos. Além desses componentes químicos, fatores como poluição atmosférica, radiações invisíveis da luz solar e da luz fluorescente, comprimentos de onda curta da luz visível, crescimento de microorganismos tais como o bolor e as bactérias, insetos e roedores contribuem para a degradação do papel.[112]

Esses são os agentes degradadores em relação aos quais a ciência, no seu atual estágio, já detêm uma certeza (sempre relativa, é claro) quanto à

---

[108] Disponível em www.ambientebrasil.com.br. Acesso em 03 jul. 2005.
[109] BAINES, John. *Chuva ácida*. São Paulo: Scipione, 1995.
[110] Disponível em www.ambientebrasil.com.br. Acesso em 03 jul. 2005.
[111] WEISS, Edith Brown. In fairness do future generations: intergenerational law: common patrimony and intergenerational equity. In: WEISS, Edith (Org.). *International environmental law and policy*. New York: Aspen Law and Business, 1998, p. 63.
[112] Disponível em: www.coladaweb.com/diversos/historia_do_papel.htm. Acesso em 04 jul. 2005.

atuação. Outros tantos ainda estão por serem apurados, o que recomenda cautela na conservação dos acervos.

Além das questões relacionadas à materialidade dos bens culturais, é possível invocar o princípio da precaução no tocante à incerteza, à oscilação da identificação do valor cultural de um bem, ou seja, no tocante à imaterialidade axiológica inerente a todo bem cultural.

Conforme averbamos alhures, a atribuição de valor cultural a determinado bem costuma se dar posteriormente, por uma série de fatores que envolvem múltiplos e diferenciados processos de apropriação, recriação e representação construídos e reconhecidos culturalmente e que ocorrem muitas vezes antes da criação ou constituição do próprio bem.

Quando o reconhecimento desse valor depende de uma avaliação técnica, essa não pode ser medida com uma régua nem se compreende dentre as ciências exatas. Ao contrário, assentar-se-á no campo das ciências humanas, condicionada a uma adequada fundamentação. Como todo e qualquer saber, esse está em constante e dinâmica evolução, de sorte que, sem que saibamos hoje se determinado bem poderá ou não ter reconhecido seu valor cultural, cautelas se impõem.

É claro que essa recomendação não pode ser levada ao extremo, sob pena de se engessar a vida em sociedade.

Aplicar-se-á a prudência referida aos bens sobre os quais, hoje, ainda se têm dúvidas quanto ao seu valor. Dúvida implica inexistência de um saber homogêneo sobre algo. Nessa perspectiva, no marco do Direito Ambiental, como sublinha Mirra, não se pode transigir com condutas e atividades lesivas ao meio ambiente, devendo prevalecer, inclusive na esfera judicial, esse enfoque de cautela e de vigilância.[113]

Entre autorizar ou não a demolição de um bem sobre o qual a sociedade ainda diverge sobre seu valor parece que a negativa é a melhor resposta, ainda que isso importe no sacrifício pessoal do proprietário, o qual poderá, nesses casos, em função da correta distribuição das cargas públicas, vindicar alguma indenização.

Exemplo prático de aplicação do princípio da precaução à preservação do patrimônio cultural foi defendido como tese no 9º Congresso Internacional de Direito Ambiental e está relacionado à proteção das chamadas "Áreas Especiais de Interesse Cultural" (AEICs), criadas pelo art. 92[114] do Plano

---

[113] MIRRA, 2002, p. 250.

[114] "Art. 92. As Áreas de Interesse Cultural são áreas que apresentam ocorrência de Patrimônio Cultural que deve ser preservado a fim de evitar a perda ou o desaparecimento das características que lhes conferem peculiaridade.
§ 1º As Áreas Funcionais de Interesse Paisagístico e Cultural identificadas na Lei Complementar nº 43,

Diretor do Município de Porto Alegre (Lei Complementar Municipal n° 434/99) – 2° PDDUA.[115]

Nessa tese, restou relatado que a Equipe de Patrimônio Histórico e Cultural de Porto Alegre (EPAHC), órgão responsável pelas questões relacionadas ao patrimônio no âmbito daquele município, realizou, em convênio com uma universidade local, um alentado estudo para identificar e delimitar, no âmbito do Município de Porto Alegre, as referidas AEICs. Esse estudo serviria de base a um projeto-de-lei que deveria ser remetido à Câmara Municipal de Vereadores para detalhamento do previsto no art. 92 já referido.

Até que o aludido projeto fosse elaborado e remetido ao Legislativo, defendeu-se (e mesmo utilizou-se) a edição de um Decreto por parte do Chefe do Executivo Municipal para, com base no princípio da precaução, não autorizar a demolição e a subseqüente construção de empreendimentos situados nessas áreas previamente identificadas, sob pena de descaracterização das ambiências urbanas,[116] assim havidas como patrimônio cultural da cidade.

Sustentou-se, no aludido trabalho, a caracterização dessas áreas, previamente apontadas como merecedoras de tutela, como "ato-fato", a produzir imediatos efeitos jurídicos a partir da definição técnica que atesta a existência e a singularidade dessas no contexto urbano.

---

de 21 de julho de 1979, são incorporadas a esta Lei, passando a denominar-se de Áreas de Interesse Cultural, e serão objeto de reavaliação, que poderá alterar seus limites e seus regimes urbanísticos, ou mesmo suprimi-las.
§ 2° A preservação de Áreas, Lugares e Unidades far-se-á pela definição de regime urbanístico específico, por tombamento e inventário.
§ 3° Na ausência de regime urbanístico específico para as Áreas de Interesse Cultural, o uso e a ocupação serão autorizados desde que demonstradas as condições desejáveis de preservação, através de Estudo de Viabilidade Urbanística.
§ 4° A identificação das áreas e dos bens que constituem Patrimônio Cultural será objeto de estudos específicos baseados no Inventário do Patrimônio Cultural, observados o valor histórico, a excepcionalidade, os valores de representatividade, de referência, arquitetônico, simbólico, práticas culturais, tradições e heranças, levando ainda em consideração as relações físicas e culturais com o entorno e a necessidade de manutenção de ambientação peculiar.
§ 5° Lei específica regulamentará o Inventário do Patrimônio Cultural, estabelecendo conceitos, conteúdos, critérios de seleção, características, vigência, formas de proteção e de incentivo.
§ 6° Com vistas à preservação das áreas e bens que constituem o Patrimônio Cultural, aplicam-se normas específicas para licenciamento de veículos de publicidade".

[115] PORTO ALEGRE. Plano diretor do município: Lei complementar 434/99. Disponível em: www2.portoalegre.rs.gov.br/spm. Acesso em: 05 jul. 2005.

[116] A propósito da proteção das ambiências urbanas, há precedente do Tribunal Paranaense digno de destaque: "A preservação do ambiente natural, que visa garantir a qualidade de vida da população, bem como o seu patrimônio, deve prevalecer sobre o interesse econômico" (PARANÁ. Tribunal de Justiça. Apelação Cível n. 94.508-4. Relator: Des. Nério Spessato Ferreira. J. em 17 jun. 2003. Disponível em: www.tj.pr.gov.br. Acesso em 29 ago. 2005).

Aplicar-se-ia o princípio da precaução diante do risco de prejuízo irremediável que a alteração dos bens representaria para o meio ambiente cultural urbano.[117]

O decreto editado para conter a deterioração dos espaços definidos como áreas especiais de interesse cultural foi questionado judicialmente por construtora que por ele sentiu-se prejudicada. Em apelação manejada em sede de mandado de segurança, o Tribunal de Justiça do Rio Grande do Sul acabou aplicando, mesmo inominadamente, o princípio da precaução, considerando que:

> O direito de propriedade, mesmo sem as garantias em nível constitucional que lhe são deferidas, pode sofrer limitações, não se cuidando de hipótese de absolutismo. Rende-se a uma série de circunstâncias fáticas e jurídicas, como salientado por PONTES, inclusive de índole urbanística, artística e histórica.
> Dessarte, é lícito afirmar que o direito de edificar e também o direito de demolição, total ou parcial, está sujeito a limitações de ordem pública e limitações de ordem privada.[...]
> Destaco que o Decreto Municipal n. 14.530, de 14 de abril de 2004, ao dispor sobre áreas de interesse cultural, apresentou explicitações técnicas a serem adotadas para a preservação do desenvolvimento urbano e ambiental, determinado pelo Plano Diretor do Município de Porto Alegre. Restou definido no art. 3º do Decreto que os projetos em tramitação, mesmo com Estudo de Viabilidade Urbanística já aprovado, *devem ser reexaminados.* (grifei)
> Ainda, o art. 4º expõe que não serão expedidas licenças para a demolição de imóveis inseridos nas Áreas de Interesse Cultural antes da verificação de que o projeto aprovado e licenciado está de acordo com o estudo do regime urbanístico.
> Na hipótese dos autos não há falar em direito adquirido, porquanto a licença concedida, em que pese ter alcançado o patamar da validade, não atingiu o plano da eficácia.[118]

Esse julgado caracteriza-se como precursor na tutela do patrimônio cultural porque considerou o interesse público na preservação preponderante em relação aos desígnios do proprietário de edificar em local situado em área identificada como de interesse cultural e, ao ratificar os ditames do Decreto Municipal multireferido, aplicou implicitamente o critério da precaução, interditando a demolição parcial de imóveis previamente selecionados em estudo técnico como integrantes do patrimônio cultural do Município.

---

[117] CARVALHO, Ana Luisa Soares de; PRESTES, Vanêsca Buzelato. Plano diretor e proteção às ambiências urbanas como elemento do patrimônio cultural – a possibilidade de aplicação do princípio da precaução no caso de Porto Alegre. In: CONGRESSO INTERNACIONAL DE DIREITO AMBIENTAL, 9., 2005, São Paulo. Anais... São Paulo: Imprensa Oficial, 2005, v. 1, p. 443-457.
[118] RIO GRANDE DO SUL. Tribunal de Justiça. Apelação Cível n. 70008519894. Relator: Des. Augusto Otávio Stern. Acórdão de 31 ago. 2004. Disponível em: www.tjrs.gov.br. Acesso em 08 ago. 2005.

2.2.3. O princípio do poluidor-pagador: conceito, localização no ordenamento jurídico internacional e pátrio e aplicação ao patrimônio cultural

De origem econômica,[119] esse princípio reza, em síntese, que o causador da poluição e da degradação dos recursos ambientais[120] deve ser o responsável principal pelas conseqüências de sua ação ou omissão.[121]

Para Aragão, esse princípio transpõe a órbita do econômico e se apresenta como de ordem pública ecológica, "típico do Estado Social que obriga a criar normas que alterem a ordenação espontânea de valores que se gera através das regras do mercado (ordenação esta que redunda na subjugação da parte mais fraca à mais forte), contribuindo, assim, para alcançar o bem-estar e a justiça social".[122]

Antunes o define como um princípio da responsabilidade pelo qual o "poluidor deve responder por suas ações ou omissões em prejuízo do meio ambiente, de maneira mais ampla possível de forma que se possa repristinar a situação ambiental degradada e que a penalização aplicada tenha efeitos pedagógicos e impedindo-se que os custos recaiam sobre a sociedade".[123] Wold destaca que, em essência, este princípio municia os Estados com os instrumentos de política ambiental necessários à alocação pelo poluidor dos custos com prevenção, controle e reparação dos danos ambientais.[124]

Os custos sociais externos que acompanham o processo produtivo carecem de internalização pelos agentes econômicos que os levarão em conta ao elaborar os custos da produção e, conseqüentemente, assumi-los-ão.

A construção do princípio parte da constatação de que, durante o processo produtivo, são produzidas externalidades negativas. São chamadas externalidades, porque, embora resultantes da produção, são recebidas pela coletividade, ao contrário do lucro, que é percebido pelo produtor/empreendedor. Com a aplicação do princípio do poluidor-pagador, procura-se corrigir este custo adicionado à sociedade, impondo-se sua internalização pelo produtor,[125] mesmo que essa envolva uma repercussão sobre os preços dos bens por ele produzidos.[126]

---

[119] PUREZA; FRADE, 2001, p. 20.

[120] O emprego da expressão "recursos ambientais" não é acidental, mas proposital, para passar a idéia de que esse princípio basilar ao Direito Ambiental há de ser aplicado ao meio ambiente cultural.

[121] Conforme BENJAMIN, 2001, p. 228, com a ressalva de que o autor falar exclusivamente em "recursos naturais".

[122] ARAGÃO, 1997, p. 212-213.

[123] ANTUNES, 1998, p. 32.

[124] WOLD, 2003, p. 23-24.

[125] BENJAMIN, 2001, p. 229.

[126] PUREZA; FRADE, 2001, p. 20.

Benjamin chega a afirmar que a totalidade do Direito Ambiental gravita em torno do princípio do poluidor-pagador, por ser esse o orientador de sua vocação *redistributiva*, ou seja, trata ele de mitigar os déficits do sistema de preços.[127]

Importante é enfatizar que esse princípio não se limita a tolerar a poluição mediante um preço, nem a compensar os danos causados, mas se concentra na inibição da ocorrência de danos ao meio ambiente. Nesse diapasão, visualiza-se um encontro entre os princípios da prevenção e o do poluidor-pagador, ambos ostentando um escopo de antecipação, ou seja, de providências tendentes a evitar a ocorrência do dano.[128] Aragão,[129] Canotilho[130] e Jiménez de Parga y Maseda[131] acenam com a possibilidade de vislumbrar tal princípio como expressão concreta da prevenção, posição essa contestada por Pureza e Frade, para quem o princípio do poluidor-pagador possui uma lógica própria, a de que "quem polui paga", a qual permite inseri-lo numa vertente de justiça social e distributiva, sem prejuízo de sua conotação dissuasória ou inibitória.[132]

Especificamente em relação ao patrimônio cultural, Teixeira faz referência ao princípio da responsabilidade, segundo o qual, no Direito português, alcança prejuízos causados voluntariamente ao Estado, "penais e contra-ordenacionais, administrativos e até disciplinares (regime disciplinar especial para os funcionários da Administração do patrimônio cultural por actos ou omissões causadores de prejuízos em bens classificados desde que lhe sejam imputáveis)".[133]

Destaca-se que o poluidor é também o primeiro garantidor da incolumidade ambiental,[134] na medida em que aufere ele os lucros advindos da atividade potencial ou efetivamente lesiva, deve também arcar com os ônus. Se de um lado o Poder Público, em todas as esferas e por todas as suas manifestações, está compelido pelo dever de zelar pelo meio ambiente em sua mais ampla conotação (arts. 225, "caput", e 216, § 1º, da CF), o fato é

---

[127] BENJAMIN, op. cit., p. 227.
[128] Na doutrina pátria, Leite e Ayala se destacam na afirmação da natureza cautelar e preventiva do princípio do poluidor-pagador. Para eles, as medidas que objetivam arredar o dano devem ser assumidas primeiramente pelo poluidor, em momento anterior à sua existência (LEITE; AYALA, 2002, p. 78), posição essa compartilhada mais recentemente por STEIGLEDER, (2004, p. 195).
[129] ARAGÃO, 1997, p. 68-71 e p. 153.
[130] CANOTILHO, José Joaquim Gomes. A responsabilidade por danos ambientais: aproximação juspublicística. In: AMARAL, Diogo Freitas do (Coord.). *Direito do ambiente*. Oeiras: INA, 1994, p. 401.
[131] JIMÉNEZ DE PARGA Y MASEDA, 2001, p. 74.
[132] PUREZA; FRADE, 2001, p. 24.
[133] TEIXEIRA, 2004.
[134] STEIGLEDER, 2004, p. 196.

que o particular que, através de sua ação ou omissão tendente a perseguir uma finalidade econômica, permitiu ou contribuiu para a ocorrência de danos ao ambiente deve ser o primeiro a ser chamado a repará-los, sob pena de o Estado ter de arcar sempre com esse tipo de reparação, o que levaria à concretização de um subsídio às avessas.[135]

Sampaio conecta esse princípio ao da função social da propriedade, sobre o qual se dissertará na seqüência, porquanto o cumprimento adequado dos mandamentos constitucionais e infraconstitucionais (em especial o § 1º do art. 1228 do Código Civil em vigor) só têm condições de êxito se promovida a adequada reparação civil dos danos ao meio ambiente.[136]

O princípio do poluidor-pagador envolve responsabilidade *ante* e *postfactum*, vale dizer: antes e depois da poluição. Deve o poluidor arcar com todos os custos de prevenção à ocorrência de poluição, inclusive com aqueles de responsabilidade dos Poderes Públicos, bem como com os custos de atualização das medidas tendentes a inibi-los, numa perspectiva de prevenção dinâmica.[137]

Esse princípio, que apareceu pela primeira vez em documentos internacionais através de Recomendação produzida pela OCDE,[138] foi assumido posteriormente pela Comunidade Econômica Européia e passou, por força de Ato Único, a integrar os ordenamentos de todos os países comunitários.[139]

Concomitantemente, figurou nas entrelinhas do Princípio 22[140] da 1ª Conferência Mundial das Nações Unidas sobre Meio Ambiente (Estocolmo/72) e restou sacramentado pela inscrição como Princípio 16[141] na 2ª Conferência (Rio/92).

---

[135] Nesse sentido, quando aborda o princípio da proibição das ajudas do Estado, vigorante na Comunidade Européia, THIEFFRY, Patrick. *Direito europeu do ambiente*. Lisboa: Instituto Piaget, 1998.

[136] SAMPAIO, Francisco José Marques. *Evolução da responsabilidade civil e reparação de danos ambientais*. São Paulo: Renovar, 2003, p. 59.

[137] ARAGÃO, 1997, p. 124.

[138] "Organisation de Coopération et de Dévelopement Économiques". Recomendação C (72), 128, de 26.05.72, complementada pela Recomendação C (74.223), de 14.11.74, citadas em BENJAMIN. Antonio Herman V. Benjamin. O princípio poluidor-pagador e a reparação do dano ambiental. In: BENJAMIN, Antonio Herman V. (Coord.). *Dano ambiental*: prevenção, reparação e repressão. São Paulo: Revista dos Tribunais, 1993, p. 227.

[139] Ibidem, p. 227.

[140] Princípio 22 – "Os Estados devem cooperar para continuar desenvolvendo o direito internacional no que se refere à responsabilidade e à indenização às vítimas da poluição e de outros danos ambientais que as atividades realizadas dentro da jurisdição ou sob o controle de tais Estados causem a zonas fora de sua jurisdição". Disponível em: www.dhnet.org.br/direitos/sip/onu/doc/estoc72.htm. Acesso em 21 abr. 2005.

[141] Princípio 16 – "As autoridades nacionais devem procurar promover a internacionalização dos custos ambientais e o uso de instrumentos econômicos, tendo em vista a abordagem segundo a qual o poluidor deve, em princípio, arcar com o custo da poluição, com a devida atenção ao interesse público e sem provocar distorções no comércio e nos investimentos internacionais". Disponível em: www.bio2000. hpg.ig.com.br/declaracao_do_rio.htm. Acesso em 21 abr. 2005.

Na legislação brasileira, o princípio foi introduzido com o advento da Lei da Política Nacional de Meio Ambiente (Lei n° 6.938/81), cujos arts. 4°, inc. VII, e 14, § 1°, a ele fazem alusão.

Analisando o conceito de poluição hospedado no art. 3°, inc. III, dessa lei, verifica-se que as agressões ao meio ambiente cultural têm enquadramento na alínea "a", quando refere o "bem-estar da população"; na alínea "b", quando menciona "condições adversas às atividades sociais e econômicas" e, por fim, na alínea "d", onde sobressaem os valores "estéticos" associados ao meio ambiente.

Comunga-se, no presente trabalho, com a opinião da jusambientalista portuguesa, Maria Alexandra Aragão, para quem o conceito de poluição há de ser tomado em sua mais ampla concepção, a fim de abraçar

> todos os danos resultantes não só da emissão de uma substância cuja presença é lesiva para o elemento receptor do ambiente (por ex., emissão de SO2 para a atmosfera), ou seja, a poluição em sentido estrito, mas também os danos resultantes de qualquer outro tipo de actuação prejudicial ao ambiente, nomeadamente emissões imateriais não corporizadas em substâncias, (como a poluição sonora, a poluição por radiação ou até a poluição *estética*), ou ainda a destruição de recursos naturais mesmo que, como é normal, essa destruição não provenha de qualquer emissão em sentido rigoroso (por ex., consideraremos que exterminar fauna ou flora protegida é também poluição, neste sentido muito lato).[142]

No direito pátrio, Benjamin destaca que a noção de poluição traduz uma mescla entre o pensamento antropocêntrico ("prejudiquem a saúde, a segurança e o bem-estar da população", "criem condições adversas às atividades sociais e econômicas", "afetem as condições estéticas ou sanitárias do meio ambiente") e ecocêntrico ("afetem desfavoravelmente a biota" e "lancem matérias ou energia em desacordo com os padrões ambientais estabelecidos").[143] Custódio considera que o conceito legal de poluição, além de compreender a degradação de todos os recursos naturais, abarca a dos culturais, considerados individualmente ou em conjunto, de sorte que, o conceito de dano ambiental "decorrente da poluição ambiental pelo uso nocivo da propriedade ou por condutas ou atividades lesivas ao meio ambiente, compreende todas as lesões ou ameaças de lesões prejudiciais à propriedade (privada ou pública) e ao patrimônio ambiental, com todos os recursos naturais ou culturais".[144]

---

[142] ARAGÃO, 1997, p. 7-8.

[143] BENJAMIN, Antônio Herman. Responsabilidade civil pelo dano ambiental. *Revista de Direito Ambiental*. São Paulo, n. 48, p. 5-52, jan./mar. 1998, p. 48.

[144] CUSTÓDIO, Helita Barreira. A questão constitucional: propriedade, ordem econômica e dano ambiental. Competência legislativa concorrente. In: BENJAMIN, Antonio Herman (Coord.). *Dano ambiental:* prevenção, reparação e repressão. São Paulo: Revista dos Tribunais, 1993, p. 124-125.

Ao classificar as diversas espécies de poluição, a autora subdivide a que recai sobre os bens integrantes do meio ambiente cultural em:

Poluição paisagística ou visual; poluição descaracterizadora das criações científicas, artísticas e tecnológicas; poluição descaracterizadora ou destruidora das obras, dos documentos, das edificações e dos demais espaços destinados às manifestações artístico-culturais, dos conjuntos urbanos, dos parques, dos sítios de valor histórico, paisagístico, artístico, arqueológico, paleontológico, espeleológico, ecológico, científico; poluição degradadora ou descaracterizadora dos demais bens integrantes do patrimônio cultural, considerados individualmente ou em conjunto.[145]

Se partirmos do pressuposto de que bem-estar é sinônimo de qualidade de vida, alhures já enunciado,[146] afigura-se adequado invocar-se os arts. 3º, inc. III, alínea "a", e o 4º, inc. VII, da Lei da Política Nacional do Meio Ambiente, à guisa de defender a preservação do patrimônio cultural brasileiro. Uma vida de qualidade requer liames claros com o passado, a fim de construir projeções para um futuro. Não qualquer futuro, mas um futuro comprometido com o ideal da dignidade humana, assentada como escopo da República Federativa no Brasil pelo art. 1º, inc. III, da CF.

A alínea "b" do inc. III do art. 3º, por sua vez, se apresenta como pertinente quando da prática de atos deletérios ao patrimônio advenham efeitos nocivos às atividades sociais e econômicas. É o caso, por exemplo, de lesões a bens culturais que constituem pólos atrativos de atividades turísticas geradoras de emprego e renda para a população local, a par de constituírem espaços de lazer que elevam a qualidade de vida dos cidadãos; ou de atividades que sirvam de suporte a políticas, programas e projetos culturais (tais como museus, centros culturais, imóveis com visitação permitida, etc.).

Por fim, a alínea "d" externa a preocupação com as *condições estéticas*[147] do meio ambiente.

A palavra estética provém do grego *aisthesis*, significando conhecimento sensorial, experiência, sensibilidade.[148]

---

[145] Ibidem, p. 125.
[146] Conforme DERANI, 1997, p. 94.
[147] Analisando o conceito de poluição trazido pelo art. 3º, inc. III, da Lei nº 6.938/81, Steigleder destaca que nele restam protegidos "o homem e sua comunidade, o patrimônio público e privado, o lazer e o desenvolvimento econômico por meio das diferentes atividades (alínea b), a flora e a fauna (biota), a paisagem e os monumentos naturais, inclusive os arredores naturais desses monumentos – que encontram também proteção constitucional – arts. 216 e 225 da CF/88. Destaque-se que os locais de valor histórico ou artístico podem ser enquadrados nos valores estéticos em geral, cuja degradação afeta também a qualidade ambiental" (STEIGLEDER, Annelise Monteiro. Áreas contaminadas e a obrigação do poluidor de custear um diagnóstico ambiental para dimensionar o dano ambiental. *Revista de Direito Ambiental*. São Paulo: Revista dos Tribunais, n. 25, p. 59-77, jan./mar. 2002, p. 62).
[148] CHAUÍ, Marilena. *Convite à filosofia*. 12. ed. São Paulo: Ática, 2002, p. 321.

No campo específico da filosofia, a estética é o estudo racional do belo em relação ao sentimento que suscita nos homens.[149] Esse sentimento irá variar de acordo com o gosto, enquanto faculdade de desenvolver um juízo crítico em relação a um objeto ou um modo de representação mediante um agrado ou um desagrado, desprovido de interesse. "O objeto de um tal agrado chama-se belo".[150] O belo, para Kant, é objeto de uma satisfação desinteressada.

Todo ser humano, ainda que de forma involuntária, é cotidianamente impactado pelas imagens que lhe são oferecidas, sofrendo as influências dessa percepção e ajuizando sobre o que vê.

O culto ao belo, como afirmam Minami e Guimarães Júnior, faz parte da natureza do ser humano. "Não é por outra razão que se cerca de ornamentos, valoriza a harmonia da forma e da cor dos objetos e suas qualidades plásticas e decorativas".[151]

Os danos causados à estética dos monumentos, das paisagens, das ambiências, enfim, aos bens culturais individual ou conjuntamente considerados, subjazem à noção de dano ao meio ambiente cultural, ensejando a responsabilização plena inspirada no princípio do poluidor-pagador.

2.2.4. O princípio da função social da propriedade

A relação do homem com a natureza e o aproveitamento que venha a fazer dos bens que ela proporciona estão baseados na noção de propriedade. É ela que delimita, no plano legal, os poderes que um homem pode exercer sobre as diversas coisas que captura, produz ou fabrica, em relação aos demais, convertendo-se em pedra angular do sistema jurídico.[152]

A idéia de propriedade vigente em determinado país reflete melhor que qualquer outra o sistema de relações inter-humanas que nele impera. Ela adere ao regime de produção estabelecido e irradia efeitos sobre a concepção do Estado e suas funções, as relações de produção, a existência de classes sociais e a condição do ser humano como integrante da sociedade civil. Como destaca Messineo,[153] dificilmente se poderia encontrar uma categoria jurídica

---

[149] ARANHA, Maria Lúcia de Arruda; MARTINS, Maria Helena Píeres. *Filosofando:* introdução à filosofia. 2. ed. São Paulo: Moderna, 2002, nota 1, p. 341.

[150] KANT, Immanuel. *Crítica da faculdade de juízo.* Lisboa: Imprensa Nacional, 1998, p. 98.

[151] MINAMI, Issao; GUIMARÃES JÚNIOR, João Lopes. *A questão da estética no meio urbano.* Disponível em: www.ambientebrasil.com.br. Acesso em: 07 mai. 2005.

[152] Pérez Luño observa que a propriedade constitui peça chave para a organização das relações sociais, razão por que os ordenamentos jurídicos soem estabelecer, partindo de pressupostos diversos, o seu estatuto normativo (PÉREZ LUÑO, 1999, p. 405).

[153] MESSINEO, Francesco. *Manual de derecho civil y comercial,* Buenos Aires: Ejea, 1954, v. 2, t.1, p. 247 et seq.

de maior ressonância social e mais definidora da forma que assume a organização institucional de um país do que a propriedade.[154] Isso se deve ao que Marx identificou como a relação vital entre o homem e a terra, sendo essa a "extensão de seu ser, sua natureza inorgânica".[155]

Hodiernamente, tem sido ela tema central de debates políticos, judiciais e institucionais; de reivindicações sociais e até de conflitos armados. Há quem sustente que nosso ordenamento jurídico está todo ele baseado no chamado "princípio proprietário",[156] marcado pela abstração do sujeito proprietário devido à nova estrutura da sociedade baseada no mercado. Nesse, o valor de troca das coisas suplanta o seu valor de uso, exigindo que a propriedade funcione com total abstração, já que os poderes proprietários se exercem sobre mercadorias.

A proteção ambiental passa pela ininterrupta tensão com o direito de propriedade, o qual está quase sempre decalcado aos valores materiais e imateriais nos quais se expressam os bens naturais, artificiais e culturais que compõem a visão holística de meio ambiente.

Devido à indissociável conexão entre o direito de propriedade e a preservação ambiental[157] é que a doutrina passou a explorar a temática da função social, ora encarando-a como desdobramento da função ambiental e, portanto, embutida na disciplina do Direito Administrativo; ora visualizando-a como princípio basilar da Ordem Econômica; ora tratando-a como atributo do direito de propriedade e, por fim, como princípio de direito ambiental.

---

[154] BARCELLONA chega a afirmar que a história desconhece decisão política não fundada na questão aquisitiva, no que ele denomina de "problema proprietário" (BARCELLONA, 1996, p. 148).

[155] MARX, Karl. *Formações econômicas pré-capitalistas*. Rio de Janeiro: Paz e Terra, 1985, p. 67.

[156] Nesse sentido, vale consultar Cortiano Júnior, o qual, baseado em doutrina de Pietro Barcellona (*El individualismo propietario*. Madrid: Trotta, 1996), desenvolve tese doutoral a respeito do princípio, sistema e discurso proprietário (CORTIANO JÚNIOR, Eroulths. *O discurso jurídico da propriedade e suas rupturas*: uma análise do ensino do direito de propriedade. Rio de Janeiro: Renovar, 2002). Tais reflexões também estão presentes na obra do prof. Paolo Grossi, o qual afirma a interconexão entre mercado e propriedade e sua intensificação na era da mercancia absoluta. Na visão de Grossi, assim como a afirmação de uma liberdade e de uma igualdade presentes no plano formal teriam sido os instrumentos mais idôneos para garantir ao *homo economicus* a desigualdade no plano fático das fortunas, a "propriedade espiritualizada" restou concretada, por obra e graça de suas ilimitadas possibilidades de transformação em pedra filosofal da civilização capitalista: a mais pobre, a menos palpável das construções jurídicas revelou-se um meio assaz eficaz para transformar tudo em ouro, diligente instrumento para todo e qualquer tipo de mercancia (GROSSI, Paolo. *La propriedad y las propriedades:* un análisis histórico. Madrid: Civitas, 1992, p.131).

[157] Lettera, ao discorrer sobre a atual conformação do Direito Ambiental, pondera que essa disciplina vai-se delineando não tão focada em medidas de mera conservação, mas como um conjunto de institutos jurídicos orientados para uma redefinição do conteúdo do direito de propriedade, das relações de produção e das faculdades de utilização dos recursos naturais (aos quais acrescentaríamos os culturais) (LETTERA, Francesco. Lo stato ambientali e le generazioni future. *Rivista Giuridica dell'Ambiente*, v. 8, n. 2, p. 235-255, giug. 1992, p. 253).

Na doutrina pátria, Benjamin foi pioneiro na abordagem do tema. Partindo da constatação de que o Direito Ambiental é cria do Direito Administrativo, analisa, sob essa ótica, o conceito de função ambiental, definindo-a como "a atividade finalisticamente dirigida à tutela de interesse de outrem, caracterizando-se pela relevância global, homogeneidade de regime e manifestação através de um dever-poder".[158]

Mais especificamente no tocante à função jurídica ambiental, concebe-a como um mister compartilhado entre Estado e cidadãos, porque, apesar de considerar como invariável a qualidade jurídica do bem ambiental – "sempre bem público de uso comum" –, não reputa recomendável, através do prisma subjetivo, a existência de uma única função ambiental, "concentrada nas mãos de um sujeito específico". Deve ela pulverizar-se, numa perspectiva solidária atenta à comunialidade do meio ambiente, envolvendo o Estado por todas as suas expressões e segmentos e os cidadãos, proprietários ou não.[159]

Em escrito posterior, no qual explicita que a função socioambiental é espécie do gênero função, Benjamin afirma que, no regime constitucional brasileiro, a proteção ao meio ambiente está na raiz do direito de propriedade, sendo-lhe *"logicamente antecedente* (inexiste direito de propriedade pleno sem salvaguarda ambiental) e historicamente contemporânea (ambos direitos são reconhecidos num mesmo momento legislativo e texto normativo)".[160]

Derani vislumbra na função social da propriedade um princípio de Direito Econômico, considerado pela atual Carta Magna como um dos *princípios-base* da Ordem Econômica fundada no modo capitalista de produção, os quais atuam no sentido da concretização dos chamados *princípios-essência* (dignidade humana e justiça social).

A propriedade privada aparece, na Constituição Federal, como direito fundamental (art. 5°, inc. XXII) e como princípio-base da Ordem Econômica. Entretanto, adverte Derani, o atributo da função social insere-se no próprio conteúdo desse direito. A propriedade, além de privada (ligada a um sujeito particular), passa a ter de atender a um escopo social, ou seja, "seus frutos deverão reverter de algum modo à sociedade, o que não exclui naturalmente o poder de fruição particular inerente ao domínio, sem o qual o conteúdo privado da propriedade estaria esvaziado".[161]

---

[158] BENJAMIN, Antonio Herman V. Função ambiental. In: BENJAMIN, Antonio Herman V. (Coord.). *Dano ambiental:* prevenção, reparação e repressão. São Paulo: Revista dos Tribunais, 1993, p. 9-82. p. 28.

[159] Ibidem, p. 63.

[160] BENJAMIN, Antonio Herman V. Reflexões sobre a hipertrofia do direito de propriedade na tutela da reserva legal e das áreas de preservação permanente. CONGRESSO INTERNACIONAL DE DIREITO AMBIENTAL, 2. Anais..., São Paulo: Imprensa Oficial, 1997, p. 15.

[161] DERANI, 1997, p. 249.

Ost aborda uma teoria chamada de "desdobramento funcional"[162] que converte o proprietário, assim como o Estado nacional, em guardião do patrimônio comum confiado à sua vigilância. Essa teoria limita as prerrogativas tradicionais do proprietário (ou do soberano) por meio de regras de ordem pública, que podem ser internas ou internacionais, conforme a importância do bem pretendido preservar.[163]

Dentre os condicionantes que norteiam o uso da propriedade, está o da preservação do meio ambiente, tanto assim que aparece na Constituição como direito fundamental (art. 225) e como princípio-base da Ordem Econômica (art. 170, inc. VI), necessário à atividade econômica como fator de produção e requisito indispensável ao livre desenvolvimento das plenas potencialidades do indivíduo.

Como bem apreendeu Gomes,

> Partindo da premissa de que as normas constitucionais assumiram a inviolabilidade do direito à vida como ponto de partida de todos os demais direitos fundamentais do homem (art. 5º, "caput"), e de que a qualidade da vida humana mantém dependência lógica da proteção ambiental, afirma-se que os princípios constitucionais de proteção ambiental inflamam a função social da propriedade, estruturando-a, reacendendo-a, conferindo-lhe novo fundamento de validade e novo colorido, de sorte que somente possa ser compreendida e cumprida quando, respeitado o interesse coletivo, estiver em consonância com a preservação do meio ambiente, em prol das presentes e futuras gerações.[164]

Na mesma linha do texto constitucional, a chamada "Lei da Reforma Urbana", conhecida como "Estatuto da Cidade" (Lei n. 10.257/01), ingressou no cenário legislativo pátrio justamente com o propósito de fazer cumprir a função social da propriedade no meio urbano. Em seu art. 2°, essa lei define a política urbana como sendo aquela que objetiva ordenar o pleno desenvolvimento das funções sociais da cidade e da propriedade urbana, tendo como diretrizes, dentre outras, "a adoção de padrões de produção e consumo de

---

[162] OST, 1995, p. 376.

[163] "Relações de interesses transversais relativamente aos direitos de propriedade são assim consagradas, em benefício da comunidade, realizando uma espécie de 'transpropriação'. *O exemplo do património cultural é significativo* a este respeito: uma avaliação francesa, datando de 31 de Dezembro de 1982, estabelece que os proprietários privados possuem mais de um quarto dos monumentos classificados. Toda a política de gestão e de conservação deste património deverá, assim, partir desta constatação e desenvolver fórmulas de protecção concertada. Acordos concedendo benefícios fiscais aos proprietários de bens classificados, em troca da abertura deste últimos ao público e de certas obrigações de manutenção e de preservação, constituem uma concretização satisfatória desta política. A 'transpropriação' – entendida aqui como concessão de utilizações múltiplas a uma multiplicidade de titulares – concretiza, assim, uma forma conseguida de usufruto patrimonial colectivo, e o recurso à arma absoluta da 'expropriação' parece continuar a ser excepcional" (Ibidem, p. 373).

[164] GOMES, Luís Roberto. *O ministério público e o controle da omissão administrativa*. São Paulo: Forense Universitária, 2003, p. 203.

bens e serviços e de expansão urbana compatíveis com os limites da sustentabilidade ambiental, social e econômica do Município e do território sob sua área de influência" (art. 2°, inc. VIII); "a proteção, a preservação e a recuperação do meio ambiente natural e construído, do patrimônio cultural, histórico, artístico, paisagístico e arqueológico" (art. 2°, inc. XII).

Numa leitura integral do Estatuto, é possível contar pelo menos doze referências a expressões do tipo "saneamento ambiental", "efeitos sobre o meio ambiente", "equilíbrio ambiental", etc.,[165] o que denota o amálgama entre a função social da propriedade e a preservação do meio ambiente, conectando essa lei à Constituição Federal e aos demais diplomas voltados à preservação ambiental.

No Código Civil de 2002, o "caput" do art. 1228 praticamente reproduz o art. 524 do seu antecessor, quando elenca as faculdades inerentes ao domínio. Entrementes, ostenta significativa inovação quando, em seu § 1°, orienta que o direito de propriedade seja exercido em consonância com suas finalidades econômicas e sociais e de molde a preservar, "de conformidade com o estabelecido em lei especial, a flora, a fauna, as belezas naturais, o equilíbrio ecológico e *o patrimônio histórico e artístico*, bem como evitada a poluição do ar e das águas" (grifos nossos).

É possível afirmar, na esteira do que já o fez Sampaio, que a vinculação entre o exercício do direito de propriedade e a proteção ambiental, com precedente assento constitucional e ora com correspondência também no Código Civil, demonstra que contribuir para o equilíbrio ecológico e para a manutenção da sadia qualidade de vida são fatores que integram a função social da propriedade.[166]

Citando Eckard Rehbinder, Derani conclui no sentido de que a propriedade impõe obrigações de que seu uso também sirva aos interesses da coletividade, razão por que algumas intervenções não são passíveis de indenização, atuando como vinculação social, gerando, inclusive, verdadeiras situações expropriatórias sem indenização, a exemplo do que ocorre em razão da proteção do meio ambiente.[167]

Machado lembra que a função social, a par de alterar a prática distorcida de privatização dos lucros e socialização dos prejuízos, não pode convolar a sociedade em vítima da propriedade. A fruição da propriedade não pode justificar a emissão de poluentes que invadam a propriedade dos vizinhos. "Há o elemento individual, que possibilita o gozo e o lucro para o proprie-

---

[165] MARCHESAN, 2002, p. 224.
[166] SAMPAIO, F., 2003, p. 59.
[167] DERANI, 1997, p. 251.

tário. Mas outros elementos aglutinam-se a esse: além do fator social, há o componente ambiental".[168]

Julgado emanado do Tribunal de Justiça catarinense, no qual estava sendo buscada a demolição de edificações em área de preservação permanente, estabeleceu a correta conexão entre a preservação ambiental e a função social da propriedade:

> DEMOLIÇÃO DE OBRA. Princípios constitucionais da proteção ao meio ambiente e da função da propriedade privada. Ação cautelar inominada. Procedimento administrativo regular. [...].
> Nessa decisão também deve ser deixado límpido que a presente *quaestio* envolve, de um lado, investimento comercial e, de outro, a proteção do meio ambiente, todavia, estando nestas condições a demanda, é preciso atentar para os ditames da Constituição Federal que traça os princípios para a defesa do Meio Ambiente, no seu art. 225 *et seq.*, estabelecendo as restrições feitas ao exercício da propriedade, em benefício geral.
> Tais princípios definem o modo pelo qual será defendida a flora, a fauna, impondo ao Poder Público e à coletividade o dever de defender o meio ambiente e preservá-lo para as presentes e futuras gerações, sendo estes recepcionados pela *Lex Fundamentalis* como garantias fundamentais, distinguindo-os dos demais direitos, como, *in casu*, a função social da propriedade privada, também tutelada constitucionalmente.[169]

Conquanto a proteção da dimensão cultural do meio ambiente não tenha sido citada expressamente no acórdão, não se pode deixar de considerar a importância do precedente que bem apanhou a fundamentalidade do direito ao meio ambiente sadio e ecologicamente equilibrado para cuja consecução o direito de propriedade há de ser exercido em prol do interesse comum.

Semelhante abordagem, focada ora na proteção do entorno de bem tombado, ora na preservação do próprio bem, aparece nos seguintes acórdãos:

> Direito constitucional. Administrativo. Ambiental. Bem tombado. Construção irregular no entorno. CF. artigo 5º, inciso XXII e XXIII. Decreto-lei-25/37, artigo 18 e lei 3924/61, artigo 1º e artigo 2º. A construção irregular, em área próxima de bem tombado em razão de suas características históricas e arquitetônicas, justifica a decisão judicial de destruição, pois o interesse individual do proprietário deve ceder diante do interesse social do poder público na preservação do bem cultural.[170]
> 1. É possível, em exame provisório, ao fim de medida liminar, impor aos proprietários, com base no princípio da função social da propriedade (CF, art. 5º, XIII), a obrigação de, ao menos, conservar imóvel de valor histórico e cultural, fazendo, desde logo, as

---

[168] MACHADO, Paulo Affonso Leme. Meio ambiente e Constituição Federal. In: FIGUEIREDO, Guilherme Purvin de (Org.). *Direito ambiental em debate*. Rio de Janeiro: Esplanada, 2004, v. 1, p. 243.

[169] SANTA CATARINA. Tribunal de Justiça. Agravo de Instrumento n. 99.016324-5. Relator: Des. Anselmo Cerello. J. em 05.out.2000. *Revista de Direito Ambiental*, São Paulo, v. 24, p. 327-331, out./dez. 2001.

[170] RIO GRANDE DO SUL. Tribunal Regional Federal da 4ª Região. Apelação Cível n. 9104018710. Relator Des. Vladimir Passos de Freitas. Acórdão de 12 nov. 1992. Disponível em: www.cjf.gov.br. Acesso em :19 jul. 2005.

obras de isolamento necessárias à proteção contra invasores e vândalos, bem assim as necessárias para evitar a ruína e para apagar os sinais de deterioração decorrentes do estado de abandono. Se a edificação, construída por volta de 1850, e documentada em litografia de 1865, constitui-se testemunho de cultura e de história da imigração alemã, integra, por declaração constitucional, o "patrimônio cultural brasileiro" (CF, art. 216, IV). Portanto, esta passa a ser a sua função social: servir de testemunho. Se, por um lado, ela não impõe ao dono o dever de substituir o poder público na proteção ao patrimônio histórico e cultural (CF, artigos 23, III e IV, 24, VII, 30, IX, e 216, V, "d", e 223 e par. único), por outro também não lhe dá o direito de depredá-lo e tampouco de deixá-lo exposto a invasores e vândalos, bem assim à acelerada deterioração do tempo decorrente do estado de abandono, como artifício para provocar a ruína. 2. Agravo de instrumento desprovido, por maioria.[171]

Identificando a função social da propriedade e, mais explicitamente, no tocante à preservação ambiental, a *função ambiental* como atributo do direito de propriedade, Borges caminha pela mesma trilha de Derani, enfatizando que, além das limitações civis positivas ou negativas impostas ao proprietário e que tinham por objetivo evitar prejuízo a terceiros identificados (tutela dos direitos de vizinhança), e das limitações administrativas que têm origem no poder de polícia com vistas a garantir a ordem pública, surge, com a imposição da função social da propriedade, "o dever de que o exercício do direito de propriedade seja direcionado ao atendimento dos interesses de toda a sociedade".[172]

Souza Filho enfatiza a função social dos bens socioambientais ou de interesse público, por ele conceituados como sendo aqueles que, quer sejam de domínio público, quer de domínio privado, têm agregado ao bem material "um novo bem, imaterial, cujo titular não é o mesmo sujeito do bem material, mas toda a comunidade", portanto, é de titularidade difusa.[173] Cumprindo dúplice papel – para evocar a cultura e para garantir a biodiversidade –, Souza Filho observa que a função social, em que pese alterar o conceito tradicional do direito de propriedade, não afeta sua essência, mas somente uma parcela, a da sua utilização.[174]

Mais recentemente, um significativo grupo de doutrinadores passou a considerar a função social da propriedade um princípio de Direito Ambiental redesignado por princípio da função socioambiental da propriedade.

---

[171] RIO GRANDE DO SUL. Tribunal de Justiça. Agravo de Instrumento n. 70000431890. Relator: Des. Irineu Mariani. Acórdão de 21 jun. 2000. Disponível em: www.tj.rs.gov.br. Acesso em 19 jul. 2005.

[172] BORGES, Roxana Cardoso Brasileiro. *Função ambiental da propriedade rural*. São Paulo: LTr, 1999, p. 80.

[173] SOUZA FILHO, 1997, p. 18.

[174] Ibidem, p. 22.

Dentre eles, destacam-se Mirra,[175] Milaré,[176] Tupiassu,[177] Costa Neto,[178] Gomes[179] e Steigleder.[180]

Para o presente trabalho, não há um sentido maior em atribuir uma denominação diferenciada para a função social da propriedade no afã de enfatizar o seu compromisso com a preservação do meio ambiente. Tem-se que a Constituição Federal, ao inserir a função social no próprio núcleo do direito de propriedade e ao considerar que essa só se observa quando respeitados os valores ambientais (arts. 170, incs. II, III e VI; e 186, inc. II), não vislumbra o exercício dessa função desgarrada do meio ambiente. Assim, para fortalecer a matriz constitucional do princípio, propugna-se uma unidade conceitual, cuja essência diz com a necessidade de uma interpretação da propriedade como "um direito-meio e não um direito-fim",[181] pelo que não é ela garantida em si mesma, só se justificando como instrumento de viabilização de valores fundamentais, dentre os quais sobressai o da dignidade da pessoa humana.

Partindo-se do pressuposto de que a propriedade tem como uma das suas características a elasticidade, vale dizer, a possibilidade de ser comprimida a um certo mínimo ou alcançar um máximo, sem deixar de ser propriedade,[182] deve ela ser exercida de acordo com condicionantes que venham a garantir a observância de suas funções sociais, dentre elas, destaca-se a preservação e valorização do patrimônio cultural.

Assim, o proprietário de um bem de valor cultural deve estar sujeito não só a obrigações de índole negativa (ex., não promover qualquer alteração nos aspectos externos do bem sem prévia e expressa autorização do órgão incumbido da fiscalização cultural), mas também a cominações positivas (ex., restaurar a fachada do imóvel; disponibilizar o seu "Portinari" para

---

175 MIRRA, Álvaro Luiz Valery. Princípios fundamentais de direito ambiental. *Revista de Direito Ambiental*, São Paulo, v. 2, p. 50-70, abr./jun. 1996.

176 MILARÉ, 2000, p. 104-105.

177 TUPIASSU, Lise Vieira da Costa. O direito ambiental e seus princípios informativos. *Revista de Direito Ambiental, São Paulo*, v. 30, p. 155-178, abr./jun. 2003.

178 COSTA NETO, Nicolao Dino de Castro e. *Proteção jurídica do meio ambiente*. Belo Horizonte: Del Rey, 2003, p. 37.

179 GOMES, L. R., 2003, p. 202-215.

180 STEIGLEDER, Annelise Monteiro. *A função sócio-ambiental da propriedade privada*. Disponível em: www.mp.rs.gov.br. Acesso em: 07 jun. 2005.

181 COMPARATO, Fábio Konder. *Direitos e deveres fundamentais em matéria de propriedade*. Disponível em: www.cjf.gov.br/revista/numero3/artigo11.htm. Acesso em: 30 mai. 2004.

182 BESSONE, Darcy. *Direitos reais*. São Paulo: Saraiva, 1996, p. 77. Orozco Pardo e Pérez Alonso fazem referência ao caráter elástico do direito de propriedade, que lhe permite amoldar-se a novos fenômenos tanto em termos de objetos, como de conteúdos. A própria natureza da coisa já comporta certas moduladoras do exercício desse direito, ao que denominam a força vinculante da coisa ("la fuerza vinculante de la cosa"). (PARDO; ALONSO, 1996, p. 19).

exibições públicas, ao menos duas vezes por ano[183]), as quais atribuam ao direito de propriedade a sua atual conformação solidária, capaz de romper o tradicional dualismo entre os interesses meramente individuais e os da coletividade, historicamente atribuídos com exclusividade ao Estado. Na esteira da lição de Figueiredo, em magnífica obra com a qual obteve o título de Doutor pela Universidade de São Paulo, "pela função social da propriedade, o proprietário torna-se um colaborador da administração ambiental e os seus bens passam à condição de patrimônio obrigado".[184]

Esse condicionamento do patrimônio vem sublinhado pelos espanhóis Orozco Pardo e Pérez Alonso sob a rubrica de um *dever de diligência* imposto ao proprietário que deve exercitar seu direito não tanto como formal cumpridor dos limites normativos, mas de acordo com os parâmetros de uma ética social imperante. Dizem eles:

> Hoje não basta ser proprietário, há que ser diligente, sob pena de incorrer em responsabilidade, seja por danos ou por deterioração da coisa própria quando essa contenha um valor conectado com o interesse da comunidade, pelo que as faculdades-deveres de conservação, manutenção, modificação e destinação estão moldadas pela diligência exigível em cada caso concreto. Essa diligência do proprietário está diretamente vinculada com a idéia de um exercício do direito acorde com a natureza da coisa, de tal forma que há de tratar-se de um exercício 'racional' não contrário a sua essência e funcionalidade natural a ela própria ('a natureza de cada coisa dita seu uso'), máxime quando se trate de um objeto vinculado a uma função ou interesse da comunidade[185] [tradução livre da autora].

No tocante aos bens de valor cultural, as limitações derivadas da função social da propriedade advêm da própria Constituição Federal que considera como integrantes do patrimônio cultural brasileiro, devido ao seu valor intrínseco, "os bens de natureza material e imaterial, tomados individualmente ou em conjunto, portadores de referência à identidade, à ação, à memória dos diferentes grupos formadores da sociedade brasileira"[186] e que, em rela-

---

[183] O especialista português Carlos Adérito Teixeira, já citado anteriormente, ao discorrer sobre a Convenção para a proteção do patrimônio mundial, cultural e natural, destaca que a integração de um bem a esse patrimônio gera o direito de fruição por todos os cidadãos, direito esse também resguardado, segundo ele, pelo art. 78, n. 1, da Constituição portuguesa e por nossa Constituição, destaca-se neste trabalho, pelo art. 215 (TEIXEIRA, 2004).

[184] FIGUEIREDO, Guilherme José Purvin de. *A propriedade no direito ambiental*. Rio de Janeiro: Esplanada, 2005, p. 138.

[185] "Hoy no basta con ser proprietario, sino que se ha de ser diligente, so pena de incurrir en responsabilidad, ya sea por daños, o por deterioro de la cosa propia cuando ésta contenga un valor conectado con el interés de la comunidad, por lo que las facultades-deberes de conservación, mantenimiento, modificación y destinación están modalizadas por la diligencia exigible en cada caso concreto. Esa diligencia del proprietario está directamente vinculada con la idea de un ejercicio del derecho acorde con la naturaleza de la cosa, de tal forma que ha de tratarse de un ejercicio 'racional' no contrario a su esencia y funcionalidad natural a la misma ('la naturaleza de cada cosa dicta su uso'), máxime cuando se trate de un objeto vinculado a una función o interés de la comunidad" (PARDO; ALONSO, 1996, p. 21-22).

[186] Art. 216.

ção a esse conjunto de bens, impõe ao Poder Público, com a colaboração da comunidade, o dever de promovê-los e protegê-los por meio de formas adequadas de acautelamento e preservação.[187]

Na esteira do preconizado por Pérez Luño, em relação à Constituição espanhola, reconhece-se que a superação do individualismo egoísta na apropriação e uso de bens de valor histórico-cultural encontra amparo nos diversos dispositivos constitucionais que reconduzem a função social da propriedade a fator nuclear do direito de propriedade e que acabam por subordinar ao interesse geral todas as formas de riqueza, seja quem for o seu titular. Nas palavras do autor:

> Daí que, com maior motivo, os bens de domínio público e os que integram o patrimônio do Estado e o patrimônio Nacional (art. 132), dos quais fazem parte as mais importantes manifestações de nosso tesouro histórico-artístico, devam responder a formas organizativas que os acomodem aos interesses da coletividade[188] (tradução livre da autora).

É importante ressaltar, seguindo, nesse particular, lição de Figueiredo,[189] que toda coisa apropriável[190] e, por isso mesmo, marcada pela fricção entre direitos que sobre ela incidem, está adstrita a esse princípio.

No tocante ao patrimônio cultural imaterial, dificilmente terá incidência o princípio da função social da propriedade. Esse tipo de bem desprovido de tridimensionalidade, quando integrante do patrimônio cultural, é sempre de dominialidade pública, consoante será abordado na seqüência.

2.2.4.1. O princípio da função social da propriedade e a natureza jurídica do bem cultural

Em virtude da funcionalização inequívoca da propriedade que recai sobre bens integrantes do patrimônio cultural (na esteira do que se verifica com os demais bens reunidos sob a ampla rubrica do meio ambiente), diversas construções jurídicas passaram a ser formuladas para explicar esse fenômeno ou, mais precisamente, para definir a natureza jurídica do bem cultural ou, ainda, como justificar as restrições que dele emanam para o titular do domínio. Na raiz do problema, está o debate aceso entre os defensores das

---

[187] Art. 216, § 1º.

[188] "De ahí que, con mayor motivo, los bienes de dominio público y los que integran el Patrimonio del Estado y el Patrimonio Nacional (art. 132), de los que forman parte las más importantes manifestaciones de nuestro tesoro histórico-artístico, deban responder a formas organizativas que los acomoden a los intereses de la colectividad" (PÉREZ LUÑO, 1999, p. 511).

[189] FIGUEIREDO, 2005, p. 282.

[190] Pérez Luño fala em bens suscetíveis de apropriação e de tráfico econômico (PÉREZ LUÑO, 1999, p. 407).

funções públicas dos bens integrantes do patrimônio cultural e os defensores incondicionais das intangíveis prerrogativas da propriedade.[191]

Inegáveis as contribuições advindas da doutrina italiana,[192] em muito reescrita pela espanhola e inspiradora de diversas posições adotadas por juristas brasileiros.

Conforme resgate estabelecido por Alibrandi e Ferri e, em especial, por Giannini, uma *primeira concepção* que emergira ainda no início do século XX era limitada a classificar o regime das coisas antigas e de arte na vasta categoria das limitações administrativas da propriedade privada,[193] de ônus real ou de "jus in re",[194] dedicando ao restante do patrimônio um escasso aprofundamento na concorrente presença de uma propriedade pública das coisas sujeitas à lei italiana nº 1.089/39, que tratava das coisas móveis e imóveis de interesse artístico, histórico, arqueológico e etnográfico, elevada a sua máxima relevância com a instituição, por força do Código Civil de 1942, de um domínio ou patrimônio artístico, histórico e arqueológico. Dessa visão decidida a registrar o momento limitativo das livres faculdades do proprietário refugiam aqueles elementos que mais davam razão à especificidade da condição jurídica das coisas submetidas ao regime de tutela artístico-histórica e que nos induzem a reter como mais apropriada uma interpretação em termos não puramente negativos de compreensão do direito de propriedade, os quais envolvem deveres de cunho positivo.[195]

No Direito brasileiro, administrativistas que enquadram o tombamento na categoria das limitações administrativas ao direito de propriedade, como, por exemplo, Medauar[196] e Castro,[197] certamente sofreram influência dessa corrente.

A definitiva superação dessas opiniões que resumem o estatuto jurídico das coisas de interesse artístico ou histórico no conceito de limitação administrativa da propriedade privada, como salientam Alibrandi e Ferri, parece ter como ponto de chegada a individuação da figura do bem cultural resultante da projeção objetiva do regime publicístico da tutela do patrimônio artístico e histórico.[198] Ferri, em escrito posterior, no qual enfatiza a indeter-

---

[191] ALIBRANDI; FERRI, 1985, p. 21.
[192] Para uma retrospectiva dessas concepções no Direito italiano, v. CASINI, ob. cit., p. 653-655.
[193] Nesse sentido, ZANOBINI, Guido. *Corso di diritto amministrativo*. Milano: Giuffrè, 1958, v. 4, p. 210.
[194] GIANNINI, 1976a, p. 19.
[195] ALIBRANDI; FERRI, 1985, p. 21.
[196] MEDAUAR, Odete. *Direito administrativo moderno*. 2. ed. São Paulo: Revista dos Tribunais, 1998, p. 358.
[197] CASTRO, 1991, p. 138-139.
[198] ALIBRANDI; FERRI, op. cit., p. 25.

minação das possibilidades de interferência pública na gestão dos bens culturais, destaca que:

> A força propulsora do conceito de bem cultural encontra-se precisamente no facto de ter ultrapassado a visão redutora do limite à propriedade que se ancora em disposições rígidas e inadequadas para comportar a elasticidade da intervenção pública neste sector que, em qualquer circunstância, deve poder ser impelido até onde seja válida a exigência de finalidade pública do objecto antigo e de arte.[199]

Colocando-se numa perspectiva não puramente negativa de compreensão do direito de propriedade, Grisolia,[200] a quem se credita uma *segunda visão*, propôs para as coisas antigas e de arte a definição de bens "de interesse público", observando que tais coisas são submetidas a uma disciplina especial em função de assegurar sua destinação que, por si, e não por um resultado que requeira uma intervenção do proprietário, satisfaça ao interesse público. Nesse sentido, as coisas de interesse histórico ou artístico se qualificam como bens funcionais, pelos quais a Administração é dotada de poderes que servem para assegurar diretamente a sua destinação pública. Mesmo os bens de propriedade privada são, na concepção desse autor, integrantes da categoria geral dos bens públicos.[201]

Essa configuração aparece atada no plano da teoria geral dos bens jurídicos e, em termos de rigor científico, aos escritos de Aldo Sandulli que, no longínquo ano de 1959, identificara uma categoria geral de *bens de interesse público*, os quais, mesmo pertencendo a entes privados, têm em comum com os bens pertencentes aos entes públicos, sujeitos a regime publicístico, a característica de realizar diretamente um interesse público, inerente a valores significativos para a coletividade como, por exemplo, a cultura.[202]

Destacada a existência de dois possíveis critérios – um *subjetivo*, de pertencimento do bem a um ente público; outro *objetivo*, relativo à capacidade do bem de realizar diretamente um interesse público, Sandulli conclui que, aplicados separadamente, são insuficientes a definir o "status" de bem público, para o qual se deve ao revés verificar a simultânea presença dos dois elementos.[203]

A recorrência isolada do requisito objetivo, verificável nos bens de domínio privado vinculados a finalidades de interesse público, dá lugar a

---

[199] FERRI, 1996, p. 136.
[200] GRISOLIA, Massimo. *La tutela delle cose d'arte*. Roma: Foro Italiano, 1952, p. 202.
[201] Ibidem, p. 224.
[202] SANDULLI, Aldo. Beni pubblici. In: ENCICLOPEDIA del diritto. Milano: Giuffrè, 1959, v. 5, p. 279.
[203] Ibidem, p. 279. Essa visão é criticada pelo italiano Giorgio Piva, para quem a propriedade privada é incompatível com o interesse público (PIVA, Giorgio. Cose d'arte. In: ENCICLOPEDIA del diritto. Milano: Giuffrè, 1962, v. 11, p. 93 et seq.).

uma categoria mais ampla na qual estão compreendidos os bens públicos em senso estrito, vale dizer, os bens de interesse público, dentre os quais Sandulli insere os bens de valor artístico ou histórico, em relação aos quais a Administração exerce poderes *ob rem*.

Dentro dessa construção teórica, Alibrandi e Ferri destacam o caráter funcional de que é dotado o bem cultural, enquanto voltado intrínseca e originariamente à aptidão de satisfazer um público interesse[204] e, portanto, reconduzível à categoria geral de bens de interesse público.

Essa vinculação dos bens culturais a atender a necessidades espirituais do indivíduo acabou sendo reconhecida na ampla legislação italiana sobre o tema. Nos arts. 104 e 105 do Texto Único, aprovado pelo já referido Decreto Legislativo nº 42, há previsão de fruição pública de bens culturais de propriedade privada, com fins culturais, especificamente voltada aos bens imóveis considerados de interesse excepcional e às coleções declaradas de interesse cultural, cabendo ao Ministério dos Bens Culturais e Ambientais e à Região o respeito ao uso e gozo público sobre a coisa e bens a ela sujeitos.[205]

No Direito brasileiro, a posição de Silva apresenta-se correlacionada à tese de Sandulli. Considera o juspublicista que esses bens subordinados a uma particular disciplina para a consecução de um fim público, consistem em "uma espécie de propriedade funcionalizada", que os enquadra na categoria de bens de interesse público.[206]

Uma *terceira visão* aflora na vasta obra de Giannini, em estudo sobre os bens públicos e que remonta a 1963, no qual definiu a dominialidade histórico-artística como propriedade coletiva dominial, destacando que a destinação pública consiste no livre gozo de parte da coletividade (distinta da destinação organizacional própria dos bens públicos, que são meios necessários para a produção dos serviços ou para o desenvolvimento dos outros trabalhos institucionais da administração). Em relação aos bens artísticos e históricos de propriedade privada, recorreu à antiga figura da "propriedade dividida"[207] para fixar-lhes o estatuto.

O autor teve, porém, o cuidado de esclarecer que não se trata de uma mera transposição dos conceitos de domínio útil e de domínio eminente próprios da enfiteuse, entendendo a referência à propriedade dividida em termos genéricos, como indicativa da coexistência sobre a coisa de dois

---

[204] ALIBRANDI; FERRI, 1985, p. 24.
[205] Nesse sentido destaca LA REGINA, 1982, p. 15.
[206] SILVA, J., 2001, p. 154.
[207] GIANNINI, Massimo Severo. *I beni pubblici*. Roma: Librería Ricerche, 1963, p. 89 et seq.

direitos dominiais, um do particular e outro do Estado, enquanto ambos os sujeitos têm poderes e faculdades de gozo da coisa, os quais reciprocamente se condicionam, sendo o gozo do ente privado limitado não só por obrigações de índole negativa, mas também positivas, com vistas ao interesse da coletividade.

Os administrativistas Meirelles, Moreira Neto e Rodrigues demonstram adesão a essa arquitetura teórica, esse último dela extraindo importantes conclusões.

Meirelles assevera que o poder regulatório do Estado exerce-se não só sobre coisas de sua titularidade, mas também sobre "obras, monumentos, documentos e recantos naturais que, embora propriedade privada, passam a integrar o *patrimônio histórico e artístico* da Nação, como bens de interesse da coletividade, sujeitos ao domínio eminente do Estado.[208] Esse domínio eminente vem destacado por Moreira Neto, para quem não é aceitável que, no atual estágio da civilização, "que erige a cultura a um dos valores mais elevados", o Estado se omita de proteger os bens, móveis e imóveis, de interesse histórico, arqueológico, paleontológico, ecológico, científico, folclórico, artístico ou paisagístico.[209]

Rodrigues, após explicar que o bem cultural é público não em relação ao domínio, mas enquanto bem de fruição, destaca que a sua vinculação atinge a fração pública da propriedade, mantendo incólume a privada, o que origina uma obrigação compartilhada entre Poder Público e particular. Por isso é que rechaça direito à indenização ou a existência de expropriação em caso de tombamento.[210] Ademais, assenta ele, a persistir o entendimento de que todo e qualquer tombamento representa uma desapropriação indireta, nosso patrimônio cultural imobiliário estará fadado a tombar no sentido literal da expressão, dada a sabida carência de fundos estatais para investimentos em cultura e preservação ambiental.[211]

Uma *quarta perspectiva* foi também fruto da obra de Giannini, agora em 1976, quando de seu retorno ao tema à luz da definição de bem cultural acolhida pela Comissão Franceschini,[212] que o vinculou ao "testemunho material dotado de valores civilizatórios" e propôs uma configuração jurídica

---

[208] MEIRELLES, Hely Lopes. *Direito administrativo brasileiro*. 23. ed. São Paulo: Malheiros, 1998, p. 464.
[209] MOREIRA NETO, Diogo de Figueiredo. *Curso de direito administrativo*. 11. ed. Rio de Janeiro: Forense, 1996, p. 282.
[210] RODRIGUES, José Eduardo Ramos. Tombamento e patrimônio cultural. In: BENJAMIN Antonio Herman Vasconcellos (Org.) *Dano Ambiental*: prevenção, reparação e repressão. São Paulo: Revista dos Tribunais, 1993, v. 2, p. 200.
[211] Ibidem, p. 200.
[212] Já referida anteriormente, quando da análise do estatuto do bem cultural.

unitária capaz de superar a dicotomia propriedade pública e propriedade privada.[213]

Observa a esse propósito que, se o pertencimento dos bens culturais pode variar, sua função é sempre única,[214] e unitários são os poderes estatais essenciais nos quais se exprime a substância da função, ou seja, os poderes de tutela e de valorização do bem.

Nessa sua nova incursão no assunto, Giannini insiste no peculiar interesse público ostentado pelos bens culturais, o qual pode ser qualificado como objetivo, referido a qualquer entidade do mundo exterior, enquanto portador de valor típico que, na espécie, é ser testemunho material dotado de valor de civilidade.

Dessa forma, buscou explicar por que qualquer entidade do mundo exterior, enquanto ostente valor cultural, submete-se ao regime estabelecido na normativa sobre o universo dos bens culturais, unificando a heterogeneidade das diversas categorias agrupadas sob a noção de bem cultural.[215]

A partir desse enraizamento do bem cultural na sua essência imaterial, o publicista italiano, com apoio em tese previamente esboçada por Pugliatti,[216] logrou distingui-lo de seu suporte.

Pugliatti pregava que uma mesma coisa poderia constituir elemento material de mais de um bem jurídico. Em outras palavras: uma mesma coisa poderia enfeixar uma série de bens juridicamente tutelados. Assim, a par de sujeitar-se a direitos de índole patrimonial, como, por exemplo, propriedade, usufruto, hipoteca, etc., o imóvel de valor cultural está vinculado ao patrimônio cultural e, enquanto tal, sujeito à tutela estatal.

A partir disso, Giannini vislumbra uma espécie de sobreposição do bem cultural que atinge a coisa como testemunho material de caráter civilizatório ao bem patrimonial que é inerente à mesma coisa e cujo regime de pertenci-

---

[213] GIANNINI, 1976a, p. 23.

[214] Mirra parece conectado com essa visão, ao dizer que o meio ambiente é sempre indisponível e insuscetível de apropriação. " O que pode eventualmente ser apropriado e utilizado, para fins econômicos, por exemplo, são determinados elementos corpóreos que compõem o meio ambiente, como [...] os bens móveis e imóveis integrantes do patrimônio cultural, e, mesmo assim, de acordo com condicionamentos, limitações e critérios previstos em lei e desde que essa apropriação ou utilização dos bens corpóreos não leve à apropriação individual e exclusiva do meio ambiente como bem imaterial" (MIRRA, Álvaro Luiz Valery. Ação civil pública em defesa do meio ambiente: a representatividade adequada dos entes intermediários legitimados para a causa. In: MILARÉ, Édis (Coord.). *A ação civil pública após 20 anos: efetividade e desafios*. São Paulo: Revista dos Tribunais, 2005, p. 35).

[215] Nessa sua profunda digressão, Giannini explica a historicidade vinculada à idéia de bem cultural, ou seja, o fato de que qualquer ente exterior pode ser e deixar de ser considerado bem cultural. E exemplifica: uma porcelana Ching, certa feita bem cultural quase por definição, hoje só é considerada enquanto tal se particularmente representativa. Variáveis internas como as mudanças de gosto, de concepções, ou seja, das estruturas mentais, determinam essas oscilações relacionadas ao enquadramento de bens como culturais (GIANNINI, op. cit., p. 24).

[216] PUGLIATTI, Salvatore. *Beni e cose in senso giuridico*. Milão: Giuffrè, 1962, p. 195.

mento (de direito privado ou de direito público) não influi sobre os traços essenciais do bem cultural como autônomo objeto de tutela jurídica. Nessa sua peculiar conformação, o bem cultural se apresenta como imaterial, cuja conotação característica será aquela de bem aberto a uma fruição universal, para a qual convergem as faculdades públicas de tutela.[217]

No Direito brasileiro, Reisewitz perfila-se a esse modelo teórico, enfatizando que "a coisa em si, acrescentada de seu valores, inclusive o cultural, pode, perfeitamente, integrar um patrimônio privado, sendo propriedade privada. Apenas o valor cultural que dela emana será sempre propriedade coletiva e sua preservação, interesse difuso".[218]

Uma *quinta concepção* qualifica os bens culturais como *merit goods* ou *club goods,* categoria essa que compreende bens de difícil, quando não impossível, avaliação pelo mercado[219] e que se voltam à satisfação do interesse público. Dotados das características da indivisibilidade e não-exclusividade,[220] são bens cujo consumo por uns não reduz o nível de consumo por outros.[221] No caso dos bens culturais, eles atendem ao interesse intelectual ou espiritual; satisfazem esse tipo de anseio pessoal e coletivo e, por essa razão, são considerados, como afirma Cortese,[222] *meritórios*, isto é, bens havidos como coletivamente úteis e que devem ser disponibilizados,[223] tutelados e conservados independentemente da demanda individual.[224]

Sintetizando todas essas concepções, Souza Filho define o bem cultural como uma nova categoria que não se opõe aos conceitos de privado e público, nem afeta essa dicotomia, porque ao bem material que suporta a referência cultural ou ambiental se agrega um bem imaterial, cujo titular é toda a comunidade. Esse novo bem, de titularidade difusa, é considerado como *bem*

---

[217] GIANNINI, 1976a, p. 24.

[218] REISEWITZ, 2004, p. 100.

[219] Como, aliás, destaca o CONSELHO EUROPEU DE LAEKEN. *Relatório formulado pela Comissão das Comunidades Européias, em 17/10/01.* Disponível em: http://64.233.179.104/search?q=cache:ZPJOM79VMK4N:pdf. Acesso em: 20 jun. 2005.

[220] RAWLS, John. *Uma teoria da justiça.* Lisboa: Presença, 1993, p. 214. No mesmo sentido, SALLES, Carlos Alberto de. Execução específica e ação civil pública. In: MILARÉ, Édis (Coord.). *A ação civil pública após 20 anos:* efetividade e desafios. São Paulo: Revista dos Tribunais, 2005, p. 86.

[221] Para uma definição dos "merit goods", vide MUSGRAVE, Richard. *The theory of public finance.* Nova Iorque: McGraw-Hill, 1959, p. 13. Sua aplicação aos bens culturais é rechaçada parcialmente por CASINI, 2001, p. 669, sob o argumento de que considera superada a visão de *improdutividade do patrimônio cultural público.*

[222] CORTESE, 2002, p. 113.

[223] Segundo Salles, como decorrência da característica da indivisibilidade, é dever do Estado e, em especial, da Justiça, "garantir a utilização do mesmo bem, em iguais condições de qualidade e quantidade, para todos quantos queiram dele se valer" (SALLES, 2005, p. 86).

[224] Segundo Cortese, os bens culturais são tutelados independentemente de uma fruição efetiva e da demanda que o faça o particular, daí por que normalmente é o governo central ou local que, como expressão da maioria, efetua uma "public choise" e atribui, por via de conseqüência, valor ao bem e decide quais e quantos merecem ser tutelados (CORTESE, op. cit., p. 114).

socioambiental, "porque tem de ter qualidade ambiental humanamente referenciada".[225]

Disserta Souza Filho, em escrito posterior, que o direito sobre o bem socioambiental se apresenta como se ostentasse camadas. Na primeira, com um direito de titularidade individual, que é o direito de propriedade (pública ou privada); na segunda, com o direito coletivo à sua preservação para garantia da qualidade ambiental. Ambos os direitos não se anulam, mas se complementam e se subordinam na integralidade do bem, "como se fossem seu corpo e sua alma".[226]

E conclui que a definição desse direito passa por um aprofundamento dos institutos de direito público, *limitação administrativa e função social da propriedade*, e dos institutos de direito civil, *propriedade intelectual e obrigação de prestação de fato negativa*. "É, na verdade, uma mistura de todos eles, porque limita administrativamente o bem, impõe-lhe uma função social diferenciada, cria sobre ele uma propriedade imaterial e coletiva e lhe constrange a uma obrigação de prestação de fato negativa, independente de se tratar de um bem cultural ou natural protegidos".[227]

A idéia de patrimônio se legitima através da construção de valores pertencentes à coletividade na sua mais ampla e difusa concepção. Por mais que o valor patrimonial esteja acoplado a uma coisa pertencente a um ente privado, o seu "semióforo", o simbolismo que o singulariza enquanto bem integrante do patrimônio cultural é de pertencimento público. Mariza Santos afirma que o patrimônio não deve apenas gozar do atributo de público, mas deve ser reconhecido como "índice de comunalidade".[228]

Não se pode negar que as tensões se escancaram quando se está diante de uma coisa sobre a qual recaem dois direitos de propriedade distintos, um limitando necessariamente o exercício do outro: a propriedade privada sobre a coisa móvel ou imóvel, dotada de valor econômico e inserida no mercado tradicional, e a dominialidade difusa (ou adéspota, na feliz expressão de Dell'anno)[229] relativa ao bem cultural, compreendido pelo feixe de valores culturais nela identificados, e que se submetem, no dizer de Fonseca, a uma "economia das trocas simbólicas".[230]

---

[225] SOUZA FILHO, 1997, p. 18.
[226] SOUZA FILHO, Carlos Frederico Marés de. O dano socioambiental e sua reparação. In: FIGUEIREDO, Guilherme Purvin de (Org.). *Direito ambiental em debate*. Rio de Janeiro: Esplanada, 2004, v. 1, p. 70
[227] SOUZA FILHO, op. cit., p. 18.
[228] SANTOS, M.V.M, 1996, p. 87.
[229] DELL'ANNO, 2003, p. 192.
[230] FONSECA, 1997, p. 35.

2.2.5. O princípio da eqüidade ou da solidariedade intergeracional:

Esse princípio assenta-se na teoria homônima estruturada pela professora da Universidade de Georgetown, em Washington, Edith Brown Weiss, segundo a qual a eqüidade deve nortear as relações *entre as gerações* (justiça entre presentes, pretéritas e futuras gerações) e *entre as comunidades que hoje vivem no Planeta* (justiça entre comunidades contemporâneas).[231] Dito de outra forma, à ética da solidariedade "sincrônica" (entre as gerações atuais) somou-se a solidariedade diacrônica com as gerações futuras.[232]

Sob uma perspectiva um pouco diversa, Lettera considera que a utilização racional dos recursos ambientais (neles inseridos os culturais) conta com uma dupla dimensão: territorial, entendida como de coexistência de usos, e temporal, enquanto ordem de sucessão de usos. Nas suas palavras:

> A ordem de coexistência de usos e a ordem de sucessão dos usos comporta a idéia de individuação dos distintos sujeitos usuários: na coexistência concorrem as gerações presentes, na sucessão, o uso atual é uma fração de um contínuo com os outros usos anteriores e posteriores e deve propiciar às gerações futuras que também sejam usuárias[233] [tradução livre da autora].

Ayala vincula a eqüidade intergeracional a um valor ético de alteridade,[234] ao qual atribui juridicidade, objetivando "a proteção de uma pretensão universal de solidariedade social, e que poderia convergir no sentido de se reconhecer um *princípio de solidariedade*[235] "que importa responsabilidade "em face do outro ainda não existente, dos ainda não nascidos, dos titulares de interesses sem rosto".[236] Reminiscências dessa teoria podem ser encontradas na obra de Duguit, o qual, buscando superar uma perspectiva puramente individualista, estruturou sua teoria do direito fundado na solidariedade humana ou na interdependência social, partindo do pressuposto de que "a

---

[231] WEISS, Edith Brown. *O Direito da biodiversidade no interesse das gerações presentes e futuras.* Disponível em: www.cjf.gov.br/revista/numero8/confer%C3%AAncia.htm. Acesso em: 12 jul. 2005.

[232] SACHS, Ignacy. *Caminhos para o desenvolvimento sustentável.* 3. ed. Rio de Janeiro: Garamond, 2002, p. 49.

[233] "L'ordine delle coesistenze degli usi e l'ordine della successione degli usi comportano la individuazione di distinti soggetti utenti: nella coesistenza concorrono le generazioni presenti, nella successione l'uso attuale è una frazione di un continuum con gli altri usi anteriori e posteriori e deve consentire alle generazioni future di poter essere utenti" (LETTERA, 1992, p. 246).

[234] Semelhante abordagem é-nos trazida por PELIZZOLI, Marcelo Luiz. *A emergência do paradigma ecológico:* reflexões ético-filosóficas para o século XXI. Petrópolis: Vozes, 1999.

[235] AYALA, Patryck de Araújo. *Direito e incerteza:* a proteção jurídica das futuras gerações no Estado de Direito Ambiental. 2002. 495 p. Dissertação (Mestrado em Direito) – Universidade Federal de Santa Catarina, Florianópolis, 2002, p. 211. Derani, tomando de empréstimo expressão criada por Karl-Otto Apel, fala de uma "ética de responsabilidade solidária da humanidade", com base na qual o Direito se integra plenamente à dinâmica social e, no tocante aos problemas ecológicos, procura saná-los e preveni-los (DERANI, 1997, p. 55).

[236] AYALA, op. cit., p. 214.

sociedade humana é um fato primário e natural, e não o produto de uma vontade humana. Portanto, todo o homem fez, faz e fará sempre parte de um agrupamento humano".[237]

Loperena Rota identifica a "solidariedade" como um dos princípios gerais de direito ambiental, o qual, na sua concepção, ostenta três dimensões: a interterritorial (a dinâmica dos recursos ambientais impõe de fato uma solidariedade entre todos os habitantes do Planeta);[238] a intergeracional (solidariedade para com futuras gerações fundada numa nova lógica que assegure direitos a pessoas sequer nascidas ou concebidas) e a jurídica (agrupa todos os mecanismos de responsabilidade relacionados à preservação ambiental).[239]

Com origem[240] na constatação de que a numerosa população mundial aliada a poderosas tecnologias ameaçam nossos recursos, belezas e estabilidade planetários,[241] a teoria aprega a estruturação de um sistema ético-ambiental fundado na eqüidade intra e intergeracional,[242] desenvolvimento sustentável, direitos humanos e solidariedade supranacional.[243]

Mesmo quando procuramos ocultar o passado, nós representamos as gerações pretéritas através do legado que delas recebemos. Por outro lado, representamos os interesses das gerações futuras. As decisões por nós tomadas hoje acabam por afetar a qualidade de vida das pessoas que nos sucederão, bem como a integridade e a quantidade dos recursos que elas herdarão.[244]

Partindo da idéia de que o Estado de Direito tradicional não resolve os novos desafios lançados pela questão ambiental, Lettera propõe um novo pacto, um novo "contrato social" que insira no cenário jurídico redimensio-

---

[237] DUGUIT, Léon. *Fundamentos do direito*. Porto Alegre: Sérgio Antonio Fabris, 2005, p. 19.

[238] A respeito disso, Ost enfoca a idéia de patrimônio comum como uma noção "translocal". "Para lá das divisões administrativas e da lógica monolítica da propriedade, o patrimônio conduz à tomada de consideração de outros conjuntos a outras escalas, a escalas variáveis, consoante o tipo de recurso a proteger e consoante o tipo de utilização a favorecer" (OST, 1995, p. 376). Isso não significa que o patrimônio também não apresente uma repercussão ou uma "ancoragem" local e real. Os recursos existentes na minha propriedade devem ser objeto de cuidados por mim aplicados na sua preservação, sem prejuízo de políticas globais nesse mesmo sentido.

[239] LOPERENA ROTA, 1998. p. 88-90.

[240] Sobre a origem do conceito de eqüidade intergeracional, v. KISS, 2004, p. 1-12.

[241] NICKEL, James. Intergenerational equity, future generations, and sustainable development. In: CONGRESSO INTERNACIONAL DE DIREITO AMBIENTAL, 2., 1997, São Paulo. *Anais...* São Paulo: Imprensa Oficial, 1997, p. 73.

[242] Para Kiss, a expressão "eqüidade intergeracional" carrega a idéia de "reconhecimento do que devemos a nossos antepassados e nossa gratidão para com eles, assim como o que devemos à posteridade" (KISS, 2004, p. 3).

[243] LETTERA, 1992, p. 237.

[244] WEISS, 1998, p. 3.

nado pela amplitude temporal como um "cidadão necessário" as gerações futuras.[245]

A mesma linha é abonada por Häberle,[246] para quem o contrato social em matéria de natureza e cultura, além de envolver necessariamente uma perspectiva internacional, deve ser pensado para proteger as futuras gerações, porquanto somos todos cidadãos de um único mundo (*status mundialis hominis*).[247]

Nas palavras de Weiss:

> O princípio baseia-se no reconhecimento de que nós, membros da espécie humana, somos os mantenedores do meio ambiente natural e cultural de nosso Planeta em comum com todos os membros de nossa espécie: gerações pretéritas, geração presente e futuras gerações. Ao mesmo tempo, somos beneficiários incumbidos de usufruir e de tirar proveito disso. Todas as gerações são iguais na sua posição normativa em relação ao sistema natural que integram. Não há base para favorecer uma geração em relação a outra. Mais ainda. Não há base para discriminar alguns povos hoje na sua relação com o sistema natural[248] [tradução livre da autora].

Para além dessa visão restrita à espécie humana, Weiss aborda o nosso relacionamento com o sistema natural, lembrando que a espécie humana é parte integrante dele, razão por que não temos o direito de destruir sua integridade, mesmo que nos pareça interessante fazê-lo para o atendimento de uma demanda imediata.[249]

Essa nova perspectiva atenta para uma atuação responsável de cada um em face do outro e para o respeito à dignidade desse outro, permitindo "o reconhecimento de um novo *ethos* para a definição dos sujeitos envolvidos nas novas relações jurídicas".[250] Abarcando o conjunto de condições adequadas ao desenvolvimento e conservação da vida, e "não simplesmente da *vida qualificada pelo elemento humano*", essa renovada e ampla visão, ao tratar da proteção dos interesses das futuras gerações, busca a *abrangência de todos os seres vivos*.[251]

---

[245] LETTERA, op. cit., p. 248.
[246] HÄBERLE, 1998, p. 31-32.
[247] Ibidem, p. 18.
[248] "The international legal principle of intergenerational equity is based on the recognition that we, the human species, hold the natural and cultural environment of our planet in common with all members of our species: past generations, the present generation, and future generations. As members of the present generation, we hold the Earth in trust for future generations. At the same time, we are beneficiaries entitled to use and benefit from it. All generations are equal in their normative position in relation to the natural system of which they are a part. There is no basis for favoring one generation over another. Moreover there is no basis for discriminating among peoples today in their relationship to the natural system"(WEISS, 1998, p. 3).
[249] WEISS, 1998, p. 4.
[250] AYALA, 2002, p. 216.
[251] Ibidem, p. 216.

O princípio, na lição de sua teórica maior, se compõe de três aspectos:

a) *Diversidade de opções*: cada geração deve ser demandada a conservar a diversidade dos recursos naturais e culturais;

b) *Conservação da qualidade*: cada geração deve ser demandada a manter a qualidade ambiental de modo a assegurar que o Planeta legado não esteja em piores condições do que o recebido;

c) *Conservação do acesso*: cada geração deve prover os seus membros com iguais direitos de acesso ao legado das gerações passadas e deve conservar esse acesso às futuras gerações.[252]

Em relação ao primeiro aspecto – preservar a diversidade de opções – é importante enfatizar a necessidade da conservação dos recursos e das oportunidades.

Nickel, professor da Universidade do Estado do Arizona e especialista em direitos humanos, define recursos como coisas que podem ser usadas para a sobrevivência, prosperidade e prazer humano, garantindo um mínimo de qualidade de vida. Mas recursos e oportunidades produzem uma certa qualidade de vida somente se racionalmente utilizados. Tendo em conta as gerações futuras, é importante tentar garantir que a Terra não se torne um local inóspito para a vida humana e que recursos adequados estejam disponíveis.[253]

Identifica ele pelo menos quatro tipos de recursos, denotando, na mesma senda percorrida por Weiss, uma perspectiva sistêmica:

a) naturais (ex., carvão, óleo, ecossistemas intocados, paisagens notáveis);

b) infra-estruturais (ex., construções, estradas, pontes);

c) culturais (ex., culinária tradicional, sistemas legais e governamentais, artes);

d) tecnológicos (ex., técnicas agrícolas e plantas; técnicas de manejos dos resíduos, motores elétricos, etc.).[254]

Em relação aos naturais, os mais abordados pelos ambientalistas,[255] a redução das reservas conhecidas de recursos não renováveis gera problemas para as futuras gerações tanto pelo fato de que as presentes gerações acabam antecipando a utilização de alguns recursos sobre os quais ainda não detêm maiores conhecimentos, o que pode produzir efeitos igualmente nocivos ao ambiente, bem como pelo fato de reduzir a gama de recursos não-renováveis disponível para cessar qualquer problema superveniente.[256]

---

[252] WEISS, 1998, p. 4-5.
[253] NICKEL, 1997, p. 74.
[254] NICKEL, 1997, p. 74.
[255] Conforme Ibidem, p. 74.
[256] WEISS, 1998b, p. 60.

Quanto aos infra-estruturais, a visão de Nickel é, de fato, única, na medida em que essas obras por ele apontadas em geral sujeitam-se a desgastes inerentes ao uso e, em função das inovações tecnológicas, alterações de estilo de vida que impõem novas necessidades e replanejamento urbano costumam ser objeto de desconstruções e alterações constantes, não se inserindo, *prima facie,* no conceito de recursos enquanto fontes primárias para a vida e a prosperidade humanas.

Em relação aos culturais, esses recursos têm sido objeto de destaque junto aos doutrinadores que abordam a eqüidade intergeracional.[257]

Weiss aponta como problema grave a afetar essa dimensão a questão dos conhecimentos relacionados a algumas espécies particulares de plantas e animais e que, seja pela eliminação desses exemplares, seja pela falta de materialização do conhecimento em algum veículo que permita o fluxo intergeracional, acabam se perdendo e privando gerações futuras desses saberes.[258]

Além disso, diz a professora, a perda de conhecimento pode decorrer da eliminação ou deterioração de arquivos, registros históricos, línguas, obras de arte, composições musicais, trabalhos literários, tesouros arquitetônicos e monumentos. "Os problemas são particularmente severos se uma geração falha ao conservar importantes recursos culturais herdados, que não podem ser recriados para futuras gerações"[259] [tradução livre da autora].

De fato, no que pertine ao patrimônio cultural, a perda do suporte material sobre o qual recai o valor cultural não possibilita uma repristinação. Por exemplo, a perda do acervo de um museu não é recuperável, ainda que esse acervo esteja registrado em catálogos, fotografias, filmes. Ficam apenas reminiscências daquela fonte cultural, despidas de seu valor inerente e peculiar .

---

[257] Kiss exemplifica, dentre o que chama de "recursos culturais humanos", com o "conhecimento de povos indígenas, de registros científicos ou até mesmo de películas que se deterioraram com o passar do tempo". Não deixa também de enfocar a valoração cultural que muitas vezes recai sobre elementos da fauna e da flora selvagem, tais como baleias, leões e serpentes, além de paisagens e locais naturais. Afirma ele ser necessária "uma interpretação mais ampla dos direitos humanos para refletir os interesses mais diversificados das gerações futuras"(KISS, 2004, p. 2-3 e p. 8).

[258] A respeito do patrimônio cultural imaterial dos indígenas brasileiros, Santos e Oliveira manifestam grande preocupação, afirmando que, para além da riqueza de conhecimento sobre a fauna e a flora dessas populações, há também os conhecimentos relativos à cura através de alimentos e ervas, os quais igualmente se vinculam à diversidade ambiental imbricada nas relações entre os povos e os espaços territoriais por eles ocupados. Segundo elas: "É urgente o registro destas práticas terapêuticas que guardam um saber relativo ao conhecimento das práticas culturais de povos específicos, além de indicar processos de evolução significativos em termos de adaptação e reprodução do homem americano" (SANTOS, Mariza Veloso Motta; OLIVEIRA, Ana Gita de. A relação possível entre a questão indígena e o patrimônio cultural. *Subsídio Inesc*, Brasilía, n. 31, maio 1997, p. 10).

[259] "The problems are particularly severe if one generation fails to conserve important cultural resources it inherited, which cannot then be recreated for future generations" (WEISS, 1998, p. 60).

Quanto à última espécie identificada por Nickel, afigura-se-nos inadequada a tipologia, porquanto, s.m.j., esse grupo pode muito bem ser inserido no dos recursos culturais. A tal conclusão se chega quando se percebe que os conhecimentos tecnológicos integram o universo cultural da humanidade. Lettera, na perspectiva da eqüidade intergeracional, relaciona a cultura à educação. Para o teórico italiano, educação, na acepção própria da sociedade civil, se baseia na formação do indivíduo, no seu amadurecimento, contemplando a transmissão das técnicas já adquiridas com o escopo de tornar viável, mediante as iniciativas dos próprios indivíduos, o aprimoramento dessa mesma técnica. O conjunto dessas técnicas é definido como cultura cuja transmissão de geração em geração é condição para a sobrevivência da sociedade humana.[260]

Ost, buscando definir um estatuto jurídico para o meio ambiente que atenda ao postulado da eqüidade intra e transgeracional, que se coadune com a arquitetura de um desenvolvimento sustentável e que seja dotado da complexidade ínsita ao sistema ecológico, propõe o seu enquadramento na idéia de "patrimônio comum",[261] "composto por recursos identitários, simultaneamente garante material da perenidade do grupo em questão e suporte simbólico da sua identidade",[262] "um patrimônio sem testamento", vocacionado à transmissão e não à apropriação.[263]

Sem descurar de possíveis problemas que a noção de patrimônio, herdada do direito esboçado na Antigüidade Grega, ainda apresenta,[264] Ost defende-a como a mais afinada a uma perspectiva diáletica, que contenha em sua essência traços de uma complexidade decalcada à idéia de meio ambiente. Identifica ele cinco indícios dessa complexidade: a) natureza híbrida que se revela insubmissa à distinção entre sujeito e objeto (a idéia de patrimônio sempre serviu para designar, a um só tempo, um conjunto de bens e um prolongamento da personalidade); b) superação da tradicional dicotomia entre direitos patrimoniais (ligados ao ter) e extrapatrimonias (ligados ao ser), encaixando traços retirados da personalidade com outros do "haver";[265] c)

---

[260] LETTERA, 1990, p. 171.
[261] OST, 1995, p. 351.
[262] Ibidem, p. 380.
[263] OST, François. *Un héritage sans testament*: patrimoine et générations futures. Disponível em: http://64.233.161.104/search?q=cache:5jxPSo2reWQJ:www.fgf.be/pdf/heritage_sans_testament.doc+fran%C3%A7ois+ost+un+h%C3%A9ritage+sans+testament+&hl=pt-BR. Acesso em: 18 jul. 2005.
[264] OST, 1995, p. 378-380.
[265] "Assim, estamos progressivamente cada vez mais em posição de compreender a conformidade da tese, que vê no 'meio', quadro das relações homem-natureza, um 'património comum': um património urdido de direitos privativos mas também de usos colectivos, no prolongamento dos investimentos simbólicos e vitais que a humanidade realiza, nesta natureza que lhe dá existência" (Ibidem, p. 366).

coesão entre o ativo e o passivo fundidos na concepção de universalidade; d) a existência de múltiplas utilizações que recaem sobre diversos titulares (idéia essa materializada no conceito de transpropriação)[266]e e) caráter geometricamente variável (noção "proteiforme"), o qual se inscreve simultaneamente no local e no global; no atual, no passado e no futuro.[267]

Conquanto a doutrina pátria ainda seja diminuta na abordagem desse princípio,[268] possui ele expressão jurídica em nosso ordenamento, a começar pela Constituição Federal, cujo art. 225, "caput", nomina as gerações presentes e futuras como as titulares do direito fundamental ao meio ambiente sadio e ecologicamente equilibrado.

Além de abraçar o postulado de que o direito ao meio ambiente ecologicamente equilibrado é, tanto quanto o meio ambiente em si mesmo, indisponível,[269] a Constituição faz transcender essa indisponibilidade entre as gerações, produzindo, no dizer de Mirra, "um dever não apenas moral, como também jurídico e de natureza constitucional" de transmissão do patrimônio ambiental para as gerações que venham a nos suceder.[270]

Assume o Constituinte a constatação de que a questão ambiental não se desenvolve em um arco temporal restrito ao espaço visível da atual geração, mas conserva efeitos que repercutem no destino das futuras gerações.[271]

Nas sensíveis palavras de Leite, o texto constitucional consagra um *direito fundamental intergeracional de participação solidária,* por ele assim explicado:

> De acordo com o preceito constitucional examinado, que a preocupação com a preservação ultrapassa o plano das presentes gerações, e busca proteção para as gerações futuras. É, de fato, a proclamação de um direito fundamental intergeracional de participação solidária e, como conseqüência, extrapola, em seu alcance, o direito nacional de cada Estado soberano e atinge um patamar intercomunitário, caracterizando-se como um direito que assiste a toda a humanidade.[272]

---

[266] A idéia de patrimônio supera a lógica exclusivista e monofuncional da propriedade privada e da sua expressão política – a soberania estatal –, dando lugar a uma abordagem complexa, na qual são consideradas as múltiplas utilizações que envolvem os espaços e os recursos, criando redes de direitos de uso e de controle para além da ótica proprietária tradicional. Nesse sentido, Ibidem, p. 371.

[267] O autor visualiza no patrimônio uma noção transtemporal e translocal. Embora perfeitamente identificável no presente (não sendo, portanto, uma noção evanescente inábil a se concretizar em parte alguma), o patrimônio contém a marca do passado, do qual procede, e o caráter do futuro para o qual se destina. "Herança das gerações passadas, recurso das gerações presentes, ele é também a garantia comum das gerações futuras, em relação às quais contraímos a dívida de transmissão" (Ibidem, p. 374).

[268] Conforme observa AYALA, 2002, p. 217.
[269] MIRRA, 2005, p. 35.
[270] Ibidem, p. 36.
[271] LETTERA, 1992, p. 237 e p. 252.
[272] LEITE, 2000, p. 95.

Inspirada na Carta de Estocolmo de 1972, cujo preâmbulo[273] e o princípio primeiro[274] referem-se expressamente ao compromisso com as futuras gerações, a nossa Lei Maior compromete-se com a solidariedade já no seu art. 3º, quando escreve, dentre os objetivos fundamentais da República Federativa do Brasil, a construção de uma sociedade "livre, justa e *solidária*" (grifo nosso).[275] Adiante, quando define os princípios reitores do relacionamento internacional do Brasil, assinala no inc. IX do art. 4º a "cooperação entre os povos para o progresso da humanidade".

Esse princípio de direito internacional possui uma inegável abertura temporal e espacial. Ao aludir à cooperação entre os povos, o Constituinte compromete-se com o diálogo translocal. Por sua vez, ao empregar a expressão humanidade, rompe com o presenteísmo e estabelece vínculos com as gerações pretéritas e futuras.[276]

Os direitos das futuras gerações parecem também não terem sido olvidados pela Lei da Política Nacional do Meio Ambiente, quando inclui dentre seus objetivos "a preservação e restauração dos recursos ambientais com vistas à sua utilização racional e disponibilidade permanente, concorrendo para manutenção do equilíbrio ecológico propício à vida".[277]

Ora, não estivesse a lei maior da política ambiental pátria comprometida com essa perspectiva intergeracional, não estaria ela preocupada com "utilização racional" e "disponibilidade permanente" dos recursos ambientais. Tais escopos não se coadunam com uma visão egoística, centrada nas gerações que hoje habitam o Planeta, mas se liga a um enfoque precaucional em relação aos que virão, como, aliás, o recomenda Nicholas Georgescu-Roegen, citado pelo Prof. Alier, catedrático da universidade autônoma de Barcelona:

---

[273] "Para chegar à plenitude de sua liberdade dentro da natureza, e, em harmonia com ela, o homem deve aplicar seus conhecimentos para criar um meio ambiente melhor. A defesa e o melhoramento do meio ambiente humano para as gerações presentes e futuras se converteu na meta imperiosa da humanidade, que se deve perseguir, ao mesmo tempo em que se mantém as metas fundamentais já estabelecidas, da paz e do desenvolvimento econômico e social em todo o mundo, e em conformidade com elas" (item 6 do Preâmbulo). Disponível em: www.dhnet.org.br. Acesso em 16 jul. 2005.

[274] "O homem tem o direito fundamental à liberdade, à igualdade e ao desfrute de condições de vida adequadas em um meio ambiente de qualidade tal que lhe permita levar uma vida digna e gozar de bem-estar, tendo a solene obrigação de proteger e melhorar o meio ambiente para as gerações presentes e futuras. A este respeito, as políticas que promovem ou perpetuam o apartheid, a segregação racial, a discriminação, a opressão colonial e outras formas de opressão e de dominação estrangeira são condenadas e devem ser eliminadas" (Disponível em: www.dhnet.org.br. Acesso em 16 jul. 2005).

[275] Inc. I do art. 3º.

[276] Ao tratar da eqüidade entre as gerações, o Relatório Brundtland enfatiza que a interdependência é mais que um fenômeno local. "Não existe uma autoridade supranacional que resolva tais questões, e só é possível fazer valer o interesse comum por meio da cooperação internacional" (COMISSÃO MUNDIAL SOBRE MEIO AMBIENTE E DESENVOLVIMENTO. *Nosso futuro comum*. Rio de Janeiro: Fundação Getúlio Vargas, 1988, p. 51).

[277] Art. 4º, inc. VI.

Vemos, pois, que a moralidade do *carpe diem*[278] tem muito sentido já que os humanos somos mortais. Sendo assim, para entidades quase imortais como são a nação e ainda mais claramente a humanidade, descontar o futuro é errôneo de qualquer ponto de vista [...] A solução analítica é distribuir os recursos com igualdade ao longo do tempo, ainda que neste caso um horizonte temporal infinito leve ao resultado paradoxal de que cada ano se pode consumir uma quantidade nula (ou infinitesimal) de recursos [...] (Talvez) em lugar de fundar nossas recomendações no princípio arquiconhecido de maximizar a utilidade, teríamos que minimizar o arrependimento futuro. Esta parece ser a única receita razoável, não creio que possa chamar-se racional, para afrontar a incerteza mais incerta de todas, a incerteza histórica.[279]

O princípio em questão igualmente foi contemplado pela Lei que dispõe sobre a Política Nacional da Educação Ambiental (Lei nº 9.795/99), quando adota dentre seus princípios básicos o "enfoque humanista",[280] referindo dentre seus objetivos a "construção de uma sociedade ambientalmente equilibrada, fundada nos princípios da liberdade, igualdade, *solidariedade*, democracia, justiça social, responsabilidade e sustentabilidade".[281]

É na dimensão cultural que o princípio da eqüidade intergeracional se apresenta com toda a sua plenitude, porquanto uma sociedade humana não pode sobreviver sem a transmissão cultural de uma para outra geração.[282] Não por outra razão Kiss trata da humanidade como um contínuo, comparando-a a um enorme rio que flui ininterruptamente, torna-se cada vez maior, não apresentando distinção entre as gotas que o formam.[283]

Curtis, manifestando sua irresignação contra determinados vetos do então Prefeito de Porto Alegre a projetos que envolviam a preservação de bens culturais, destacou que o ato de preservar não se dá para as gerações presentes. No intuito de evitar a "amnésia coletiva", "preservamos para imprimir nossa identidade no inconsciente coletivo, para que o além de nós reafirme a personalidade cultural daqueles que nos antecederam".[284]

O estabelecimento de liames entre as gerações já mortas, as vivas e as que sequer nasceram configura o núcleo, a essência da política de preservação do patrimônio cultural, mesmo porque, nas sábias palavras do professor René-Jean Dupuy, Presidente do Instituto de Direito Internacional e membro

---

[278] VIVER cada dia como se fosse o último, intensamente. Disponível em: www.sonoo.com.br/Carpediem.html. Acesso em: 19 jul. 2005.

[279] ALIER, Joan Martínez. *Da economia ecológica ao ecologismo popular*. Blumenau: Furb, 1998, p. 60-61.

[280] Art. 4º, inc. I.

[281] Art. 5º, inc. V.

[282] LETTERA, 1992, p. 252.

[283] KISS, 2004, p. 4.

[284] CURTIS, Júlio Nicolau de. *Vivências com a arquitetura tradicional do Brasil:* registros de uma experiência técnica e didática. Porto Alegre: Editora Ritter dos Reis, 2003, p. 253-254.

da Academia de Ciências Morais e Políticas da França, os homens devem poder contar com uma sobrevida através de seus filhos. O meio ambiente não deve ser encarado como uma noção negativa, mas como o conjunto de condições que propicie aos homens o desenvolvimento e o amadurecimento, abarcando condições de ordem ecológica, econômica e cultural.[285]

Ruskin, que nesse aspecto pode ser considerado um precursor da idéia de eqüidade entre as gerações, alertava para o recorrente desinteresse dos povos pela posteridade. Para ele, não estaremos fazendo um juízo adequado de nossa missão sobre a Terra se nossa utilidade desejada e refletida somente abarque nossos companheiros imediatos, desconsiderando os sucessores de nossa peregrinação.

> Deus nos emprestou esta terra durante nossa vida; não é mais que um bem sujeito à restituição. Pertence aos que virão depois de nós, cujos nomes estão já inscritos no livro da criação como os nossos mesmos; não temos o direito, por atos ou por negligência, de conduzi-los a penalidades inúteis, ou a privá-los dos benefícios que a nós caberia legar-lhes. A beleza do fruto está na proporção do tempo que transcorre entre a semente e a colheita; é uma das condições prescritas do trabalho humano[286] [tradução livre da autora].

Conforme profundo estudo desenvolvido por Ayala, tutelar direitos de pessoas ainda não nascidas, nem mesmo concebidas, representa uma reviravolta sem precedentes no ordenamento jurídico.[287] Para além da tutela tradicionalmente aceita dos direitos do nascituro – o chamado *conceptus*[288] –, a consciência da vinculação do direito ao meio ambiente sadio e ecologicamente equilibrado com o direito à vida imprime uma perspectiva nova de herança transmissível e de recíprocas responsabilidades que propiciem o fluxo entre gerações.

---

[285] DUPUY, René-Jean. *L'avenir du droit international de l'environnement*. Dordrecht: Martinus Nijhoff, 1985, p. 502-503.

[286] "Dios nos ha prestado esta tierra durante nuestra vida; no es más que un bien sujeto à restitución. Pertenece á los que vendrán después de nosotros cuyos nombres están ya inscritos en el libro de la creación como los nuestros mismos; no tenemos el derecho, por actos ó por negligencias, de conducirles á penalidades inútiles, ó á privarles de beneficios que estaría en nuestra mano legarles. La belleza del fruto está en proporción del tiempo que transcurre entre la semilla y la recolección; es una de las condiciones prescritas del trabajo del hombre" (RUSKIN, 1910, p. 222).

[287] AYALA, 2002, p. 148-155.

[288] LOPERENA ROTA, explorando o tema da solidariedade entre gerações, considera que assegurar direitos a não nascidos, sequer concebidos, não traduz uma nova idéia no mundo do Direito. Ao contrário, está bem desenvolvida desde o antigo Direito de Família. Não há, na sua visão, qualquer invenção conceitual de difícil encaixe técnico, mas adaptação de uma instituição arcaica a necessidades atuais determinadas pela política ambiental (LOPERENA ROTA, 1998, p. 89). Na nossa perspectiva, a tutela dos direitos das gerações vindouras e mesmo do legado deixado pelas que nos antecederam requer uma nova abordagem, que transcenda ao modelo contratualista (fundado em direitos e obrigações) e contemple uma continuidade, um fluxo ininterrupto no exato sentido da humanidade e da necessária continuidade da vida.

Convém lembrar, não sem a ajuda de Nickel,[289] que os fundamentos que embasam a defesa dos direitos das futuras populações são os mesmos que norteiam a justiça para as pessoas que hoje habitam o planeta. Em ambos os casos, a idéia base é que humanos são iguais em seus reclamos espirituais e devem tratar uns aos outros equanimemente no tocante à apropriação de recursos.

Quando se tem em conta a necessidade da transmissão cultural para a construção da personalidade, o imperativo ético determinado pela teoria engendrada por Weiss amolda-se como luva à tutela do patrimônio cultural. Não sem motivo ela insere a vertente cultural na lista de condutas que exemplifica como violadoras do primado da eqüidade intergeracional:

a) criação de resíduos que não possam ser razoavelmente contidos em seus impactos espaciais ou temporais;

b) imposição de danos aos solos tão extensos que os tornem incapazes de suportar plantas ou vida animal;

c) destruição de florestas tropicais de molde a afetar sigficativamente a diversidade global de espécies da região;

d) poluição do ar ou transformação da terra suficiente para provocar mudanças climáticas significativas;

e) destruição de conhecimento essencial para o entendimento dos sistemas sociais e naturais;

f) destruição de monumentos culturais havidos pelos países como parte da herança comum da espécie humana;

g) destruição de específicas dotações estabelecidas pela presente geração para o benefício das futuras gerações, como, por ex., bancos genéticos e bibliotecas de importância internacional.[290]

Sachs, teórico centrado no tema do desenvolvimento sustentável, o qual se nos afigura indissociável da teoria da eqüidade intergeracional, acena para cinco dimensões da sustentabilidade: social, econômica, ecológica, espacial e cultural. Em relação à última, refere-se ao respeito e à abertura que devem ser conferidos às diversas culturas e suas contribuições para a construção de modelos de desenvolvimento apropriados às especificidades de "cada ecossistema, cada cultura e cada local".[291] Enfatiza a pluralidade de soluções, contrapondo-se à visão monológica do conceito de progresso técnico baseado exclusivamente no avanço do conhecimento científico tradicional. Propõe o

---

[289] NICKEL, 1997, p. 73.

[290] Ibidem, p. 80.

[291] SACHS, Ignacy. *Estratégias de transição para o século XXI:* desenvolvimento e meio ambiente. São Paulo: Studio Nobel e Fundação de Desenvolvimento Administrativo, 1993, p. 27.

reconhecimento da importância dos conhecimentos das comunidades tradicionais, conforme consta do Princípio n° 22 da Declaração do Rio de Janeiro, *in verbis*:

> As populações indígenas e suas comunidades, assim como outras comunidades locais, desempenham um papel fundamental no planejamento do meio ambiente e no desenvolvimento, graças aos seus conhecimentos e práticas tradicionais. Os Estados deveriam reconhecer e aprovar devidamente sua identidade, cultura e interesses e tornar possível sua participação efetiva na obtenção do desenvolvimento sustentável.[292]

Outro teórico de destaque no tocante aos desenvolvimento sustentável e à eqüidade intergeracional, Michael Decleris, articula doze subprincípios a servirem de guias para esse tipo de desenvolvimento. Dentre eles, contempla o da herança cultural ("principle of cultural heritage"), segundo o qual há de ser conferida alta proteção aos sítios onde se encontrem monumentos históricos, abarcando inclusive o entorno desses. Além disso, recomenda a proteção das culturas tradicionais das populações locais, a fim de que sejam salvaguardadas de interferências derivadas de movimentos culturais alienígenas.[293] Aponta ainda para o valor estético da natureza ("principle of the aesthetic value of nature"), dirigido à sensibilização e proteção do valor estético da natureza e paisagem, com destaque para o fato de que o interesse público deva prevalecer em relação à tutela da paisagem e dos valores a elas associados.

O princípio da eqüidade intergeracional vem paulatinamente sendo contemplado em decisões de nossos pretórios.

Em sede de ação civil pública envolvendo risco de incêndio e poluição visual perpetrada ao Pico do Ibituruna, situado em Governador Valadares, Minas Gerais, local tombado pela Constituição daquele Estado desde 1989, o respectivo Tribunal de Justiça assim se pronunciou, em aresto que, pela profundidade e ineditismo, merece ser parcialmente reproduzido:

> AÇÃO CIVIL PÚBLICA – PICO DO IBITURUNA – DANO AO MEIO AMBIENTE – RISCO DE INCÊNDIO E POLUIÇÃO VISUAL – PRINCÍPIO DA PRECAUÇÃO. A Constituição do Estado de Minas Gerais, no art. 84 do Ato das Disposições Constitucionais Transitórias tombou e declarou monumento natural, dentre outros, o Pico do Ibituruna, situado em Governador Valadares. Deve ser julgado procedente pedido veiculado em ação civil pública se os elementos de prova demonstram o risco de incêndio na área e a poluição visual decorrentes da presença de fios elétricos e equipamentos de letreiro luminoso, instalados em área de preservação ambiental, sem o necessário estudo de impacto ambiental e conseqüente licença. O princípio da prevenção está associado, constitucio-

---

[292] Disponível em: www.iphan.gov.br/legislac/cartaspatrimoniais/cartario-92.htm. Acesso em 18 jul. 2005.
[293] DECLERIS, Michael. *The law of sustainable development:* general principles, a report produced for the Europe Comission. Bruxelas: European Communities, 2000.

nalmente, aos conceitos fundamentais de equilíbrio ecológico e desenvolvimento sustentável; o primeiro significa a interação do homem com a natureza, sem danificar-lhe os elementos essenciais. O segundo prende-se à preservação dos recursos naturais para as *gerações futuras.* A 'Declaração do Rio de Janeiro', votada, à unanimidade, pela Conferência das Nações Unidas para o Meio Ambiente e o Desenvolvimento (1992), recomendou a sua observância no seu Princípio 15.[294] (Grifos nossos)

Esse aresto, além de chamar atenção pelo fato de enfeixar as dimensões natural e cultural do ambiente, demonstra um compromisso, por parte dos julgadores, com os chamados direitos de terceira dimensão, denominados, no seu corpo, como "direitos de solidariedade": "Se é garantia fundamental do cidadão a existência de uma ação constitucional objetivando a defesa do meio ambiente, tal fato ocorre em razão de que o direito à condição saudável do meio ambiente é um direito fundamental do ser humano". Sob tais fundamentos, aliados ao princípio da prevenção, o Tribunal sabiamente determinou a retirada do letreiro luminoso do local, porquanto interferia negativamente na paisagem, além de representar, em razão da fiação elétrica, constante risco de incêndio.

Do mesmo Tribunal, também merece ser transcrito trecho de uma outra decisão igualmente alusiva à eqüidade intergeracional, versando sobre a poluição sonora gerada por atividade empresarial:

Hoje existe a consciência de que o progresso a qualquer preço não é sustentável a longo prazo, passando-se a defender a tese de que o desenvolvimento que atende às necessidades do presente deve prever as capacidades de as futuras gerações também terem meios de subsistência. Por outras, pretende-se melhorar a qualidade de vida humana dentro da capacidade que os ecossistemas possam suportar.[295]

Da pesquisa desenvolvida na doutrina, na legislação e na jurisprudência, é possível inferir que o princípio já goza de um enraizamento significativo no Direito brasileiro, o que o habilita a de fato provocar algumas transformações no tocante ao trato das questões ambientais, mais especificamente das relacionadas ao patrimônio cultural, para o qual se ajusta como luva, considerando a transtemporalidade ínsita à preservação patrimonial.

Com base em um modelo de confiança ou de fidúcia,[296] afirma-se que cada geração tem a responsabilidade de preservar os recursos naturais e a herança humana pelo menos no patamar que recebeu de seus antepassados.

---

[294] MINAS GERAIS. Tribunal de Justiça. Apelação Cível n. 1.000.00.295312-3/000(1). Relator Des. Wander Marotta. Acórdão de 10 fev. 2003. Disponível em: www.tjmg.gov.br/juridico/jt/inteiro_teor. Acesso em: 03 jun. 2005.

[295] MINAS GERAIS. Tribunal de Justiça. Apelação Cível n. 1.0313.04.153120-0/001(1). Relator: Des. Wander Marotta. Acórdão de 26 abr. 2005. Disponível em: www.tjmg.gov.br/juridico/jt/inteiro_teor. Acesso em: 03 jun. 2005.

[296] Esse modelo é categorizado por Sampaio como sendo o idealizado por Weiss (SAMPAIO, José Adércio. Constituição e meio ambiente na perspectiva do direito constitucional comparado. In: SAMPAIO, José Adércio; WOLD, Chris; NARDY, Afrânio. *Princípios de direito ambiental*: na dimensão internacional e comparada. Belo Horizonte: Del Rey, 2003, p. 55).

2.3. OS PRINCÍPIOS ESPECÍFICOS DA TUTELA DO MEIO AMBIENTE CULTURAL

Conquanto o meio ambiente deva ser sempre visualizado e gerido como uma unidade, para fins didáticos costuma-se identificar suas dimensões.

Da revisão bibliográfica realizada, identificaram-se alguns princípios que, embora numa interpretação extensiva possam até vir a ser observados no tocante às demais dimensões do meio ambiente, têm o seu direcionamento apontado para a perspectiva de preservação do meio ambiente cultural.

2.3.1. O princípio da preservação no próprio sítio e a proteção ao entorno

Esse princípio está na Carta de Veneza, em artigos cujo teor merece transcrição:

> Artigo 7º – O monumento é inseparável da história de que é testemunho e do meio em que se situa. Por isso, o deslocamento de todo o monumento ou de parte dele não pode ser tolerado, exceto quando a salvaguarda do monumento o exigir ou quando o justificarem razões de grande interesse nacional ou internacional
> Artigo 8º – Os elementos de escultura, pintura ou decoração que são parte integrante do monumento não lhes podem ser retirados a não ser que essa medida seja a única capaz de assegurar sua conservação.[297]

A inserção do bem cultural, e de todos os elementos que o integram, em seu contexto, sempre que possível, é decorrência de um de seus elementos: a função de testemunho, a capacidade que ele tem de se comunicar, silenciosamente, por sua simples presença em determinado contexto espacial.[298]

Não sem razão, a legislação brasileira protege o entorno do bem tombado (art. 18 do Decreto-Lei nº 25/37), obstruindo construções que lhe impeçam ou reduzam a visibilidade.

A zona de entorno ou envoltória está intimamente relacionada à importância e qualidade do patrimônio cultural edificado e, como um diafragma, cumpre uma função amortizadora e de complemento.[299]

Essa proteção ao entorno também restou contemplada pela já referida Lei nº 6.513/77, regulamentada pelo Decreto Federal nº 86.176/81, a qual

---

[297] CARTA de Veneza, 2005. Vide Carta de Burra, de 1980, mais precisamente no art. 8°, também disponível no sítio do IPHAN.

[298] Nas palavras de Teixeira: "Ora, o património cultural, em particular na óptica do património artístico, começa por revestir uma função de comunicação, ou modo de comunicar, ou ainda, mais do que isso, de linguagem (arte-linguagem) que dispensa a palavra, a supera, multiplica o seu sentido e suprime a incapacidade de transmissão da palavra" (TEIXEIRA, 2004).

[299] CASTILLO RUIZ, José. *El entorno de los bienes inmuebles de interés cultural.* Granada: Universidad, 1997, p. 106.

disciplina as áreas especiais de interesse turístico, instituindo a possibilidade de definição de zonas de entorno que podem ser de duas espécies: a) entorno de proteção: "espaço físico necessário ao acesso do público ao Local de Interesse Turístico e à sua conservação, manutenção e valorização, e b) entorno de ambientação: "o espaço físico necessário à harmonização do Local de Interesse Turístico com a paisagem em que se situa".[300] O desrespeito a essas restrições poderá implicar a imposição de sanções previamente definidas no art. 24, inc. V, do mesmo diploma legal.

Sem embargo da presença desses instrumentos na legislação brasileira,[301] o fato é que a sua aplicação ainda é escassa, quer pela falta de estudos técnicos que embasem suas definições, quer pela jurisprudência bastante acanhada na compreensão do teor do aludido art. 18, captado de forma restrita, de molde a abarcar tão-somente as intervenções que afetem a *visibilidade* do bem cultural tombado.[302]

No tocante à retirada de um bem de seu "locus" original, há precedente oriundo da Comarca gaúcha de Caxias do Sul, onde o Ministério Público ajuizou ação cautelar de produção antecipada de prova e, sucessivamente, ação civil pública objetivando evitar a remoção, destruição e traslado de uma capela típica da colonização italiana, em madeira, tendo em conta os planos da administração paroquial e da Mitra Diocesana de construírem, naquele local, uma igreja nova e ampliada.

Sentenciando as ações, o ilustre magistrado Heráclito José de Oliveira Brito houve por bem homologar a prova antecipadamente colhida e julgar procedente a ação principal, reconhecendo o valor cultural da "Capela São Roque" e impondo aos responsáveis por sua administração e ao Município as obrigações de preservá-la e de não descaracterizá-la.

Na fundamentação da sentença, considerou contraditória a posição do Município que, a despeito de reconhecer o valor indiscutível do prédio como patrimônio histórico e cultural, tomara iniciativas para transferi-lo de local.

---

[300] Art. 4° da Lei n° 6.513/77.

[301] No tocante às unidades de conservação, importante reportar que a Lei n. 9.985/00 (Lei do Sistema Nacional de Unidades de Conservação), em seu art. 2°, inc. XVIII, institui a necessidade de zonas de amortecimento, entendidas como "o entorno de uma unidade de conservação, onde as atividades humanas estão sujeitas a normas e restrições específicas, com o propósito de minimizar os impactos negativos sobre a unidade". Essas zonas de amortecimento são de obrigatória previsão para quase todas as unidades de conservação, exceção para as áreas de proteção ambiental (APAS) e reservas particulares do patrimônio natural (RPPNs), conforme se lê no art. 25, "caput", da referida Lei.

[302] Nesse sentido, Bernadete Farias traz à reflexão uma coletânea de arestos nos quais a interpretação da faixa de proteção se confunde com o que possa importar em prejuízo à visibilidade da coisa tombada (FARIAS, ob. cit., p. 30). No Tribunal de Justiça gaúcho essa foi a interpretação dada ao art. 18 do Decreto-Lei n° 25/37 (RIO GRANDE DO SUL. Tribunal de Justiça. Apelação e Reex. Nec. n. 598216638. Relator: Des. Roque Joaquim Volkweiss. Julgado em 02 fev. 2002. Disponível em: www.tj.rs.gov.br/site_php/jprud2/ementa.php. Acesso em 30 agos. 2005).

Para refutar essa iniciativa, o magistrado trouxe a lume posicionamento do já citado arquiteto Júlio Nicolau Barros de Curtis que, em 1980, opinara contrariamente à remoção da Igreja Matriz de Cacique Doble para o Parque Marinha do Brasil, em Porto Alegre: "arquitetura não é apenas material de construção agenciado para definir um espaço vivencial e que se possa transferir como um circo. Arquitetura mergulha raízes profundas no meio que a produziu e morre, sempre, no seu significado cultural ao ser transplantada".[303]

Entre a sentença e o julgamento do recurso de apelação, sobreveio acordo celebrado entre o Ministério Público e a Municipalidade e que importou na declaração de tombamento definitivo da Capela São Roque pela Comissão Específica e Permanente para a Proteção do Patrimônio Histórico e Cultural de Caxias do Sul, como se lê da ementa a seguir:

> AÇÃO CIVIL PÚBLICA – CAPELA DE SÃO ROQUE, DISTRITO DE FAZENDA SOUZA, MUNICÍPIO DE CAXIAS DO SUL – VALOR CULTURAL, HISTÓRICO, AMBIENTAL E ARQUITETÔNICO DO BEM – RISCO DE DEMOLIÇÃO – Ação objetivando ver declarados tais valores em relação ao Imóvel determinando-se aos responsáveis pela manutenção o dever de preservá-lo e restaurá-lo – Município que não vinha adotando as necessárias providências para o tombamento do bem – Acordo formalizado entre o Ministério Público e os demais réus, excluído o município que permaneceu integrando a lide – Fato superveniente decorrente da declaração do tombamento definitivo da capela de São Roque pela Comissão Específica e Permanente para Proteção do Patrimônio Histórico e Cultural de Caxias Do Sul – Aplicação do Art. 462 do CPC – Recurso prejudicado. Agravo retido do município desprovido. Agravo retido dos demais réus e apelo prejudicados.[304]

No Direito Comparado, a proteção ao entorno goza de elevado prestígio em termos de tutela cultural. Da noção de monumento isolado evoluiu-se, não sem ampliar os conflitos com o direito de propriedade privada, para a proteção do seu entorno.[305]

Teixeira reconhece no Direito português o princípio de proibição de deslocamento dos bens culturais do seu "locus" originário, expressando a intencionalidade da sua preservação no seu contexto natural e do desfrute da coletividade que lhe está mais próxima, além de uma lógica descentralizadora que também lhe é inerente.[306]

---

[303] CAXIAS DO SUL. Juizado Cível. Ação Civil Pública e Ação Cautelar n°s 1001277102 e 1001083229. Prolator: Juiz Heráclito José de Oliveira Brito. Sentença publicada em 22 abr. 2003.

[304] RIO GRANDE DO SUL. Tribunal de Justiça. Apelação Cível n. 70006812093. Relator: Des. João Carlos Branco Cardoso. Acórdão de 09 jun. 2004. Disponível em: www.tj.rs.gov.br/site_php/jprud2/ementa.php. Acesso em: 30 ago. 2005.

[305] MILET, 1988, p. 76.

[306] TEIXEIRA, 2004.

A par disso, a legislação do país irmão, como informa Condesso, prevê, para todos os imóveis "classificados",[307] uma zona de proteção que, em princípio, abrange uma extensão de 50m,[308] salvo se a portaria casuisticamente editada para defini-la referir metragem diversa.[309]

No Direito italiano, restou pacificado o entendimento de que os desígnios de preservação só se concretizam mercê de um necessário alargamento do campo de incidência da tutela, a qual deve transcender ao bem em si e atingir outros tantos que, em razão de seu posicionamento, relacionam-se com o protegido.

Como explica Ferri, para essa situação, por ele chamada de "proteção ambiental", a lei prevê a "emissão de um decreto ministerial para estabelecer a classificação da zona que se considera constituir a 'envolvente ambiental' do bem protegido e a definição das determinações que nesse âmbito devem ser respeitadas".[310] Segundo esse autor, os juízes administrativos têm reconhecido a legitimidade de áreas de proteção ambiental (ou envoltórias), até mesmo de grandes proporções, desde que o gravame imposto aos particulares atenda a dois requisitos: limite-se ao estritamente necessário para atender, no caso concreto, às exigências de conservação e esteja circunstanciada e tecnicamente fundamentado.[311] Não há, portanto, qualquer limitação relativa à extensão territorial previamente definida em lei. Na verdade, essa deve se ater estritamente às singulares características que conformam as razões do vínculo indireto, o qual não se trata de um ato administrativo singular que tem como destinatário somente um sujeito individualizado *ab origine*: mas de ato administrativo de efeitos gerais que decorre das condições objetivas do bem sem ter em conta uma direta consideração com o sujeito proprietário.

A respeito do assunto, o Tribunal de Apelação da Região da Emília Romagna, em precedente que discutia a área de proteção envoltória do Castelo di Torrechiara, situado a 18 quilômetros ao sul de Parma, assim se pronunciou:

> A necessidade de conservar o ambiente circundante na situação como se apresenta ou ainda de assegurar a ele determinadas características que são compatíveis com o bem imóvel de interesse histórico e arquitetônico não se destaca, no vínculo indireto,

---

[307] A classificação corresponde, no Direito português, ao tombamento no Direito brasileiro, e está minuciosamente regrada na Lei n. 107/2001, que estabelece as bases da política e do regime de proteção e valorização do patrimônio cultural daquele país.
[308] Art. 43 da Lei n. 107/2001. Disponível em: www.diramb.gov.pt. Acesso em: 20 out. 2005.
[309] CONDESSO, 2001, p. 1209-1210.
[310] FERRI, 1996, p. 128.
[311] FERRI, 1996, p. 129.

enquanto autônomo valor paisagístico, mas pela imprescindível correlação que liga o bem ao ambiente, segundo um dos perfis exemplificativamente descritos no art. 21 da Lei nº 1.089 de 1º de junho de 1939; em particular, para tutelar a perspectiva, não se entende somente a exigência de assegurar uma visão livre do bem imóvel, mas também aquela de salvaguardar o aspecto exterior do bem inserido no ambiente, em conjunto com outras obras que, podendo não apresentar em si particulares valores artísticos, venham a se valorizar com o bem principal e, por sua vez, melhor valorizar esse último.

A extensão e a tipologia dos vínculos históricos e artísticos, seja direta ou indireta, não são rigidamente predeterminadas pelo art. 21 da Lei nº 1.089, de 1º de junho de 1939, mas são remetidas à consideração da Administração, e são exercitadas com resguardo à natureza e ao número de bens a serem tutelados, a sua localização, às particulares condições ambientais e a outras circunstâncias [...].

O vínculo se dá em função da conservação de um ambiente que é elemento visual, panorâmico e histórico ao mesmo tempo[312] [tradução livre da autora].

No Texto Único aprovado pelo Decreto Legislativo 22/04,[313] a legislação Italiana disciplina a proteção do entorno como forma de tutela "indireta" ao bem cultural, porquanto não atinge diretamente o bem revestido de interesse histórico/cultural, mas influencia na qualificação daquele, tendo um caráter instrumental.[314] O entorno, nesse caso, está a serviço do bem cultural, assumindo uma missão de salvaguarda da perspectiva, iluminação, visibilidade, emolduração ambiental e ornamentação da inteireza do complexo monumental.

Em França, informa Prieur, após a Lei n° 83-8, de 7 de janeiro de 1983, a qual versa sobre descentralização das competências em matéria de proteção à paisagem e aos monumentos históricos, a tutela ao entorno desses pode se

---

[312] "La necessità di conservare l'ambiente circostante nella situazione in cui si presenta o comunque di assicurare allo stesso determinate caratteristiche che siano compatibili col bene immobile di interesse storico ed architettonico non viene in rilievo, nel vincolo indiretto, quale autonomo valore paesaggistico, bensì per l'imprescindibile correlazione che lega il bene all'ambiente, secondo uno dei profili esemplificativamente descritti dall'art. 21 della legge 1° giugno 1939, n. 1089; in particolare, per tutela della prospettiva, no si intende solamente l'esigenza di assicurare una libera visibilità del bene immobile, ma anche quella di salvaguardare l'aspetto esteriore del bene così come inserito nell'ambiente, insieme con altre eventuali opere che, pur potendo non presentare in sé particolari pregi artistici, vengono indirettamente a valorizzarsi con il bene principale e, a loro volta, a meglio valorizzare quest'ultimo.

L'estensione e la tipologia dei vincoli storici e artistici, sia diretti sia indiretti, non sono rigidamente predeterminate dall'art. 21 della legge 1° giugno 1939, n. 1.089, ma sono rimesse all'apprezzamento dell'amministrazione, e sono da esercitarsi con riguardo alla natura e al numero dei beni da tutelare, alla loro ubicazione, alle particolari condizioni ambientali e ad ogni altra circostanza. [...] Il vincolo è in funzione della conservazione di un ambiente che è elemento visivo, panoramico e storico al tempo stesso" (ITÁLIA. Tribunal de Apelação Regional da Emília Romana. Acórdão n. 153, de 16/06/93. *Rivista Giuridica dell'ambiente*, Roma, v. 8, n. 6, p. 911-918, dez. 1993).

[313] Arts. 45 a 47.

[314] CORTESE, 2002, p. 248.

dar sob duas modalidades: sob a proteção pontual de um perímetro de 500m ou sob a proteção global das chamadas zonas de proteção do patrimônio arquitetônico, urbano e paisagístico (ZPPAUP).[315] A ênfase na proteção dos entornos está calcada na idéia de que o monumento também é a impressão proporcionada pela sua vizinhança. Tanto mais coerente esse "texto de pedra", mais fácil e compreensível a leitura.

A lei de 31 de dezembro de 1913 sobre os monumentos históricos, posteriormente alterada pela de nº 43-92, de 25 de fevereiro de 1943, define uma zona de entorno[316] ou envoltória considerada como de servidão dominada pelo imóvel classificado como de valor cultural ou em vias de sê-lo. Em casos excepcionais, essa zona pode até superar o perímetro de 500m, estando isso condicionado a um Decreto do Conselho de Estado, devidamente precedido de licença da Comissão Superior dos Monumentos Históricos. Para que se tenha uma noção da extensão que pode chegar esse mecanismo de proteção, Farias aporta a informação de que o Palácio de Versailles, em Paris, possui um raio de proteção de cinco quilômetros.[317]

Segundo o Ministério da Cultura francês, a servidão de utilidade estabelecida para proteção "des abords des monuments historiques"[318] afeta uma considerável superfície daquele território, estimada em mais de três milhões de hectares se os monumentos não tivessem zonas protetivas comuns.[319]

A proteção impõe a prévia licença para novas construções, demolições, supressões de vegetação, transformações ou modificações que venham a afetar o aspecto da área.

Esse controle rígido não está infenso a críticas. Considerando as inúmeras vilas e cidades francesas dotadas de uma expressiva densidade de

---

[315] PRIEUR, 2001, p. 818.

[316] "Article 1º [...] 3º – [...]Est considéré, pour l'application de la présente loi, comme étant situé dans le champ de visibilité d'un immeuble classé ou proposé pour le classement, tout autre immeuble, nu ou bâti, visible du premier ou visible en même temps que lui, et situé dans un périmètre n'excédant pas 500 mètres. A titre exceptionnel, ce périmètre peut être étendu à plus de 500 mètres. Un décret en Conseil d'Etat, pris après avis de la commission supérieure des monuments historiques, déterminera les monuments auxquels s'applique cette extension et délimitera le périmètre de protection propre à chacun d'eux" [É considerado, para aplicação da presente lei, como estando situado dentro do campo de visão de um imóvel classificado ou proposto para classificação, todo e qualquer imóvel, nu ou edificado, visto antes ou conjuntamente com ele, e situado dentro de um perímetro que não exceda 500 metros. A título excepcional, esse perímetro pode ser estendido para mais de 500m. Um decreto do Conselho de Estado, precedido de autorização da Comissão Superior dos Monumentos Históricos, determinará os monumentos aos quais se aplica essa extensão e delimitará o perímetro de proteção próprio a cada um deles] (tradução livre da autora) (Disponível em: www.legifrance.gouv.fr. Acesso em 10 ago. 2005).

[317] FARIAS, Bernadete Ferreira. *Zonas de proteção*: novas limitações ao direito de propriedade. Florianópolis: Obra Jurídica, 1994, p. 33.

[318] "[...]dos entornos dos monumentos históricos".

[319] Disponível em: www.culture.gouv.fr/culture/infos-pratiques/fiches/fiche11.htm. Acesso em 10 ago. 2005.

monumentos históricos, o Arquiteto dos Edifícios da França[320] é a autoridade, recrutada através de concurso público,[321] responsável pela concessão das licenças para intervenções nas edificações situadas nas áreas de entorno. Esse poder de impor seu gosto estético sobre o conjunto do território urbano tem sido questionado pelos governos, cidadãos, empreendedores e profissionais, conforme registra Périnet-Marquet.[322]

No Direito espanhol, o art. 18 da Lei nº 16, de 25 de junho de 1985 (proteção do patrimônio histórico espanhol), praticamente reproduz o texto do art. 7º da Carta de Veneza, estando assim redigido:

> Artigo 18 – Um imóvel declarado bem de interesse cultural é inseparável de seu entorno. Não se poderá proceder a seu deslocamento ou remoção, salvo quando resulte imprescindível por motivo de força maior ou de interesse social e, em qualquer caso, conforme ao procedimento previsto no art. 9º, § 2º, desta Lei[323] [tradução livre da autora].

Esse dispositivo teve sua constitucionalidade questionada por três comunidades autônomas daquele país, mas acabou sendo chancelado pelo respectivo Tribunal Constitucional que proclamou que a expressão utilizada no art. 149, item 28, também do texto constitucional – "espoliação"[324] –, não pode ser interpretada restritivamente. Daí por que compete ao Estado o conjunto de medidas de defesa e proteção contra a perda, deterioro ou destruição, bem como aquelas que pretendem preservar a finalidade ou função social próprias ao bem cultural. Assim, sentenciou a mais alta Corte espanhola que:

> A mudança na localização de um imóvel ou sua remoção implica riscos para a própria existência ou também para a função social, cultural e histórica a que aparece vinculado e não só isso, mas que a situação de um imóvel confere de ordinário a seu entorno um caráter derivado daquele, de tal maneira que, não só o bem singular, mas o sítio, restam de fato qualificados ao qualificar-se o primeiro. Por isso é preciso submeter a relocação ou traslado à autorização prévia por parte da Administração do Estado, como garante da preservação de tais bens enquanto dadas as citadas circunstâncias e como conseqüência da evidente relação que existe entre a remoção do bem e a privação ou lesão de seu próprio destino[325] [tradução livre da autora].

---

[320] "L'Architecte des Bâtiments de France".

[321] Conforme informa o Ministério da Cultura Francês, através do site: www.culture.gouv.fr/culture/organisation/dapa/intervenants.pdf. Acesso em 12 out. 2005.

[322] PÉRINET-MARQUET, 1990, p. 798.

[323] "Artículo 18 – Un inmueble declarado Bien de Interés Cultural es inseparable de su entorno. No se podrá proceder a su desplazamiento o remoción, salvo que resulte imprescindible por causa de fuerza mayor o de interés social y, en todo caso, conforme al procedimiento previsto en el artículo 9º, § 2º, de esta Ley" Disponível em: ww.salamancapatrimonio.com/lphe1985.htm. Acesso em 10 agos 2005.

[324] No texto constitucional espanhol, no art. 149, item 28, há referência à competência do Estado para defesa do patrimônio cultural contra a exportação e espoliação dos bens que o integram. "28º) Defensa del patrimonio cultural, artístico y monumental español contra la exportación y la expoliación museos, bibliotecas y archivos de titularidad estatal, sin perjuicio de su gestión por parte de las Comunidades Autónomas" (Disponível em: www.tribunalconstitucional.es/CONSTITUCION.htm. Acesso em 21 ago. 2005).

Nos arts. 19 a 22, essa lei protege o entorno dos bens culturais, condicionando as respectivas intervenções a licenças prévias das autoridades administrativas envolvidas na tutela em questão, porém sem uma definição métrica mais precisa como a que ocorre na legislação francesa.

Da preocupação com a preservação do entorno, recorrente nas mais avançadas legislações focadas na tutela do meio ambiente cultural, depreende-se o quão relevante é a manutenção do bem, especialmente imóvel, em seu "locus" de origem.

Todavia, esse princípio não há de ser encarado como um tabu, uma regra inflexível. Por vezes, a única maneira de salvar o bem é retirando-o de seu assento original, quer para garantir sua preservação propriamente dita, quer para inseri-lo numa política mais adequada de valorização. Casini adverte que, na hipótese de o bem estar sendo desvalorizado ou mesmo danificado em seu sítio original, deverá ser feito um juízo ponderado a respeito dos benefícios de um amplo gozo, de parte da coletividade, dos valores nele expressos, tendo em vista os danos gerados pela sua descontextualização.[326]

Um clássico exemplo de exceção ao dito princípio pode ser identificado na emergencial remoção de templos e monumentos da antiga Núbia em conseqüência da inundação provocada pela construção da represa egípcia de Assuã. Os dois grandes templos de Abu Simbel chegaram a ser remontados fora da água; o Templo de Buhen foi reconstruído em Cartum (capital do Sudão), assim como os das fortalezas de Kumma e Semna, trabalhos esses altamente especializados e precedidos de ampla campanha internacional (que perdurou de 09 de janeiro de 1960 a 10 de março de 1980) para arrecadação de fundos para custeá-los.[327]

---

[325] "[...] el cambio de emplazamiento de un inmueble o su remoción implica riesgos para la propia existencia o también para la función social, cultural e histórica a la que aparece vinculado y no sólo esto, sino que la situación de un inmueble confiere de ordinario a su entorno un carácter derivado de aquél, de tal manera que, no ya el bien singular, sino el paraje, quedan de hecho calificados al calificarse el primero. Por ello es preciso someter el desplazamiento a autorización previa por parte de la Administración del Estado, como garante de la preservación de tales bienes en cuanto se den las citadas circunstancias y como consecuencia de la evidente relación que existe entre la remoción del bien y la privación o lesión de su propio destino" (ESPANHA. Tribunal Constitucional. STC 17/1991. Relator: Don José Gabaldón López. 31 jan. 1991. Disponível em: www.tribunalconstitucional.es/JC.htm. Acesso em: 17 ago. 2005).

[326] O autor cita como exemplo positivo de descontextualização o Templo de Dendur, da antiga Núbia, doado pelo governo egípcio aos Estados Unidos em 1965 e ora exposto no "Metropolitam Museum of Art" de Nova Iorque. Esse templo foi transportado antes da inundação gerada pelo Lago Nasser, mercê de uma ampla campanha mundial para arrecadação de fundos. Como exemplo negativo, cita a retirada pelos ingleses de fragmentos do Templo do Partenon em Atenas e que foram levados por Lord Thomas Elgin (1788-1824) à Inglaterra. Relata, ainda, o movimento coordenado por Lord George Byron (1788-1824), inexitoso, para que o governo britânico restituísse esses mármores à Grécia (CASINI, 2001, p. 683-684).

[327] Amplo relato dessa campanha da Unesco pode ser encontrado em SILVA, Fernando Fernandes da. *As cidades brasileiras e o patrimônio cultural da humanidade*. São Paulo: Petrópolis-EDUSP, 2003, p. 63-65. Também há preciosas informações em CASTELLI, Maria Erminda. *Protección jurídica del patrimonio cultural de la humanidad*. Buenos Aires: Bias Editora, 1987. p. 45-49.

No Brasil, é possível apontar o caso da remoção do "Monumento a Ramos de Azevedo"[328] que, para desafogar o tráfego na sua área original e propiciar a construção da linha do metrô Santana-Jabaquara, na Capital de São Paulo, foi desmontado e retirado da Av. Tiradentes em novembro de 1967. Suas peças foram posteriormente remontadas em 1972 na Cidade Universitária (USP), onde permanece até hoje.[329]

Em Veranópolis, município do interior do Rio Grande Sul, a chamada casa "Saretta", datada de 1905 e tombada pelo patrimônio histórico do Estado em 1980, foi desmontada em 1986 e reconstruída no local onde se encontra, em função de o proprietário do terreno sobre o qual se assentava pretender vendê-lo e sobre ele edificar um prédio. A casa de madeira, estilo chalé suíço, abriga a Secretaria Municipal de Turismo daquela cidade.[330]

A atual sede da 10ª Coordenadoria Regional do IPHAN, em Curitiba, uma casa típica da arquitetura vinculada à imigração polonesa, datada de 1920, foi trasladada de seu endereço original, no Bairro Portão, para o local onde hoje se encontra, em 1984.[331] A casa, em péssimas condições de conservação e com pouca visibilidade, constava de uma relação de aproximadamente 600 edifícios declarados de interesse de preservação pela Prefeitura Municipal de Curitiba, os quais se encontravam vulneráveis por força de decisões judiciais que contrariaram o Decreto que os protegia.

O traslado acabou sendo uma boa saída para salvaguardar o bem, pois a ambientação original (de características rurais) já não mais existia devido à urbanização e o uso do bem como sede do órgão maior incumbido da preservação cultural revelou-se adequado às suas características, tendo-se ampliado sua visibilidade em função da recolocação sobre um terreno situado na área central de Curitiba.[332]

---

[328] Entregue à cidade de São Paulo em 25 de janeiro de 1934.

[329] Completo histórico do caso, inclusive com levantamento fotográfico, pode ser encontrado em: www.cefetsp.br/edu/sinergia/5p5c.html. Acesso em 11 ago. 2005.

[330] Disponível em: www.veranopolis-rs.com.br/turismo_pontos.htm. Acesso em 11 ago. 2005.

[331] Disponível em: www.iphan.gov.br/supregionais/10sr/pagsr10.htmo. Acesso em 12 ago. 2005.

[332] Informações adicionais obtidas no Ofício n. 146/05 subscrito pelo Arquiteto José La Pastina Filho, atual Superintendente da 10ª SR do IPHAN, Paraná.

Figura 3 – Situação da Casa em 1984 – Antes do Traslado

Fonte: LA PASTINA FILHO, José. Instituto do Patrimônio Histórico e Artístico, Regional do Paraná. Foto digital.

Figura 4 – Situação Atual da Casa – Foto Extraída em 2004

Fonte: LA PASTINA FILHO, José. Instituto do Patrimônio Histórico e Artístico, Regional do Paraná. Foto digital.

Essas situações de exceção, nas quais a descontextualização do bem apresentou-se como medida positiva para sua preservação e/ou valorização, não alteram sua natureza imóvel, ao contrário do propagado por Castillo Ruiz,[333] para quem a verdadeira natureza do monumento é "arquitetônica", mas não imóvel, portanto independente do espaço urbano ou territorial onde jaz posicionado. Essa radical conclusão, que acaba por abstrair o monumento

---

[333] CASTILLO RUIZ, 1997, p. 125.

de seu contexto, é explicada por Montero[334] devido à robusta influência das propostas restauradoras de Viollet-le-Duc em relação ao patrimônio espanhol.

Da pesquisa realizada na normativa internacional, pátria e no Direito Comparado, infere-se que o princípio da preservação do monumento no próprio sítio tem sido considerado, irradiando importantes efeitos no tocante às políticas de preservação da harmonia do entorno que o envolve.

2.3.2. O princípio do uso compatível com a natureza do bem

Esse princípio, aplicável preferencialmente aos bens tangíveis, pode ser desdobrado em duas vertentes. Em primeiro lugar, a de que a todo bem cultural há de ser dado um uso (nada melhor do que o não uso para provocar a deterioração de um bem cultural). Em segundo, a de que esse uso se harmonize com as características essenciais do bem.

No Brasil, essas idéias vêm sendo disseminadas na teoria e prática conservacionista, embora ainda com grande dificuldade de concretização quando a propriedade de bem imóvel recai em particular. Nesses casos, tantas e tantas vezes o que se verifica é que o particular deixa de conferir um uso ao imóvel para justamente provocar sua deterioração. Não sem razão a Lei de Crimes Ambientais tipificou a conduta de quem *deteriora* bem especialmente protegido por lei, ato administrativo ou decisão judicial.[335]

Magalhães, em antológicas passagens, pregou a importância de que se dê um uso aos imóveis dotados de valor cultural. "A vida é um elemento de contribuição para a própria permanência da vida" [...]. "É preciso revitalizar o passado para ele não morrer".[336]

Viollet-le-Duc, o controvertido arquiteto francês, inscrevera, em seu Dicionário de Arquitetura, que o melhor meio para conservar um edifício é dar-lhe uma função e satisfazer de tal forma suas necessidades de uso a arredar novas alterações.[337] La Regina, em abordagem na qual analisa a situação do patrimônio cultural italiano, afirma haver consenso quanto à importância do uso, não só para manter "vivo" o bem, mas também para auxiliar na redução dos custos com sua manutenção, não sem antes advertir quanto à necessidade de que esse uso seja "respeitoso do ponto de vista da legibilidade científica, mas que deve, ao mesmo tempo, permitir intervenções; em outras palavras, que a cautela e o cuidado não sejam excessivos a ponto

---

[334] MONTERO, 2001, p. 83.
[335] Art. 62, inc. I, da Lei n. 9.605/98.
[336] MAGALHÃES, 1985, p. 185 e 217-218.
[337] VIOLLET-LE-DUC, Eugène. *Dictionnaire raisonné de l'architecture française:* du XIe au XVIe siècle. Paris: Nobele, 1967, v. 8, p. 481-482.

de frustrar um bom uso das estruturas antigas".[338] Exemplifica através do Pantheon, em Roma, que desde sua construção, na Antigüidade, jamais deixou de ter função religiosa.[339]

Por óbvio que a utilização não é regra geral. Por exemplo, a preservação de um sítio arqueológico pressupõe sua intangibilidade, ao passo que sua descoberta implica na realização de escavações que acabam por revolver o solo em busca dos achados de interesse dos pesquisadores. "O coliseu de Roma está fadado a ser, para sempre, uma imponente ruína. Nem seria razoável, para mantê-lo vivo, restabelecer jogos de circo ou, adaptando-o aos tempos modernos, transformá-lo em um estádio esportivo".[340]

Para além do imperativo do uso, Silva não descura de que uma das formas mais comuns de conspurcação patrimonial diz com o uso e indiscriminado abuso (utilização para fins desviados), que envilecem o patrimônio, desnaturando seus objetivos.[341]

Comentando o art. 3º da Carta de Veneza, Lemos enfatiza que o uso do edifício, quando correto, conserva-o, conferindo-lhe função útil à sociedade.[342]

Castro, ao discorrer sobre o tombamento e, mais precisamente, sobre a impossibilidade desse instrumento incidir sobre bens incorpóreos, destaca ser também inviável o tombamento de um uso específico de determinado bem, exceto se o novo uso proposto afetar a respectiva conservação.[343]

Choay lembra que a reutilização, por ela definida como a reintegração de um edifício a um uso normal afastando-o de um destino de museu, consiste na forma mais "audaciosa" de valorização patrimonial. Muitas vezes, à guisa de poupar o monumento dos riscos inerentes ao desuso, esse acaba por ser submetido a desgastes e usurpações derivadas do mau uso. Assim, adverte, a nova destinação não se deve basear exclusivamente numa homologia com sua vocação genética, mas deve também levar em conta o estado do edifício e o fluxo de usuários que ele virá a receber.[344]

Para esse fim, afigura-se-nos adequada a avaliação de impactos ambientais que, em casos de maior complexidade, pode ser o Estudo Prévio de Impacto Ambiental e seu respectivo Relatório (EIA/RIMA), conforme sugere Custódio.[345]

---

[338] LA REGINA, 1982, p. 67.
[339] Ibidem, p. 67.
[340] AZEVEDO, Roberto Marinho de. Algumas divagações sobre o conceito de tombamento. *Revista do Patrimônio Histórico e Artístico Nacional*, n. 22, p. 80-85, 1987, p. 80.
[341] SILVA, J. A., 2001, p. 149.
[342] LEMOS, C.A.C, 1987, p. 77-78.
[343] CASTRO, 1991, p. 108.
[344] CHOAY, 2001, p. 219.
[345] CUSTÓDIO, 1997, p. 37.

O arquiteto Augusto da Silva Telles, ex-diretor da Diretoria de Tombamento e Conservação da extinta SPHAN/Pró-Memória, em mesa-redonda realizada em 30 de outubro de 1986, trouxe à tona exemplo de uso em total descompasso não só com a natureza do bem, mas com sua estrutura. Relata ele que um sobrado com balcão corrido situado na Praça Getúlio Vargas, no município de São Cristóvão, em Sergipe, e que havia sido tombado pelo órgão federal, em 1943,[346] acabou sendo destruído porque transformado em uma boate, não suportando o samba de roda que veio a ser ali praticado. O acidente teria ocorrido pelo uso indevido da casa, que possuía uma estrutura frágil de madeira e paredes de pau a pique. Da casa somente restou a fachada.[347]

Um outro problema embutido na questão diz com o conflito que pode advir de sucessivos usos. Nesse sentido, focaliza La Regina um impasse que vem ocorrendo na Sicília, Itália, circunscrito ao templo grego de Selinute e à paisagem arqueológica local. Os especialistas discutem sobre a possibilidade de recompor o templo, de grandes proporções, o que acarretaria a modificação de uma paisagem arqueológica tradicional, descrita e desenhada desde o século XVIII, também ela um bem cultural digno de proteção.[348]

Direcionando a sua lente para as intervenções urbanísticas voltadas à revitalização de sítios históricos, Galvão Júnior aponta para a necessidade de que a reutilização de um bem cultural imóvel se dê de maneira integrada às próprias funções e do ambiente imediato,[349] preocupação essa chancelada, no plano internacional, pela Carta de Washington, fruto da Assembléia de 1997 do ICOMOS,[350] *in verbis:* "12. Novas funções e atividades devem ser compatíveis com o caráter da área urbana ou centro histórico. A adaptação dessas áreas à vida contemporânea requer uma cuidadosa instalação ou melhoria dos serviços públicos".[351]

Na órbita da legislação italiana, Ferri destaca que a vigilância da Administração não pode imiscuir-se em certas esferas reservadas ao proprietário do bem. Nesses casos, entretanto, esse dispõe de "um espaço de gestão

---

[346] O tombamento do bem, datado de 21/09/43, está registrado no *Arquivo Noronha Santos* (ANS) nos Livros Histórico, sob o n. 227, e no de Belas Artes, sob o n. 293-A. Disponível em: www.iphan.gov.br/ans/inicial.htm. Acesso em 13 set. 2005.
[347] TELLES, Augusto da Silva. Patrimônio Edificado I: conservação/restauração. In: MESA-redonda realizada em 30 de outubro de 1986 na sede da Fundação Nacional Pró-Memória, Rio de Janeiro. *Revista do Patrimônio Histórico e Artístico nacional,* n. 22, 1987, p. 103.
[348] LA REGINA, 1982, p. 67.
[349] GALVÃO JÚNIOR, 2001, p. 42.
[350] Conselho Internacional de Monumentos e Sítios.
[351] CARTA de Washington. Disponível em: www.icomos.org.br/washington.htm. Acesso em: 15 ago. 2005.

directa, no âmbito do qual está sujeito a um vínculo genérico de respeito pelos interesses culturais",[352] situação essa verificada sobretudo no tocante ao uso do bem.

Esse vínculo ou limite geral diz com a necessidade de que esses bens não sejam destinados a usos não compatíveis com o seu caráter histórico e/ou artístico ou que acarretam danos para a sua conservação ou integridade, não podendo ultrapassar o caráter de indicações gerais que delegam ao proprietário o ônus de uma "avaliação diligente" acerca da compatibilidade do uso, sem lhe impor a necessidade de prévio aval da Administração, "a qual poderá intervir só *ex post*, conquanto considere que o uso a que o bem foi destinado não é conforme às determinações acima referidas".[353]

No Direito espanhol, Pérez Luño[354] divulga o mesmo precedente anteriormente referido do Tribunal Constitucional daquele país,[355] o qual reconhece na tutela de bens culturais uma atividade definidora de um "plus" de proteção referente a bens dotados de características especiais, em razão do que abarca medidas de defesa que extrapolam sua própria deterioração ou destruição para se estender à privação arbitrária ou irracional do cumprimento normal daquilo que constitui a *finalidade própria do bem segundo sua natureza*, enquanto portador de valores de interesse geral.

Analisando esse julgado, é possível inferir que a obrigação de defesa dessa vinculação natural do bem a determinados usos decorre da previsão contida no art. 149, item 28, da Constituição espanhola, que confere competência ao Estado para defesa do patrimônio cultural contra a exportação e *espoliação dos bens que o integram*. Não só uma espoliação vinculada a agressões físicas ao bem cultural, mas

> tratam de estender-se à privação arbitrária ou irracional do cumprimento normal daquilo que constitui o próprio fim do bem segundo sua natureza, enquanto portador de valores de interesse geral, necessitando também esses valores de preservação. Assim, pois, a Lei chama perturbação do cumprimento de sua função social a privação do destino e utilidade geral que é próprio de cada um dos bens, ainda que materialmente o bem mesmo permaneça[356] [tradução livre da autora].

---

[352] FERRI, 1996, p. 124.
[353] Idem, p. 125.
[354] PÉREZ LUÑO, 1999, p. 502.
[355] ESPANHA. Tribunal Constitucional. STC 17/1991. Disponível em: www.tribunalconstitucional.es/JC.htm. Acesso em 17 ago. 2005.
[356] "tratan de extenderse a la privación arbitraria o irracional del cumplimiento normal de aquello que constituye el propio fin del bien según su naturaleza, en cuanto portador de valores de interés general necesitados, estos valores también, de ser preservados. Así pues, la Ley llama perturbación del cumplimiento de su función social a la privación del destino y utilidad general que es propio de cada uno de los bienes, aunque materialmente el bien mismo permanezca".

Orozco Pardo e Pérez Alonso, discorrendo acerca da função social da propriedade e suas repercussões no ordenamento espanhol, identificam uma orientação modeladora do exercício desse direito, à qual denominam de "força vinculante da coisa".[357] Ainda que reconheçam elasticidade ao direito de propriedade, o que lhe confere a possibilidade de ajustar-se a novos fenômenos e objetos e de assumir novos conteúdos e possibilidades de desfrutes e/ou rendimentos, a própria natureza da coisa oferece um balizamento que é tanto mais restrito quanto maior o interesse público que envolve o bem.[358]

Araceli Pereda Alonso, especialista em história da arte, ao abordar a compatibilização funcional de um monumento com novos usos, afirma termos o dever de *transmitir a gerações futuras sua integridade substancial, não meros fragmentos da memória histórica*. Essa há de ser reconhecida como um ente vivo dotado de corpo e espírito com todas as suas peculiaridades.[359]

Recomenda ela que os especialistas da área evitem dar aos bens culturais usos abusivos,[360] ou seja, obrigá-los a acolher atividades para as quais não ostentam "capacidade objetiva". Define uso abusivo como a implantação apriorística de uma função que seja contraditória com a conservação da substância do bem cultural ou quando venha a alterar irreversivelmente sua identidade.

Nas suas palavras:

É então quando a vacina, que previne o bem cultural de uma enfermidade que pode resultar-lhe perniciosa, se converte en câncer destruidor. É quando o meio (intervenção para a conservação) se converte em fim e se desvirtuam todos os objetivos. Quando o bem cultural se converte não em objeto mas em pretexto da intervenção, que irá alterar a integridade substancial (o que alguns denominam o "código genético") do monumento, provocando intervenções ao estilo do Dr. Frankenstein, construindo fenômenos a partir de fragmentos, e não trabalhos de preservação do Patrimônio[361] [tradução livre da autora].

---

[357] "Fuerza vinculante de la cosa" (PARDO; ALONSO, 1996, p. 19).

[358] Ibidem, p. 19.

[359] ALONSO, 2005.

[360] Os usos abusivos dos bens culturais são também repreendidos na abordagem do arquiteto espanhol Antonio-José Mas-Guidal Lafarga, especialista em análise e consolidação de construções antigas. Lafarga critica inclusive a atuação dos órgãos administrativos incumbidos da tutela do patrimônio cultural, os quais não se podem converter em "testemunhas mudas" que se limitam a outorgar licenças. Ao contrário, aconselha uma postura pro-ativa desses órgãos no controle sobre o uso e as transformações de determinadas peças de arquitetura. Em relação aos arquitetos que atuam nessas intervenções, prega uma responsabilidade ética, de molde a evitar a conspurcação da essência do bem cultural (LAFARGA, Antonio-José Mas-Guindal. La sobreexplotación en las rehabilitaciones de los monumentos. *Debates de patrimonio*. Hispania Nostra. 16/02/05. Disponível em: www.hispanianostra.es/patrimonio/docs. Acesso em: 22 ago. 2005).

[361] "Cuando una implantación apriorística de una función es contradictoria con la conservación de la sustancia del bien cultural o se altera irreversiblemente su identidad. Es entonces cuando la vacuna, que previene al bien cultural de una enfermedad que puede resultarle perniciosa, se convierte en cáncer destructor. Es cuando el medio (intervención para la conservación) se convierte en fin y se trastocan

Superada a restauração pautada numa idealização até mesmo comercial do bem cultural, a definição adequada de uso desse bem deve partir de um planejamento cuidadoso da vida e da sua gestão posterior, na qual, como vindica Alonso,[362] o usuário se converta em protagonista e consultor das possíveis decisões, procedimento esse que, certamente, amplia as possibilidades de êxito de qualquer política de valorização cultural.

Ballart procura identificar a real vocação do patrimônio cultural, chegando à conclusão de ser ele um recurso do qual se serve o homem do nosso tempo para, através do exercício de suas capacidades sensoriais e intelectuais, aprofundar o conhecimento do entorno e estabelecer juízos acerca dos problemas humanos.[363] Na utilização do patrimônio, entretanto, há que haver constante conservação como pré-requisito. Vale dizer: conservar o patrimônio, numa perspectiva diacrônica, importa uma atitude positiva e manifesta em favor desse tipo especial de bem.

López critica a atual situação do meio ambiente cultural em seu país, "na Espanha, todas as cidades Patrimônio da Humanidade se parecem. Clonaram suas idéias de espaço público"[364] [tradução livre da autora]. Considera que a chave para o futuro da preservação do patrimônio cultural está no controle estrito quanto às trocas de usos (evitar, por exemplo, que o câmbio do uso residencial para hoteleiro, ou do comercial tradicional para a implantação de franquias; impedir as transformações internas dos lotes, especialmente nos grandes conjuntos monumentais), porquanto a legislação está programada para preservar os monumentos como peças, mas não contra as leis do mercado, cujo dinamismo favorece os desvios e usos abusivos.

No Direito italiano, Zanobini alinha, dentre os efeitos da notificação feita ao proprietário de um bem que acaba de ser considerado culturalmente relevante, a obrigação de não destiná-lo a usos incompatíveis com suas características históricas e artísticas.[365]

Na legislação brasileira, não há qualquer referência particular ao princípio, o qual se infere da imposição do *dever genérico de preservação* escrito

---

todos los objetivos. Cuando el bien cultural se convierte no en el objeto sino en el pretexto de la intervención, que va a alterar la integridad sustancial (lo que algunos denominan el "código genético") del monumento, provocando intervenciones al estilo del Dr. Frankenstein, construyendo fenómenos a partir de retazos, y no trabajos de preservación del Patrimonio" (ALONSO, op. cit.).

[362] Ibidem.
[363] BALLART, 2002, p. 121-122.
[364] "En España, todas las ciudades Patrimonio de la Humanidad se parecen. Han clonado sus ideas del espacio público" (LÓPEZ, David Senabre. *La especulación urbana en el uso y transformación del patrimonio*. Disponível em: www.international.icomos.org/publications/ga_madrid.htm. Acesso em: 20 set. 2005).
[365] ZANOBINI, 1955, v. 4, p. 211.

no art. 216 combinado com o art. 23, inc. III, ambos da Constituição Federal. Nem por isso perde ele sua força cogente e seu cunho diretivo a inspirar as definições de usos relacionadas a bens culturais.

Na precisa lição de Santos, analisando o dever da administração de cumprir a Constituição e de fato preservar o patrimônio cultural brasileiro, "a vinculação não pode ser pensada somente quanto ao ato de tombar. Não pode o Poder Público, igualmente, dar ao bem uso inadequado".[366]

2.3.3. O princípio pro monumento

Esse princípio está expresso na Convenção da Unesco para a Proteção do Patrimônio Mundial, Cultural e Natural, assinada em Paris em 23-11-72, incorporada ao ordenamento jurídico pátrio como já referido alhures.

Reza o art. 12 da Convenção: "O fato de que um bem do patrimônio cultural ou natural não haja sido incluído numa ou outra das duas listas mencionadas nos parágrafos 2 e 4 do art. 11 não significará, em absoluto, que ele não tenha valor universal excepcional para fins distintos dos que resultam da inclusão nessas listas".[367]

Expressa esse enunciado a idéia de que, mesmo não incluído nos fichários previstos na Convenção, pode o bem ser merecedor de algum tipo de tutela.

No Direito brasileiro, em que pese o abismo existente entre a legislação, que consagra a mais ampla tutela ao meio ambiente, nele inserida a dimensão cultural, e a jurisprudência, ainda em muito atada ao chamado "sistema proprietário",[368] já é possível identificar uma nova aragem em alguns julgados, a serem esquadrinhados quando da análise da eficácia jurídica do tombamento, chancelando uma espécie de benefício da dúvida, ao possibilitar que se busque no Judiciário a tutela de bens ainda não reconhecidos como culturais pelo Poder Executivo ou Legislativo.[369]

A doutrina, por sua vez, avança a passos bem mais largos.

---

[366] SANTOS, M.O., 1988, p. 209.

[367] BRASIL. Ministério da Cultura. Instituto do Patrimônio Histórico e Artístico Nacional (IPHAN). *Caderno de documentos:* cartas patrimoniais. Brasília: IPHAN, 1995, p. 61.

[368] BARCELLONA, 1996, p. 91.

[369] SANTA CATARINA. Tribunal de Justiça. Apelação Cível n. 97.001063-0. Relator: Des. Silveira Lenzi. J. em 24 ago. 1999. Disponível em: www.tj.sc.gov.br. Acesso em: 07 abr. 2005. MINAS GERAIS Tribunal de Justiça. Apelação Cível nº 51.346-5. Apelante: Antônio Marcelo De Borges Nunes. Apelado: Ministério Público do Estado de Minas Gerais. Relator: Des. Schalcher Ventura. 22 ago. 1996. In: ACADEMIA PAULISTA DE MAGISTRADOS (Org.). *Direito ambiental*: legislação, doutrina, jurisprudência e prática forense. São Paulo: Plenum/Petrobrás. CD-ROM. SÃO PAULO. Tribunal de Justiça. Apelação Cível n. 95.285-1. Relator: Des. Jorge Almeida. J. em 28 mar. 1988. *RJTJESP-LEX* 114, p. 38-41.

Milaré, ao catalogar as diversas formas de "promoção" dos bens culturais, identifica a via judicial como sendo uma delas. Sustenta, à luz da Lei da Ação Civil Pública[370] e do art. 216 da Constituição Federal, a possibilidade de inclusão de bens no patrimônio cultural brasileiro por meio de decisão judicial, independentemente do critério administrativo. A falta de proteção de tais bens pode derivar de omissão administrativa, cabendo ao Poder Judiciário reconhecê-la e corrigi-la.[371] Semelhante convicção é defendida por Carvalho Filho,[372] Machado,[373] Richter,[374] Mazzilli[375] e Souza Filho,[376] dentre outros.

No Direito espanhol, a doutrina e a jurisprudência têm reconhecido esse princípio, a partir de uma exegese alargada do art. 46[377] da Constituição, do qual se absorve um compromisso para com o futuro a partir do emprego desse tempo verbal para os comandos impostos ao Poder Público.[378]

Citando pesquisa jurisprudencial que classificou os julgados em três blocos: 1) sentenças que recaíram sobre monumentos singulares; 2) sentenças referentes a um conjunto monumental ou a um bem imóvel incluído dentro dele; 3) sentenças que envolvam a possibilidade ou não de efetuar obras que afetem a visibilidade ou entorno de um monumento, Pérez Luño[379] identifica uma crescente tutela dos bens culturais, restando plasmado o chamado princípio "pro monumento" ou, como dizem Orozco Pardo e Pérez Alonso, "pro bem cultural",[380] os quais o relacionam com a idéia de um direito social à cultura, que inclusive transcende aos limites nacionais para ser objeto de crescente regulação internacional e que, no campo espiritual,

---

[370] Lei n. 7.347/85.
[371] MILARÉ, 2000, p. 192-193.
[372] CARVALHO FILHO, José dos Santos. *Ação civil pública:* comentários por artigo. Rio de Janeiro: Freitas Bastos, 1995, p. 27.
[373] MACHADO, Paulo Affonso Leme. *Ação civil pública:* ambiente, consumidor, patrimônio cultural e tombamento. 2. ed. São Paulo: Revista dos Tribunais, 1987, p. 15.
[374] RICHTER, Rui Arno. *Meio ambiente cultural:* omissão do Estado e tutela judicial. Curitiba: Juruá, 1999, p. 108-109.
[375] MAZZILLI, Hugo Nigro. *A defesa dos interesse difusos em juízo.* 15. ed. São Paulo: Saraiva, 2002, p. 167.
[376] SOUZA FILHO, 1997, p. 59.
[377] Artículo 46 – "Los poderes públicos garantizarán la conservación y promoverán el enriquecimiento del patrimonio histórico, cultural y artístico de los pueblos de España y de los bienes que lo integran, cualquiera que sea su régimen jurídico y su titularidad. La ley penal sancionará los atentados contra este patrimonio" (Os poderes públicos garantirão a conservação e promoverão o enriquecimento do patrimônio histórico, cultural e artístico dos povos da Espanha e dos bens que o integram, qualquer que seja seu regime jurídico ou sua titularidade. A Lei Penal sancionará os atentados contra este patrimônio) [Tradução livre da autora].
[378] PÉREZ LUÑO, 1984, p. 283.
[379] Idem, p. 501.
[380] PARDO; ALONSO, 1996, p. 43.

se insere no patrimônio coletivo da humanidade, tornando imperativa a aplicação da legislação protetora no sentido mais favorável aos fins de conservação dos bens culturais.[381]

2.3.4. O princípio da valorização sustentável

Desenvolvimento sustentável é definido pela Comissão Mundial sobre Meio Ambiente e Desenvolvimento, no famoso "Relatório Brundtland", como aquele que atende às necessidades do presente sem comprometer a possibilidade de as gerações futuras atenderem a suas próprias necessidades.[382] Enquanto processo de transformação, "a exploração dos recursos, a direção dos investimentos, a orientação do desenvolvimento tecnológico e a mudança institucional se harmonizam e reforçam o potencial presente e futuro, a fim de atender às necessidades e aspirações humanas".[383]

Conquanto aludido Relatório esteja essencialmente focado nos recursos naturais, ele serve sem dúvidas de inspiração para qualquer política que reivindique a característica da sustentabilidade.

O princípio do desenvolvimento sustentável parte do pressuposto de que a sociedade humana não se limita às nossas gerações, sendo que a exauribilidade é uma característica dos recursos naturais, ao passo que o perecimento, a descaracterização, o esquecimento são males que assolam os recursos culturais. É por isso que se alia a essa idéia a de consumo sustentável. Sem uma alteração nos padrões de consumo, inclusive do consumo cultural, a preservação dos recursos essenciais ao completo desenvolvimento humano será difícil, quando não impossível.[384]

No plano legislativo, a primeira referência a esse princípio surgiu no Brasil com a Lei 6.803/80 que, no art. 1º, falava em compatibilização das atividades industriais com o meio ambiente. Também a Lei 6.938/81, ao instituir a Política Nacional do Meio Ambiente com a previsão da avaliação de impactos ambientais, o acolhe.

Na legislação que define a Política Nacional da Educação Ambiental, o princípio aparece pelo menos três vezes: no art. 1º, inserido no próprio conceito de educação ambiental; no art. 4º, inc. II,[385] como princípio básico

---

[381] Nesse sentido, Sentença de 13 de abril de 1981 do Supremo Tribunal Espanhol, Sala 4ª, referida Ibidem, p. 42.
[382] COMISSÃO MUNDIAL SOBRE MEIO AMBIENTE E DESENVOLVIMENTO, 1988, p. 46.
[383] Ibidem, p. 49.
[384] Ibidem, p. 47.
[385] "Art. 4º – São princípios básicos da educação ambiental: [...]
II – a concepção do meio ambiente em sua totalidade, considerando a interdependência entre o meio natural, o socioeconômico e o cultural, *sob o enfoque da sustentabilidade* [...]".

dessa política, e no art. 5º, inc. V,[386] dentre os seus objetivos, como produção ser sustentável, também o consumo deve sê-lo. Sem uma alteração nos padrões de consumo, inclusive do consumo cultural, a preservação dos recursos essenciais ao completo desenvolvimento humano será difícil, quando não impossível.

Sachs, teórico centrado no tema do desenvolvimento sustentável, o qual se nos apresenta como um tema indissociável da eqüidade intergeracional, acena para cinco dimensões da sustentabilidade: social,[387] econômica, ecológica, espacial e cultural. Em relação à última, refere-se ao respeito e à abertura que devem ser conferidos às diversas culturas e suas contribuições para a construção de modelos de desenvolvimento apropriados às especificidades de "cada ecossistema, cada cultura e cada local".[388] Enfatiza a pluralidade de soluções, contrapondo-se à visão monológica do conceito de progresso técnico baseado exclusivamente no avanço do conhecimento científico tradicional. Propõe o reconhecimento da importância dos conhecimentos das comunidades tradicionais, conforme consta do Princípio nº 22 da Declaração do Rio de Janeiro, *in verbis*:

> As populações indígenas e suas comunidades, assim como outras comunidades locais, desempenham um papel fundamental no planejamento do meio ambiente e no desenvolvimento, graças aos seus conhecimentos e práticas tradicionais. Os Estados deveriam reconhecer e aprovar devidamente sua identidade, cultura e interesses e tornar possível sua participação efetiva na obtenção do desenvolvimento sustentável.[389]

Especificamente em relação ao patrimônio cultural, os especialistas recomendam uma política de valorização sustentável do bem, que concilie o processo de expansão do patrimônio cultural com a demanda sempre crescente de recursos mais consistentes, impedindo, ao mesmo tempo, que uma gestão por demais empreendedora possa descurar do escopo primário de valorização: difundir os bens culturais em nível mundial para que cumpram sua tarefa precípua de testemunho.[390]

Com a idéia propalada a partir do segundo quartel do século XX de que a memória é uma fonte de riqueza; de que os viajantes preferem visitar os quarteirões antigos das cidades do que os bairros modernos;[391] de que o

---

[386] "Art. 5º – São objetivos fundamentais da educação ambiental: [...]
V – o estímulo à cooperação entre as diversas regiões do País, em níveis micro e macrorregionais, com vistas à construção de uma sociedade ambientalmente equilibrada, fundada nos princípios da liberdade, igualdade, solidariedade, democracia, justiça social, responsabilidade *e sustentabilidade*; [...]".
[387] Em outra obra, Sachs destaca que a primeira dimensão a ser considerada em termos de sustentabilidade é a social. Corolário dessa, a cultural (SACHS, *Caminhos...*, p. 71).
[388] SACHS, 1993, p. 27.
[389] DECLARAÇÃO do Rio de Janeiro. Princípio nº 22. Disponível em: www.iphan.gov.br/legislac/cartaspatrimoniais/cartario-92.htm. Acesso em: 18 jul. 2005.
[390] CASINI, 2001, p. 705.
[391] MILET, 1988, p. 77.

turismo cultural é altamente lucrativo, o desafio de práticas preservacionistas sustentáveis é ainda maior.

Conforme já afirmado alhures, a ânsia de passado é uma das características da pós-modernidade, quando tudo, absolutamente tudo, se converte em mercadoria.

Assim, emerge como preocupação preservacionista a utilização dos recursos culturais numa perspectiva de desenvolvimento durável, assente em critérios de qualidade, a fim de que os seus benefícios resultem numa melhoria da qualidade de vida dos cidadãos,[392] levando em conta as possibilidades e os limites do ambiente.[393] Como sintetiza Ribeiro, "precisa desenvolver as pessoas e conservar a natureza",[394] sem descurar dos valores associados à cultura local (na expressão de Carsalade, fala-se em "desenvolvimento culturalmente sustentável").[395]

A valorização cultural sustentável pressupõe a implementação eficaz e eficiente dos meios que os responsáveis por essa política, aliados à comunidade, têm ao seu alcance, favorecendo a investigação, a conservação, a criação, a produção, a difusão e o impacto social do patrimônio, de forma que esse possa ser legado a gerações futuras.[396]

Como adverte Elizabeth, técnica do IPHAN, sustentabilidade cultural não se confunde com lucratividade.[397] Não se pode pensar a cultura, o patrimônio, os museus como produtos, através dos quais se buscam vendas e rendimentos econômicos diretos. Os seus benefícios diretos vinculam-se à formação espiritual do indivíduo e podem até acarretar benesses econômicas quando servem de atrativos turísticos. Sustentabilidade no patrimônio é garantia de fruição das obras do passado pelas gerações vindouras. No marco do turismo cultural, a sustentabilidade envolve cinco dimensões a serem simultaneamente observadas: a *econômica*, que visa integrar o patrimônio nos processos produtivos; a *social*, que objetiva melhorar a qualidade de vida das populações envolvidas; a *cultural ou preservacionista*, que busca valores e lugares através da conservação e promoção dos recursos do patrimônio; a

---

[392] SILVA, Elsa Peralta da. *Património e identidade*: os desafios do turismo cultural. Disponível em: www.aguaforte.com/antropologia/Peralta.html. Acesso em: 10 set. 2005.

[393] Nesse sentido recomenda CUSTÓDIO, 1997, p. 38.

[394] RIBEIRO, Maurício Andrés. Abordagem ecológica da cultura. Disponível em: www.jornaldomeioambiente.com.br. Acesso em: 16 mar. 2005.

[395] CARSALADE, Flavio de Lemos. *Cultura como chave de compreensão da realidade*. Disponível em: www.pdturismo.ufsj.edu.br/artigos/culturachave.shtml. Acesso em: 20 nov. 2005.

[396] SILVA, E.P., op. cit.

[397] ELIZABETH, Grace. Sociedade e patrimônio cultural. In: ENCONTRO NACIONAL DO MINISTÉRIO PÚBLICO NA DEFESA DO PATRIMÔNIO CULTURAL, 1., 2003, Goiânia. Anais... Goiânia: Instituto Centro-Brasileiro de Cultura, 2004, p. 50.

ética, que visa a ampliar o acesso da população aos seus bens patrimoniais, como via de reafirmação de sua identidade, e a *política*, que objetiva assegurar a participação de todos os atores, locais, regionais ou nacionais.[398]

Como nos ensina a espanhola Rosa Garrigós, doutora em gestão patrimonial, a administração do Patrimônio Cultural não pode buscar somente que ele não se deteriore e pereça, mas que também se reabilite, se enriqueça, seja conhecido e desfrutado por todos, convertendo-se em fator de desenvolvimento econômico e social.[399]

Disso deriva a imperatividade da formação adequada de técnicos nas áreas da gestão do patrimônio, dos quais se exige uma perspectiva interdisciplinar e humanista. O Estado, como bem aponta Mesnard, passa a desempenhar, dentre outras funções, a formativa.[400]

A essa necessidade rendeu-se o legislador brasileiro que, através da Emenda Constitucional nº 48, de 10 de agosto de 2005, inseriu dentre os requisitos do Plano Nacional de Cultura, de duração plurianual, a necessidade de previsão de investimentos em "formação de pessoal qualificado para a gestão da cultura em suas múltiplas dimensões",[401] cumprindo, dessa forma, a obrigação assumida ao anuir com a Convenção Relativa à Proteção do Patrimônio Mundial, Cultural e Natural de Paris, cujo art. 5º atribui aos Estados, nas condições a eles apropriadas, a adoção de uma séria de medidas no sentido de qualificar a gestão do patrimônio.

Para Meira, "sustentabilidade cultural[402] é o desenvolvimento da sociedade no campo da cultura, buscando o equilíbrio com o ambiente natural e cultural, o respeito aos valores do passado e àqueles das futuras gerações".[403]

Portanto, partindo-se da idéia do caráter único do bem cultural,[404] o qual não viabiliza sua reposição por equivalente (eventual substituição configura inaceitável simulacro), é mister que ele seja valorizado através de um processo que não venha a afrontar a essencialidade que lhe é própria.

---

[398] Ibidem, p. 53-54.
[399] CAMPILLO GARRIGÓS, Rosa. *La gestión y el gestor del patrimonio cultural*. Murcia: Editorial KR, 1998, p. 171.
[400] MESNARD, 1996, p. 187.
[401] Art. 215, § 3º, inc. III, da CF.
[402] O termo também é empregado por Cárdenas para expressar que para se conferir bases sólidas à sustentabilidade essa terá de ser não somente material, mas essencialmente cultural (CÁRDENAS, Rocío Silvia Cutipé. *El rol social del patrimonio:* nos hemos olvidado de la gente Disponível em: www.esicomos.org/nueva_carpeta/omdex_2esicomos.htm. Acesso em: 20 set. 2005).
[403] MEIRA, 2004, p. 38.
[404] Essa singularidade afeta não só os bens culturais tangíveis, mas especialmente os intangíveis como, por ex., festas religiosas, cânticos populares, conhecimentos tradicionais. A perda desses bens, além de não ser substituível, não é quantificável monetariamente.

Michel Bonnette pondera que a sustentabilidade é uma estratégia duradoura que busca a simbiose entre conservação e desenvolvimento.[405] Aplicada, por exemplo, à conservação urbana, há de ter em conta a complexidade que marca os aspectos da vida na cidade, considerando as realidades políticas, econômicas, geográficas, históricas, arquitetônicas, antropológicas, tecnológicas, estéticas e, em especial, atendendo aos anseios da população.

Também abordando a teoria da preservação aplicada ao meio urbano, a arquiteta do IPHAN, Maria Beatriz Setubal de Rezende Silva, adverte quanto aos cuidados que se deve ter para que a intervenção não procure converter o espaço urbano, dinâmico por natureza, em um museu, como que entravando o desenvolvimento, nem transforme a cidade num imenso parque de diversões, bem ao gosto da indústria do entretenimento, expulsando a população local. Ao contrário, advoga uma gestão patrimonial que busque, acima de tudo, elevar a qualidade de vida dos habitantes da cidade, gerando empregos, propiciando espaços adequados de moradia, sem perder a possibilidade narrativa. A cidade enquanto patrimônio é um texto. Ela conta histórias a seu respeito, mas que dizem respeito, direta ou indiretamente, a todos os brasileiros.[406]

Das diversas opiniões de especialistas, poder-se-ia chegar à seguinte síntese de valorização sustentável: gestão prudente que contemple um marco temporal de longo prazo, não perdendo de vista a essencialidade do bem ou dos bens culturais (a função de testemunho para as presentes e futuras gerações) nem os moradores de sua área envoltória.

2.3.5. O princípio da participação da população

A abordagem da valorização sustentável automaticamente nos conduz ao princípio da participação da população, cada vez mais difundido dentre os "experts" em matéria de preservação.

Não é de hoje que os especialistas proclamam ser a comunidade a melhor guardiã de seu patrimônio. Na Carta de Atenas, em item alusivo à conservação de monumentos, restou convencionada a necessidade de educar a juventude para o cuidado com o patrimônio e para assimilação de sua importância como testemunho da civilização.[407]

---

[405] BONNETTE, Michel. *Urban conservation and sustainable development:* a theoretical framework. In: INTERNATIONAL SEMINAR: conservation and urban sustainable development, 2, 1999, Recife. *Anais...* Recife: Universidade Federal de Pernambuco, 1999, p. 13.
[406] SILVA, M.B.S.R., 1996, p. 174.
[407] Item VII, "b", das Conclusões gerais.

A seu tempo, a Convenção de Paris relativa à proteção do patrimônio mundial, cultural e natural, de 1972, quando traça as linhas gerais dos programas educativos, assim se pronuncia:

Artigo 27
1 – Os Estados partes na presente convenção procurarão por todos os meios apropriados, especialmente por programas de educação e de informação, fortalecer a apreciação e o respeito de seus povos pelo patrimônio cultural e natural definido nos artigos 1 e 2 da convenção.
2 – Obrigar-se-ão a informar amplamente o público sobre as ameaças que pesem sobre esse patrimônio e sobre as atividades empreendidas em aplicação da presente convenção.

Artigo 28 – Os Estados partes na presente convenção que receberem assistência internacional em aplicação da convenção tomarão as medidas necessárias para tornar conhecidos a importância dos bens que tenham sido objeto dessa assistência e o papel que ela houver desempenhado.[408]

Considerando-se a complexidade ínsita aos bens ambientais, qualquer processo de intervenção há de se alimentar de uma visão integrada com os sentimentos da população local, primeira destinatária dessa política.[409] Em relação ao meio ambiente, o Poder Público não detém o monopólio da gestão, devendo compartilhá-la com a sociedade.[410]

Releva destacar que o reconhecimento constitucional do direito ao meio ambiente sadio e ecologicamente equilibrado conectado com a qualidade de vida como direito fundamental da pessoa humana com o correlato dever do Estado de defender o meio ambiente pressupõe, como preleciona Rangel, "que a responsabilidade pela problemática ambiental não é um feudo exclusivo do Estado. Ou seja, os cidadãos, as empresas,[411] as agremiações, a

---

[408] CONVENÇÃO de Paris. Disponível em: www.iphan.gov.br/legislac/cartaspatrimoniais/cartaspatrimoniais.htm. Acesso em 20 set. 2005.

[409] LA REGINA, 1982, p. 68.

[410] MIRRA, 2002, p. 35.

[411] No Brasil, a participação do empresariado na preservação do patrimônio cultural ainda se limita, basicamente, ao destino de verbas que, em princípio, deveriam ser revertidas ao pagamento de impostos. A chamada Lei Rouanet (Lei n° 8.313/91) permite que os projetos aprovados pela Comissão Nacional de Incentivo à Cultura (CNIC) recebam patrocínios e doações de empresas e pessoas físicas, que poderão abater, ainda que parcialmente, os benefícios concedidos do Imposto de Renda devido. No tocante ao patrimônio cultural, os recursos captados atenderão, dentre outros objetivos, à preservação e difusão do patrimônio artístico, cultural e histórico, mediante: a) construção, formação, organização, manutenção, ampliação e equipamento de museus, bibliotecas, arquivos e outras organizações culturais, bem como de suas coleções e acervos; b) conservação e restauração de prédios, monumentos, logradouros, sítios e demais espaços, inclusive naturais, tombados pelos Poderes Públicos; c) restauração de obras de arte e bens móveis e imóveis de reconhecido valor cultural; d) proteção do folclore, do artesanato e das tradições populares nacionais (art. 3°, inc. III, da aludida lei). Isso acaba por confirmar que o grande mecenas da produção e preservação cultural no Brasil continua a ser o Estado, mais precisamente pela via dos incentivos fiscais.

comunidade em geral são, juntamente com o Estado, co-responsáveis pela defesa do ambiente".[412]

Em relação à participação da população, não há como ela se dar se não for precedida de uma política deliberada e continuada de pré-conscientização cultural do grupo social, ressaltando a questão da educação patrimonial como atitude definitivamente casada com a preservação e a valorização patrimonial.

Na sempre oportuna lição de Varine-bohan, "uma população só pode se colocar como artífice ativa e responsável de seu presente e de seu futuro à medida que dominar sua própria cultura".[413] Afinal, só se valoriza o que se conhece.

O Congresso do patrimônio arquitetônico europeu, realizado em Amsterdã, em 1975, pôs em evidência a relevância do engajamento da população, em trecho ora transcrito:

> O patrimônio arquitetônico não sobreviverá a não ser que seja apreciado pelo público e especialmente pelas novas gerações. Os programas de educação em todos os níveis devem, portanto, se preocupar mais intensamente com essa matéria.O apoio da opinião pública é essencial. [...] A população deve, baseada em informações objetivas e completas, participar realmente, desde a elaboração dos inventários até a tomada das decisões.[414]

Definitivo no tocante ao tema da participação da comunidade apresenta-se texto divulgado pelo ICOMOS espanhol de autoria da especialista em patrimônio intangível e mestre em Direito Constitucional, a professora e advogada peruana Rocío Silvia Cárdenas.[415]

Acentua ela ser o homem que, diariamente, convive com as principais manifestações culturais, aquele que melhor pode conservá-las, sempre e quando as reconheça e respeite. Nesse campo, arrola os seguintes direitos básicos:

a) direito de conhecer sua própria história e a de seu povo e manifestações culturais;

b) direito a conservar suas manifestações culturais em contato e continuidade de tradições;

c) direito a ser informado e emitir opinião na tomada de decisões que afetem aos bens culturais;

d) direito de beneficiar-se, com prioridade, do desenvolvimento socioeconômico que a utilização do bem possa gerar;

---

[412] RANGEL, 1994, p. 97.
[413] Ibidem.
[414] Disponível em: www.iphan.gov.br/legislac/cartaspatrimoniais/declamsterda-75.htm. Acesso em 20 set. 2005.
[415] CÁRDENAS, 2005.

e) direito a que se considere, prioritariamente, a qualidade de vida do morador local e que essa não reste prejudicada pela atenção ao turismo ou a terceiros (por exemplo, pesquisadores).

Partindo desse rol de direitos, a autora questiona sobre o esquecimento da população local nas políticas de valorização e preservação patrimonial e aponta algumas causas para isso: isolamento do bem cultural em relação ao morador; concentração inadequada de população pobre que busca beneficiar-se do movimento econômico gerado pelo turismo; encarecimento dos custos de vida; surgimento de atividades ilegais e conseqüente aumento da criminalidade; carência de planos de aproximação do bem ao morador. No tocante a esse último aspecto, critica a omissão quanto ao desenvolvimento de projetos de participação social que permitam o entendimento do morador sobre o patrimônio de seu entorno, o que gera gradativo divórcio entre eles e uma distorção na eleição de prioridades e de valores. Isso também conduz a uma percepção errônea do patrimônio pelas populações tradicionais que, por vezes, passam a encará-lo como mero recurso econômico e não como elemento cultural que integra e afirma suas identidades. A esse fenômeno, a autora chama de "trivialização do patrimônio" e conclama os especialistas e políticos à elaboração e execução de *planos de participação social* que assumam duas tarefas: promoção de medidas para evitar que, nos lugares onde a relação entre o morador e o seu meio resulte negativa, a deterioração do meio ambiente cultural seja cada vez maior, através da integração do morador, recuperando ou recriando os laços espirituais desse com seus valores culturais e adoção de políticas de desenvolvimento nas quais o uso racional do bem também possa gerar benefícios a ele.

A grande vantagem apontada por Cárdenas em relação à preservação do patrimônio é que o envolvimento da comunidade multiplica as forças, sempre débeis, dos meios institucionais sobre cujos ombros recai o pesado fardo de investigar, controlar, manter, intervir cientificamente quando necessário. Assim, a única esperança de que esses bens sejam protegidos, considerando que as ações deletérias ao meio ambiente cultural avançam a passos largos, radica em inserir a comunidade nessa tarefa, porquanto é ela que está em melhores condições para impedir, ou pelo menos denunciar, o tráfico ilícito de bens culturais, o saque, a destruição de milenares construções arqueológicas em busca de tecidos, metais preciosos, etc.; a depredação de templos, cemitérios, sítios e casarios. Ademais, a parceria do morador local evita que ele adira, como mão-de-obra barata, à máfia do tráfico de bens culturais, deixando ele de se converter em degradador de seu próprio acervo cultural.[416]

---

[416] CÁRDENAS, 2005.

Esse despertar, no plano internacional, para a importância da educação patrimonial e da participação dos cidadãos, especialmente da comunidade local, na preservação do patrimônio encontrou ressonância na legislação pátria.

Com assento constitucional no § 1° do art. 216[417] da Constituição Federal, esse princípio traduz o necessário amálgama entre a população e a gestão patrimonial e foi substancialmente reforçado pela Lei da Política Nacional de Educação Ambiental, cujo art. 2° a define como uma política transversal, a estar presente em todos os níveis de ensino.[418]

Enfocando o Direito positivo português, Teixeira identifica o "princípio da colaboração dos cidadãos" como um dos basilares na tutela do meio ambiente cultural, citando como sua fonte maior o art. 2° da Lei Quadro portuguesa quando nele comina "o direito e dever de todos os cidadãos de preservar, defender e valorizar o patrimônio cultural".[419]

Semelhante abordagem é feita por Canotilho e Moreira ao discorrerem sobre o direito à fruição e criação cultural, em cujo cerne vislumbram a comparticipação na defesa e enriquecimento do patrimônio cultural, como instrumento de salvaguarda e valorização dos testemunhos da "identidade cultural comum".[420]

Na doutrina brasileira, especialmente dentre arquitetos dedicados à "causa" do patrimônio, há unanimidade quanto à imperatividade desse princípio.

Volkmer, professor de história da arquitetura junto à Universidade Federal do Rio Grande do Sul, enfatiza o aspecto da participação da comunidade no processo de preservação do patrimônio cultural, considerando-a indispensável ao permanente processo de atualização e aperfeiçoamento das políticas voltadas a esse escopo, as quais passam a ter sua legitimação ampliada devido à consideração das "características locais e próprias dos diversos segmentos da sociedade, em harmonia com os objetivos globais e os valores universais".[421]

Silva, abordando as ações da Unesco no plano educativo, destaca a necessária difusão da importância da preservação do patrimônio e das ameaças que sobre ele pesam como forma de envolver o público em políticas permanentes nesse sentido.[422]

---

[417] "Art. 216 [...] § 1° – O Poder Público, *com a colaboração da comunidade*, promoverá e protegerá o patrimônio cultural brasileiro, por meio de inventários, registros, vigilância, tombamento e desapropriação, e de outras formas de acautelamento e preservação.
[418] Art. 2° da Lei n. 9795/99.
[419] TEIXEIRA, 2004.
[420] CANOTILHO; MOREIRA, 1993, p. 378.
[421] VOLKMER, José Albano. Operacionalidade dos bens culturais. In: CICLO DE PALESTRAS SOBRE PATRIMÔNIO CULTURAL, 1, 1979, Porto Alegre. *Conferências...* Porto Alegre: Secretaria Municipal de Educação e Cultura, 1979, p. 86.
[422] SILVA, F.F., 2003, p. 157.

Cantarino sentencia serem raros no Brasil os casos em que é a população que pede a patrimonialização de determinado bem, mas, quando isso ocorre, a valorização é muito maior. Cita ela como exemplos o tombamento do terreiro da Casa Branca, em Salvador, e o tombamento da estrada de ferro Madeira-Mamoré, em Rondônia, ambos postulados pela população local que elege, em seu cotidiano, os bens que considera dignos de preservação.[423]

Focado na tutela do patrimônio arqueológico, Santos Júnior chega mesmo a considerar mais importante a implantação de uma efetiva política de educação patrimonial, que consiga envolver a população local, explicando-se o mérito dessa preservação, do que a edição de leis cada vez mais severas de punição para os atos lesivos a esse patrimônio. Segundo ele, a legislação deveria ser alterada para que os Poderes Públicos municipais, estaduais e federal redirecionassem suas posturas intimidatórias e antipatizantes para a adoção de diretrizes voltadas para a educação patrimonial.[424] O especialista exemplifica a falta de informação por parte da população sobre o que é patrimônio histórico pela denominação que os caçadores e agricultores costumam dar às pinturas rupestres encontradas em sítios arqueológicos – "escrita dos brutos",[425] "escrita dos índios", "pedra pintada" ou "escrita dos holandeses". Tais achados, expostos a fatores naturais e antrópicos, sem qualquer proteção por parte dos Poderes Públicos ou da população, não soem ser levados em conta pelo homem simples que muitas vezes é o que está mais perto deles, já que, em nossa sociedade, o valor costuma estar associado ao econômico.

Essa passagem do nível de assimilação do conceito de bem econômico para o de bem cultural não se revela pouco complexa e depende de um consistente e duradouro programa educacional que transmita conteúdos sobre o sentido e importância desse patrimônio. Só assim, na perspectiva de Santos Júnior, as pessoas deixarão de agir de forma indiferente ou mística ao se depararem com os grafismos arqueológicos.[426]

Froner, após escalpelar as mais importantes cartas patrimoniais internacionais e nacionais, conclui que, a despeito dessas pregarem, desde a Conferência de Atenas (1931), a preocupação com a população local e com

---

[423] CANTARINO, Carolina. *A consciência do valor*. Disponível em: www.revista.iphan.gov.br. Acesso em: 01 fev. 2005.

[424] SANTOS JÚNIOR, Valdeci dos. A influência das cartas internacionais sobre as leis nacionais de proteção ao patrimônio histórico e pré-histórico e estratégias de preservação dos sítios arqueológicos brasileiros. *Dossiê Arqueologias Brasileiras*, v. 6, n. 13, p. 1-16, dez. 2004/jan. 2005, p. 7-8. Disponível em: www.seol.com.br/mneme. Acesso em 15 ago. 2005.

[425] Designação pejorativa, que tende a desqualificar a cultura dos índios que habitavam o país antes da chegada dos europeus.

[426] SANTOS JÚNIOR, op. cit, p. 7.

sua educação e participação nas políticas preservacionistas, nem sempre os interesses da comunidade do entorno[427] das áreas pesquisadas, tombadas ou gerenciadas como ponto turístico são levados em consideração, como "tampouco se produz uma relação de cumplicidade, respeito e troca.[428] Como exemplo positivo de políticas de valorização patrimonial, a autora cita a cidade de Goiás-Velho, antiga capital do Estado de Goiás, na qual os órgãos da cultura, aliados ao Poder Público Municipal, têm procurado investir na infra-estrutura física da cidade, usando o turismo como vetor de fortalecimento econômico e a educação para a consciência da importância da preservação cultural. Até mesmo atividades rurais no entorno da cidade têm sido melhor orientadas por técnicos da EMATER,[429] no intuito de evitar as queimadas, desmatamentos, uso de agrotóxicos na agricultura, preservação das cachoeiras e da vegetação ciliar e uso adequado do solo.

Como exemplo negativo, citado por Froner, Cantarino[430] e também pela antropóloga Tânia Fedotovas Lopes,[431] do Instituto de Filosofia e Ciências Humanas da Unicamp, aparece Ouro Preto, cidade mineira detentora do título de patrimônio histórico da humanidade, cuja população nativa ostenta um sentimento paradoxal de orgulho e exclusão social, por não ter havido um trabalho junto à população de sensibilização para a importância da preservação do patrimônio da cidade. Os moradores se acham injustiçados em relação às regras para reforma e construção de seus imóveis, previstas no plano diretor do município, cuja obediência importa alto custo para manutenção das fachadas e características dos imóveis dentro das especificações do IPHAN. Longe de ser seu espaço de experiência e identidade, o patrimônio acaba se tornando algo externo e que interfere em suas vidas negativamente.[432]

Os exemplos acabam por reforçar a tese defendida por Magalhães de que a comunidade deve se conscientizar de sua ambiência cultural, a fim de que tenha ela condições de entender por que determinado prédio está sendo preservado. "Em outras palavras, a própria comunidade é a melhor guardiã de seu patrimônio".[433]

---

[427] Segundo essa autora, foi na carta canadense de Quebec que, pela primeira vez, a palavra cidadão, como agente de preservação, foi colocada em pauta, imputando-se a cada indivíduo a responsabilidade e a participação na proteção dos bens culturais. O patrimônio nacional é considerado, nessa carta, um tesouro precioso e insubstituível que pertence a toda a comunidade (FRONER, 2005).
[428] Ibidem.
[429] Empresa de Assistência Técnica e Extensão rural do Estado de Goiás.
[430] CANTARINO, 2005.
[431] LOPES, Tânia Fedotovas. *Orgulho e exclusão social caracterizam a vida dos moradores de Ouro Preto*. Disponível em: www.comciencia.br/200405/noticias/3/patrimonio.htm. Acesso em: 21 set. 2005.
[432] FRONER, op. cit.
[433] MAGALHÃES, 1985, p. 184.

Em obra na qual discute a participação popular na preservação do patrimônio cultural de Porto Alegre, Meira a classifica em duas formas: direta ou indireta. No primeiro caso, insere os espaços de participação como o orçamento participativo, os Congressos da Cidade, as Conferências de Cultura. No segundo, abarca os conselhos municipais, as pesquisas, incluindo as teorias da percepção ambiental, dentre outras.[434]

Ao rol exposto pela renomada Arquiteta, agrega-se a participação do cidadão em espaços institucionais como os gerados pelas audiências públicas no contexto dos estudos de impacto ambiental ou de impacto de vizinhança;[435] os abaixo-assinados, as denúncias e representações encaminhadas ao Poder Público ou ao Ministério Público, bem como a utilização de ações populares contra atos lesivos ao meio ambiente cultural e, através de associações, ações civis públicas para tutela dessa vertente integrativa do direito fundamental ao meio ambiente sadio e à qualidade de vida.

Rodrigues põe ênfase na participação da comunidade como legitimada maior para aferir o valor cultural de um bem. Como "legítima produtora e beneficiária dos bens culturais", o seu apreço pode representar uma prova do valor cultural superior àquela obtida através de laudos técnicos que, por vezes plenos em erudição, carecem de sensibilidade.

Andrade exalta a importância da colaboração da comunidade com a promoção e proteção do meio ambiente. Na sua avaliação, essa se dá através da efetivação dos direitos e garantias fundamentais, de cunho individual ou coletivo, com assento no art. 5º da Constituição Federal, especialmente os contidos nos incs. IV, V, VI, IX, XIII, XXI, XXIII, XXVII, XXVIII, "a" e "b", XXXIII, XXXIV, "a" e "b", XXXV, LV, LXIX, LXX, "a" e "b", LXXI, LXXII, "a" e "b", e LXXIII.[436]

Diante da crescente abordagem da necessária participação da comunidade na tutela e valorização de seu acervo cultural, é possível afirmar que os valores sociais por ele representados só têm chances de florescer, de cumprir suas funções de símbolo, de identidade, de testemunho, de gerador de relações e vínculos culturais e de integração espacial e harmonia com o meio ambiente quando reconhecidos pela população, sua primeira e mais fiel parceira desde que nele se reconheça e reconheça nele benefícios de curto, médio e longo prazos.

---

[434] MEIRA, 2004, p. 106.

[435] Conquanto o Estatuto da Cidade não contemple na regra geral sobre o Estudo de Impacto de Vizinhança (arts. 36 e 37 da Lei nº 10.257/01) a obrigatoriedade da audiência pública, nada impede que a legislação municipal, ao regrá-lo e detalhá-lo, venha a incluí-la em sua procedimentalização.

[436] ANDRADE, Filippe Augusto Vieira de. O patrimônio cultural e os deveres de proteção e preservação. In: FREITAS, José Carlos de (Org.). *Temas de direito urbanístico 3*. São Paulo: Imprensa Oficial do Estado: Ministério Público do Estado de São Paulo, 2001, p. 397.

3. A Tutela do Meio Ambiente Cultural na Perspectiva do Direito Ambiental

3.1. A TUTELA ADMINISTRATIVA

3.1.1. A competência administrativa para preservar e valorizar o meio ambiente cultural

Zelar pelo meio ambiente, mais especificamente na sua dimensão cultural, é tarefa que a Constituição outorgou ao Poder Público, na sua perspectiva mais abrangente, com a colaboração da comunidade.

Essa diretriz deflui da exegese combinada dos arts. 215, 216, 225, 23 e 30, inc. IX, todos da Constituição Federal.

O dever de agir para conhecer,[1] através de pesquisas que visem a identificar em determinados bens ou conjunto de bens, o estatuto do patrimônio[2] e os valores a ele associados;[3] para registros, inventários e tombamentos;[4] para fiscalização, sem solução de continuidade, apontando e autuando as ações e, principalmente, as omissões deletérias; para desapropriação, em casos especiais; para intervenções físicas, quando necessário, nos bens patrimoniais e, por fim, para adoção de políticas de valorização do

---

[1] Andrade classifica as ações do Poder Público, nas três esferas, tendentes à promoção e proteção do patrimônio em seis fases: conhecimento, registral, fiscalização, tombamento, desapropriatória e saneadora (ANDRADE, F.A.V., 2001, p. 398). Deixamos de aderir a essa sistematização, porquanto as ações não têm necessariamente essa seqüência lógica, podendo aparecer de forma isolada. Ademais, nela não está contemplada a valorização patrimonial que se nos afigura, no contexto da gestão de bens culturais, uma das políticas de maior relevância.

[2] Conforme esmiuçado no item.1.2.

[3] De acordo com o detalhamento a ser feito no item seguinte.

[4] Silva considera que o inventário, registro, tombamento, desapropriação e zoneamento são meios primários de tutela patrimonial, por representarem a formação, o reconhecimento da importância de determinados bens. Denomina de meios secundários aqueles pertinentes à vigilância, fiscalização, reparos, restauração, restrições à imodificabilidade e à alienabilidade continuamente impostos à Administração (SILVA, J. A., 2001, p. 156).

bem cultural assenta-se na competência constitucional administrativa ou material. Dito de outra forma, cada ente federativo, a par da competência formal ou legislativa, recebe da Constituição competências para desempenhar diferentes tarefas e serviços.

Considerando que o Estado brasileiro caracteriza-se por uma Federação, a questão da definição de competências adquire especial relevo, a fim de otimizar os serviços prestados pela Administração,[5] garantindo um relacionamento harmônico entre os entes que a integram.[6]

Competência, na sua perspectiva constitucional, "é a quantidade ou qualidade do poder funcional que a lei atribui às entidades, órgãos ou agentes públicos para executar a sua vontade".[7] Considerando que a base jurídica sobre a qual se assenta a Federação é a Constituição,[8] pode-se então qualificá-la como o berçário natural da definição das competências.

Em matéria de ações e atividades concretas voltadas à proteção do meio ambiente, nele inserido o cultural, o modelo adotado pela Constituição é o do Federalismo Cooperativo,[9] que se caracteriza pela possibilidade de atuação coordenada e reforçada de todos os entes federativos, no sentido de alcançar efetividade ao direito fundamental ao ambiente.[10] Essa franquia para o agir conferida a todas as unidades políticas autônomas não pode implicar desperdícios de esforços, muito menos sobreposição de atividades, o que significa, no dizer de Farias, "para os poderes locais, regionais e nacionais limitar o exercício de sua própria competência em função de regras de interligação e de coexistência com igual competência de outras esferas de poder estatal e, até mesmo, subordinar-se à administração orgânica ou sistêmica sob o comando de um ou mais órgãos".[11]

Outro, aliás, não poderia ter sido o tratamento conferido ao meio ambiente cultural, porquanto é justamente no rol do art. 23 da Constituição que foram inseridos aqueles valores merecedores de especial apreço pela coletividade, a justificar essa competência aditiva. Nem mesmo em relação ao patrimônio histórico-cultural qualificado pela Constituição como "local"

---

[5] SILVA, J.A., 2001, p. 43.

[6] ALMEIDA, Fernanda Dias Menezes de. *Competências na Constituição de 1988*. 3. ed. São Paulo: Atlas, 2005, p. 29.

[7] MOREIRA NETO, 1996, p. 99.

[8] ALMEIDA, op. cit., p. 26.

[9] MILARÉ, 1999, p. 241.

[10] Cfe. GAVIÃO FILHO, 2005, p. 86. Numa visão crítica, Krell sustenta haver, na verdade, "uma espécie de federalismo em que as esferas pactuam espontaneamente a fim de superar as dificuldades inerentes ao sistema vigente da separação administrativa" (KRELL, Andreas Joaquim. *Discricionariedade administrativa e proteção ambiental*. Porto Alegre: Livraria do Advogado, 2004, p. 96).

[11] FARIAS, P.J.L., 1999, p. 316.

(art. 30, inc. IX) há competência privativa do Município para a respectiva proteção.

Almeida, em passagem reveladora de sua sensibilidade para com a temática ambiental, ao comentar o art. 23, assim se expressa:

> No caso das demais competências do art. 23 é bem nítida a preocupação com o atendimento de objetivos, principalmente de índole social, que a todos interessam [...].
> Um destaque particular mereceu a proteção do patrimônio histórico, artístico, natural e cultural, objeto dos incisos III e IV. Não se revela despropositada a preocupação do constituinte, diante do descaso crônico, tanto das autoridades públicas, quanto da sociedade civil, pela preservação desses bens, numa triste demonstração de atraso cultural num país sem memória. Pode-se, portanto, até perdoar a redundância com que foi tratada a matéria: a rigor seria desnecessário destacar no inc. IV a *competência de impedir a evasão, a destruição e a descaracterização de obras de arte e de outros bens de valor histórico, artístico ou cultural, o que implicitamente se contém na competência de proteger esse patrimônio, prevista no inc. III* [...].
> A tutela do meio ambiente é tema cuja importância transcende, no mundo atual, as próprias fronteiras nacionais, porque repercute na qualidade da vida humana no planeta. Nada mais certo portanto, do que prever, a propósito, uma ação concertada dos Poderes Públicos de todos os níveis[12] – grifos nossos.

A forma pela qual cada um dos entes irá atuar não logrou ser explicitada no Texto Magno, nem mesmo em lei complementar, em que pese a dicção do parágrafo único do art. 23.

No pertinente ao zelo pelo meio ambiente cultural, parte da doutrina recomenda como divisor de águas o denominado critério de avaliação estimativa, tendo por referencial a expressão cultural do bem em relação a sua abrangência nacional, regional, estadual ou municipal.

Castro considera que a

> Constituição Federal não é explícita quanto ao grau de interesse. Ao dispor que cabe ao Poder Público a promoção e a proteção dos bens de interesse cultural, ela estabelece a concorrência da competência executiva. Esta competência concorrente deve ser compreendida a partir da sistemática que deflui de outros princípios constitucionais. Parece-nos evidente que, se determinado bem não tem importância para a cultura nacional, falece à União competência para agir na sua proteção por falta de interesse jurídico.[13]

A interpretação acima, com a devida vênia, não se afigura a mais consentânea com o modelo eleito pela Constituição para proteger os bens de tamanha relevância inseridos no art. 23.

Em que pese a prioridade para a atuação recair sobre o ente federativo com expressão simétrica ao valor estimativo do bem, em momento algum o texto Constitucional afastou o dever de agir dos demais. Dessa posição compartilham Andrade, Reisewitz e Souza Filho.

---

[12] ALMEIDA, 2005, p. 131.
[13] CASTRO, 1991, p. 23.

Andrade considera que o Poder Público, em todos os níveis, de forma conjunta ou isolada, deve implementar medidas de defesa e preservação dos bens integrantes do patrimônio cultural brasileiro.[14] Reisewitz, após pontuar que "a pedra de toque para a repartição das competências na Constituição Federal de 1988 é a predominância do interesse", no tocante ao meio ambiente cultural a competência material é comum, o que respeita a indivisibilidade do bem e o interesse difuso que sobre ele recai, e permite a cada um dos entes da Federação cuidar do patrimônio cultural que se ache em sua circunscrição territorial e, caso se omita, enseja aos demais que atuem no sentido de garantir a tutela do bem, sem que isso implique invasão de esfera de competência alheia.[15] Souza Filho, após esclarecer que o Poder Legislativo federal define o que é patrimônio nacional; o estadual, o que é patrimônio estadual, e as leis municipais definem o patrimônio local, considera que o Poder Público, independentemente da origem da definição, está obrigado a proteger esses bens. "Assim, não importa qual ente define como cultural um determinado bem, todos são obrigados a protegê-lo, ainda que o considerem desimportante para a esfera de poder que representem".[16]

Com maior ênfase, o modelo da cooperação entre os entes é defendido por Rodrigues, para quem a idéia de limitar o poder de tombar, por exemplo, ao grau de interesse, seria totalmente desarrazoada, já que nem a Constituição, nem a lei ordinária criou esse tipo de limitação, expressando, na escrita do art. 216, § 1°, que o patrimônio cultural brasileiro é uno, e não apenas federal, estadual e municipal.[17] Desse entendimento comunga o italiano La Regina, para quem é inconcebível distinguir entre um bem dotado de valor nacional e outro de interesse local. "Essas são distinções que não encontram nenhum fundamento científico, daí a necessidade de uma coordenação central".[18]

Com um viés alicerçado no Direito Ambiental, Richter traz a lume que a Constituição prescreveu para todos os entes federativos a obrigação de zelar pelo meio ambiente, "bem de uso comum do povo e essencial à sadia qualidade de vida" (art. 225). Assim, enquanto macrobem, cuja natureza jurídica é pública, não por sua dominialidade, mas pela sua destinação a finalidades públicas, o meio ambiente acaba por envolver a União, estados, Distrito Federal e municípios na garantia de sua integridade funcional.[19]

---

[14] ANDRADE, F.A.V., 2001, p. 395-396.
[15] REISEWITZ, 2004, p. 118-119.
[16] SOUZA FILHO, 1997, p. 92.
[17] RODRIGUES, J.E.R., 1993, p. 189. Do mesmo autor, vide sobre o tema: RODRIGUES, José Eduardo Ramos. Patrimônio cultural: análise de alguns aspectos polêmicos. *Revista de Direito Ambiental*, São Paulo, n. 21, p. 175-191, jan./mar. 2001a, p. 176.
[18] LA REGINA, 1982, p. 68.
[19] RICHTER, 2004, p. 55.

A propósito do tema, o Supremo Tribunal Federal, apreciando pedido de liminar em ação direta de inconstitucionalidade intentada pelo Estado do Rio Grande do Sul contra lei estadual que conferia aos Municípios, com exclusividade, o encargo de proteger e guardar os sítios arqueológicos situados em seus limites territoriais, assim se posicionou:

> Federação: competência comum: proteção do patrimônio comum, incluído o dos sítios de valor arqueológico (CF, arts. 23, III, e 216, V): encargo que não comporta demissão unilateral. 1. Lei estadual que confere aos municípios em que se localizam a proteção, a guarda e a responsabilidade pelos sítios arqueológicos e seus acervos, no Estado, o que vale por excluir, a propósito de tais bens do patrimônio cultural brasileiro (CF, art. 216, V), o dever de proteção e guarda e a conseqüente responsabilidade não apenas do Estado, mas também da própria União, incluídas na competência comum dos entes da Federação, a qual, substantivam incumbência de natureza qualificadamente irrenunciável. 2. A inclusão de determinada função administrativa no âmbito da competência comum não impõe que cada tarefa compreendida no seu domínio, por menos expressiva que seja, haja de ser objeto de ações simultâneas das três entidades federativas: donde, a previsão, no parágrafo único do art. 23 da CF, de lei complementar que fixe normas de cooperação (v., sobre monumentos arqueológicos e pré-históricos, a L. 3.924/61), cuja edição, porém, é da competência da União e, de qualquer modo, não abrange o poder de demitirem-se a União ou os Estados dos encargos constitucionais de proteção dos bens de valor arqueológico para descarregá-los ilimitadamente sobre os Municípios. 3. Plausibilidade da argüição de inconstitucionalidade da lei estadual questionada: suspensão cautelar deferida.[20]

Recente aresto do Superior Tribunal de Justiça ratificou o entendimento do Pretório Excelso:

> ADMINISTRATIVO – Tombamento – competência municipal.
> 1. A Constituição Federal de 1988 outorga a todas as pessoas jurídicas de direito público a competência para o tombamento de bens de valor histórico e artístico nacional[...]
> 3. O município, por competência constitucional comum – art. 23, III –, deve proteger os documentos, as obras e outros bens de valor histórico, artístico e cultural, os monumentos, as paisagens naturais notáveis e os sítios arqueológicos [...].[21]

Na decisão supratranscrita, o Superior Tribunal de Justiça chegou ao ponto de, com base na competência comum para a proteção do patrimônio cultural, admitir o tombamento de imóvel pertencente ao Estado do Rio de Janeiro pela Prefeitura Municipal de Niterói, enfatizando não se poder impedir ao Município zelar pela proteção de um bem situado nos limites de sua circunscrição territorial. Por fim, foi ainda invocado o art. 30, inc. IX, da

---

[20] BRASIL. Supremo Tribunal Federal. Ação Direta de Inconstitucionalidade n. 2.544-9. Relator: Ministro Sepúlveda Pertence. J. em 12 jun. 2002. Disponível em: http://gemini.stf.gov.br. Acesso em: 26 set. 2005.

[21] BRASIL. Superior Tribunal de Justiça. Recurso em mandado de segurança n. 18.952 – RJ 2004/0130728-5. Relatora: Ministra Eliana Calmon. J. em 26 abr. 2005. Disponível em: www.stj.gov.br. Acesso em: 10 set. 2005. No mesmo sentido: BRASIL. Tribunal Regional Federal da 1ª Região. Remessa ex-officio n. 1999.01.00.062485-4/MG. Relatora: Juíza convocada Selena Maria de Almeida. J. em: 14 dez. 1999. Disponível em: www.trf1/gov/br. Acesso em: 26 set. 2005.

Constituição, que consagra o dever do ente municipal de "promover a proteção do patrimônio histórico-cultural local, observada a legislação e a ação fiscalizadora federal e estadual".

Pois foi com suporte no mesmo art. 30, inc. IX, da Carta Magna que o Tribunal Regional Federal da 1ª Região acolheu ação civil pública promovida pelos Ministérios Públicos Federal e Estadual e pela própria União Federal contra o Município de Cuiabá e seu então Prefeito Municipal com o fito de condená-los à obrigação de não-fazer consistente na vedação de expedir alvará autorizativo de restauração, demolição, edificação ou outra atividade que viesse a descaracterizar, de qualquer forma, o Centro Histórico de Cuiabá e seu entorno, "in verbis":

> Ora, o fato de a concessão de alvarás sobre os imóveis pertencentes ao Centro Histórico de Cuiabá ser função da Prefeitura não exclui a competência da União, prevista na Constituição, para tratar da preservação do patrimônio cultural. Trata-se de mera investidura do Município, por razões eminentemente práticas, de parte de função que deve ser exercida, de forma concorrente, pela União, pelo Estado e pelo Município. Ademais, o art. 30 da Carta Magna, em seu inc. IX, ressalva as atividades do Município no que concerne aos bens de valor cultural.[22]

Sintetizando a questão da competência material, assoma a idéia da relevância conferida ao meio ambiente pela Constituição de 1988, cujo art. 23, em mais de uma passagem, incumbiu a todos os protagonistas da Federação, com a participação da comunidade, de cooperarem na preservação desses bens/valores imprescindíveis ao desenvolvimento espiritual do indivíduo, enquanto "portadores de referência à identidade, à ação, à memória dos diferentes grupos formadores da sociedade brasileira"[23] e essenciais à sadia qualidade de vida.[24] Aliado ao direito fundamental ao meio ambiente ecologicamente equilibrado, essencial à sadia qualidade de vida, aflora o dever fundamental de preservar esse mesmo bem jurídico,[25] integrado pelo viés cultural.[26]

3.1.2. Os valores associados ao estatuto do patrimônio e as políticas de preservação

Por mais esforço científico que se faça para conferir um conteúdo claro ao conceito vazado no "caput" do art. 216 da Constituição, a indeterminação

---

[22] BRASIL. Tribunal Regional Federal da 1ª Região. Apelação Cível n. 1998.01.00.004255-6. Relator: Juiz Manoel José Ferreira Nunes. J. em: 15 fev. 2004. Disponível em: www.trf1/gov/br. Acesso em: 26 set. 2005.
[23] Art. 216 da CF.
[24] Art. 225.
[25] Cf. MEDEIROS, 2004, p. 122-126.
[26] MIRANDA, J., 1996, p. 275.

jurídica está atada ao dinamismo e historicidade que impregnam a noção de patrimônio cultural numa perspectiva ambiental. Krell considera significativos exemplos de conceitos jurídicos indeterminados (de textura aberta), de cunho normativo e valorativo, as expressões "valor histórico ou artístico", "estética da paisagem", os quais impõem uma série de dificuldades exegéticas ao Administrador e ao Poder Judiciário.[27]

Fruto de toda uma evolução científica em torno à idéia de patrimônio, esse conceito revela a adesão a uma concepção não estática, nem meramente reativa assentada tão-somente no dever de "proteção" de bens capazes de testemunhar fatos significativos da memória dos diferentes grupos formadores da sociedade brasileira, mas uma perspectiva dinâmica, voltada à preservação, à valorização e à democratização.

No campo restrito da preservação, há permanente dificuldade em eleger, dentre os bens culturais, aqueles que integram o patrimônio e, dentre os que o integram, quais aqueles carecedores de medidas de preservação.

Os valores estão em constante mudança no contexto social. A par disso, só se valoriza o que se conhece, de sorte que o sentido de preservação será tanto maior quanto mais instruída a população de determinado país. "Se eu não conheço o significado que teve uma muralha para a defesa de grandes impérios, ela vira apenas um muro passível de pichação. Se eu não reconheço certos traços artísticos, um vitral de Chagall passará tão despercebido quanto o vitral de um banheiro de restaurante".[28]

Partindo-se da noção assentada no item *1.2.2* sobre o estatuto do patrimônio, é mister restringir um pouco mais a sua abrangência para eleger os elementos que o integram e que devem ser alvo de uma política de preservação.

É nessa etapa que se lança enorme desafio aos técnicos vinculados à gestão patrimonial, bem como aos juízes, promotores de justiça, peritos que se vêem envolvidos em ações judiciais relacionadas aos bens culturais.

A legislação pátria não contempla um elenco de valores, ao contrário do que ocorre com a completa normativa do país irmão, em cujo art. 17 há um rol de "critérios genéricos de apreciação", os quais recaem sobre: a) o caráter matricial do bem; b) o gênio do respectivo criador; c) o interesse do bem como testemunho simbólico ou religioso; d) o interesse do bem como testemunho notável de vivências ou fatos históricos; e) o valor estético, técnico ou material intrínseco do bem; f) a concepção arquitetônica, urbanística e paisagística; g) a extensão do bem e o que nela se reflete do ponto de

---

[27] KRELL, 2004, p. 40.
[28] O VALOR das coisas. *Zero Hora*, Porto Alegre, 01 ago. 2004. Caderno Donna. p. 18.

vista da memória coletiva; h) a importância do bem do ponto de vista da investigação histórica ou científica e i) as circunstâncias suscetíveis de acarretarem diminuição ou perda da perenidade ou de integridade o bem.[29]

Algumas planilhas de valores a serem conjuntamente analisados são sugeridas por diversos especialistas, mormente na área do patrimônio material ou tangível.

Dentre essas, a mais difundida parece ser a do austríaco Aloïs Riegl (1985-1905),[30] o qual observa os bens patrimoniais partindo de uma dupla perspectiva: objetiva, enquanto ente dotado de uma história; e subjetiva, determinada pela recepção que dele faça o público contemporâneo.[31] Segundo Choay,[32] o grande avanço da ambiciosa reflexão desse autor decorreu, provavelmente, de sua tripla formação: jurista, filósofo e historiador, enriquecida por sua experiência como conservador de museu. Foi ele o primeiro a tentar definir o monumento histórico através de seus valores.

Fonseca considera que o pioneirismo da obra de Riegl deriva do fato de ter ele procurado analisar a questão dos monumentos históricos "não do ponto de vista do Estado, ou enquanto representações da nacionalidade, mas a partir de diferentes percepções que o contato com os monumentos suscita nos indivíduos".[33]

Divide ele os valores em dois grandes grupos: *1. os rememorativos*; *2. os de contemporaneidade*.

Valores rememorativos são qualificados como aqueles que encontram sua razão no fato do monumento estar imerso no tempo, mais precisamente num determinado passado histórico. Subdividem-se em três grupos: *1.a – de antigüidade*:[34] relacionados às obras fruto da criação humana, sem atender a seus significados originais nem aos objetivos a que se destinavam, desde que denotem de modo manifesto (sem necessidade de um olhar técnico) a sua existência durante bastante tempo antes do presente;[35] *1.b – histórico*: reconduzível ao momento de criação do monumento. Destaca o papel de testemu-

---

[29] Art. 17 da Lei n. 107/2001.
[30] RIEGL, 1999.
[31] MONTERO, ob. cit., p. 157.
[32] CHOAY, 2001, p. 167.
[33] FONSECA, 1997, p. 65.
[34] Riegl destaca que esse valor se descobre à primeira vista, pela sua aparência não contemporânea e aspira a atuar sobre as grandes massas, já que esse aspecto não atual não reside no seu estilo não atual, pois esse poderia ser copiado, imitado, mas a oposição ao presente se manifesta por uma imperfeição, uma carência de um caráter fechado, uma tendência à erosão de forma e cor, características essas oponíveis de forma contundente às obras recentes. Esse valor, que se manifesta de forma imediata ao observador, opõe-se ao histórico, que descansa sobre uma base científica e resta aferível mercê de uma reflexão intelectual (RIEGL, op. cit., p. 49 e 55).
[35] Ibidem, p. 32.

nho que o monumento apresenta enquanto elo imprescindível no fluxo histórico;[36] *1.c – intencional*: vem determinado pela intenção com que se levantou o monumento com o objetivo de manter sempre presente esse momento do passado, o qual supõe um claro avanço em direção aos valores de contemporaneidade.[37]

Esses três valores de rememoração, como ensina Meira,[38] podem coexistir ou serem conflitantes.

Por sua vez, os valores de contemporaneidade são independentes do fluxo temporal e guardam uma estreita relação com a capacidade de satisfazer as mesmas necessidades materiais e espirituais evocadas pelas criações atuais.[39]

Subdividem-se em dois grupos: *2.a – instrumental:* determinado pela capacidade do monumento satisfazer as necessidades ou suas práticas no presente, o que pressupõe condições de segurança e habitabilidade para cuja concretização faz-se quase sempre necessária uma atualização pela restauração que o transforma em potencialmente funcional;[40] *2.b – artístico*: deve satisfazer às aspirações ou à vontade da arte (*Kunstwollen*) contemporânea.[41] Esse subgrupo ainda recebe duas divisões:[42] *2.b.1. – elementar ou de novidade:* definido pelo caráter fechado impecável em termos de forma, cor e estilo que representa uma obra que recorde o menos possível a obras predecessoras, antes do desencadeamento de seu processo de deterioração;[43] e *2.b.2. relativo* - que está determinado pela capacidade de compreensão do monumento antigo, com relação a todos ou alguns de seus valores, do ângulo da sensibilidade contemporânea o que, por óbvio, não remete a um valor absoluto, ou imutável, mas trata de um elemento em constante mutação.[44]

Para facilitar a compreensão, apresenta-se a tabela na página seguinte:

---

[36] Ibidem, p. 24-26.
[37] RIEGL, 1999, p. 67.
[38] MEIRA, 2004, p. 30.
[39] RIEGL, op. cit., p. 71.
[40] Ibidem, p. 73-77.
[41] O autor emprega o termo "moderna", mas optamos pela troca por contemporânea para evitar confusões com o sentido da era moderna, em oposição à pós-moderna.
[42] RIEGL, op. cit., p. 79.
[43] Ibidem, p. 83-84.
[44] Ibidem, p. 91-93.

Valores Rememorativos: encontram sua razão no fato de o monumento estar imerso no tempo, mais precisamente num determinado passado histórico.	*De Antigüidade:* relacionados às marcas que o tempo deixou sobre o monumento e que podem ser aferidas facilmente, sem necessidade de critérios e/ou olhares científicos.
	Históricos: reconduzíveis ao momento de criação do monumento. Destacam-se pelo papel do testemunho e, portanto, quanto menos falsificado o monumento, melhor.
	Intencionais: vêm determinados pela intenção com que se construiu o monumento com o objetivo de manter sempre presente esse momento do passado, o qual supõe um claro avanço em direção aos valores de contemporaneidade.

Valores de Contemporaneidade: são independentes do fluxo temporal e guardam uma estreita relação com a capacidade de satisfazer as mesmas necessidades materiais e espirituais evocadas pelas criações contemporâneas.	*Instrumentais:* determinados pela capacidade de o monumento satisfazer as necessidades ou suas práticas no presente, o que pressupõe condições de segurança e habitabilidade para cuja concretização faz-se quase sempre necessária uma atualização pela restauração que o transforma em potencialmente funcional.	
	Artísticos: devem satisfazer às aspirações ou à vontade da arte contemporânea.	*Elementares ou de Novidade:* definidos pelo caráter fechado impecável em termos de forma, cor e estilo que representa uma obra que recorde o menos possível a obras predecessoras, antes do desencadeamento de seu processo de deterioração.
		Relativos: determinados pela capacidade de compreensão do monumento antigo, com relação a todos ou alguns de seus valores, do ângulo da sensibilidade contemporânea, o que, por óbvio, não remete a um valor absoluto, estático, mas trata de um elemento em constante mutação.

 Meira não silencia quanto à existência de críticas a esse quadro de valores, especialmente em relação ao histórico e artístico, observando, entretanto, permanecerem eles ainda muito "arraigados na prática da preservação".[45]

 Montero afirma que esse quadro axiológico determina as diversas posturas interventivas que se pode adotar frente ao bem cultural. Nas obras que primem pelo valor de antigüidade, é preferível não interferir no "curso biológico de sua vida". Nas que o valor histórico seja o imperante, é aconselhável manter a forma original tal como nos é chegado sem maiores alterações e modificações e, finalmente, nas obras com valores de contemporaneidade, a restauração se justifica pela necessidade de adequar um edifício, por exemplo, a usos atuais.

---

[45] MEIRA, 2004, p. 30.

Curtis[46] também propôs uma planilha de valores, que em muito tem influenciado a prática preservacionista em Porto Alegre, tendo sido acolhida pelo 1º Plano Diretor de Desenvolvimento Urbano[47] daquela Capital, sintetizada na seguinte tabela:

Valor Arquitetônico	Valor atribuído às edificações que oferecem particular interesse pelas qualidades formais que apresentem suas fachadas, as quais predominam na paisagem urbana.
Valor Tradicional e/ou Evocativo	Qualidade que confere à edificação condição de permanência na memória coletiva.
Valor Ambiental	Considera-se com este valor as edificações cuja "ausência" subtraia interesse da paisagem onde estivar inserida, ou cujo entorno particularmente a valorize.
Valor de Uso Atual	Relativo à edificação que, corretamente utilizada, dispense reciclagem.
Valor de Acessibilidade com vistas à Reciclagem	Define-se assim tanto a facilidade de conexão da edificação com o sistema viário principal quanto sua capacidade de integração com os equipamentos de lazer e cultura da cidade. Também se inclui neste valor o prédio que ofereça espaço capaz de acolher e possibilitar funcionamento eficiente a órgãos da administração pública.
Valor de Conservação	Relacionado à edificação que dispensar qualquer tipo de obra ou reparo de caráter urgente.
Valor de Recorrência Regional e/ou Raridade Formal	Inclui-se nesta categoria a edificação produzida por manifestação de cultura regional ou qualificada por formas valorizadas porém de ocorrência rara.
Valor de Raridade Funcional	Atribui-se à edificação cuja função arquitetônica venha se tornando inusitada ou sofrendo transformações de molde a tornar seu programa original incompatível com as necessidades da vida atual.
Valor de Risco de Desaparecimento	Considera-se nesta situação a edificação localizada em zona onde se permita substituí-la por área construída apreciavelmente maior do que a que ocupa. Também encontra-se em risco a edificação depredada ou desprotegida de conservação.
Valor de Antigüidade	Relacionado à data da edificação. Para uma cidade jovem, como, por exemplo, Porto Alegre, fundada em 1772, o autor sugere que se considere o período compreendido entre a 1ª Guerra Mundial e a Revolução de 30 como baliza capaz de conferir antigüidade às edificações até então construídas.
Valor de compatibilização com a estrutura urbana	Adquire mais um crédito para a prioridade de proteção o prédio cuja localização não colidir com diretrizes da Estrutura Urbana. Assim, será mais valorizada, com vistas à preservação, a edificação que não impedir passagem ou alargamento de vias, instalação de equipamento urbano complementar, etc.

Meneses exalta a importância de que os órgãos incumbidos de executarem as políticas públicas de preservação cultural detenham um profundo conhecimento das coisas (físicas) e um entendimento da sociedade, considerando a complexidade inerente ao ser do patrimônio.

---

[46] CURTIS, Júlio Nicolau de. Patrimônio ambiental urbano de Porto Alegre. In: CICLO DE PALESTRAS SOBRE PATRIMÔNIO CULTURAL, 1, 1979, Porto Alegre. *Conferências realizadas no 1º Ciclo de Palestras sobre patrimônio cultural*. Porto Alegre: Secretaria Municipal de Educação e Cultura, 1979, p. 52-53.
[47] Art. 233 da Lei Complementar n. 43, de 18/02/79.

Partindo desses pressupostos, propõe a seguinte escala de valores:

Valores Cognitivos	São os associados à possibilidade de conhecimento. O domínio da informação, de que o objeto (então transformado em documento) é suporte, pode ser muito diversificado e se inicia com o que ele tem a dizer de sua própria existência material: as matérias-primas, sua obtenção e processamento, sua morfologia e fisiologia, os saberes exigidos, as múltiplas condições técnicas, sociais, econômicas, políticas, ideológicas e simbólicas de produção, práticas e representações.
Valores Formais	São os que mobilizam propriedades (sempre materiais) dos objetos físicos, para funções estéticas. ("Estético", é claro, não coincide com este ou aquele sistema formal, nem com supostos "valores universais", mas com aquilo que constitui etimologicamente o campo semântico da palavra "aisthesis" em grego: a percepção sensorial). As funções estéticas dizem respeito, portanto, à possibilidade de certos atributos formais potencializarem a percepção, num dado contexto sociocultural, permitindo, assim, a construção de um universo de sentido.
Valores Afetivos	São aqueles que implicam relações subjetivas dos indivíduos (em sociedade) com espaços, estruturas, objetos. Dizem respeito àquela dimensão de espaço (também imbricada na dimensão paralela da memória) que línguas estrangeiras, como o francês, chamam de *appartenance* e o inglês, de *belonging*; em português talvez pudéssemos dizer "pertença" para indicar que o homem, ser social, é incapaz de viver externamente a esse duplo eixo espaço/tempo. (Tendência recente de confundir o levantamento dos valores afetivos com as chamadas pesquisas de opinião deve ser apontada como absolutamente inadequada).
Valores Pragmáticos	São os valores de uso. De todos são os mais marginalizados, precisamente por serem julgados pouco ou nada "culturais"; numa sociedade em que as relações sociais predominantes forçam uma distância cada vez maior entre a vida enquanto experiência e prática e, ao inverso, enquanto objeto voyeurístico de contemplação descomprometida ou conhecimento redutor.

Após construir esses quatro conjuntos de valores conotados às coisas, considera indispensável levantar as representações sociais de onde eles se originam. Lembra o historiador que "as representações sociais incluem as ideologias, as aspirações e expectativas, o imaginário".[48]

Analisando os planos de valoração estabelecidos por Riegl, Curtis e Meneses, observam-se semelhanças entre eles, o que permite agrupá-los, segundo a sua carga maior, deixando claro que há valores identificados pelos citados autores que podem aparecer em mais de um grupo. Assim, a proposta abaixo formulada não traduz um plano axiológico estanque, mas enquadra os valores pela sua eficácia prevalente, sem descurar que em diversos terrenos eles se mesclam, numa síntese harmônica, e, por vezes, se confrontam. Propõe-se o agrupamento dos valores em seis conjuntos:

1. valores de antigüidade: associados à data de criação e execução do bem, os quais abarcarão um arco temporal menos avançado em direção ao passado quanto mais jovem for a cidade onde se situa o bem;

---

[48] MENESES, Ulpiano T. Bezerra de. O patrimônio cultural entre o público e o privado. In: CUNHA, Maria Clementina Pereira (Org.). *O direito à memória:* patrimônio histórico e cidadania/DPH. São Paulo: DPH, 1992, p. 193-194.

2. valores de testemunho: associados à capacidade incorporada pelo bem de evocar o passado, de se constituir em um texto não escrito capaz de desempenhar uma função documental;

3. valores de uso: associados às potencialidades contemporâneas de uso, acessibilidade, conservação, praticidade, funcionalidade do bem cultural;

4. valores artístico-formais: relacionados às peculiaridades estéticas, artísticas, de forma, de ambiências aglutinados ao bem cultural;

5. valores morais ou afetivo-espirituais: relativos às relações subjetivas das comunidades com o espaço por elas ocupados e que implicam um sentido de pertença a determinado grupo;

6. valores de singularidade/raridade: são aqueles que derivam da peculiar condição do bem que, por ser único, apresente elevada vulnerabilidade à extinção.

No conjunto *1*, situam-se os valores rememorativos de antigüidade de Riegl e o homônimo de Curtis. Meneses, oportuno registrar, não conferiu autonomia a esse valor de molde a isolá-lo, o que não significa que esteja ausente de seu universo axiológico associado àqueles por ele priorizados.

No conjunto *2*, situam-se os valores rememorativos históricos e intencionais identificados por Riegl; o valor tradicional e/ou evocativo de Curtis e os cognitivos de Meneses.

No conjunto *3*, agrupam-se os valores de contemporaneidade instrumentais de Riegl; os valores de uso atual, de acessibilidade com vistas à reciclagem, de conservação e de compatibilização com a estrutura urbana de Curtis e os pragmáticos nominados por Meneses.

No conjunto *4*, posicionam-se os valores de contemporaneidade artísticos relativos, inseridos no plano de Riegl; os valores arquitetônicos e ambiental de Curtis e os valores formais de Meneses.

No conjunto *5*, situam-se os valores afetivos designados por Meneses e, em menor grau, o valor tradicional ou evocativo de Curtis. Na escala de Riegl, não há qualquer alusão a esses sentimentos de pertencimento, provavelmente porque a identificação desse fenômeno da vinculação do homem ao binômio tempo-espaço tenha ganhado significativo reforço na era pós-moderna.

No conjunto *6*, aparecem os valores de contemporaneidade artísticos elementares ou de novidade de Riegl que, nesse norte, esteve muito a frente de seu tempo, e os valores de recorrência regional e/ou raridade formal, de raridade funcional e de risco de desaparecimento de Curtis. A questão da unicidade ou excepcionalidade do bem cultural passou ao largo da planta de valores arquitetada por Meneses.

Resgatando a ontologia do bem cultural exposta no item 1.2.2., os planos de valores atuam como um aprofundamento, um detalhamento na aferição da necessária proteção do bem e também como guias para eventuais intervenções.

Constatado que determinado bem cultural possui os três grandes fatores que o identificam como um bem integrante do patrimônio cultural brasileiro, a avaliação de seu feixe axiológico será de fundamental importância para determinar como preservar e de que forma intervir no bem, caso necessário.

3.1.3. O tombamento

O mais difundido instrumento de preservação de bens culturais materiais, no Direito brasileiro, é o tombamento, de tal sorte que, no jargão popular, costuma-se confundir tombamento e preservação como se sinônimos fossem.[49] Até mesmo doutrinadores chegam a embaralhar os conceitos.

O professor Mello Filho,[50] em seus Comentários à Constituição de 1967 (EC/69), definia o tombamento como sendo "o meio posto à disposição do Poder Público para a efetiva tutela do patrimônio cultural e natural", como se fosse o único meio para se atingir tal finalidade. Nem mesmo sob a égide da Emenda Constitucional nº 1/69 era possível se chegar à conclusão extraída pelo precitado professor. Muito menos no atual sistema constitucional existe essa suposta exclusividade de meio.

A abordagem do tema, conquanto formulada por especialistas em direito administrativo, urbanístico e ambiental, ainda se faz através de um prisma preponderantemente administrativista, menos comprometida com a sustentabilidade urbano-ambiental e com o direito ao meio ambiente sadio e ecologicamente equilibrado do que com as formalidades inerentes ao instrumento que ousa penetrar no intangível universo da propriedade privada.

Refoge ao objetivo dessa pesquisa um esgotamento do tema – merecedor por si de uma monografia – daí por que serão priorizadas as questões mais polêmicas envolvendo esse instrumento que, na legislação brasileira, foi introduzido pelo Decreto-Lei nº 25/37, o qual, como que por ironia, parece também ele salvaguardado por uma espécie de "tombamento", por ter atravessado quase um século praticamente incólume de alterações substanciais, o que o torna um diploma quase que sagrado dentro de nosso volátil ordenamento jurídico.

---

[49] Cf. MARCHESAN, Ana Maria Moreira; STEIGLEDER, Annelise Monteiro; CAPPELLI, Sílvia. *Direito ambiental*. 2. ed. Porto Alegre: Verbo Jurídico, 2005, p. 87.
[50] MELLO FILHO, José Celso de. *Constituição Federal Anotada*. São Paulo: Saraiva, 1984, p. 538.

O tombamento é um dos institutos com assento constitucional destinado a assegurar a preservação de um bem ou conjunto de bens de valor cultural, podendo esse também merecer destaque em função de sua conformação naturalística para cujo soerguimento praticamente nenhuma intervenção humana fez-se necessária.

Do ponto de vista ambiental, o tombamento irá influir nas construções circunvizinhas, nas reformas externas e internas, nas licenças edilícias e ambientais, no trânsito e arquitetura das vias, nos cuidados com a poluição, no zoneamento urbanístico.[51]

No § 1º do art. 216 da Constituição, o tombamento figura como um dentre os vários instrumentos de proteção ao patrimônio cultural definido no "caput" e subseqüentes incisos. A seu turno, o Decreto-Lei nº 25/37, nessa parte não recepcionado pela atual Carta Maior, trazia, em seu primeiro artigo, um conceito bem mais restritivo de Patrimônio Histórico e Artístico Nacional: "o conjunto dos bens móveis e imóveis existentes no país e cuja conservação seja de interesse público, quer por sua vinculação a fatos memoráveis da História do Brasil, quer por seu excepcional valor arqueológico ou etnográfico, bibliográfico ou artístico".

A expressão "memoráveis", como já averbado alhures, passa a idéia de bens associados aos grandes eventos que marcaram a vida nacional (ex., descobrimento, proclamação da República, Independência, abolição da escravatura, etc.). Com a evolução ampliativa sofrida pelo estatuto do bem cultural, também os fatos associados a eventos menores, às histórias dos derrotados, à arquitetura vernacular estão abarcados no patrimônio cultural, o que conduz a uma exegese "da Lei do Tombamento" em consonância com o texto constitucional.

A jurisprudência pátria ainda reluta nessa leitura conjunta entre o Decreto-Lei nº 25/37 e a Constituição Federal. Não são raros os julgados que afastam a possibilidade de tombamento quando o bem pretendido proteger não se ajuste perfeitamente à concepção grandiloqüente do "caput" do art. 1º do referido Decreto-lei.

Em julgado do Tribunal de Justiça mineiro, o Des. Rubens Xavier Ferreira assentou que os municípios que objetivem preservar construções valiosas exclusivamente por sua arquitetura devem usar da desapropriação.[52] Esse entendimento vem respaldado em precedente da lavra do Ministro Antônio de Pádua Ribeiro, que considerou que o tombamento só pode recair sobre bens vinculados a *fatos memoráveis da história ou sobre bens de excepcional*

---

[51] ACKEL FILHO, Diomar. *Município e prática municipal:* à luz da Constituição Federal de 1988. São Paulo: Revista dos Tribunais, 1992, p.277.
[52] MINAS GERAIS. Tribunal de Justiça. Embargos Infringentes n. 1.0000.00.119895-1/001(1). Relator Des. Lúcio Urbano J. em 16 maio 2000. Disponível em: www.tjmg.gov.br. Acesso em: 20 abr. 2005.

valor arqueológico, etnográfico, bibliográfico ou artístico, "ex vi" da redação do aludido dispositivo da "Lei do Tombamento".[53] Se interesse houver, por parte da Administração, de proteger imóveis outros que não os enquadráveis nas tipologias descritas no texto de lei antes citado, deve essa se valer da desapropriação, com fulcro no art. 5º, letra "k", do Decreto-Lei nº 3.365/41.[54]

Esse raciocínio, igualmente desenvolvido em outras decisões do Superior Tribunal de Justiça,[55] afronta o espírito da Constituição que soterrou a idéia elitista de somente proteger pela via do tombamento ou de quaisquer outros meios os bens produzidos por uma cultura estritamente associada às classes historicamente dominantes.[56] Interpretar o Decreto-Lei nº 25/37 à luz do ordenamento jurídico brasileiro envolve respeitar a força normativa da Constituição e, em especial, a sua atenção à tutela do patrimônio cultural brasileiro na sua mais ampla compreensão, a qual, inegavelmente, envolve também bens que, a despeito de não se associarem a "fatos memoráveis" da nossa história, são "portadores de referência à identidade, à ação, à memória dos diferentes grupos formadores da sociedade brasileira".[57]

A par disso, aludidos arestos destoam do Texto Magno que, ao abrir o leque dos meios hábeis à tutela do patrimônio cultural brasileiro, buscou de fato romper com uma visão absoluta e egoística do direito de propriedade, atenuando-o com a reiterada explicitação de sua inerente função social.[58]

---

[53] "O Decreto-Lei nº 25, de 30.11.37, que organizou a proteção do patrimônio histórico e artístico nacional, estabelece no seu art. 1º: (lê). A lei qualifica, de modo muito contundente e, conseqüentemente, muito limitativo, os bens que podem e devem ser objeto de tombamento. É preciso que haja, do ponto de vista histórico, a vinculação a fatos *memoráveis* da história. Quanto ao resto, principalmente o artístico, que seja de *excepcional* valor"(BRASIL. Superior Tribunal de Justiça. RESP n. 30.519-0. Relator: Ministro Antônio de Pádua Ribeiro. J. em 25 maio 1994. *Revista do Superior Tribunal de Justiça*, Brasília, n. 78, p. 149-160, 1996, p. 149-160.

[54] "Art. 5o Consideram-se casos de utilidade pública: [...]
k) a preservação e conservação dos monumentos históricos e artísticos, isolados ou integrados em conjuntos urbanos ou rurais, bem como as medidas necessárias a manter-lhes e realçar-lhes os aspectos mais valiosos ou característicos e, ainda, a proteção de paisagens e locais particularmente dotados pela natureza;
l) a preservação e a conservação adequada de arquivos, documentos e outros bens móveis de valor histórico ou artístico[...]".

[55] BRASIL. Superior Tribunal de Justiça. Recurso Especial n. 220983. Relator:Ministro José Delgado. J. em 15 ago. 2000. Disponível em: www.cjf.gov.br/Jurisp/Juris.asp. Acesso em: 03 maio 2005.

[56] Como destaca Meira, a noção de patrimônio sofre um processo gradual de alargamento. Afasta-se da concepção restrita à monumentalidade para abranger um universo que abarque o patrimônio cultural vernacular, popular e local, "respeitando as evidências do cotidiano, a transmissão e recriação dos processos culturais" (MEIRA, 2004, p. 39-40). No mesmo sentido, o Comitê das Nações Unidas sobre Assentamentos Humanos afiança que os lugares comuns da vida cotidiana são os melhores testemunhos das genuínas estruturas culturais e sociais do passado e do presente das civilizações, além de, não raro, revelarem o sistema político local (URBAN environment: heritage conservation. Disponível em: www.unchs.org/. Acesso em 10 set. 2005).

[57] Art. 216 da CF.

[58] Arts. 5º, inc. XXIII; 170, inc. III; 182, § 2º, e 186 da CF.

Para além da discussão envolvendo a questão de ser o tombamento servidão administrativa,[59] limitação administrativa ao direito de propriedade[60] ou, ainda, numa concepção mais recente, uma mescla de servidão administrativa com sacrifício ao conteúdo do direito de propriedade,[61] não parece demasia reiterar que o bem cultural é sempre de titularidade difusa ou coletiva, razão pela qual o tombamento irá afetar a propriedade privada somente enquanto serve ela de suporte à expressão daquele.

Essa visão, por si, reduz as hipóteses de cabimento da indenização a que possa almejar aquele que vê o seu bem afetado pelo tombamento.

A par disso, revisitando o estudo a respeito do princípio da função social da propriedade, o que importa reter é que esse passou a integrar o próprio conteúdo do direito de propriedade, daí por que aquela particular compressão que desiguala o proprietário do bem tombado em relação a outros em condições similares não pode, por si, ser reputada "um prejuízo econômico" suficiente para gerar o dever público de indenizar, como defendem Bandeira de Mello[62] e o saudoso administrativista gaúcho Cirne Lima.[63]

Não se nega que o tombamento "fricciona o direito de propriedade de alguma forma".[64] Mas, na imensa maioria dos casos, não há de ser reconhecido o direito à indenização, reservado que fica para as situações em que o tombamento implique esvaziamento quanto à utilidade econômica que vinha sendo dada ao bem[65] (o que não se confunde com mera expectativa de um direito futuro e incerto[66]) ou ainda quando não for economicamente exigível

---

[59] Posição defendida por DALLARI, Adilson Abreu. Tombamento. *Revista de Direito Público,* São Paulo, n. 86, p. 37-41, abr./jun. 1988; e CIRNE LIMA, Ruy. Das servidões administrativas. *Revista de Direito Público,* São Paulo, n. 5, p. 18-27, 1968.

[60] Sobre a polêmica, vide MARCHESAN; CAPELLI; STEIGLEDER, 2005, p. 91.

[61] BANDEIRA DE MELLO, Celso Antônio. Tombamento e dever de indenizar. *Revista de Direito Público,* São Paulo, n. 81, p. 65-73, 1987, p. 68. Do mesmo autor, v. BANDEIRA DE MELLO, Celso Antônio. Apontamentos sobre o poder de polícia. Revista de Direito Público, São Paulo, n. 9, p. 55-68, 1969, p. 64.

[62] BANDEIRA DE MELLO, 1987, p. 72-73. Com base na doutrina italiana, esse autor procura traçar a *summa divisio* entre responsabilidade civil e sacrifício de direito: na responsabildiade civil, há violação pelo Estado de um direito alheio. No sacrifício de direito, o Estado faz uso de uma faculdade que a lei lhe confere de investir licitamente contra o direito de terceiros, sacrificando certos interesses privados e convertendo-os em uma correspondente expressão patrimonial". Não há falar, pois, em responsabilidade, propriamente dita, quando o Estado debilita, enfraquece, sacrifica um direito de outrem, ao exercitar um poder que a ordem jurídica lhe confere, autorizando-o a praticar um ato cujo conteúdo jurídico intrínseco consiste precisa e exatamente em ingressar na esfera alheia para incidir sobre o direito de alguém" (BANDEIRA DE MELLO, 2002, p. 852-853).

[63] CIRNE LIMA, 1968, p. 27.

[64] SANTOS, M.O., 1988, p. 201.

[65] Posição essa bastante assemelhada à de Castro, para quem a indenização é possível quando o tombamento implicar num quase que total esvaziamento do conteúdo do direito de propriedade ou quando o tombamento inviabilizar o uso natural da coisa (CASTRO, 1991, p. 138-139).

[66] Rodrigues enfatiza que o que está fora da realidade palpável não pode ser objeto de apreciação para a reparação indenizatória (RODRIGUES, J.E.R., 2001a, p. 189).

do proprietário que conserve o bem tombado, conforme tem entendido a doutrina germânica,[67] independentemente de o tombamento incidir sobre um, mais de um ou sobre um grande conjunto de bens.

A jurisprudência do Tribunal Constitucional italiano, como relata Ferri, tem sido contrária à indenização dos sacrifícios impostos pelos instrumentos de tutela cultural. Essa orientação que, embora reconheça os elevados níveis das limitações que afetam o direito de propriedade, parte do pressuposto de que o regime de tutela cultural recai sobre os bens, que são objeto de sujeição ao interesse público, não por força de uma escolha arbitrária da autoridade administrativa, "mas sim em virtude de uma sua qualidade *originária*, cuja ligação com o interesse público é determinada por via abstracta pela disposição legislativa".[68]

Ferri não se olvida de destacar a importância desse rumo tomado pela Corte em questão para a política cultural italiana. "Se a aplicação das medidas de conservação fosse subordinada ao pagamento de uma indemnização, a acção de tutela ficaria fortemente condicionada pela necessidade de se manter dentro dos limites de uma compartimentação orçamental", o que certamente não atenderia a todas as exigências de intervenção precaucionais e reparadoras requeridas por um patrimônio cultural tão rico e vasto como o é o italiano.[69] Segundo ele, a desapropriação deve ficar reservada para os casos em que se revele indispensável à realização dos objetivos de tutela cultural, ou seja, quando tal sacrifício esteja vinculado a esse interesse público.[70]

A jurisprudência pátria oscila quanto ao cabimento da indenização, podendo-se afirmar ainda preponderarem os julgados que a reconhecem, sob a forte influência da doutrina do deveras respeitado administrativista Celso Antônio Bandeira de Mello.

No Superior Tribunal de Justiça, especialmente nas hipóteses de tombamento de imóveis integrantes da Serra do Mar, os precedentes apontam para o seguinte posicionamento:

ADMINISTRATIVO – TOMBAMENTO ÁREA SERRA DO MAR – INDENIZAÇÃO - REVISÃO OU REAVALIAÇÃO DA PROVA – OMISSÃO DO TRIBUNAL.
1. A jurisprudência desta Turma, bem assim da Primeira Turma, é no sentido de admitir indenização de área tombada, quando do ato restritivo de utilização da propriedade resulta prejuízo para o dominus.[71]

---

[67] CORREIA, Fernando Alves. Propriedade de bens culturais: restrições de utilidade pública, expropriações e servidões administrativas. In: MIRANDA, Jorge; CLARO, João Martins; ALMEIDA, Marta Tavares de (Org.). *Direito do património cultural*. Oeiras: INA, 1996, p. 398.

[68] FERRI, 1996, p. 139.

[69] Ibidem, p. 139.

[70] Ibidem, p. 147.

[71] BRASIL. Superior Tribunal de Justiça. REsp. 401264/SP. Relator: Min. Eliana Calmon. J. em 05 set. 2002. Disponível em: www.stj.gov.br. Acesso em: 27 out. 2005. No mesmo sentido: BRASIL. Superior

Todavia, tais precedentes ostentam a peculiaridade de envolverem o tombamento de áreas de terra que, por sua singular beleza paisagística, seus atributos naturais e sua vinculação com a história nacional mereceram tal proteção.

A afetação dessas áreas a uma unidade de conservação de proteção integral – categoria parque – inviabiliza usos públicos ou privados diversos daqueles expressamente autorizados pelo art. 11 da Lei nº 9.985/00, quais sejam a realização de pesquisas científicas e o desenvolvimento de atividades de educação e interpretação ambiental, de recreação em contato com a natureza e de turismo ecológico.

Ademais, pelo § 1º do mesmo dispositivo, as terras que conformam esse tipo de unidade de conservação devem ser desapropriadas, de acordo com o que dispõe a lei.

Verifica-se, pois, abissal distinção entre esses casos e os que recaem sobre tombamentos de imóveis, via de regra fruto do labor humano, que podem continuar sendo utilizados pelo proprietário particular, após o tombamento, da mesma forma como o faziam antes dele.

Sem embargo disso, em importante precedente que envolvia uma das mansões situadas na Av. Paulista que vieram a ser tombadas pelo Estado de São Paulo, o mesmo Sodalício externou o seguinte veredito:

ADMINISTRATIVO. TOMBAMENTO. INDENIZAÇÃO. BEM GRAVADO COM CLÁUSULAS DE INALIENABILIDADE, INCOMUNICABILIDADE, IMPENHORABILIDADE, USUFRUTO E FIDEICOMISSO.
1. O proprietário de imóvel gravado com cláusulas de inalienabilidade, incomunicabilidade, impenhorabilidade, usufruto e fideicomisso tem interesse processual para ingressar com ação de desapropriação indireta quando o referido bem é tombado.
2. O pedido só é considerado juridicamente impossível quando contém pretensão proibida por lei, ex: cobrança de dívida de jogo.
3. O ato administrativo de tombamento de bem imóvel, com o fim de preservar a sua expressão cultural e ambiental, esvaziar-se, economicamente, de modo total, transforma-se, por si só, de simples servidão administrativa em desapropriação, pelo que a indenização deve corresponder ao valor que o imóvel tem no mercado. Em tal caso, o Poder Público adquire o domínio sobre o bem. Imóvel situado na Av. Paulista, São Paulo.
4. Em sede de ação de desapropriação indireta não cabe solucionar-se sobre a permanência ou não dos efeitos de gravames (inalienabilidade, incomunicabilidade, impenhorabilidade, usufruto e fideicomisso) incidentes sobre o imóvel. As partes devem procurar afastar os efeitos de tais gravames em ação própria.

Tribunal de Justiça. REsp. 307535/SP. Relator: Min. Francisco Falcão. J. em 12 mar. 2002. Disponível em www.stj.gov.br. Acesso em 27 out. 2005. BRASIL. Superior Tribunal de Justiça. REsp. 122.114/SP. Relator para o acórdão: Min. Franciulli Netto. J. em 06 set. 2001. Disponível em: www.stj.gov.br. Acesso em: 27 out. 2005.

5. Reconhecido o direito de indenização, há, por força de lei (art. 31, do DL 3.365, de 21.6.41), ficarem sub-rogados no preço quaisquer ônus ou direitos que recaiam sobre o bem expropriado.
6. Em razão de tal dispositivo, ocorrendo o pagamento da indenização, deve o valor ficar depositado, em conta judicial, até solução da lide sobre a extensão dos gravames.
7. Recurso improvido.[72]

Em sentido aparentemente oposto, o e. Tribunal de Justiça gaúcho assim se pronunciou:

ADMINISTRATIVO. TOMBAMENTO. CONSERVAÇÃO DO PRÉDIO TOMBADO. DEVER DO MUNICÍPIO, MORMENTE SE COMUNICADA PELO PROPRIETÁRIO A IMPOSSIBILIDADE DE ARCAR COM OS CUSTOS DAS OBRAS DE CONSERVAÇÃO. RECONVENÇÃO. NULIDADE DO ATO. PRESCRIÇÃO. INDENIZAÇÃO. DESAPROPRIAÇÃO INDIRETA. ÔNUS DE CONSERVAÇÃO. EXAME DA CONCRETUDE DO CASO. Resta prescrita a ação anulatória contra o ente público visando a desconstituição do ato administrativo que decretou o tombamento de prédio decorridos mais de 17 anos da formalização do ato. Demais, a alegação de nulidade deve obedecer a uma lógica tanto no plano material quanto processual, que se mostra ausente quando o proprietário teve plena ciência do ato e se resignou quanto à forma pela qual foi realizado. *O tombamento de imóvel não se equipara à desapropriação indireta quando não impede a sua utilização, não havendo falar em direito à indenização*. Ainda que do proprietário o dever de conservação do imóvel tombado, exonera-se ele deste ônus quando comunicada e comprovada a sua impossibilidade de arcar com eles[73] – grifos nossos.

Uma leitura superficial das decisões demonstra serem elas antagônicas. Entrementes, ao serem escalpelados os seus fundamentos, verifica-se que ambas acabam por reconhecer ao proprietário do imóvel tombado, que se vê privado de usá-lo, o direito à indenização.

Em precedente envolvendo o reconhecimento do valor cultural de diversos imóveis, por meio de lei municipal, o Supremo Tribunal Federal rechaçou a tese do direito adquirido do particular à concessão de licença demolitória mesmo em caso de projeto construtivo aprovado previamente à edição da lei. Nesse aspecto, a decisão dialoga perfeitamente com a função social da propriedade. Entretanto, concedeu o direito à indenização "pela desvalorização que sofreram os dois imóveis, eis que não pode construir no local".[74]

---

[72] BRASIL. Superior Tribunal de Justiça. REsp. 220983/SP. Relator: Min. José Delgado. J. em 15 ago. 2000. Disponível em: www.stj.gov.br. Acesso em: 27 out. 2005.

[73] RIO GRANDE DO SUL. Tribunal de Justiça. Apelação Cível e Reexame Necessário n. 70005806062. Relator: Des. Arno Werlang. J. em 30 jun. 2004. Disponível em: www.tj.rs.gov.br. Acesso em: 31 mar. 2005. No mesmo sentido: MINAS GERAIS. Tribunal de Justiça. Apelação Cível n. 1.0000.00.333891-0/0001. Relator: Des. Francisco Figueiredo. J. em 30 set. 2003. Disponível em: www.tjmg.gov.br. Acesso em: 29 out. 2005. No corpo desse último julgado, o Des. Relator afirma: "É assente, pois, na doutrina e na jurisprudência que, via de regra, o ato de tombamento não gera direito à indenização e, no caso em reexame, afasta-se o acolhimento do pleito indenizatório, eis que não demonstrada a ocorrência de prejuízos de qualquer espécie no lapso temporal compreendido entre a edição do ato e o decreto de sua nulidade".

[74] BRASIL. Superior Tribunal Federal. Recurso Extraordinário n. 93.734-0/SP. Relator: Ministro José Néri da Silveira. J. em 27 set.1983. Cópia do acórdão remetida pela Secretaria do Tribunal.

No Tribunal de Justiça de Minas Gerais, há precedentes vinculando o direito à indenização ao princípio constitucional da responsabilidade civil objetiva dos danos causados pela Administração, a saber:

ADMINISTRATIVO. TOMBAMENTO. DIREITO À INDENIZAÇÃO. A questão relativa à indenização no tombamento não se resolve pela sua natureza, mas pelo princípio da responsabilidade objetiva. Invocando tal preceito, em ocorrendo, pelo tombamento, a redução das faculdades inerentes ao domínio, relativas ao uso, gozo e disposição, pela necessidade de preservação da coisa, com a conseqüente diminuição do seu valor econômico, não se pode afastar o direito do proprietário de ser indenizado.[75]
ADMINISTRATIVO. TOMBAMENTO.[...] Irregularidade no processo administrativo. No que tange à indenização, a natureza jurídica do tombamento, não é ponto essencial para sua apreciação, ainda que envolva aniquilamento parcial das faculdades inerentes ao domínio, porque tal questão se resolve pela imposição ao órgão público da obrigação de reparar prejuízos sofridos pelo proprietário, com a aplicação do princípio da responsabilidade objetiva, através da qual tem o ente político o dever de reparar, toda vez, que ato seu, legítimo ou não, cause lesão ao particular.
O prejuízo ao proprietário não é obstáculo à efetivação de um tombamento, mas pode ser sua conseqüência e implicar indenização.[76]

Esse posicionamento, *data maxima venia*, parte de uma interpretação fragmentada do texto constitucional. Não há como haver tombamento sem redução de alguma faculdade inerente ao domínio, mas essa se dá por força de outros princípios também plasmados na Constituição que, de um lado, tutelam o meio ambiente, especialmente em seu viés cultural, e, de outro, integram a função social ao conteúdo do direito de propriedade. Assim, associar a indenização pura e simplesmente à regra imposta à Administração de indenizar todo e qualquer "dano" sofrido pelo administrado é raciocínio por demais simplista.

A título de curiosidade, é de se referir que a vigente lei portuguesa de proteção ao patrimônio cultural prevê, dentre os direitos especiais dos detentores dos bens, "o direito a uma indemnização sempre que do acto de classificação resultar uma proibição ou uma restrição grave à utilização habitualmente dada ao bem".[77]

O ato de tombamento de um bem, especialmente de um imóvel, e os reflexos que esse ato pode produzir para bens integrantes do entorno não apresentam a natureza de um ato expropriativo, mas derivam da função social internalizada pelo direito de propriedade, conforme sua feição constitucional, da vinculação social ou, ainda, da vinculação situacional da propriedade

---

[75] MINAS GERAIS. Tribunal de Justiça. Apelação Cível n. 1.0000.00.122401-3/000. Relator: Des. Pinheiro Lago. J. em 31 ago. 1999. Disponível em: www.tjmg.gov.br. Acesso em: 29 out. 2005.
[76] MINAS GERAIS. Tribunal de Justiça. Apelação Cível n. 1.0000.00.345581-3/000(1). Relator: Des. Maciel Pereira. J. em 03 jun. 2004. Disponível em: www.tjmg.gov.br. Acesso em: 02 dez. 2005.
[77] Art. 20, alínea "d", da Lei n. 107/2001.

que incide sobre os bens culturais, corolário da especial situação fática dos bens, da sua inserção na natureza e na paisagem e de suas características intrínsecas.[78]

Essa vinculação do tombamento com a realização do interesse social deriva da exegese conjunta entre os artigos 216, 182 e 183, todos da Constituição Federal com os arts. 1°, 2°, inc. XII, e 4°, inc. V, "d", todos da Lei n° 10.257/01.[79]

Nossa Lei Maior compromete-se com a preservação do patrimônio cultural brasileiro ao mesmo tempo em que delega ao Poder Público municipal o desenvolvimento de uma política urbana que tenha por escopo o pleno desenvolvimento das funções sociais da cidade, além de garantir o bem-estar de seus habitantes.

Dentre as diretrizes gerais da política urbana voltada à concretização de tais objetivos, o legislador federal destacou a "proteção, preservação e recuperação do meio ambiente natural e construído, do patrimônio cultural, histórico, artístico, paisagístico e arqueológico",[80] arrolando o "tombamento de imóveis ou de mobiliário urbano" dentre os instrumentos de implementação da política urbana.[81]

Afigura-se acertado dizer, com inspiração em Ferri, que o conceito de bem cultural ultrapassou, graças à sua relevância social, a visão redutora de mero limite à propriedade privada, manifestamente inadequada para comportar a ampla gama de intervenções públicas requeridas por esse setor.[82]

O tombamento implica avaliação do interesse cultural do bem, segundo critérios que podem se assemelhar aos estabelecidos nos planos de valores estudados no item anterior, gerando efeitos imperativos que se manifestam "pela submissão do bem a um regime publicístico, caracterizado por uma panóplia de restrições, proibições ou condicionamentos à sua utilização e disposição".[83]

Andrade define o tombamento como o conjunto de

> ações ou providências tutelares – em caráter provisório ou definitivo – que culminam por espelhar o reconhecimento oficial de valor cultural em bens tangíveis – móveis ou imóveis – naturais ou materializados por intervenção humana que, individual ou conjuntamente considerados, de propriedade de pessoas físicas ou jurídicas, privadas, públicas ou eclesiásticas, terminam por comportar inscrição em um dos quatro Livros do

---

[78] CORREIA, 1996, p. 397.
[79] "Estatuto da Cidade", mais conhecido como Lei da Reforma Urbana.
[80] Art. 2°, inc. XII, da Lei n. 10.257/01.
[81] Art. 4°, inc. V, "d", da Lei n. 10.257/01.
[82] FERRI, 1996, p. 136.
[83] CORREIA, 1996, p. 399.

Tombo instituídos pelo Decreto-Lei nº 25, de 30.11.37 estatuto de regência da matéria, o qual, em seu art. 4°, prevê os seguintes: Livro do Tombo Arqueológico, Etnográfico e Paisagístico (1°), Livro do Tombo Histórico (2º), Livro do Tombo das Belas-Artes (3º) e Livro do Tombo das Artes Aplicadas (4º).[84]

Esse conceito enfatiza o caráter instrumental do instituto posto a serviço do meio ambiente e da qualidade de vida, observando o autor, linhas adiante, que o tombamento definitivo pode também derivar de provimento jurisdicional transitado em julgado e de lei emanada do Poder Legislativo, por qualquer das esferas (União, estados-membros, Distrito Federal e municípios).[85]

Outro ponto sobre o qual contendem os autores, apresentando-se igualmente dissonantes os julgados, diz com a natureza dos efeitos gerados pelo tombamento. Como ajuíza Correia, "a questão não é bizantina"[86] pois, da resposta que se lhe dê, dependem aspectos determinantes como, por exemplo, o da amplitude do controle jurisdicional sobre os atos e omissões da administração.

Três posições são encontradas a respeito do tema. Para alguns, o tombamento ostenta efeitos meramente declaratórios; para outros, efeitos constitutivos e, uma terceira corrente, vislumbra-o como ato complexo de efeitos declaratórios e constitutivos.

No primeiro grupo, encontramos Meirelles, para quem o tombamento "é a declaração pelo Poder Público do valor histórico, artístico, paisagístico, turístico, cultural ou científico de coisas ou locais que, por essa razão, devam ser preservados, de acordo com a inscrição em livro próprio";[87] Mazzilli, que é categórico ao afirmar ser dispensável o prévio tombamento de um bem para viabilizar o acesso à jurisdição por ser um "ato meramente declaratório, ou seja, o atributo valor cultural deve preceder ao tombamento"[88] e, em recente obra, Cunha, esse último atestando o caráter declaratório com base na redação do art. 216, § 1°, da CF.[89]

Na doutrina italiana, Alibrandi e Ferri aderem à tese declarativista, sob o argumento de que o tombamento só agrega ao bem uma valoração da administração competente,[90] sendo-lhe o valor cultural intrínseco. Irelli faz alentada digressão sobre o assunto, imputando à lei a criação do bem cultural,

---

[84] ANDRADE, F.A.V., 2001, p. 398-399.
[85] ANDRADE, F.A.V., 2001, p. 399.
[86] CORREIA, 1996, p. 337.
[87] MEIRELLES, 1990, p. 465. Semelhante definição é trazida por MEDAUAR, 1998, p. 360.
[88] MAZZILLI, Hugo Nigro. *A defesa dos interesses difusos em juízo.* 15. ed. São Paulo: Saraiva, 2002, p. 178.
[89] CUNHA, Danilo Fontenele Sampaio. *Patrimônio cultural:* proteção legal e constitucional. Rio de Janeiro: Letra Legal, 2004. p. 133.
[90] ALIBRANDI; FERRI, 1985, p. 240.

ao fixar-lhe o suporte fático e ao submetê-lo à determinada disciplina jurídica derivada de seu valor. Para ele, a autoridade administrativa competente para o tombamento[91] opera uma mera verificação (*"accertamento"*) da existência na coisa singular das características previamente indicadas em lei. O caráter de bem cultural não seria, portanto, constituído em concreto pela Administração, mas precederia a qualquer ato administrativo.[92]

Em sentido oposto, propugnam Silva, para quem o tombamento é que constitui o bem tombado em patrimônio cultural nacional, estadual, municipal ou do Distrito Federal, inovando sua situação jurídica e impondo aos proprietários,[93] *ob rem,* condutas jurídicas que até então não lhes eram compulsórias;[94] Castro, que sustenta a produção de efeitos "ex nunc" no tombamento, por força do § 1º do art. 1º do DL 25/37, não considerando auto-aplicável o art. 216 da Constituição Federal;[95] Pires,[96] que destaca ser o tombamento um ato discricionário e constitutivo, já que a lei, de per se, não cria situação nova, apenas orienta os passos do Administrador; Gasparini,[97] que alude à alteração do regime jurídico do bem que, por força do tombamento, é guindado a uma nova categoria, e Borges, que enfatiza a alteração na situação do bem instituindo uma servidão administrativa, "traduzida na incidência de um regime especial de proteção ao bem, com a finalidade de atender ao interesse público de preservação da cultura".[98]

No direito português,[99] Correia filia-se à corrente não meramente declarativista, porque "a classificação", instrumento similar ao tombamento

---

[91] "Dichiarazione" do valor cultural do bem, no direito italiano (ITÁLIA. Decreto Legislativo n. 42, de 22/01/04, art. 13. Disponível em: www.parlamento.it/parlam/leggi/. Acesso em: 05 abr. 2005).

[92] CERULLI IRELLI, Vincenzo. Beni culturali, diritti collettivi e proprietá pubblica. In: SCRITTI in onore di Massimo Severo Giannini, I. Milano: Giuffrè, 1988, p. 141-144.

[93] Acrescenta-se, para que não passe em branco, que o tombamento impõe condutas jurídicas não só aos proprietários como também ao Poder Público e à coletividade, considerando o caráter difuso do interesse tutelado – o patrimônio cultural ou o meio ambiente na sua dimensão cultural.

[94] SILVA, J.A., 2001. p. 160. Semelhante conceito e posição é encontrada em CRETELLA JÚNIOR, José. Regime jurídico do tombamento. *Revista de Direito Administrativo*, São Paulo, n. 112, p. 50-68, 1973, p. 61. Entretanto, é importante destacar que esse autor externou tal posição antes da Constituição de 1988, fator que pode ter influenciado na sua opção em termos de natureza jurídica.

[95] CASTRO, 1991, p. 94.

[96] PIRES, Maria Coeli Simões. *Da proteção ao patrimônio cultural*. Belo Horizonte: Del Rey, 1994, p. 123-125. Essa autora traz uma apanhado bastante completo a respeito da questão relativa à natureza jurídica e eficácia do ato do tombamento.

[97] GASPARINI, Diógenes. Tombamento II. In: ENCICLOPÉDIA Saraiva do direito. São Paulo: Saraiva, 1977, v. 74, p. 18.

[98] BORGES, Marco Antônio. O tombamento como instrumento jurídico para a proteção do patrimônio cultural. *Revista de Direito Ambiental*, São Paulo, n. 22, p. 259-263, abr./jun. 2001, p. 260.

[99] Para uma exposição completa do procedimento de "classificação" (tombamento, no Direito português) de bens culturais, consultar PEREIRA DA SILVA, Vasco. O patrimônio cultural da Igreja. In: MIRANDA, Jorge; CLARO, João Martins; ALMEIDA, Marta Tavares de (Org.). *Direito do patrimônio cultural*. Oeiras: INA, 1996, p. 475-497.

existente no ordenamento do país irmão, não se limita a chancelar qualidades que são intrínsecas ao bem, mas introduz efeitos de direito no ordenamento jurídico, transformando a situação real da vida sobre a qual incide.[100] Nas suas palavras:

> No Estado Social, o património cultural não deve ser apenas protegido, mas também valorizado na perspectiva da fruição cultural que o torne elemento vivificador da identidade cultural comum e da realização da personalidade (Constituição, arts. 9º, alínea "e", e 78, nºs 1 e 2, alínea "c") . Sob esta perspectiva, o valor cultural não é tanto uma realidade imanente na coisa quanto a virtualidade que a comunidade lhe encontra em contribuir para uma função cultural. O carácter unitário do valor cultural como categoria jurídica deriva precisamente desta funcionalidade das coisas à luz das finalidades constitucionais da promoção da pessoa humana e do desenvolvimento da comunidade.
> Ora, esta funcionalidade é objecto de escolhas políticas por órgãos dotados de legitimidade democrática directa ou indirecta, que, reconhecendo-a constitutivamente, integram as coisas em categorias sujeitas a regimes jurídicos que proporcionam o desempenho de tal função.[101]

Advogando uma via intermediária, Souza Filho propugna que, após a Constituição de 1988, a questão adquiriu uma complexidade tal que não mais se admite uma leitura isolada do Decreto-Lei nº 25/37. Em relação àqueles bens tombados *ope legis*, tais como as jazidas arqueológicas,[102] os monumentos nacionais criados por leis específicas, os sítios e documentos referenciais aos antigos quilombos,[103] casos em que se pode identificar uma pertinência "genética" ao Estado,[104] o tombamento é mero ato declaratório. Entretanto, no tocante aos demais bens, o autor considera o tombamento como constitutivo dos efeitos determinados na lei, sem olvidar que, por força do art. 216 da CF, os bens de natureza material e imaterial referidos no "caput" integram o patrimônio cultural, daí por que, no tocante à inserção do bem nesse universo, o tombamento opera efeitos declaratórios.[105] Semelhante tese é defendida por Rodrigues.[106]

A jurisprudência titubeia quanto ao tema. Embora não nominando a controvérsia que estaria subjacente à questão, o Tribunal de Justiça paulista abraçou posições colidentes, ora apregoando a prévia necessidade do tombamento pelo Poder Executivo ou Legislativo para posterior pronunciamento judicial no sentido da efetiva preservação do bem, ora declarando o contrário.

---

[100] CORREIA, 1996, p. 337.
[101] CORREIA, 1996, p. 339-340.
[102] Protegidas pela Lei nº 3.924/61.
[103] Art. 216, § 6º, da CF.
[104] Expressão tomada de empréstimo de CORREIA, op. cit., p. 399.
[105] SOUZA FILHO, 1997, p. 64-65.
[106] RODRIGUES, J.E.R., 1993, p. 181.

Nos acórdãos que reconheceram a prévia necessidade do tombamento, acolheu-se, nas entrelinhas, a tese de que o tombamento é ato administrativo de prevalente eficácia constitutiva. Ou seja, o tombamento é que estaria a guindar o bem ao patamar de integrante de nosso patrimônio cultural. Nesse sentido, a seguinte ementa:

> Ação civil pública – objetivo – preservação do valor histórico e artístico de praça pública – impossibilidade da aferição de tais valores em âmbito judicial – atribuição de órgãos administrativos próprios – carência de ação – recurso não provido.[107]

Revelando outra tendência, a Corte Estadual paulista, em aresto proferido em apelação interposta em ação civil pública que visava à preservação do edifício sede do "Hotel Brasil", em Ribeirão Preto, explicitou a questão em relação ao posicionamento sobre ser ou não indispensável a prévia declaração administrativa da vinculação do bem a fatos imemoriais ou a valor excepcional. Reconhecendo que a identificação do valor cultural do bem não emerge da mera criação da autoridade administrativa, mas existe no plano da vida, construiu ementa nos seguintes termos:

> Ação Civil Pública – Obrigação de não fazer – Preservação da Construção de Edifício – Valor Histórico e Arquitetônico – Lei a respeito não Aprovada – Irrelevância – Interesse Público que pode ser defendido como realidade social – Reconhecimento de sua existência que pode ser feito pelo Judiciário, não sendo privativo do órgão legislativo ou administrativo – Sentença Anulada – Prosseguimento do feito ordenado.[108]

Por sua vez, o Tribunal de Justiça de Santa Catarina também rumou para a acolhida dessa segunda posição. Em precedente envolvendo a "Casa do Agente Ferroviário", na Comarca de Criciúma, posicionou-se pela prescindibilidade do tombamento para a defesa judicial do bem e, por via reflexa, pela sua eficácia declaratória:

> AÇÃO CIVIL PÚBLICA. PATRIMÔNIO CULTURAL. AUSÊNCIA DE TOMBAMENTO. IRRELEVÂNCIA. POSSIBILIDADE DE PROTEÇÃO PELA VIA JUDICIAL. INTELIGÊNCIA DO ART. 216, § 1º, DA CONSTITUIÇÃO FEDERAL. Não há qualquer exigência legal condicionando a defesa do patrimônio cultural – artístico, estético, histórico, turístico, paisagístico – ao prévio tombamento do bem, forma administrativa de proteção, mas não a única. A defesa é possível também pela via judicial, através de ação popular e ação civil pública, uma vez que a Constituição estabelece que "o Poder Público, com a colaboração da comunidade, promoverá e protegerá o patrimônio cultural brasileiro,

---

[107] SÃO PAULO. Tribunal de Justiça. Apelação Cível n. 179.863-1. Relator: Des. Marco César. J. em 26 nov. 1992. No mesmo sentido, SÃO PAULO. Tribunal de Justiça. Apelação Cível n. 178268. Relator: Des. Lobo Junior. J. em 25 dez. 1993.

[108] SÃO PAULO. Tribunal de Justiça. Apelação Cível n. 95.285-1. Relator: Des. Jorge Almeida. J. em 28 mar. 1988. *Revista de Jurisprudência do Tribunal de Justiça do Estado de São Paulo,* São Paulo, n. 114, p. 38-41, set./out. 1988. Outro acórdão nos mesmos termos, oriundo da mesma Corte, está publicado na Revista de Jurisprudência do Tribunal de Justiça do Estado de São Paulo, n. 122. São Paulo: Lex, jan./fev., 1990. p. 50-53.

por meio de inventários, registros, vigilância, tombamento, desapropriação, e de outras formas de acautelamento e preservação (art. 216, § 1º)

[...] O direito e o dever de preservar esses bens se sobrepõem aos caprichos, às omissões e, consequentemente, às exigências meramente formais.

Portanto, a identificação do valor artístico, estético, histórico, arquitetônico, turístico – a que se vem convencionando chamar em doutrina de patrimônio cultural – não emerge de mera criação de autoridade administrativa ou legislativa, existe no plano da vida, e tem o Judiciário poder para se pronunciar a respeito.[109]

Em sentença já referida quando da análise do princípio da preservação do bem em seu local de origem, o magistrado gaúcho Heráclito José de Oliveira Brito desenvolveu farta argumentação no sentido da possibilidade jurídica de declarar-se o valor histórico-cultural de um bem via intervenção do Poder Judiciário. São suas as seguintes palavras:

De que adiantariam as leis que regem a proteção ambiental, do patrimônio histórico e cultural, se estas somente pudessem disciplinar os bens efetivamente tombados pelo administrador público? E aqueles outros bens que, por capricho ou omissão, passam ao largo da visão administrativa, mas que, indiscutivelmente, compõem o patrimônio passível de preservação compulsória? Justamente para esses casos é que se entende a intervenção do Poder Judiciário, impondo aos responsáveis as obrigações tendentes a realizar o comando constitucional dos arts. 225 e 216.[110]

No pólo oposto andou o também magistrado gaúcho Mario Rocha Lopes Filho, ao entender impossível declarar-se o valor histórico, arquitetônico e cultural de um casarão em Pelotas, em que pese constarem do processo vários laudos chancelando tais valores, sem que o tema fosse prévia e exaustivamente debatido pelo Conselho Municipal do Patrimônio Histórico e Cultural do Município e sem que houvesse, por parte da municipalidade, interesse no tombamento do bem, através do exercício de seu poder discricionário.[111]

A sentença restou confirmada pelo Tribunal gaúcho em aresto que recebeu a seguinte ementa:

Tombamento de imóvel destinado à preservação do patrimônio arquitetônico. Inviabilidade sem estudo técnico aprofundado. Tendo a farta prova documental e testemunhal

---

[109] SANTA CATARINA. Tribunal de Justiça. Apelação Cível n. 97.001063-0. Relator Des. Silveira Lenzi. J. em 24 ago. 1999. Disponível em: www.tj.sc.gov.br. Acesso em: 07 abr. 2005. A dispensa do prévio tombamento também tem sido acolhida por MINAS GERAIS. Tribunal de Justiça. Apelação Cível nº 51.346-5. Apelante: Antônio Marcelo De Borges Nunes. Apelado: Ministério Público do Estado de Minas Gerais. Relator: Des. Schalcher Ventura. 22 ago. 1996. In: ACADEMIA PAULISTA DE MAGISTRADOS (Org.). Direito ambiental: legislação, doutrina, jurisprudência e prática forense. São Paulo: Plenum/Petrobrás. CD-ROM.

[110] CAXIAS DO SUL. Juizado Cível. Ação Civil Pública e Ação Cautelar nºs 1001277102 e 1001083229. Prolator: Juiz Heráclito José de Oliveira Brito. Sentença publicada em 22 abr. 2003.

[111] PELOTAS. 5ª Vara Cível. Ação Civil Pública n. 22195016062. Prolator: Juiz Mario Rocha Lopes Filho. Sentença publicada em 04 jun. 1997.

apontado para o fato de que o prédio em questão encontra-se com a sua parte interna totalmente destruída em razão da atividade do tempo, de vândalos e da sua má utilização, não se mostra lícito o judiciário impor à municipalidade o seu tombamento, sem antes proceder a estudo técnico aprofundado sobre sua viabilidade e conveniência, por órgão competente, frente o poder discricionário que detém a municipalidade, mormente quando se trata de privação da totalidade do bem pelo proprietário e a exigência de indenização. Apelo improvido.[112]

Do acórdão foram interpostos recursos aos tribunais superiores, os quais não tiveram seguimento, sob o fundamento de que a desconformidade afetaria a Constituição por via indireta, a par de cingir-se à matéria de fato.[113]

Acessando o sítio da Universidade Federal de Pelotas,[114] é possível contemplar uma fotografia do belíssimo casarão e constatar que ele está inventariado e, o que é no mínimo espantoso, ainda teima em manter-se de pé.

Mercê de uma escandida análise da jurisprudência e da doutrina, é possível identificar uma tendência a se considerar o tombamento como ato de prevalentes efeitos declaratórios. Portanto, não seria indispensável para a posterior defesa judicial da preservação do bem.

Fazendo-se uma analogia com a teoria tão bem engendrada por Pontes de Miranda[115] para as eficácias das sentenças, é possível vislumbrar no tombamento um ato de eficácias múltiplas. Partindo-se do pressuposto de que eficácia é a "energia automática"[116] do ato administrativo, entende-se como prevalente a carga eficacial declaratória, porquanto o valor do bem cultural é o que, por si, o faz integrar o patrimônio cultural brasileiro, *ex vi* da redação atribuída ao art. 216 da CF.[117]

No entanto, não é de se negar que o ato administrativo de tombamento, complexo que é, também irradia outras cargas eficaciais, especialmente a constitutiva, que se manifesta desde o tombamento provisório, com a notificação do proprietário do bem. Da mesma forma, ostenta conteúdo mandamental, quando determina o registro do bem no Livro Tombo respectivo.

---

[112] RIO GRANDE DO SUL. Tribunal de Justiça. Apelação Cível n. 597165786. Relatora: Desa. Teresinha de Oliveira e Silva. J. em 29 mar. 2000. Disponível em: www.tj.rs.gov.br. Acesso em: 16 nov. 2005.

[113] BRASIL. Superior Tribunal de Justiça. Agravo de Instrumento n. 423.609-0. Relator: Min. Cezar Peluso. Julgado em j. 22 nov. 2004. Disponível em: www.stj.gov.br. Acesso em: 16 nov. 2005.

[114] Disponível: www.ufpel.tche.br. Acesso em 16 nov. 2005.

[115] PONTES DE MIRANDA, Francisco Cavalcanti. *Tratado das ações*. Atualizado por ALVES, Vilson Rodrigues. Campinas: Bookseller, 1998, v. 1, p. 172-180.

[116] Ibidem, p. 172.

[117] "Art. 216 – Constituem[...]".

3.1.4. O inventário

Reconhecido no plano internacional como um dos meios típicos de preservação,[118] o inventário, instrumento previsto no art. 216, § 1°, da Constituição Federal, pouco tem sido manejado pelas entidades incumbidas da preservação no Brasil.

Em relação aos bens imateriais, naturalmente despojados de suporte, o inventário, seguido do registro, é o instrumento mais indicado para sua preservação e pode ser enriquecido com registros fotográficos, filmes, desenhos, etc. No Brasil, o Decreto Federal n° 3.551/00 instituiu o "Registro de Bens Culturais de Natureza Imaterial" integrantes do patrimônio cultural brasileiro e o "Programa Nacional do Patrimônio Imaterial", responsável pela "implementação de política específica de inventário, referenciamento e valorização desse patrimônio" (arts. 1° e 8°), dentro do que desempenhará papel capital o Inventário Nacional de Referências Culturais – o INRC, outro pilar na missão estatal de proteger o patrimônio intangível.

No que tange aos bens culturais materiais, dotados de tridimensionalidade, o inventário consiste em um cadastro de bens de valor sociocultural.[119]

Na França, onde há uma política de difusão dos inventários, Mesnard identifica esse instrumento com a anotação de "tudo o que existe por toda a parte: nas colectividades locais, nas casas dos particulares, nas empresas – e fazer um ficheiro para saber quais são as existências".[120] Segundo ele, o inventário envolve um trabalho de fôlego compreendendo a descrição e o registro de todas as riquezas nacionais, de tudo o que vale a pena ser visto e conservado.[121]

Em Portugal, o inventário, que envolve uma declaração sobre a relevância cultural, abrange bens isolados ou em coleções, de domínio público ou privado, podendo ser desencadeado por qualquer pessoa singular ou coletiva, pelos municípios, regiões autônomas ou pelo Estado.[122] Os bens inventariados ficam sujeitos a determinadas restrições, tais como a necessidade de prévia licença para intervenções de conservação, restauro ou transformação, bem como a de comunicação da alteração da dominialidade em caso de alienação. No caso dos bens móveis, a exportação é dependente de autorização do Governo responsável pela respectiva área cultural.[123]

---

[118] MENDES, Antônio Arthur Barros. A *tutela do patrimônio cultural imaterial brasileiro*: breves reflexões. Disponível em: http://jus2.uol.com.br/doutrina/texto.asp?id=6543. Acesso em: 18 out. 2005.
[119] MARCHESAN, CAPPELLI; STEIGLEDER, 2005, p. 93.
[120] MESNARD, 1996, 188.
[121] Ibidem, p. 188.
[122] AFONSO, Simonetta Luz. Património cultural: reflexões sobre a sua prática. In: MIRANDA, Jorge; CLARO, João Martins; ALMEIDA, Marta Tavares de (Org.). *Direito do património cultural*. Oeiras: INA, 1996, p. 522.
[123] AFONSO, 1996, p. 522.

A situação brasileira é peculiar. Conquanto previsto no texto constitucional tanto para os móveis como para os imóveis, o inventário ainda carece de legislação[124] que o regulamente em relação a esses últimos, o que não impede que os órgãos encarregados da proteção do patrimônio cultural promovam levantamentos com esse caráter.[125]

Há quem vislumbre no Sistema Nacional de Informações sobre Meio Ambiente, no Cadastro Técnico Federal de Atividades e Instrumentos de Defesa Ambiental e no Cadastro Técnico Federal de Atividades Potencialmente Poluidoras, todos previstos como instrumentos da Política Nacional do Meio Ambiente (art. 9°, incs. VII, VIII, XI e XII, da Lei n° 6.938/81), exemplos de inventários.[126] Nessa mesma linha, estaria o inventário das Áreas Especiais de Interesse Turístico, locais e bens culturais e naturais protegidos por legislação específica a que faz referência o art. 6° da Lei n° 6.513/77.[127]

A carência de uma lei federal que aponte o regime jurídico dos imóveis inventariados não bloqueia a edição de leis estaduais ou municipais sobre o assunto. Os estados-membros e o Distrito Federal figuram expressamente dentre os entes habilitados a legislar em matéria de proteção ao patrimônio histórico, cultural, artístico, turístico e paisagístico (art. 24, inc. VII, da CF). Os municípios, conquanto ali não nominados, também ostentam competência para legislar a fim de fazer cumprir o seu poder-dever de proteção a esse conjunto de bens de tamanha relevância, com base no art. 30, inc. I, no que se refere à proteção do patrimônio cultural local.

Não em outro sentido, aliás, vem-se posicionando a jurisprudência majoritária, inclusive a do Pretório Excelso:

> A Constituição, ao garantir aos Poderes Públicos o encargo da proteção desses bens, atribuiu-o igualmente ao município, dotando-o da mesma potencialidade e virtualidade que a cada um toca, da competência para, na órbita de sua ação, coibir excessos que, se consumados, poriam em risco toda a estrutura das utilidades culturais e ambientais. A gênese dessa competência decorre do inc. II, do art. 15, da EC 1/69 (atual art. 30, I e IX, da Carta Política de 88), asseguratório da autonomia municipal, no que tange aos interesses do município.
> O patrimônio cultural é elevado pela ordem constitucional ao patamar dos valores fundamentais a serem protegidos, resguardados e preservados, e que impõem sejam promovidos pelos órgãos do Estado. Nos três estágios dos Poderes Públicos, tanto o municipal, o estadual, como o federal, atribuem-se-lhes as competências para a expedição de normas reguladoras para a garantia da intangibilidade desses bens públicos,

---

[124] CUREAU, Sandra. Algumas notas sobre a proteção do patrimônio cultural. *Boletim Científico da Escola Superior do Ministério Público da União*, n. 9, out./dez. 2003, p. 193.
[125] SOUZA FILHO, 1997, p. 78.
[126] CUNHA, 2004, p. 127.
[127] Ibidem, p. 128.

o que não impede, por exemplo, que no Rio de Janeiro, se reconheça como patrimônio histórico, o Largo do Boticário.

As três instâncias administrativas se realizam harmonicamente nos limites de atuação de cada uma delas. Assim sendo, tem o Município delegação constitucional para legislar sobre assunto que releve ser de interesse local e exigir medidas restritivas, consabido que o interesse social se sobrepõe ao individual.

É, pois, de responsabilidade do Município, no âmbito de sua competência, a proteção de logradouros, sítios, prédios, monumentos e outros desse jaez, de relevante valor histórico-artístico-cultural, competindo-lhe as providências que devam ser administradas para que não sejam destruídos ou comprometidos.[128]

Essa decisão bate de frente com acórdão do Tribunal mineiro que rechaçou a competência do Município de Juiz de Fora para definir a sua lei sobre o inventário.[129]

Na doutrina, predomina a posição que reconhece ao município competência para legislar em matéria de patrimônio cultural. Rodrigues é bastante claro na defesa dessa tese, calcado na combinação dos arts. 216, § 1°, e 30, inc. IX, da Carta Magna.[130] Semelhante posicionamento é adotado por Souza Filho, para quem estados-membros e municípios devem suplementar as regras gerais estabelecidas pela União, mas não estão sujeitos às normas especiais, preservando-se, dessa forma, a autonomia inerente ao Federalismo.[131] Enfatizando que a competência legiferante do município está jungida à existência do interesse local, considera que esse deve prevalecer em relação aos da União e do estado-membro.[132]

Silva pondera que o reconhecimento da existência de um patrimônio cultural local só é cabível mercê da outorga de competência legislativa para normatizar sobre tal patrimônio.[133] Em sentido oposto, entretanto, Di Pietro assevera que ao município compete proteger o patrimônio histórico-cultural local, observada a legislação e a ação fiscalizadora federal e estadual (art. 30, inc. IX, da CF), não possuindo ele competência legislativa nessa matéria.[134]

---

[128] BRASIL. Supremo Tribunal Federal. Recurso Extraordinário n. 121140-7-RJ. Relator: Ministro Maurício Corrêa. *DJ* 23 ago. 2002. Disponível em: http://gemini.stf.gov.br. Acesso em: 26 set. 2005. No mesmo sentido, admitindo a competência municipal para legislar sobre proteção do patrimônio cultural, vide: SÃO PAULO. Tribunal de Justiça. Apelação Cível n. 044.533.5/2. Relator: Des. Ribeiro Machado. Acórdão de 22 set. 1998. Disponível em: www.tj.sp.gov. Acesso em: 20 set. 2005. MINAS GERAIS. Tribunal de Justiça. Apelação Cível n. 1.0000.00.333981-0/000. Relator: Des. Francisco Figueiredo. J. em 30 set. 2003. Disponível em: http://tjmg.gov.br. Acesso em: 29 out. 2005.

[129] MINAS GERAIS. Tribunal de Justiça. Apelação Cível n. 1.0000.00.199546-3/000(1). Relator: Des. Aloysio Nogueira. J. em 31 maio 2001. Disponível em: http://tjmg.gov.br. Acesso em: 18 jul. 2005.

[130] RODRIGUES, J.E.R., 2004, p. 184-185.

[131] SOUZA FILHO, 1997, p. 84.

[132] Ibidem, p. 90-91.

[133] SILVA, J.A., 2001, p. 44.

[134] DI PIETRO, Maria Sylvia Zanella. *Direito administrativo*. 3. ed. São Paulo: Atlas, 1992, p. 105. No mesmo sentido, QUINTANILHA, Ellen de Castro. Ensaio sobre competência do município para legislar sobre meio ambiente. *Boletim de Direito Municipal*, São Paulo, jan.1990, p. 37.

Partindo-se, pois, da premissa de que é dado aos municípios[135] e estados-membros legislar sobre proteção do patrimônio cultural, suplementando a legislação federal, não resta difícil afirmar que podem esses entes, na omissão da União, legislar a respeito do regime jurídico dos bens sujeitos ao inventário, o que inclusive é sugerido por Souza Filho[136] e fomentado por Tuglio.[137]

A título de exemplo, o atual Plano Diretor de Desenvolvimento Urbano Ambiental (PDDUA) de Porto Alegre prevê a realização de um inventário que classifique as edificações em duas espécies:[138] de estruturação, aquelas que por seus valores atribuem identidade ao espaço, constituindo elemento significativo na estruturação da paisagem onde se localizam, e as de compatibilização, que expressam relação significativa com as de estruturação e seu entorno, cuja volumetria e outros elementos de composição requerem tratamento especial.

Em 2005, foi remetido à Câmara de Vereadores do Município, sem apreciação até o momento, um projeto-de-lei prevendo que a inclusão do bem no inventário deverá ser cientificada ao proprietário. Os imóveis classificados como de estruturação não poderão ser destruídos, mutilados ou demolidos, sendo dever do proprietário a sua preservação e conservação.[139]

Enquanto não se tem em nível federal uma definição do regime jurídico dos bens inventariados, nem sequer uma lei estadual ou municipal, há de se sustentar que o inventário serve como prova pré-constituída do valor cultural do bem, podendo ser invocado em eventuais ações civis públicas.[140]

Rodrigues adverte quanto aos riscos de se procederem a inventários desprovidos de maior eficácia jurídica, cuja publicidade pode surtir efeito inverso ao de preservar. Exemplifica ele com um inventário realizado no Município gaúcho de Rio Pardo que acabou estimulando os proprietários

---

[135] Em que pese a ampla aceitação e até o estímulo dado pelos órgãos incumbidos da valorização e preservação do patrimônio cultural para que os municípios editem regras disciplinadoras da sua gestão em nível local, poucos ainda são os que já as têm. No Rio Grande do Sul, por exemplo, dos quase 500 municípios, somente 20% possuem legislações de proteção ao patrimônio histórico e cultural (LEMOS, Cristian Iribarrem. O comércio de materiais de demolição. Análise histórica e conceitual sobre a proteção do patrimônio histórico e cultural. Disponível em: www.vitruvius.com.br/arquitextos/arq000/esp239.asp. Acesso em: 08 ago. 2005).

[136] SOUZA FILHO, 1997, p. 93.

[137] TUGLIO, Vania Maria. Patrimônio histórico: uma lacuna legal? Disponível em: www.mp.sp.gov.br/caouma/doutrina/amb/teses. Acesso em: 21 mar. 2005.

[138] Art. 14 da Lei Complementar n. 434/99.

[139] A íntegra do projeto está anexada em texto de GUIMARAENS, Maria Etelvina. Instrumentos de proteção do patrimônio cultural. In: CONGRESSO BRASILEIRO DE DIREITO URBANÍSTICO, 2., 2002, Porto Alegre. *Anais* Porto Alegre: Editora Evangraf, 2002, p. 439-460.

[140] Posição essa defendida por SOUZA FILHO, op. cit., p. 78.

desses bens a demoli-los, devido à suspeita de que o rol dos bens inventariados poderia sinalizar um subseqüente tombamento.[141] Semelhante incidente é relatado por Mariuzzo no tocante a diversas mansões situadas na Av. Paulista, ponto nobre da cidade de São Paulo, quando, em 1982, o Conselho de Defesa do Patrimônio Histórico, Artístico, Arqueológico e Turístico do Estado de São Paulo (CONDEPHAAT) realizou um levantamento daqueles imóveis, para fins de tombamento. Com o vazamento da informação, vários deles foram demolidos.[142]

Sem embargo da respeitável posição, as ações preservacionistas hão de reger-se pela publicidade. O inventário deve ser dado a conhecer aos proprietários, os quais terão prévia ciência desse reconhecimento da importância cultural do bem, de molde que, para qualquer intervenção neles pretendida fazer, impositiva a prévia licença do órgão incumbido da proteção cultural.[143]

Mesmo sem lei de regência, o inventário constitui prova da importância histórico-cultural de um bem,[144] sujeitando o proprietário e, subsidiariamente, o Poder Público, à obrigação de conservá-lo.[145] *De lege ferenda,* o inventário há de sujeitar o proprietário a conservar determinadas características do bem (ex., a fachada, a volumetria, o estilo arquitetônico), restando afastado o direito de preferência na aquisição por parte do Poder Público.

3.1.5. Os instrumentos urbano-ambientais

Dentre os instrumentos urbano-ambientais, destacamos a desapropriação, o zoneamento, a transferência do direito de construir e o direito de preempção . A par de se constituírem em vetores de concretização da sus-

---

[141] RODRIGUES, José Eduardo Ramos. Meio ambiente cultural: tombamento, ação civil pública e aspectos criminais. In: MILARÉ, Édis (Coord.). *Ação civil pública*. Lei 7.347/1985 – 15 anos. São Paulo: Revista dos Tribunais, 2001b, p. 315-316.

[142] MARIUZZO, Patricia. *Tombamento não é sinônimo de prejuízo*. Disponível em www.revista.iphan.gov.br. Acesso em: 09 nov. 2005.

[143] A propósito de bem inventariado na categoria de estruturação pelo Município de Porto Alegre, o Tribunal de Justiça do Rio Grande do Sul considerou que, face à inércia da Administração no sentido de tombar o bem, o proprietário deveria obter a licença para demolir o imóvel. No acórdão está dito que "o mero inventário do imóvel não é suficiente para limitar o exercício do direito de propriedade, pois tão-somente com abertura do processo de tombamento pelo órgão competente é determinada a preservação do bem até a decisão final (art. 9º, item 3, do Decreto-Lei nº 25/37)" (RIO GRANDE DO SUL. Tribunal de Justiça. Reexame Necessário n. 70004446449. Relator: Des. Roque Joaquim Volkweiss. J. em 04 dez. 2002. Disponível em: www.tj.rs.gov.br. Acesso em: 08 set. 2005).

[144] Nesse sentido, vide aresto do Tribunal de Justiça gaúcho envolvendo a preservação do sobrado do Hotel Gaúcho, na cidade de Rio Grande (RIO GRANDE DO SUL. Tribunal de Justiça. Apelação Cível n. 70008174195. Relator: Des. Paulo de Tarso Vieira Sanseverino. J. em 27 maio 2004. Disponível em: www.tj.rs.gov.br. Acesso em: 08 set. 2005).

[145] MARCHESAN, Ana Maria Moreira. A proteção constitucional ao patrimônio cultural. *Revista de Direito Ambiental*, São Paulo, n. 20, out./dez. 2000, p. 116-117.

tentabilidade urbano-ambiental, encarnam um compromisso não velado com a justiça social.[146]

Desapropriação:

A desapropriação está prevista nos arts. 5°, incs. XXII, XXIII e XXIV, e 182, §3°, ambos da CF, no art. 1228, § 3°, do Código Civil, e detalhada no Decreto-Lei n° 3.365/41 e na Lei n° 4.132/62.

Consideram-se hipóteses de desapropriação por interesse social voltadas à tutela patrimonial "a preservação e conservação dos monumentos históricos e artísticos, isolados ou integrados em conjuntos urbanos ou rurais, bem como as medidas necessárias a manter-lhes e realçar-lhes os aspectos mais valiosos ou característicos e, ainda, a proteção de paisagens e locais particularmente dotados pela natureza;" bem como "a preservação e a conservação adequada de arquivos, documentos e outros bens móveis de valor histórico ou artístico" (art. 5°, alíneas "l" e "m", do Decreto-Lei n° 3.365/41).

São hipóteses de criação patrimonial: "a construção de edifícios públicos, monumentos comemorativos e cemitérios" (alínea "n" do art. 5° do mesmo diploma).

Por sua vez, a Lei n° 4.132/62, que trata dos casos de desapropriação por interesse social, considera como tal "a utilização de áreas, locais ou bens que, por suas características, sejam apropriados ao desenvolvimento de atividades turísticas" (art. 2°, inc. VIII), cabendo à EMBRATUR (Instituto Brasileiro de Turismo) promover as desapropriações e servidões administrativas decretadas pelo Poder Executivo, com fundamento no interesse turístico (art. 32 da Lei n° 6.513/77).

Enquanto modo de aquisição de propriedade por parte de ente estatal, deve ser reservado a hipóteses bem identificadas nas quais se faça necessário ao Poder Público retirar o bem das mãos do particular para ajustá-lo aos seus planos de preservação do patrimônio.[147]

Exemplo máximo disso pode ser apontado no caso do centro histórico de Curitiba, onde, além do conjunto ter sido protegido pelo zoneamento urbano, alguns imóveis foram desapropriados para lhes dar uma destinação cultural conforme aos projetos de revitalização daquele espaço cultural dotado de características especiais.[148]

---

[146] FREITAS, José Carlos de. O estatuto da cidade e o equilíbrio no espaço urbano. In: FREITAS, José Carlos de (org.). *Temas de direito urbanístico 3*. São Paulo: Imprensa Oficial do Estado: Ministério Público do Estado de São Paulo, 2001, p. 453.

[147] MARCHESAN; CAPPELLI; STEIGLEDER, 2005, p. 94.

[148] SOUZA FILHO, 1997, p. 78.

Fundada na supremacia do interesse público sobre o privado,[149] sempre que inconciliáveis, a desapropriação é modo de aquisição originário da propriedade. Portanto, não há na desapropriação quem transmita a propriedade, sendo ela suficiente para assegurar, em proveito do Estado, o domínio de determinado bem, desconsiderando-se dessa forma as características do título ostentado pelo proprietário expropriado.

Conseqüentemente, se o Estado desapropriar um bem e, por equívoco, vier a indenizar pessoa diversa do legítimo proprietário, não se invalida a desapropriação.[150] Essa ilação é de extrema importância no tocante à preservação do patrimônio cultural, porquanto não são raros os casos de bens pertencentes a múltiplos proprietários que os houveram por herança, cuja dificuldade para identificá-los é sobremodo desafiadora para os órgãos encarregados da preservação.

Plano Diretor e zoneamento:

O plano diretor,[151] "enquanto conjunto de princípios e regras orientadoras da ação dos agentes que constroem e utilizam o espaço urbano",[152] ao estabelecer o seu zoneamento[153] urbano-ambiental, poderá definir áreas especiais de preservação do patrimônio cultural, nas quais devem vigorar normas diferenciadas para padrões construtivos e outros fatores de limitação ao exercício do direito de propriedade. Essas leis, registra Marés, têm sido usadas com grande eficácia em diversos municípios brasileiros, como, por exemplo, em São Paulo, Embu, Curitiba[154] e Porto Alegre.

Também é possível que conste do próprio Plano Diretor o rol de bens tombados por quaisquer das esferas de poder (União, estado-membro e município), com a delimitação dos respectivos entornos; ou, ainda, como ocorreu no caso do Município gaúcho de Rio Pardo, o inventário dos bens de valor cultural fazer parte dessa norma basilar em matéria urbano-ambiental.

Partindo-se do pressuposto de que "planejar é a arte do possível",[155] o plano diretor assumiu papel de destaque como o principal instrumento na definição de estratégias urbanas de crescimento e desenvolvimento voltadas ao bem-estar da coletividade, especialmente com a Constituição Federal de

---

[149] GASPARINI, Diógenes. *Direito administrativo*. 4. ed. São Paulo: Saraiva, 1995, p. 435.
[150] Ibidem, p. 439.
[151] MARCHESAN, CAPPELLI & STEIGLEDER, ob. cit., p. 95.
[152] ROLNIK, Raquel (Org.). *Estatuto da cidade*. Guia para implementação pelos municípios e cidadãos. Brasília: Câmara dos Deputados, Coordenação de Publicações, 2001, p. 42.
[153] Para um histórico completo do zoneamento como instrumento de planejamento urbano, v. SOUZA, Marcelo Lopes de. *Mudar a cidade:* uma introdução crítica ao planejamento e à gestão urbanos. 2. ed. Rio de Janeiro: Bertrand Brasil, 2003, p. 250-274.
[154] SOUZA FILHO, 1997, p. 79.
[155] HALL, Peter. *Cidades do amanhã*. São Paulo: Perspectiva, 1988, p. 196.

1988,[156] que o pressupunha obrigatório para cidades com mais de vinte mil habitantes, e com o Estatuto da Cidade, que ampliou significativamente as hipóteses de obrigatoriedade de o município traçar seu Plano Diretor.[157]

Esse planejamento conduzido pelo Plano Diretor obedece, necessariamente, à função social da propriedade enquanto princípio basilar da ordem econômica constitucionalmente albergada. Na condição de protagonista maior da política urbana no cenário do município, o Plano Diretor "estabelece o planejamento de utilização e ocupação do solo urbano a partir da sistemática constitucional que disciplina a propriedade urbana, explicitando que a sua função social coincide com a da própria cidade e a sua ordenação",[158] de sorte que resulta atual a advertência de Meirelles: "o urbanismo não pode desprezar o ambiente natural, nem relegar a tradição".[159]

A definição de áreas especiais de interesse ou de valorização cultural através do zoneamento[160] apresenta-se como o instrumento com maior vocação para promover o essencial casamento entre os valores culturais, naturais e artificiais que conformam as paisagens urbanas. No oportuno destaque de Condesso, "de nada serve proteger um palácio, ou uma casa da Idade Média se, à sua volta, a construção for livre e desregrada. Não basta, pois, proteger um edifício. É necessário defender a sua área envolvente".[161]

Partindo de uma interpretação do patrimônio cultural e de suas influências na dinâmica urbana, a identificação desses espaços e ambiências é vetor de destaque na sua integração ao processo de desenvolvimento da cidade com foco na qualificação do ambiente.

Como bem apreendem Prestes e Carvalho, o Plano Diretor "trata a área construída como inserida no meio ambiente urbano, e não dissociada dele",[162] além de atender ao recomendado pela Carta de Paris, conforme já registrado alhures, precursora de uma visão sistêmica dos valores ambientais e que enxerga o monumento contextualizado.

---

[156] Art. 182, § 1°, da CF.
[157] Art. 41 da Lei n. 10.257/01.
[158] PRESTES; CARVALHO, 2005, p. 451.
[159] MEIRELLES, Hely Lopes. *O direito de construir*. São Paulo: Revista dos Tribunais, 1965, p. 133.
[160] Releva distinguir o zoneamento cultural de eventuais restrições impostas por órgãos do Executivo incumbidos da preservação do patrimônio cultural quando, como conseqüência de um tombamento, por exemplo, delimitam uma área de entorno sobre a qual recaem regimes diferenciados para uso e ocupação do solo. Essa advertência é feita por Castro, a qual exemplifica com os índices urbanísticos estabelecidos para parte da área do bairro do Jardim Botânico, no Rio de Janeiro, para proteção do entorno do Corcovado, bem natural tombado pela União Federal (CASTRO, Sonia Rabello de. Estatuto da cidade e a preservação do patrimônio cultural federal. In: FINK, Daniel Roberto (Org.). *Temas de direito urbanístico 4*. São Paulo: Imprensa Oficial do Estado: Ministério Público do Estado de São Paulo, 2005, p. 44-45).
[161] CONDESSO, 2001, p. 1201.
[162] PRESTES; CARVALHO, 2005, p. 448.

Esse instrumento de preservação inspira-se muito na escola italiana que, a partir de uma leitura do texto constitucional que incumbe o Estado de proteger a paisagem, procura desenvolver uma política partindo da perspectiva do território, avaliando o monumento no conjunto. Pondera Custódio, arquiteto do IPHAN, que esse modelo parte do universo como um todo, e não da exceção, ao contrário do que vem sendo preponderante no Brasil – preservação pela seleção, pelo edifício isolado.[163] A cidade é valorizada "como uma riqueza, um conjunto de bens que se produziu ou recebeu, como herança de qualquer natureza. E o fato de existirem bens de interesse histórico ou artístico, apenas lhe agrega valor".[164]

O mesmo autor traz, ainda, o surpreendente exemplo da cidade de Nova Iorque. Nessa metrópole se desenvolve um trabalho contínuo de preservação a partir da identificação de *setenta e nove* áreas de interesse cultural, de diferentes dimensões, onde os imóveis preexistentes são considerados quando da análise de novos projetos.[165]

A leitura desses espaços e o seu destaque dentre as áreas citadinas envolve um trabalho técnico de detalhamento, mas sobretudo uma interpretação dos sentimentos do cidadão, do morador, de quem reconhece o ambiente a partir de suas vivências e memórias.[166] Quanto mais democrático esse contínuo trabalho de planejamento, maior o seu acerto e as chances de que atinja o escopo da preservação,[167] de molde a não enveredar para uma conotação política, bem lembrada por Silva, o qual adverte que, sendo o zoneamento estabelecido por lei e, sendo esta eminentemente um ato político, pode ser que o legislador inclua ou não áreas de valor cultural, como também pode incluir áreas sem significação cultural.[168]

Seguindo-se o raciocínio de Souza, que exalta a existência de vários zoneamentos a serem estabelecidos de acordo com suas finalidades específicas,[169] aquele que se funda na preservação de ambiências (áreas ou lugares) socioculturais realiza um dos compromissos do Direito Ambiental: o desenvolvimento sustentável. Na dicção de Barreto Júnior, que prega uma nova abordagem epistemológica das questões associadas ao patrimônio cultural consistente num olhar inspirado pelos instrumentos de Direito Ambiental,

---

[163] CUSTÓDIO, Luiz Antônio Bolcato. E o futuro da metrópole... Disponível em www.revista.iphan.gov.br. Acesso em: 09 nov. 2005.
[164] Ibidem.
[165] Ibidem.
[166] PRESTES; CARVALHO, 2005, p. 455.
[167] Essa questão não passou desapercebida por SIMÃO, 2001, p. 45.
[168] SILVA, J.A., 2001, p. 157.
[169] SOUZA, 2003, p. 251.

Quando o Plano Diretor valoriza urbanisticamente as áreas dos ecossistemas mais frágeis, ele se torna indutor da destruição ambiental, e portanto, caminha rumo à insustentabilidade. Da mesma forma, se o Plano Diretor não cria mecanismos que estimulem a habitação nos conjuntos urbanos que são referências arquitetônicas e culturais, ele condena esses centros à degradação pelos usos promíscuos. Não correrá nessa contramão o Plano Diretor que for construído coletivamente com atenção para as fragilidades ambientais de uma região e que tiver por objetivo preservar os aspectos culturais de uma cidade.[170]

Feito o exaustivo trabalho de identificação das áreas, o segundo passo é a definição do regime urbanístico aplicável a cada uma delas, respeitando suas características intrínsecas tanto do ponto de vista dos bens artificiais como da base natural, suas sensibilidades, a vida das pessoas, a mobilidade urbana, as redes de drenagem e de eletricidade, etc.

Esse regime irá impor restrições relacionadas à altura das edificações, índice de aproveitamento, taxa de ocupação, recuos, tipos de usos e até mesmo conectadas a características arquitetônicas.

A proteção do patrimônio orientada pela legislação urbanística representa um olhar sobre a cidade como um todo, contemplando o bem ou conjunto de bens culturais em seu contexto, dentro da paisagem cultural por eles formada com seu entorno.

Transferência do direito de construir:

O Estatuto da Cidade[171] prevê, em seu art. 35, a possibilidade de lei municipal, baseada no Plano Diretor, autorizar o proprietário de imóvel urbano, público ou privado, a exercer em outro local ou alienar, mediante escritura pública, o direito de construir previsto no plano diretor ou em legislação urbanística dele decorrente, quando o referido imóvel for considerado necessário para preservação, dado o seu valor histórico, ambiental, paisagístico, social ou cultural.[172]

Por meio desse instrumento, o Poder Público do município está habilitado a subordinar o exercício do direito de construir, que é de cunho individual, a uma necessidade social ou ambiental, através da transferência do exercício daquele direito para outro local.[173]

Esse dispositivo teve forte inspiração na Carta de Embu, de 12.12.76, quando renomados administrativistas e urbanistas do país extraíram diversas conclusões a respeito do solo criado, dentre as quais se destacam:

---

[170] BARRETO JÚNIOR, 2004, p.154.
[171] BRASIL. *Estatuto da Cidade*, Lei n. 10.257/01.
[172] MARCHESAN; CAPPELLI; STEIGLEDER, 2005, p. 95
[173] ROLNIK, ob. cit., p. 123.

2.1. O proprietário de imóvel sujeito a limitações administrativas, que impeçam a plena utilização do coeficiente único de edificação, poderá alienar a parcela não-edificável do direito de construir.

2.2. No caso de imóvel tombado, o proprietário poderá alienar o direito de construir correspondente à área edificada ou ao coeficiente único de edificação.[174]

Não sem razão Souza Filho identifica nesse instrumento um parentesco com o solo criado, "que é a criação artificial do solo através da construção de patamares ou pavimentos aéreos ou de subsolo".[175]

Esse instrumento difere da outorga onerosa do direito de construir, prevista no art. 28 da Lei nº 10.257/01, porque nela o móvel é a união entre o interesse do particular, que deseja vender o seu direito de construir ao município por não ter interesse em utilizá-lo, e o do beneficiário em adquirir o direito de construir além do seu coeficiente de aproveitamento. A seu turno, a transferência do direito de construir funda-se no interesse público, servindo como ressarcimento ou incentivo à participação do administrado na preservação/recuperação de bens em proveito da coletividade.[176]

Vários municípios brasileiros, dentre os quais se destacam Porto Alegre, Viçosa, São Paulo e Curitiba, mesmo antes da publicação do Estatuto da Cidade, já o haviam incorporado a sua legislação municipal.

Exemplo interessante de aplicação desse instrumento é encontrado na cidade de São Paulo. Nela, o casarão da Avenida Paulista conhecido como "Casa das Rosas" foi considerado pelo Poder Público como imóvel preservado de interesse histórico e cultural e, com base na Lei nº 9.725/94 do referido Município, o potencial construtivo, calculado pela diferença entre o potencial construtivo do lote e a área construída nele existente, restou transferido para outro local.[177]

Conquanto ostente um potencial significativo do ponto de vista da preservação, esse mecanismo abre novos espaços de discussão sobre o uso e a ocupação do solo no município, tendo em vista a necessidade de se avaliar, criteriosamente, as áreas que serão objeto de recepção dos potenciais construtivos decorrentes do uso do instrumento proposto, sob pena de, também ele, contribuir para o desarranjo urbanístico, incrementando o adensamento em áreas não providas da infra-estrutura necessária.

Discorrendo a respeito do Estatuto da Cidade e de seu compromisso com o equilíbrio no espaço urbano, Freitas considera que essa lei pretendeu prestigiar o proprietário que respeite a função social e ambiental da proprie-

---

[174] SILVA, José Afonso da. *Direito urbanístico brasileiro*. 2.ed., São Paulo: Malheiros, 1995, p. 241.
[175] SOUZA FILHO, 1997, p. 79.
[176] RODRIGUES, F.L.L., 2005.
[177] ROLNIK, 2001, p. 125.

dade, "não podendo ser beneficiado, por evidente contra-senso, aquele que negligenciou sua guarda, que permitiu, por omissão, a ação predatória de terceiros, ou aquele que agiu conscientemente com espírito destruidor, para, ao depois, ainda usufruir dos benefícios da Lei 10.257/01".[178]

Demonstrando inconfessado otimismo quanto à eficiência do instrumento, Rodrigues condiciona-o à vontade política do município de levar adiante a preservação do patrimônio cultural.

> A determinação política do município em regulamentar, por meio de lei municipal, o instituto da transferência do direito de construir é possível dentro da autonomia municipal, sem ferimento à repartição constitucional de competências, quando se tratar de objetos cujo interesse de preservação seja eminentemente local e para preservar a identidade cultural do município.
> Por fim, a transferência do direito de construir poderá ser a solução eficiente para a efetivação do tombamento com o afastamento da alegativa de prejuízos e a cessação das condutas criminosas de destruição das obras, muitas vezes às escondidas, outras com a participação omissiva do Poder Público.[179]

Direito de Preempção:

Trata-se de instituto também previsto no Estatuto da Cidade[180] (art. 25 e segs.), segundo o qual o Poder Público detém preferência na aquisição de imóvel urbano objeto de alienação onerosa entre particulares. lei municipal, baseada no Plano Diretor, delimitará as áreas em que incidirá o direito de preempção e fixará prazo de vigência, não superior a 5 anos, renovável a partir de um ano após o decurso do prazo inicial de vigência.

De acordo com o art. 26 da Lei 10.257/01, esse direito poderá ser exercido para proteção de áreas de interesse histórico, cultural ou paisagístico.

Através de uma limitação ao direito sobre a livre disposição da propriedade urbana, o Poder Público é auxiliado a implementar seus objetivos de cunho fundiário, urbanístico e ambiental, constituindo um verdadeiro "sistema de informações públicas sobre as alienações voluntárias que se processam no interior de um perímetro urbano estabelecido pelo município em razão do interesse público ou social",[181] permitindo, com isso, um certo controle do mercado imobiliário nessas áreas, inclusive em relação ao preço dos imóveis.

A lógica do instrumento é de que a aquisição de terra urbana pelo Poder Público ao preço de mercado pode ser mais vantajosa do que a desapropriação em determinados casos, especialmente quando se tem um planejamento a longo prazo para a implantação de determinados projetos e não há recursos

---

[178] FREITAS, J.C., 2001, p. 455.
[179] RODRIGUES, F.L.L., 2005.
[180] Art. 25 e segs.
[181] ROLNIK, 2001, p. 137.

disponíveis para a desapropriação imediata de todos os imóveis necessários.[182]

Ademais, a aquisição da terra urbana por meio da preempção, em tese, evita parte dos transtornos com as batalhas judiciais que marcam os processos expropriatórios.

Não parece demasiado enfatizar que o êxito desse instrumento está condicionado ao pré-requisito de que o Município conte com um razoável manancial de informações acerca de onde estão os imóveis que pretende proteger bem assim de um zoneamento definido no Plano Diretor a respeito das áreas de interesse ou valorização cultural e, dentre elas, aquelas na qual poderá exercer aludido direito.

Também é relevante que o instrumento previsto em lei municipal seja usado, ao menos esporadicamente, sob pena de se tornar inoperante em termos de regulação do mercado imobiliário.[183]

Por derradeiro, importa distinguir que o direito de preempção a que alude o art. 25 do Estatuto da Cidade, conquanto com ele guarde inegável semelhança, não se confunde com o previsto no art. 22 do Decreto-Lei 25/37.

3.2. A TUTELA JUDICIAL E SEUS ANTECEDENTES

A defesa do meio ambiente ou do patrimônio cultural ainda tem muito o que amadurecer na cena judiciária brasileira.

As iniciativas judiciais demonstram que a quase totalidade das demandas tem sido propostas pelo Ministério Público ou pelos órgãos governamentais encarregados da defesa dos bens culturais.

A participação direta[184] na defesa do meio ambiente – via ação popular[185] – de larga tradição em prol do patrimônio público, escasso manejo tem experimentado para tutelar bens culturais, em que pese de há muito ser aceita

---

[182] ARAÚJO, Suely Mara Vaz Guimarães de. O estatuto da cidade e a questão ambiental. Disponível em: www2.camara.gov.br/publicacoes. Acesso em: 06 nov. 2005.

[183] AZEVEDO, Eurico de Andrade. Direito de preempção. In: ESTATUTO da Cidade. Brasília: Fundação Prefeito Faria Lima – CEPAM, Governo do Estado de São Paulo, 2001, CD-ROM.

[184] Moreira Neto classifica em duas as formas de participação através do Poder Judiciário na defesa do meio ambiente: *direta* (quando a participação se dá nas hipóteses em que a legitimidade ativa para a causa é atribuída ao indivíduo ou cidadão) e *indireta* (ocorre nas hipóteses em que a legitimidade ativa é conferida a grupos ou instituições sociais secundários, como por ex., o Ministério Público, associações civis, sindicatos) (MOREIRA NETO, Diogo de Figueiredo. *Direito de participação política*. Rio de Janeiro: Renovar, 1992, p. 144.).

[185] Dinamarco considera que o escopo jurisdicional de canalizar a *participação democrática* está à base da ação popular e da legitimação das associações para demandas na proteção do meio ambiente (DINAMARCO, Cândido Rangel. *A Instrumentalidade do processo*. 3. ed. São Paulo: Malheiros, 1993, p. 171).

pela doutrina para tal finalidade.[186] Além da ação popular aforada em prol do tombamento do Clube Ijuí, anteriormente enfocada,[187] foi possível localizar precedente envolvendo obras no prédio da Câmara de Vereadores de São Leopoldo;[188] outro relativo ao revestimento asfáltico de logradouro protegido como sítio de valor histórico e artístico,[189] um terceiro relacionado à proteção do jazigo do ex-presidente Getúlio Vargas, com o intuito de proibir o traslado de seus restos mortais;[190] um quarto referente à anulação do ato que aprova o projeto de construção do aeroporto de Brasília, pelo fundamento de que ele não se harmonizava com a concepção estética que presidira a Capital Federal[191] e, finalmente, um quinto objetivando a retirada de quiosques de alimentação do entorno de praça tombada no Município de Paraisópolis.[192]

Devido a fatores vários, dentre os quais se destaca a ausência de recursos materiais e humanos para a propositura de ações, a incipiente organização da sociedade civil, a grave crise da educação,[193] a falta de consciência relacionada à importância do patrimônio cultural, as demandas ainda têm no Ministério Público o seu principal protagonista.[194] Camargo Ferraz, refletindo sobre o problema, sugere que, numa futura revisão da Lei da Ação Civil Pública, sejam pensados mecanismos de estímulo ao exercício da ação pelos co-legitimados, ainda que nos casos mais simples, sob pena de uma banalização da atuação ministerial.[195]

A atuação das organizações de cunho não-governamental, via de regra, restringe-se ao encaminhamento de reclamações ao Ministério Público. Pes-

---

[186] Nesse sentido, v. SANTOS, M.O., 1988, p. 198; e ALVES, Alexandre Ferreira de Assumpção. O tombamento como instrumento de proteção ao patrimônio cultural. *Revista Trimestral de Direito Civil*, Rio de Janeiro, v. 10, p.29-57, 2002, p. 44.

[187] RIO GRANDE DO SUL. Tribunal de Justiça. Apelação Cível n. 596236133. Relator: Des. Armínio José Abreu Lima da Rosa. J. em 17 dez. 1997. Disponível em: www.tj.rs.gov.br. Acesso em: 31 mar. 2005.

[188] RIO GRANDE DO SUL. Tribunal de Justiça. Apelação Cível n 595051590. Relator: Des. Talai Djalma Selistre. J. em 15 maio 1996. Disponível em: www.tj.rs.gov.br. Acesso em: 05 dez. 2005.

[189] RIO GRANDE DO SUL. Tribunal de Justiça. Apelação Cível n 589046002. Relator: Des. Mario Rocha Lopes. J. em 04 out. 1989. Disponível em: www.tj.rs.gov.br. Acesso em: 05 dez. 2005.

[190] RIO GRANDE DO SUL. Tribunal de Justiça. Agravo de Instrumento n. 70009533563. Relator: Des. Araken de Assis. J. em 24 nov. 2004. Disponível em: www.tj.rs.gov.br. Acesso em: 31 mar. 2005.

[191] O precedente é referido por BARBOSA MOREIRA, 1977, p. 117.

[192] MINAS GERAIS. Tribunal de Justiça. Cível. Apelação Cível e Reexame Necessário n. 1.0473.03.000617-4/001(1). Relatora: Desa. Maria Elza. J. em 03 mar. 2005. Disponível em: www.tjmg.gov.br/juridico/jt/inteiro_teor. Acesso em: 02 set. 2005.

[193] Alguns dos fatores são elencados por CAMARGO FERRAZ, Antonio Augusto Mello de. Inquérito civil: dez anos de um instrumento de cidadania. In: MILARÉ, Édis (Coord.) *Ação civil pública*. São Paulo: Revista dos Tribunais, 1995, p. 64.

[194] CAPPELLI, Sílvia. Ação civil pública ambiental: a experiência brasileira, análise de jurisprudência. *Revista do Ministério Público*, Porto Alegre, n. 52, jan./abr. 2004, p. 286-287.

[195] CAMARGO FERRAZ, Antonio Augusto Mello de. Ação civil pública, inquérito civil e Ministério Público. In: MILARÉ, Édis (coord.). *Ação civil pública*: Lei 7.347/1985 – 15 anos. São Paulo: Revista dos Tribunais, 2001, p. 91.

quisando o tema em todos os estados da federação, foi possível encontrar apenas cinco ações civis públicas nas quais aparece o protagonismo não oficial. Uma delas, embora ajuizada pelo Instituto Estadual do Patrimônio Histórico e Artístico de Minas Gerais (IEPHA), restou ainda patrocinada por uma organização não-governamental – a Associação Cultural e Comunitária de Santa Luzia –, que foi admitida a figurar como assistente simples, buscando a retirada de obras sacras da posse de um particular para sua reincorporação ao acervo da Igreja Matriz de Santa Luzia.[196] Duas outras relativas à proteção do entorno do Instituto Biológico de São Paulo, ajuizadas pelo "Movimento Defenda São Paulo", tinham por escopo bloquear a construção de grandes empreendimentos imobiliários na área envoltória do prédio tombado que possui um raio de proteção de 300m.[197]

Um quarto caso, também em São Paulo, estampa pedido da Sociedade de Amigos de Vila Buarque, Santa Cecília, Higienópolis e Pacaembu no sentido de proteger a ambiência de um bairro, devido à construção que inobservou os recuos urbanísticos e o zoneamento urbano.[198]

Singular é a ação civil pública ajuizada pela Amapaulínia, Associação dos Moradores e Amigos de Paulínia, objetivando barrar a construção de uma espécie de "pirâmide de vidro" que recobriria a Igreja de São Bento e o Museu Municipal da cidade. Deferida a liminar em 1° Grau, veio ela a ser confirmada pelo Tribunal de Justiça de São Paulo e, posteriormente, em sede de suspensão de liminar, pelo Ministro Edson Vidigal.[199] No Estado do Rio Grande do Sul, por exemplo, uma das entidades de maior destaque é a DEFENDER (Defesa Civil do Patrimônio Cultural), com sede em Cachoeira do Sul. Segundo relato de Padilha, essa organização apresentou,

---

[196] O precedente já foi referido anteriormente quando da análise da noção de qualidade de vida (MINAS GERAIS. Tribunal de Justiça. Agravo de Instrumento n. 1.0245.03.029114-1/003(1). Relator: Des. Célio César Paduani. J. em 03 ago. 2004. Disponível em: www.tjmg.gov.br/juridico/jt/inteiro_teor. Acesso em: 02 set. 2005).

[197] SÃO PAULO. Tribunal de Justiça. AÇÃO CIVIL PÚBLICA – Liminar pleiteada visando à paralisação de obra de construção de empreendimento imobiliário, sob o fundamento de que esta compromete a visibilidade de bem tombado – impossibilidade – necessidade de melhores elementos de convicção sobre a alegada ilegalidade da construção e das autorizações concedidas para a edificação – presunção de legitimidade dos atos administrativos autorizadores da execução da obra – recurso não provido. Acórdão em agravo de instrumento n. 264.400.5/0. Movimento Defenda São Paulo e E.K. Empreendimentos e Participações Ltda., Polincorp Incorporações e Participações Ltda., Polux Incorporadora Ltda., Governo do Estado de São Paulo e Prefeitura Municipal de São Paulo. Relator: Des. Celso Bonilha. J. em 24 mar. 2003. Disponível em: http://portal.tj.sp.gov.br. Acesso em 03 dez. 2005. No mesmo sentido: SÃO PAULO. Tribunal de Justiça. Agravo de Instrumento n. 274.208-5/2-00. Relator Des. Coimbra Schmidt. J. em 24 mar. 2003. Disponível em: http://portal.tj.sp.gov.br. Acesso em: 03 dez. 2005.

[198] SÃO PAULO. Tribunal de Justiça. Relator: Des. Alberto Zvirblis. J. em 21 jul. 2005. Disponível em: http://portal.tj.sp.gov.br. Acesso em: 03 dez. 2005.

[199] BRASIL. Superior Tribunal de Justiça. Suspensão de Liminar n. 210-SP. Data da decisão: 02 dez. 2005. Disponível em: www.stj.gov.br/webstj/processo/Justica/detalhe. Acesso em: 12 dez. 2005.

de abril de 2003 a novembro de 2005, três representações junto às promotorias de Cachoeira do Sul e Rio Pardo denunciando atos lesivos ao patrimônio cultural.[200] Até a data do fechamento deste trabalho, não teve qualquer iniciativa judicial.

3.2.1. O inquérito civil

O inquérito civil[201] foi criado pela Lei da Ação Civil Pública (arts. 8º e 9º da Lei 7347/85) e hoje está incorporado pelo texto constitucional (art. 129, III). Mas, desde a entrada em vigor da 1ª Lei Orgânica do Ministério Público (LOMINP – LC nº 40/81), passou-se a reconhecer que a Instituição do Ministério Público, considerando sua nova fisionomia, necessitava de mecanismos adequados de investigação. Foi então que, a partir das idéias cultivadas por um grupo de juristas paulistas, formatou-se o projeto que acabou sendo acolhido na forma da Lei da Ação Civil Pública.[202]

O instrumento do inquérito civil está inspirado no inquérito policial,[203] o qual se apresenta como instrumento de informação preparatória ao ajuizamento de ação penal pública e pode ser definido como "uma espécie de procedimento administrativo inquisitório de investigação e instrução, de condução exclusiva dos membros do *Parquet,* destinado a municiá-los de dados e informações para a formação de convicção quanto à viabilidade ou não da propositura de ação civil pública".[204]

Enquanto o inquérito policial é presidido pela autoridade policial e se destina ao Ministério Público para que esse, enquanto titular exclusivo da ação penal pública, decida sobre a instauração do processo criminal, o inquérito civil é presidido pelo Promotor de Justiça que, no caso da tutela ambiental, será aquele que ostenta atribuições na área do meio ambiente.

Conquanto coexistam outros co-legitimados ao ajuizamento da ação civil pública, somente ao Ministério Público foi conferido o instrumento do inquérito civil como meio de investigação.

---

[200] PADILHA, Telmo. E-mail remetido em 15 nov. 2005. Site da organização: www.defender.org.br.

[201] Mazzilli considera errônea a designação muito utilizada do "inquérito civil público" inspirada na "ação civil pública", essa sim pertinente. Diz ele que, como não há falar em inquérito civil privado, não há porque falar em inquérito civil público (MAZZILLI, Hugo Nigro. *O inquérito civil.* São Paulo: Saraiva, 1999, p. 47-48).

[202] MARCHESAN, Ana Maria Moreira. Inquérito civil e ação civil pública na tutela do patrimônio cultural. In: ENCONTRO NACIONAL DO MINISTÉRIO PÚBLICO NA DEFESA DO PATRIMÔNIO CULTURAL, 1., 2003, Goiânia. *Anais...* Goiânia: Instituto Centro-Brasileiro de Cultura, 2004, p. 127.

[203] MAZZILLI, Hugo Nigro. Pontos controvertidos sobre o inquérito civil. In: MILARÉ, Édis (Coord.). *Ação civil pública*: Lei 7.347/1985 – 15 anos. São Paulo: Revista dos Tribunais, 2001. p. 271. No mesmo sentido, ABELHA, Marcelo. *Ação civil pública e meio ambiente.* Rio de Janeiro: Forense Universitária, 2003, p. 91.

[204] GOMES, L. R., 2003, p. 235.

Inicialmente gestado para a finalidade precípua de colher elementos para que o Ministério Público pudesse identificar a ocorrência de circunstância justificadora do ajuizamento de ação civil pública, o inquérito civil vem se afirmando como valioso instrumento de tutela acautelatória e reparatória dos danos ambientais.

Muitos inquéritos, e na área do patrimônio cultural são eloqüentes os exemplos, servem como verdadeiros instrumentos de fomento de políticas públicas voltadas a ações preservacionistas desencadeadas pelos governos e pelos particulares. Mesmo sem redundarem em termos de ajustamento de conduta, ações civis públicas ou recomendações, há inquéritos civis em que se logra a efetividade almejada pela via da concertação, mesmo sem a tomada de um compromisso de ajustamento por parte dos responsáveis. A título de exemplo, na Promotoria de Justiça de Defesa do Meio Ambiente de Porto Alegre podem ser elencados os inquéritos civis públicos que investigavam o abandono do prédio da extinta Companhia Estadual de Força e Luz, atual sede do Centro Cultural Érico Veríssimo;[205] o que versou sobre o Arquivo Histórico do Estado do Rio Grande do Sul[206] e o que envolve o prédio do antigo cinema Capitólio,[207] esse ainda em andamento.

Nesses casos, o Promotor atua tensionando o Poder Público e, por vezes, particulares, a buscarem soluções para que bens dotados de valor cultural, tombados ou não, escapem de tombamento no sentido físico da palavra.

Essa atuação ministerial como protagonista na construção de políticas públicas voltadas à conservação de nosso patrimônio cultural adquire relevo na realidade brasileira, marcada por carências materiais básicas, havendo uma natural tendência dos governantes de priorizarem outras áreas, de maior visibilidade ou de maior alcance social, em detrimento à atuação preservacionista.

Para isso, a colaboração da comunidade, representando, denunciando e até municiando o Ministério Público com elementos de prova é fundamental, além de vivificar o previsto no § 1º do art. 216 da Constituição Federal, quando enuncia que a proteção do patrimônio cultural brasileiro não dispensa essa ação cidadã.

As investigações preliminares desencadeadas em sede de inquérito civil, além de objetivarem a colheita de provas para eventual propositura de ação civil pública, também permitem ao Ministério Público a celebração de termos de ajustamento de conduta,[208] via essa aberta pelo art. 113 do Código

---

[205] Inquérito Civil n. 54/00, arquivado em 27 jan. 2003.
[206] Inquérito Civil n. 17/98. Arquivado em 25 set. 2001.
[207] Inquérito Civil n. 52/00, em andamento. As obras de restauração do prédio estão em pleno vapor.
[208] Oportuno esclarecer que o Compromisso de Ajustamento de Conduta, ao contrário do Inquérito Civil, não é privativo do Ministério Público. Na área da tutela do patrimônio cultural podemos citar como

de Defesa do Consumidor,[209] que acrescentou o § 6º[210] ao art. 5º da Lei nº 7.347/85.

Como alternativa à ação civil pública, uma das possíveis vias rumo à solução da questão ambiental sob investigação é a da celebração desse tipo de ajuste, afigurando-se imprescindível a concordância do investigado à finalidade e às exigências estatuídas em lei.[211]

Controvertem os autores quanto à natureza jurídica do compromisso de ajustamento de conduta. A posição preponderante é a que o considera como uma transação dotada de peculiaridades por envolver interesses não patrimoniais e de índole não privada.[212] Outros o consideram um "contrato de direito público regulador de interesses primários e secundários, através do qual são impostas sujeições à Administração Pública, que assume obrigações voltadas à concretização de finalidades de interesse social".[213] Há, ainda, a posição quase isolada de Fink, para quem o compromisso se ajusta perfeitamente ao conceito civilista de transação, aplicando-se-lhe as normas a esta referentes. "Pela sua bilateralidade, se constitui em contrato", regrado, pois, pelas normas a ele pertinentes.[214]

Parece acertada a conclusão de Rodrigues ao reduzir a controvérsia a um "falso dilema", pois o que realmente importa é a prática do instrumento, vocacionado para a tutela dos interesses transindividuais.[215]

---

exemplo um termo de ajustamento de conduta celebrado em conjunto entre a Promotoria de Defesa do Meio Ambiente de Porto Alegre e o Município de Porto Alegre com um shopping center, em 21.10.2004, visando à reparação de diversos danos promovidos a imóveis tombados e ao patrimônio arqueológico (Inquérito Civil n. 183/2003). Além do Ministério Público, podem tomar o compromisso "todas as entidades que compõem a Administração Pública direta, indireta ou fundacional (MILARÉ, 2000, p. 397). O acréscimo do art. 79-A à Lei n. 9.605/98 (Lei dos Crimes Ambientais) pela Medida Provisória n. 1.949-22, de 30/03/2000, propiciou aos órgãos ambientais integrantes do SISNAMA a possibilidade de celebrar Termos de Ajustamento de Conduta, não lembrando, mais uma vez, dos órgãos encarregados do patrimônio cultural que não se ajustem à noção (assaz defeituosa) de "órgão público legitimado".
[209] Lei nº 8.078/90.
[210] "§ 6º – Os órgãos públicos legitimados poderão tomar dos interessados compromisso de ajustamento de sua conduta às exigências legais, mediante cominações, que terá eficácia de título executivo extrajudicial".
[211] GOMES, , L. R., 2003, p. 246.
[212] VIEIRA, Fernando Grella. A transação na esfera da tutela dos interesses difusos e coletivos e a posição do Ministério Público. In: MILARÉ, Édis (Coord.). *Ação civil pública*: Lei 7.347/1985 – 15 anos. São Paulo: Revista dos Tribunais, 2001, p. 221-249. No mesmo sentido: MAZZILLI, 1999, p. 295.
[213] GOMES, idem ibidem, p. 250. No mesmo sentido: PROENÇA, Luís Roberto. *Inquérito civil:* atuação investigativa do Ministério Público a serviço da ampliação do acesso à Justiça. São Paulo: Revista dos Tribunais, 2001, p. 125. CARVALHO FILHO, 1995, p. 137-138.
[214] FINK, Daniel. Alternativa à ação civil pública ambiental (Reflexões sobre as vantagens do termo de ajustamento de conduta). In: MILARÉ, Édis (Coord.). *Ação civil pública*: Lei 7.347/1985 – 15 anos. São Paulo: Revista dos Tribunais, 2001, p.119.
[215] RODRIGUES, Geisa de Assis. *Ação civil pública e termo de ajustamento de conduta:* teoria e prática. Rio de Janeiro: Forense, 2002, p. 109 e p. 157.

O fato é que a alternativa do Termo de Ajustamento de Conduta (TAC) tem granjeado largo espaço como via suasória para se alcançar a prevenção e a reparação dos danos ambientais. Como bem avalia Cappelli, a alternativa extrajudicial apresenta-se vantajosa em função da a) morosidade no julgamento das demandas; b) preponderante visão privatista da propriedade, com a recorrente opção pelos valores da livre iniciativa e do crescimento econômico em detrimento das questões ambientais nos arestos que apreciam a matéria; c) maior abrangência do compromisso de ajustamento do que da decisão judicial em face dos reflexos administrativos e criminais; d) redução dos custos envolvidos numa demanda (v.g., custo pericial, honorários advocatícios); e) maior amplitude no tocante à abrangência social da solução extrajudicial, ao permitir o trato de problemas sob diversas óticas espaciais e temporais, ensejando uma maior participação coletiva.[216]

Prieur identifica, em matéria ambiental, a ocorrência do princípio da "negociação com os poluidores"[217] [tradução livre da autora], no sentido de fomentar a concertação entre os diversos protagonistas envolvidos nas questões. Em França, especialmente no tocante ao planejamento urbanístico, há vigorosos mecanismos de concertação entre os poluidores, empresas e comunidades locais. Nesses casos, não é o Ministério Público quem medeia tais acordos, mas o próprio Estado que, na feliz expressão de Rangel, "surge qual Jano, actuando, ora na face de Estado-Soberano (cumprindo as suas tradicionais tarefas), ora na face de Estado-Parceiro ou Interlocutor (realizando os novos fins através do governo por discussão, negociação e compromisso)".[218]

Machado reputa valiosa a conciliação dos interessados, tanto em sede de licenciamento como de punição a eventuais causadores dos danos ambientais.[219]

Na dimensão do meio ambiente cultural, muitos são os exemplos de ajustes que contemplam medidas acautelatórias e reparadoras de danos ambientais com grande efetividade. Não seria ousado afirmar até que, se comparado ao (in)sucesso alcançado com a maior parte das demandas propostas em prol desse bem jurídico, o TAC logra resultados práticos em tempo muito inferior ao de uma demanda, sem o desgaste usualmente experimentado pelos litigantes judiciais e de forma a agradar a todos os envolvidos.

São exemplos de efetividade, dentre outros, os TACs celebrados pela Promotoria de Justiça de Defesa do Meio Ambiente de Porto Alegre: a) para

---

[216] CAPPELLI, Sílvia. Atuação extrajudicial do ministério público. *Revista do Ministério Público*, Porto Alegre, n. 46, jan./mar. 2002, p. 232-233.
[217] Princípio da "négociation avec les pollueurs" (PRIEUR, 2001, p. 129).
[218] RANGEL, 1194, p. 9.
[219] MACHADO, 2000, p. 154.

retirada de uma antena de telefonia celular de um sítio de interesse histórico-cultural e do entorno de um bem tombado;[220] b) para recuperação e restauração do famoso Viaduto Otávio Rocha;[221] c) para indenização pela derrubada do Mercado Público do Bonfim e regularização do tombamento do Parque Farroupilha;[222] d) para restauração da fachada de bem inventariado;[223] e) para organização e preservação do acervo histórico e documental da Câmara de Vereadores de Porto Alegre,[224] dentre outros.

Também no Estado do Rio Grande do Sul, a Promotoria de Taquara celebrou um TAC de elevado grau de abrangência para regular a política pública municipal relativa à proteção do patrimônio cultural. Por esse compromisso, o Município de Taquara assumiu as obrigações de (a) proceder ao inventário dos bens culturais existentes, buscando a cooperação técnica do Instituto do Patrimônio Histórico e Artístico do Estado do Rio Grande do Sul – IPHAE; (b) abster-se de conceder autorização para a demolição ou alteração de bens inventariados sem prévia consulta ao IPHAE, devendo manter, para tanto, integração permanente entre os órgãos municipais relativos à cultura e às obras ou planejamento; (c) desenvolver periodicamente campanhas e promoções voltadas à educação patrimonial, de forma a orientar a população para a conservação dos bens culturais existentes no âmbito municipal; (d) incluir, quando da elaboração do Plano Plurianual, da Lei de Diretrizes Orçamentárias e da Lei Orçamentária Anual, rubricas destinadas à conservação dos bens culturais existentes no Município de Taquara, atento ao princípio da prevenção de danos; e também de (e) priorizar, na instalação de órgãos públicos municipais, prédios considerados de valor histórico, arquitetônico ou cultural, observados os princípios insertos no *caput* do artigo 37 da Constituição Federal.[225]

Trata-se de exemplo típico de utilização do TAC como fonte de planejamento ambiental e gestão de políticas públicas voltadas à preservação patrimonial paralelamente ao desencadear de ações de educação patrimonial, outro viés de extrema relevância em relação ao tema.

A solução concertada, suplantando as vantagens de índole meramente pragmática, vem ao encontro da necessidade de radicalização da democracia

---

[220] Peça de Informação n. 94/00. TAC celebrado em 23 ago. 2001.
[221] Inquérito Civil n. 002.040/91. TAC celebrado em 30 nov. 1994.
[222] Inquérito Civil n. 123/98. TAC celebrado em 30 nov. 2000.
[223] Inquérito Civil n. 138/95. TAC celebrado em 14 ago. 2002.
[224] Inquérito Civil n. 61/01. TAC celebrado em 05 ago. 2002.
[225] Esse TAC está referido em detalhes por FERREIRA, Ximena Cardozo. *A atuação do ministério público na implementação de políticas públicas da àrea ambiental*. Disponível em: www.mp.rs.gov.br. Acesso em: 21 nov. 2005.

participativa. Rangel, debruçando-se sobre a ordem jurídica portuguesa, refletiu, com grande profundidade, acerca do tema:

> Note-se, porém, que a busca desses novos instrumentos e, designadamente, de instrumentos de concertação, não deve ser unilateralmente fundamentada em razões, chamemos-lhes "oportunistas", de ineficácia, mas deve também louvar-se numa "desenvolução" (aprofundamento) natural do princípio democrático (*maxime,* num contexto de défice democrático e superávite "tecno-burocrático") e numa decorrência do princípio do Estado de Direito, que precisamente postula a "distinção e autonomia organizativa da Sociedade perante o Estado".[226]

Não é sem razão que a grande maioria dos inquéritos civis resolve-se pelo viés do Termo de Ajustamento de Conduta. São comprovadas as vantagens e a efetividade desse instrumento.

3.2.2. A supressão da omissão estatal lesiva

Na dimensão do meio ambiente cultural, as competências administrativas que concentram o dever de agir de cada um dos entes estatais foram devidamente escrutinadas no item *3.1.1.*

É pré-requisito à caracterização de uma omissão, a definição de quem tem o dever de agir e de como deve se dar – ao menos em linhas gerais – esse agir. Positivadas essas duas questões é que se poderá ingressar na etapa posterior, ou seja, como se agirá para suprimir essa inação.

O dever de agir no sentido da tutela (*lato senso*) do meio ambiente cultural está carreado ao Poder Público, expressão abrangente utilizada no art. 225, *caput*, combinado com o art. 216, § 1°, ambos da CF.

Partindo-se da premissa de que o Texto Magno não contém palavras ocas, desprovidas de densidade, corolário é concluir, com apoio em Santos, haver "um dever, não uma faculdade, uma vinculação positiva, não uma discricionariedade"[227] na medida da exata necessidade de proteger o valor que está em risco.

Quanto ao papel que cumpre cada um dos entes integrantes da Federação desempenhar, o tema já foi desenvolvido neste trabalho, não parecendo enfadonho enfatizar que a *preferência* na atuação dar-se-á de acordo com o chamado critério de avaliação estimativa. Vale dizer, se o interesse na preservação for manifestamente nacional, a preferência recairá para a União; se estadual, para o estado-membro que sedia o bem e, finalmente, se se tratar de mero interesse local, caberá ao município adotar as medidas no sentido de proteger aquele bem.

---

[226] RANGEL, 1994, p. 19.
[227] SANTOS, M.O., 1988, p. 196-197.

A preocupação com essa definição não é de hoje.

Malhano noticia não ter ela ficado de fora das reflexões de Lúcio Costa quando da passagem do arquiteto pelo extinto Serviço do Patrimônio Histórico e Artístico Nacional (SPHAN).[228] Apregoava ele a necessidade do desdobramento do tombamento em categorias conforme o grau de interesse que a coisa a preservar viesse a apresentar.[229]

Não fosse possível traçar um critério para priorizar a atuação de cada um dos entes estatais, todas as investigações preliminares e posteriores ações deveriam apresentar em seu pólo passivo os três entes da Federação, o que se afigura escancarada demasia e desperdício de esforços.

Caracterizada a omissão administrativa de determinado ente e apurado o tipo de conduta positiva que deveria ter ele adotado e não o fez, buscar-se-á, então, o meio adequado para motivar o Administrador a agir.

Na área do patrimônio cultural, a maioria dos atentados a esses bens deriva justamente de omissão, tanto assim que, ao elencar os mais corriqueiros exemplos de condutas omissivas lesivas ao meio ambiente, Mirra cita "o abandono de bens integrantes do patrimônio cultural brasileiro",[230] complementando que os entes federativos e, especialmente, os municípios

> resistem muito em utilizar o tombamento para a proteção desses bens, que, não raras vezes, pertencem aos particulares. Ainda assim, nas hipóteses em que a proteção administrativa sobrevém e o bem acaba por ser tombado, em boa parte dos casos, após a efetivação formal do processo administrativo, o resultado prático, especialmente quando se trata de imóveis, é o abandono do bem até a sua deterioração, sem providências concretas de conservação.[231]

O mesmo magistrado e doutrinador paulista não deixa de destacar que, embora a prática da preservação repouse, basicamente, em medidas administrativas e até legislativas voltadas à proteção dos bens culturais, nada obsta a que se busque no Judiciário arredar a omissão ou recusa expressa do Poder Público em tombar um bem digno de tal medida, sob os argumentos do "regime jurídico aplicável aos bens dessa natureza e à finalidade última visada com a disciplina constitucional da proteção da qualidade ambiental propícia à vida".[232]

Partindo-se das reflexões do autor, é possível classificar em duas tipologias as situações de omissão: na primeira delas, o ente federativo deixa de dar uma roupagem jurídica protetiva ao bem ou conjunto de bens merecedo-

---

[228] MALHANO, 2002, p. 187.
[229] Ibidem, p. 189.
[230] MIRRA, 2002, p. 367.
[231] Ibidem, p. 368.
[232] Ibidem, p. 52.

res da tutela; na segunda, deixa de adotar medidas concretas no sentido da preservação, quer pela via da restauração, da conservação, de intervenções setoriais, manutenção, renovação ou revitalização.

A possibilidade de o Poder Judiciário vir a impor ao Executivo a adoção de medidas concretas a arredar a omissão, quer num como noutro caso, ainda envolve questão não pacífica.

São inúmeros os julgados que enfrentam questões relacionadas ao patrimônio cultural considerando ilegítimas tais ingerências de um poder em outro, sob as mais variadas abordagens. Ferreira procura aprofundar o tema, discorrendo sobre os argumentos recorrentes para bloqueio de tais decisões,[233] quais sejam: intangibilidade da separação de poderes prevista no art. 2º da Constituição Federal; falta de legitimidade democrática do Poder Judiciário; invasão do poder discricionário do Administrador; atrelamento das políticas públicas às limitações e definições orçamentárias. Conclui suas reflexões considerando que não podem esses motivos conduzir à "negação de direitos assegurados pela Carta Constitucional, razão pela qual devem ser superados para possibilitar o controle da Administração Pública, sob pena de malferimento do sistema constitucional instituído".[234]

Na verdade, essas objeções costumam aparecer reunidas e estribam decisões reveladoras de um Judiciário muitas vezes tímido em exercer poder em prol dos interesses coletivos e distanciado de um dos marcos estruturais de nosso regime democrático – a democracia semidireta – insculpido no intróito da Constituição: "todo poder emana do povo que o exerce por meio de representantes eleitos *ou diretamente*"[235] – grifei. Assim, com apoio em Mirra, é cabível afirmar que a participação popular por meio do Poder Judiciário, controlando inclusive as omissões da Administração, "é da própria essência do regime democrático que se pretende seja instaurado no País, garantida e estimulada constitucionalmente".[236]

A democracia, nos ensina Dinamarco, se dá tanto pela via política do voto ou pela ocupação eletiva de cargos públicos como através de outras formas de participação. "Todas as formas de influência sobre os centros do poder são participativas, no sentido de que representam algum peso para a tomada de decisões; conferir ou conquistar a capacidade de influir é praticar

---

[233] FERREIRA, Ximena Cardozo. A possibilidade do controle da omissão administrativa na implementação de políticas públicas relativas à defesa do meio ambiente. In: CONGRESSO INTERNACIONAL DE DIREITO AMBIENTAL, 9., 2005, São Paulo. Anais... São Paulo: Imprensa Oficial, 2005, v. 2, p. 499-517.

[234] FERREIRA, X., 2005, p. 517.

[235] Art. 1º, § único.

[236] MIRRA, 2005, p. 39. Do mesmo autor, v. MIRRA, 2002, p. 144.

democracia".[237] Um dos escopos da Jurisdição, apontados por esse renomado processualista, é justamente o de canalizar a participação democrática que, em matéria de proteção ao meio ambiente, pode se dar pela ação civil pública; ação popular; ação direta de inconstitucionalidade, inclusive por omissão; ação de improbidade administrativa e mandado de segurança coletivo.[238]

Quando se aborda a suposta impossibilidade de o Poder Judiciário vir a invadir áreas privativas do Executivo, geralmente se leva em conta a clássica teoria da separação de poderes, cuja base teórica remonta aos séculos XVII e XVIII, tendo em Montesquieu[239] seu mais prolífico ideólogo.

Ocorre que não se pode olvidar o contexto social e político que levou o Barão de Brède e de Montesquieu (1689/1755) a construir tal estrutura: o absolutismo monárquico que imperava no mundo ocidental antes da Revolução Burguesa de 1789, cuja característica marcante era, sem dúvida, a hipertrofia do Executivo sobre as demais expressões de poder.

Naquele cenário se tornava mais fácil compreender porque o nobre, conquanto partidário da repartição tricotômica do poder, idealizava um Judiciário amorfo, ao ponto de afirmar, literalmente: "Dos três Poderes, de que falamos, o de julgar é de certo modo nulo. Não restam senão dois".[240]

A pouca relevância política dada ao Judiciário era contraposta pelo teórico à força do Legislativo, único poder capaz de, na sua ótica, neutralizar os abusos do Executivo.

Esse Judiciário, definido por Montesquieu como "a boca que pronuncia as palavras da lei",[241] evoluiu, graças à plena superação da idéia de um poder ilimitado, e ganhou, na prática, "status" de Poder, definido por Weber como "toda oportunidade de impor sua própria vontade, no interior de uma relação social, até mesmo contra resistências, pouco importando em que repouse tal oportunidade".[242]

Dinamarco tece profundas considerações sobre a Jurisdição, enquanto expressão do poder estatal (que é uno), concluindo ser ela uma das funções do Estado, a qual, ontologicamente, não se distingue da administração e da legislação. O que a identifica e distingue é sua vocação para voltar-se aos casos concretos, às situações de conflitos interpessoais.[243]

---

[237] DINAMARCO, 1993, p. 171.
[238] MIRRA, 2005, p. 41.
[239] MONTESQUIEU. *O espírito das leis*. Introdução, tradução e notas Pedro Vieira Mota. 2. ed. São Paulo: Saraiva, 1992.
[240] Idem, p. 26, nota 55.
[241] Ibidem.
[242] WEBER, Max. *Ensaios de sociologia*. 2. ed. Rio de Janeiro: Zahar, 1971, p. 219.
[243] DINAMARCO, 1993, p. 119.

O juiz de hoje deve ter presente, quando conduz um processo e julga uma causa, que suas ações são manifestações do poder estatal. Portanto, qualquer posição que adote tem conotação política, que deve se pautar, não em seus gostos pessoais, em suas idiossincrasias, mas nos valores dominantes do seu tempo, pois o juiz "é, afinal de contas, um legítimo canal de comunicação entre o mundo axiológico da sociedade e os casos que é chamado a julgar".[244]

Deve, ainda, pautar-se pelos valores eleitos pela Constituição, já que os interesses difusos nascem e cultivam-se no texto constitucional e esse produz uma mediação entre o indivíduo e o ordenamento jurídico.[245] "O juiz deve imiscuir-se na realidade das relações sociais, fazendo o papel também de árbitro da sua coexistência e da sua integração".[246]

Jucovsky esclarece a questão da seguinte forma:

> Quando determinada associação promove ação civil pública para a defesa do ambiente, não se pode considerar que o juiz estaria a colocar-se indevidamente no lugar dos outros poderes do Estado, usurpando funções. Com efeito, está ele a exercer atividade própria de agente político, da qual está constitucional e legalmente investido. A sua atuação decorre do seu poder-dever institucional, do qual não lhe é permitido abrir mão.[247]

Silva define, com inequívoco bom senso, o que seja harmonia entre os Poderes:

> Cortesia no trato recíproco e no respeito às prerrogativas e faculdades a que mutuamente todos têm direito. De outro lado, cabe assinalar que a divisão de funções entre os órgãos do poder nem sua independência são absolutas. Há interferências que visam ao estabelecimento de um sistema de freios e contrapesos, à busca do equilíbrio necessário à realização do bem da coletividade e indispensável para evitar o arbítrio e o desmando de um em detrimento do outro e especialmente dos governados.[248]

Essa real harmonia leva o Judiciário, quando provocado, a ser o responsável pela identificação do interesse público, não podendo se furtar a fazê-lo.

Discorrendo sobre o tema, Cappelletti, após acentuar a possibilidade de o Judiciário atuar para coibir incorreções praticadas pelos membros dos outros Poderes, afirma a relevância da atuação desse Poder para colaborar com a identificação do interesse público e garantir que esse seja realmente alcançado.[249] Para semelhante direção aponta Camargo Ferraz, ao considerar

---

[244] DINAMARCO, Cândido Rangel. O poder judiciário e o meio ambiente. *Revista dos Tribunais,* São Paulo, n. 631, maio1988. p. 28.

[245] ANTUNES, L.F.C., 2004.

[246] Ibidem.

[247] JUCOVSKY, Vera Lúcia. O papel do juiz na defesa do meio ambiente. *Revista do Tribunal Regional Federal da 3ª Região,* n. 42, abr./jun. 2000, p. 61.

[248] SILVA, J.A., 1998, p. 97.

[249] CAPPELLETTI, Mauro. *Juízes legisladores ?* Porto Alegre: Sérgio Antônio Fabris, 1993, p. 100.

que a difusão da ação civil pública no cenário nacional, inclusive com o fito de suprir as omissões estatais, enseja ao Judiciário afirmar-se como Poder, já que através dela são veiculadas as grandes questões de interesse social.[250]

Depreende-se das digressões supraexpostas que a tese da separação dos poderes não implica seja ela absoluta e nem afasta do Judiciário o poder – que acaba por convolar-se em dever – de controlar os demais os Poderes, especialmente quando chamado a se pronunciar sobre a concretização dos direitos fundamentais.

Mirra reconhece ao Judiciário o poder de atuar no sentido da imposição da execução das políticas públicas previstas no ordenamento jurídico:

> Ao se admitir a determinação aos governos, por intermédio das ações judiciais, da adoção de determinadas medidas destinadas à supressão da omissão danosa ao meio ambiente, como a implantação de sistema de tratamento de esgotos ou de resíduos sólidos urbanos, a implantação definitiva e real de um certo espaço territorial protegido já instituído ou a preservação de um bem de valor cultural, não se está atribuindo ao Judiciário o poder de criar políticas ambientais, mas tão-só o de impor a execução daquelas já estabelecidas na Constituição, nas leis ou adotadas pelo próprio governo, como já referido.[251]

Percorrendo um caminho diverso – que passa pelo reconhecimento do direito fundamental ao meio ambiente sadio e ecologicamente equilibrado como abarcando o direito a prestações em sentido estrito – para chegar ao mesmo resultado, qual seja o da possibilidade de o Judiciário ser chamado a atuar sem que tal configure violação ao princípio da divisão dos poderes, Gavião Filho destaca que a esse Poder não cabe criar políticas ambientais, mas impor aquelas já estabelecidas no Texto Constitucional. Literalmente, diz ele:

> Se há, na Constituição, normas estabelecendo que o ambiente é bem de uso comum e essencial à sadia qualidade de vida e que todos têm direito ao ambiente, cabendo à coletividade e ao Poder Público o dever de defendê-lo e preservá-lo para as presentes e futuras gerações, então está configurado o direito fundamental ao ambiente que pode ser apresentado como mandamento a ser otimizado conforme as possibilidades fácticas e jurídicas. Desse modo, se as circunstâncias de determinado caso concreto determinarem a precedência da satisfação do direito fundamental ao ambiente em relação aos princípios da divisão de poderes ou da disponibilidade financeira, então estará configurada uma posição fundamental jurídica a prestações em sentido estrito, não se podendo cogitar de discricionariedade administrativa, pois "existindo o dever de atuar, não há margem para qualquer consideração de ordem técnica e política".[252]

Em relação ao meio ambiente cultural, a jurisprudência alterna-se entre esses dois eixos: ora reconhecendo a capacidade de o Judiciário reconhecer

---
[250] CAMARGO FERRAZ, 1995. p. 69.
[251] MIRRA, 2002, p. 378.
[252] GAVIÃO FILHO, 2005, p. 193.

a omissão e determinar a sua supressão, sem que isso represente afronta ao princípio republicano da separação dos poderes; ora considerando impossível tal conduta, estabelecendo uma verdadeira blindagem no tocante ao controle de certos temas.

A primeira posição aparece com fundamentação consistente em arestos do Tribunal de Justiça de São Paulo, embasados inclusive em parecer do então Procurador de Justiça Édis Milaré:

> Inserindo-se na atribuição do Judiciário verificar se ocorre ou não o fato pressuposto da configuração jurídica das realidades protegidas pela Lei nº 7.347, para conceder ou não a proteção que essa norma lhe conceder, o mérito não pode ser julgado sem que as provas tenham sido produzidas.
> A identificação do valor artístico ou estético não emerge de mera criação da autoridade administrativa, existe no plano da vida.
> A ação proposta visa apurar, para fins protetivos, a existência ou não do interesse público afirmado na inicial.
> Não há restrição ao poder revisional dos Tribunais, sobre o juízo da Administração quando não reconhece os valores de vida referidos na Lei nº 7.347 (RF, vol. 98/586). É de nossa organização política a posição superposta do Judiciário em face dos outros Poderes, sempre que se trate de interpretar e aplicar um texto de lei.[253]

No mesmo sentido, acórdão que reconheceu a possibilidade de o Judiciário suprir a omissão administrativa para reconhecer o valor histórico de uma praça situada no Município de Casa Branca, do qual transcrevem-se as seguintes passagens:

> A Lei nº 7.347, de 24 de julho de 1985, não condiciona a propositura da ação à existência de prévio tombamento do local. Nem se pode dizer que dependa de exclusivo alvedrio da administração municipal a preservação de locais que tenha por merecedores de conservação. Seria excessivamente aleatório deixar recantos tradicionais de antigas cidades à mercê do bom ou mau gosto das autoridades municipais. A questão diz respeito aos próprios interesses da comunidade, do núcleo habitacional, no sentido de resguardar tradições caras à própria cidade e a seus habitantes, com o teor de vida pelo qual optem os que se definam no sentido de fixar moradia na cidade. Esse interesse não é restrito, assim, nem o pode ser, apenas a alcaides ou a vereadores. Não pode ser jungido aos anseios, objetivos e apegos dos governantes municipais.
> [...] Poderia ser tido, até, o interesse no tombamento para preservação de bens e locais de valor histórico e paisagístico, como principalmente administrativo, mas para evitar conduta omissiva daqueles que deveriam encarnar e representar os interesses comunitários é que a Lei nº 7.347, de 24 de julho de 1985, atribui não só à União, aos estados e municípios, ou a autarquias, empresas públicas, fundações, sociedades de economia mista ou associações que atendam a certos requisitos, a legitimação para a propositura da ação, mas também ao Ministério Público, como árbitro isento, alheio a interesses conflitantes (art. 5º).

---

[253] SÃO PAULO. Tribunal de Justiça. Acórdão em apelação cível, Lei nº 95.258-1. Relator: Des. Jorge Almeida. *Lex*: Coletânea de Legislação e Jurisprudência, São Paulo, n. 114, set./out. 1988, p. 38-41.

Se se trata de um direito comunitário e se a ação pode ser proposta pelo *Parquet*, não é menos certo que ela seja suscetível, para que o direito atribuído não se torne inócuo, ou inexeqüível, de suportar a ingerência do Poder Judiciário, pois não há ação judicial, correspondente a um direito (art. 75 do Código Civil), se para a dirimência não se legitima o órgão judicial, único a quem podem ser apresentadas as demandas, qualquer que seja sua natureza.[254]

Precedente do Tribunal de Justiça gaúcho concluiu pela possibilidade de determinar a preservação da Casa Ody, em Novo Hamburgo, imóvel esse não tombado, sob o argumento de que a função social também abarca a de "testemunho". No corpo do acórdão está dito:

> [...] é possível abraçar a tese de que a proteção do patrimônio histórico-cultural independe até mesmo de qualquer ato administrativo, sendo possível inclusive a declaração judicial, como sustenta o agravado na inicial da ação civil pública, o fazendo com base em doutrina.[255]

Esses julgados coadunam-se com a postura contemporânea de propiciar ao Judiciário ir um pouco além da mera aplicação da lei, mediante silogismos quase que matemáticos, para observar a realidade dos fatos, captar os valores sociais e buscar a concretização da justiça. Afinal de contas, o compromisso com os avanços sociais deve permear a atuação de todos os Poderes e, em especial, ao Judiciário – uma vez que a ele cabe a função jurisdicional".[256]

Do lado oposto, são raros e antigos os precedentes que, modo explícito, alijam o Judiciário de exercer um controle sobre a omissão no tocante à preservação do meio ambiente cultural.

São exemplos disso os seguintes precedentes da Corte Estadual paulista:

> A proteção buscada pelo douto Curador do Meio Ambiente haverá de ter amparo em lei, sob pena de ficar reservada ao Judiciário a tarefa, *que não lhe compete*, de analisar o que seja artístico, estético, paisagístico ou turístico dentro do Município.
>
> Não foi por outro motivo que a própria norma constitucional atribui ao Poder Público, com a colaboração da comunidade, a proteção do patrimônio cultural por intermédio de normas objetivas emanadas de órgãos constituídos e criados para esse fim.[257]

---

[254] SÃO PAULO. Tribunal de Justiça. Acórdão em apelação cível, Lei nº 112.282-1. Relator: Des. Fonseca Tavares. *Lex:* Coletânea de Legislação e Jurisprudência, São Paulo, n. 122, p. 50-52, jan./fev. 1990.

[255] RIO GRANDE DO SUL. Tribunal de Justiça. Agravo de Instrumento n. 70000431890. Relator Des. Irineu Mariani. J. em 21 jun. 2000. Disponível em: www.tj.rs.gov.br. Acesso em: 19 jul. 2005.

[256] SANTOS, M.O., 1988, p. 208.

[257] SÃO PAULO. Tribunal de Justiça. Apelação Cível n. 178268-1. Relator: Des. Lobo Júnior. J. em 25 fev. 1993. Disponível em: http://portal.tj.sp.gov.br. Acesso em: 03 dez. 2005. No mesmo sentido: SÃO PAULO. Tribunal de Justiça. Apelação Cível n. 179.863-1. Relator: Des. Marco César. J. em 26 nov. 1992. Disponível em: http://portal.tj.sp.gov.br. Acesso em: 04 dez. 2005.

No paradigmático caso que envolveu a chamada casa do "Dr. Furlan", na Comarca paulista de Sertãozinho, o mesmo Tribunal, por maioria de votos, houve por bem reformar a sentença prolatada em 1° Grau, da lavra do magistrado Álvaro Luiz Valery Mirra,[258] para acolher a tese da impermeabilidade da separação dos poderes. Do voto condutor da maioria, oportuno transcrever os seguintes fragmentos:

> O tombamento do prédio mencionado na inicial compete ao Executivo, segundo suas conveniências e oportunidade. O Executivo municipal ainda não efetuou o tombamento do prédio porque não lhe pareceu conveniente nem oportuno, não podendo o autor interferir no governo do Município e pretender que o Judiciário o faça.
> [...] Sem o tombamento prévio, inviável a ação civil pública, sob pena de ofensa ao princípio constitucional da tripartição dos poderes, e de séria ofensa ao direito de propriedade, previsto no art. 5°, XXII, da Constituição Federal.[259]

Exemplos de uma explícita adesão à superada visão da completa separação entre os poderes, essas decisões recolhem sua fundamentação de administrativistas que fizeram escola no país, como, por exemplo, Cretella Júnior, que, partindo da idéia de que o tombamento é ato discricionário privativo da administração, não cabe ao Judiciário nele se imiscuir[260] ou Dallari, que explicita: "Tombar um específico e determinado bem não é matéria típica nem do Legislativo nem do Judiciário, não há previsão constitucional expressa nesse sentido [...]".[261]

A preponderar essa tendência, por coerência lógica, estaria igualmente blindado ao Poder Judiciário o controle de mérito sobre eventuais atos administrativos de tombamento que, por alguma razão, viessem a recair sobre bens desprovidos de valores suficientes a granjearem tamanho grau de proteção ou com motivação insuficiente ou inexistente.[262]

Mas na grande maioria das decisões judiciais congruentes com essa posição, não aparece ela explicitamente, optando por uma fundamentação que não inferiorize o Judiciário frente aos demais Poderes.

---

[258] Publicada na *Revista de direito ambiental*, São Paulo, n. 1, p. 219-227, jan./mar. 1996.

[259] SÃO PAULO. Tribunal de Justiça. Apelação Cível n. 004.248-5/9. Relator: Des. Walter Theodosio. J. em 26 nov. 1997. Disponível em: http://portal.tj.sp.gov.br. Acesso em: 08 dez. 2005.

[260] CRETELLA JÚNIOR, José. *Controle jurisdicional do ato administrativo*. 2. ed. Rio de Janeiro: Forense, 1992, p. 153-154.

[261] DALLARI, 1988, p. 40.

[262] Recolhe-se da jurisprudência do Superior Tribunal de Justiça interessante julgado proferido em sede de ação de anulação de tombamento promovida pela Associação de Amigos e Freqüentadores do Bar da Lagoa objetivando anular o tombamento promovido pelo Município do Rio de Janeiro em relação ao edifício onde se situa aludido bar. O recurso especial restou provido para o fim de anular o acórdão do Tribunal de Justiça do Rio de Janeiro, sob o argumento de que acolhera a tese de que o prédio não possuía o estilo "art déco" sem que tivesse sido realizada perícia no contexto do processo (BRASIL. Superior Tribunal de Justiça. REsp. n. 173158/RJ. Relator: Min. José Delgado. j. em 28 mar. 2000. Disponível em: www.stj.gov.br. Acesso em: 20 dez. 2005).

Nesse viés, é possível pinçar decisão do Tribunal de Justiça de Minas Gerais em cujo corpo do acórdão consta o seguinte:

> Na espécie, após análise dos autos, verifica-se que, apesar de ter se questionado e pretendido declarar ser o bem de interesse cultural do Município de Juiz de Fora, o fato é que a Comissão Permanente Técnico Cultural da Prefeitura, órgão encarregado para tal fim, concluiu pelo encerramento do seu processo, de forma que o mesmo não chegou a integrar o conjunto dos bens protegidos pelo Município.
>
> E tal fato independe do motivo que levou aquela Comissão a tal conclusão, sendo irrelevante, já que de caráter subjetivo, as suas causas, ou se devido a acordo com a apelada, no sentido de ser paga uma compensação, o que não restou provado.
>
> A questão é que o imóvel, tendo em vista não ter sido declarado de interesse cultural do Município, não apresentava nenhum ônus, podendo, portanto, ser demolido em conformidade com os interesses da recorrida.
>
> Além do mais, passado tanto tempo da sua construção, a casa, quando da sua aquisição, encontrava-se em péssimo estado de conservação, situação facilmente constatável nos autos, tendo sido, inclusive, submetida anteriormente a várias reformas que desfiguraram suas características iniciais.
>
> Não se pode negar, todavia, que agiu a recorrida de forma irregular, já que procedeu à demolição do imóvel independentemente de autorização. Ocorre que, quando da sua aquisição, não possuía o imóvel qualquer ônus, mesma situação que ficou o bem, depois do encerramento do seu processo pela Comissão. Desta forma, não houve nenhum prejuízo para o Município, sendo que somente a ele caberia aplicar qualquer sanção pela atitude ilegal por parte da apelada.
>
> Pelo exposto, na esteira da bem lançada sentença, e considerando ter o Ministério Público *agido precipitadamente ao propor ação contra possíveis danos causados ao patrimônio histórico e cultural do Município de Juiz de Fora, uma vez que o bem em questão, não se encontra protegido por qualquer espécie de ato municipal*, considero ter inexistido qualquer prejuízo ao patrimônio municipal, pelo que nego provimento ao recurso[263] (grifei).

Desse julgado é importante enfatizar que, conquanto não tenha sido expresso em aderir à tese de que descabe ao Judiciário reconhecer o valor cultural de um bem, por via reflexa por ela optou, ao admitir a demolição do imóvel sob o argumento basilar de que não se revestia ele de qualquer ato administrativo que o onerasse com algum gravame relacionado à preservação.

Muitos acórdãos, como aquele relacionado ao "Casarão dos Mendonça",[264] situado em Pelotas, no Rio Grande do Sul, preferem se apegar ao fato de que o imóvel já estava destruído total ou parcialmente (aderindo à teoria do fato consumado)[265] ou à questão da necessidade de indenização quando o tombamento inviabiliza a utilização do imóvel pelo proprietário.

---

[263] MINAS GERAIS. Tribunal de Justiça. Apelação Cível n. 61.098-0 Relator Des. Bady Curi. J. em 20 jun. 1996. Disponível em: www.tjmg.gov.br/juridico/jt/inteiro_teor. Acesso em: 02 set. 2005.

[264] Ementa transcrita no item 3.1.3.

[265] Exemplos de acórdãos que aderem à chamada "teoria do fato consumado": SÃO PAULO. Tribunal de Justiça. Apelação Cível n. 239.246-5/0-00. Relator: Des. Corrêa Vianna. J. em 23 mar. 2004. Disponível em: www.tj.sp.gov.br. Acesso em: 29 ago. 2005; SANTA CATARINA. Tribunal de Justiça. Ape-

A tutela jurisdicional voltada à supressão da omissão administrativa não representa ingerência indevida a afrontar o princípio da separação dos poderes, "uma vez que a harmonia entre eles exige uma interdependência recíproca para que efetivamente funcione o mecanismo denominado *check and balances,* que justamente permite a ingerência de um poder noutro com o fim de se garantir o equilíbrio do Estado".[266]

Como esclarece Mirra, "constitui equívoco supor que, ao determinar o cumprimento de obrigações de fazer a uma outra esfera de Poder, o juiz estaria se transformando, ao mesmo tempo, em legislador e administrador".[267]

Esse autor percebe, como nenhum o fizera anteriormente, que, ao acolher esse tipo de pleito veiculado pelo Ministério Público ou por outro qualquer co-legitimado à ação civil pública, ou por cidadão, no caso da ação popular, não é propriamente o Judiciário quem está suprindo a omissão dos demais poderes, mas sim a sociedade organizada, numa atuação legitimada constitucionalmente pela possibilidade de participação direta no exercício do poder (art. 1º, parágrafo único) e, no tocante ao patrimônio cultural, pelo art. 216, § 1º (o qual vincula a comunidade a colaborar com a preservação), ambos da Constituição Federal.

Cappelletti, em defesa explícita de um certo grau de "ativismo judicial", sugere que, no norte de uma radicalização maior da democracia participativa, os tribunais podem permitir o acesso mais amplo à justiça. Nas suas palavras:

> O democrático sentimento de participação do povo, muito embora pareça ocorrer tão-somente através do sistema de governo, constitui característica substancial da jurisdição, que se desenvolve com as partes interessadas – as quais podem não só iniciar o processo jurisdicional como também determinar o seu conteúdo, cabendo-lhes ainda o direito de ser ouvidas –, sem que haja aparelhos burocráticos longínquos e inacessíveis como acontece com os demais processos da atividade pública.[268]

Com a ajuda de Santos,[269] é possível concluir pela necessária aceitação de uma magistratura culturalmente esclarecida que, por ter uma formação mais ampla, humanista, com conhecimentos transdisciplinares, reivindicará o aumento dos poderes decisórios, sem recear invadir supostos campos privativos da Administração.

---

lação Cível n. 96.004334-9. Relator: Des. Solon d'Eça Neves. J. em 06 abr. 2000. Disponível em: http://tjsc5.tj.sc.gov.br. Acesso em: 16 dez. 2005; PARANÁ. Tribunal de Justiça. Apelação Cível e Reex. Nec. n. 90.373-5. Relator: Juiz Convocado Lauro Laertes de Oliveira. J. em 21 jun. 1999. Disponível em: www.tj.pr.gov.br. Acesso em 29 ago. 2005.
[266] GOMES, L. R., 2003, p. 288.
[267] MIRRA, 2002, p. 380.
[268] CAPPELLETTI, 1993, p. 94.
[269] SANTOS, B., 2001b, p 180.

3.2.3. A sindicabilidade da avaliação feita pela Administração

Se é cabível ao Judiciário abolir as omissões da Administração quando deixa de declarar o valor cultural inerente a determinado bem, impondo coercitivamente sua preservação ou, no caso de bens já revestidos por algum tipo de proteção jurídica, determinar a sua restauração, igualmente viabiliza-se a discussão acerca da avaliação positiva da Administração para embasar tombamentos, desapropriações, inventários, delimitações urbanísticas que mapeiem áreas especiais de interesse cultural ou prioritárias para o exercício do direito de preempção. É óbvio que essa revisão judicial dar-se-á dentro de determinados limites, conforme examinar-se-á na seqüência.

Pioneiro julgado do Supremo Tribunal Federal relacionado à preservação de um edifício que abriga em seu interior o chamado "Arco do Teles", no Rio de Janeiro, reconheceu a possibilidade de o Judiciário rever, casuisticamente, decisões envolvendo o tombamento de bens, adentrando na questão basilar quanto a ser ou não o bem vinculado à memória nacional.

Em que pese a aceitação preliminar de que os tribunais costumam tomar por verdadeiras as soluções emanadas das instâncias administrativas sobre fatos e, sobretudo, quando envolvem apreciação técnica e especializada, a decisão acabou por proclamar o seguinte:

> Os atos administrativos, de qualquer natureza, estão sujeitos ao exame dos tribunais. Ao Judiciário cabe decidir se o imóvel inscrito no Serviço do Patrimônio Histórico e Artístico Nacional tem ou não valor histórico ou artístico, não se limitando a sua competência em verificar, apenas, se foram observadas as formalidades legais no processo de tombamento.
> Verificada a procedência do valor histórico do imóvel de domínio particular, como integrante de um conjunto arquitetônico, subsiste o tombamento compulsório com as restrições que dêle decorrem para o direito de propriedade, sem necessidade de desapropriação.[270]

Souza Filho advoga a tese do cabimento da análise pelo Judiciário dos motivos que ensejaram o tombamento, pois esse há de ser precedido de uma análise técnica que irá implicar no reconhecimento ou não de determinadas qualidades do bem móvel ou imóvel.[271]

Essa análise técnica terá por finalidade demonstrar se o bem se encaixa na atual noção de bem cultural definida no art. 216 da Constituição Federal como sendo portador de referência à identidade, à ação, à memória dos diferentes grupos formadores da sociedade brasileira, ou seja, resta superado o conceito bem mais restrito constante do art. 1º do Decreto-Lei nº 25/37.

---

[270] BRASIL. Supremo Tribunal Federal. Acórdão em Apelação Cível n. 7.377. Relator: Ministro Castro Nunes. *Revista de Direito Administrativo*, Rio de Janeiro, v.2, n. 1, p. 100-143, jul. 1945.
[271] SOUZA FILHO, 1997, p. 70.

O procedimento administrativo que vier a redundar em tal declaração deve, necessariamente, pautar-se por algumas características inarredáveis: a transdisciplinaridade,[272] a motivação e o respeito à procedimentalização definida na lei (federal, estadual ou municipal, conforme o ente proponente).

Cumpridos esses requisitos, a decisão do órgão administrativo gera uma presunção relativa (*juris tantum*) *de* acerto,[273] em homenagem à presunção de veracidade, legalidade e legitimidade da qual se revestem os atos administrativos,[274] razão pela qual Mazzilli afirma que o "tombamento é uma presunção relativa de que o bem tenha valor cultural".[275]

Partindo-se de tais ilações, razoável deduzir que o ato administrativo voltado à preservação que desviar de suas características e finalidades essenciais convola-se em abuso de poder, franqueando a todo aquele que se sinta atingido em seu feixe de direitos por um ato de tombamento, desapropriação, inventário, etc., recorrer ao Judiciário, valendo-se do princípio-garantia constitucional da universalidade de acesso à jurisdição.[276]

Como acertadamente observa Alves, a liberdade do administrador no cumprimento do seu poder-dever constitucional de preservar o patrimônio cultural

> não pode dar azo à arbitrariedade. O agente político deve, a princípio, acatar o parecer do órgão técnico que tenha recomendado o tombamento, sob pena de desconsiderar o comando constitucional que prevê ser dever do Estado proteger o patrimônio cultural e natural através de um instrumento jurídico adequado.[277]

Esse juízo técnico que, à luz de uma estrutura axiológica, redundará no reconhecimento ou não do bem como sendo digno de transcender do tempo presente para o futuro, desempenhando as suas vocações de referência e testemunho, tem sido chamado, a partir de uma denominação eleita pela doutrina italiana, de discricionariedade técnica,[278] a qual pode ser definida como

> a atividade que é preciso levar a cabo para a aplicação de conceitos utilizados pela norma que remetem a critérios técnicos, quer dizer, a conhecimentos próprios de deter-

---

[272] Reforça o argumento o fato de que a Lei nº 10.358/01 inseriu o art. 431-B no CPC de molde a contemplar explicitamente a possibilidade de perícia multidisciplinar em casos envolvendo questões complexas como o são, por excelência, aquelas afetas ao patrimônio cultural.

[273] Com expressa aceitação da premissa de legitimidade dos atos administrativos e de que essa acarreta a inversão do ônus da prova da invalidade, o Tribunal de Justiça do Paraná confirmou o tombamento do Setor Histórico da Lapa em Curitiba (PARANÁ. Tribunal de JustiçaApelação Cível no processo n. 53.816-5. Relator Des. Ângelo Zattar. J. em 21 out. 1998. Disponível em: www.tj.pr.gov.br/consultas. Acesso em 29 agos. 2005).

[274] Cf. MOREIRA NETO, 1996, p. 102.

[275] MAZZILLI, Hugo Nigro. *Tutela dos interesses difusos e coletivos*. 4. ed. São Paulo: Damásio de Jesus, 2004, p. 52.

[276] Art. 5º, inc. XXXV, da CF.

[277] ALVES, 2002, p. 55.

[278] ALIBRANDI; FERRI, 1985, p. 66.

minados saberes especializados, e diferenciando-se, pois, tanto dos restantes conceitos jurídicos indeterminados que remetem a máximas da experiência comum, como da discricionariedade pura que implica uma atividade volitiva, de apreciação do interesse público[279] [tradução livre da autora].

Não se ignoram as críticas sofridas por essa designação.

Daroca[280] faz um alentado estudo sobre os diversos sentidos do que se convencionou chamar de discricionariedade técnica, referindo inclusive a posição de diversos teóricos que consideram inconciliáveis as noções de "discricionariedade" e de "técnica".

Segundo essa corrente que propugna o abandono da expressão – discricionariedade técnica –, ou a atividade da Administração há de reger-se única e exclusivamente por critérios técnicos, sem qualquer campo para escolhas, ou é discricionária.[281] No Direito português, comunga dessa posição Colaço Antunes, o qual qualifica a expressão como "absolutamente imprópria"[282] e, no âmbito nacional, merecem destaque as críticas de Pereira, para quem conduz ela à equivocada visão de que os juízos técnicos da administração estão infensos ao crivo judicial.[283]

Todavia, essa dificuldade de se estabelecer uma ligação entre as noções se ressente, como aponta Daroca, do mito do positivismo da ciência e, em particular, das ciências do comportamento humano.

Superado o primado da ciência como um saber absoluto,[284] sabe-se que a técnica muitas vezes não é capaz de proporcionar soluções unívocas a determinados problemas, o que induz freqüentemente a uma certa margem de elasticidade franqueada à Administração.[285]

Dessa forma, é possível, com respaldo em Ferri, admitir-se que a operação que leva a um juízo de reconhecimento ou não de determinado bem

---

[279] "[...] la actividad que es preciso llevar a cabo para la aplicación de conceptos utilizados por la norma que remiten a criterios técnicos, es decir, a conocimientos propios de determinados saberes especializados, y diferenciándose, pues, tanto de los restantes conceptos jurídicos indeterminados que remiten a máximas de la experiencia común, como de la discrecionalidad pura que implica una actividad volitiva, de apreciación del interés público" (DAROCA, Eva Desdentado. *Los problemas del control judicial de la discrecionalidad técnica*. Madrid: Civitas, 1997, p. 44-45). Semelhante conceito aparece em GALLI, Rocco. *Corso di diritto amministrativo*. Padova: Cedam, 1994, p. 377-378.

[280] DAROCA, 1997, p. 37-38.

[281] Nesse sentido, ALESSI, Renato. *Principi di diritto amministrativo*. Milano: Giuffrè, 1978, p. 244. GIANNINI, Massimo Severo. *Instituzioni di diritto amministrativo*. Milano: Giuffrè, 1981, p. 55-56.

[282] ANTUNES, Luís Filipe Colaço. *O procedimento administrativo de avaliação de impacto ambiental*. Coimbra: Almedina, 1998, p. 275.

[283] PEREIRA, César Augusto Guimarães. Discricionariedade e apreciações técnicas da administração. *Revista de Direito Administrativo*, Rio de Janeiro, n. 231, jan./mar. 2003, p. 261.

[284] Uma das lógicas essenciais do período societal da modernidade é justamente a de considerar que a ciência poderia nos levar a soluções unívocas, absolutas, idéia essa que vem sendo paulatinamente desconstruída, como aprofunda SANTOS, B., 2001a, p. 63-65.

[285] DAROCA, op. cit., p. 49.

como sendo de valor cultural, "possui margens não negligenciáveis para juízos diversos, nos quais o terreno deixado à possibilidade de opinar permanece, todavia, rigidamente balizado pela referência necessária a regras de carácter técnico-científico"[286] definido como sendo discricionariedade técnica.

A discricionariedade técnica[287] não escapa da necessária motivação, pois essa está na raiz do Estado de Direito.[288]

Em que pese a Constituição Federal não ser explícita no tocante a esse princípio,[289] a motivação dos atos administrativos dos Poderes Executivo e Legislativo[290] é assente na doutrina. Moreira Neto defende a obrigatoriedade da motivação dos atos administrativos que solucionem litígios, espanquem dúvidas ou que não conheçam, acolham ou deneguem pretensões.[291] Bandeira de Mello defende que o ato discricionário não motivado, salvo hipóteses excepcionais, está "irremissivelmente maculado de vício e deve ser fulminado por inválido, já que a Administração poderia, ao depois, ante o risco de invalidação dele, inventar algum motivo, 'fabricar' razões lógicas para justificá-lo e alegar que as tomou em consideração quando da prática do ato".[292]

Essa necessidade aparece como desdobramento lógico do princípio-garantia constitucional do devido processo legal[293] e, conforme escrito por Di Pietro,[294] também correlacionada à legalidade, ao contraditório, aos direitos de defesa e à publicidade dos atos administrativos.[295]

---

[286] FERRI, 1996, p. 118-119.

[287] Para um seguimento da doutrina, que no Direito espanhol pode ser representado por García de Enterría e Tomás-Rámon Fernández, as questões envolvendo conceitos dependentes de saberes especializados podem ser enquadradas na moldura jurídica dos conceitos jurídicos indeterminados. Todavia, esses autores não reconhecem obstáculo intransponível a que o Judiciário venha a fiscalizar a aplicação desses conceitos valorando se a solução eleita pela Administração é de fato a única solução justa permitida pela Lei (GARCÍA DE ENTERRÍA, Eduardo; FERNÁNDEZ, Tomás-Rámon. *Curso de derecho administrativo*. 11. ed. Madrid: Civitas, 2002, v. I, p. 110).

[288] Oportuna a pregação de García de Enterría para quem "nenhum povo confia naqueles que pretendam dispor de *status* superior que lhes dispense de explicar seus atos e prestar contas dos mesmos" [tradução livre da autora] "Ningún pueblo confía en quienes pretendan disponer de un status superior que les dispense de explicar sus actos y de rendir cuentas de los mismos" (GARCÍA DE ENTERRÍA, Eduardo. *Democracia, jueces y control de la administración*. 4. ed. Madrid: Civitas, 1998, p. 110).

[289] MOREIRA NETO, 1996, p. 67.

[290] Em relação ao Poder Judiciário, o art. 93, inc. IX, com a alteração que lhe foi conferida pela Emenda Constitucional n. 45/04, a motivação é imperativa tanto para os atos jurisdicionais como para os administrativos.

[291] MOREIRA NETO, op. cit., p. 68.

[292] BANDEIRA DE MELLO, 2002, p. 356.

[293] Art. 5º, inc. LV, da CF.

[294] DI PIETRO, Maria Sylvia Zanella. *Discricionariedade administrativa na Constituição de 1988*. São Paulo: Atlas, 1991, p. 151-152.

[295] A propósito da motivação dos atos administrativos, confira-se o seguinte julgado: "Mandado de segurança – Ato administrativo – Motivação – Embora deferida ao administrador certa dose de subjetivismo na prática de determinado ato, é indispensável a respectiva motivação para que seja possível

Do ponto de vista da legislação infraconstitucional, a necessidade de motivação encontra guarida na Lei da Ação Popular (Lei nº 4.717/65), cujo art. 2º, alínea "d", considera nulos os atos lesivos ao patrimônio (inclusive cultural) das pessoas jurídicas de direito público interno, nos casos de inexistência dos motivos, dentre outras hipóteses.

Também se acha reforçada significativamente pela Lei Federal nº 9.784, de 29 de janeiro de 1999, que regula o processo administrativo na órbita da Administração Pública Federal, em cujo art. 2º aparece a motivação como um dos princípios a nortear a Administração Pública.[296]

Salaverría, em profundo estudo sobre o tema da discricionariedade técnica, elenca três ordens de problemas envolvendo a afronta ao princípio da motivação: motivação inexistente, motivação deficiente e motivação incongruente,[297] concluindo serem todas elas passíveis de revisão pelo Poder Judiciário, pois, como têm reiteradamente decidido os tribunais espanhóis, os atos discricionários, sem exceção, devem ser sempre motivados.[298]

Nos casos de inclusão de bem ou conjunto de bens em tombamentos, inventários, desapropriações, áreas especiais de interesse cultural, a motivação restringir-se-á aos estudos técnicos, de índole transdisciplinar que estarão a amparar a proteção jurídica eleita.[299]

---

examiná-lo à luz do princípio da razoabilidade. Inexistente a motivação, o ato será írrito. Sentença confirmada em reexame necessário" (PARANÁ. Tribunal de Justiça. Reex. Nec. e Apelação Cível n. 12.277. Relator: Des. Pacheco Rocha. J. em 05.02.96. Disponível em: www.tj.pr.gov.br. Acesso em: 29 ago. 2005).

[296] V. também o art. 50 da mesma lei, o qual esmiuça o dever de motivação dos atos administrativos que neguem, limitem ou afetem direitos ou interesses; imponham ou agravem deveres, encargos ou sanções; decidam processos administrativos de concurso ou seleção pública; dispensem ou declarem a inexigibilidade de processo licitatório; decidam recursos administrativos; decorram de reexame de ofício; deixem de aplicar jurisprudência firmada sobre a questão ou discrepem de pareceres, laudos, propostas e relatórios oficiais; importem anulação, revogação, suspensão ou convalidação de ato administrativo.

[297] SALAVERRÍA, Juan Igartua. *Discrecionalid técnica, motivación y control jurisdiccional*. Madrid: Civitas, 1998, p. 154.

[298] Ibidem, p. 158. A propósito do princípio da motivação no Direito Espanhol, v. FERNÁNDEZ RODRÍGUEZ, Tomás-Ramón. De nuevo sobre el poder discrecional y su ejercicio arbitrario. *Revista Española de Derecho Administrativo*, Madrid, n. 80, p. 577-612, out./dez. 1993.

[299] O Tribunal de Justiça de Minas Gerais incorrendo, *data venia*, em erro inescusável, considerou insuficiente a embasar o tombamento a motivação constante de "profundo estudo sobre o patrimônio histórico, artístico e cultural do Município de Belo Horizonte, encartado no processo administrativo" (MINAS GERAIS. Tribunal de Justiça. Apelação Cível n. 000.153.986-5/00. Relator Des. Pinheiro Lago. J. em 22.ago. 2000. Disponível em: www.tjmg.gov.br/juridico/jt/inteiro_teor. Acesso em: 02 set. 2005). Em outro julgado posterior, a mesma Corte considerou como suficientes a encarnarem a motivação adequada a arredar eventual abuso de poder, arbitrariedade e ilegalidade os "prévios estudos técnicos efetuados pela Administração Municipal, através dos quais o Município apresentou a devida motivação para embasar a prática do ato, apresentando as razões fáticas relacionadas ao valor histórico para o seu tombamento" (MINAS GERAIS. Tribunal de Justiça. Apelação Cível n. 1.0024.04.421083-9/001(1). Relator Des. Eduardo Andrade. J. em 10 maio 2005. Disponível em: www.tjmg.gov.br/juridico/jt/inteiro_teor. Acesso em 02 dez. 2005).

Para os casos de retirada desses bens do seleto grupo dos bens integrantes do patrimônio cultural municipal, estadual ou nacional será necessária uma fundamentação específica apontando os fatores que implicaram tal situação.[300]

Na jurisprudência verifica-se não serem raros os casos de anulação do tombamento devido a problemas os mais diversos relacionados à motivação.

Num primeiro grupo, agregamos os julgados em que se considerou inexistente a motivação:

> É visível, na espécie, a ausência de motivação, o que é fundamental em qualquer ato que limite os direitos subjetivos ou atinja interesses legítimos dos particulares ou em quaisquer atos que encerrem procedimentos administrativos contenciosos, conforme preleciona Florivaldo Dutra de Araújo, Motivação e Controle do Ato administrativo, Del Rey, Belo Horizonte, págs. 113 a 115.
> O tombamento leva ainda ao constrangimento da propriedade individual, em prol da memória cultural pública, limitando o gozo e a fruição do direito do administrado, assim, o valor cultural desse bem reclama demonstração inequívoca, e que dará legitimidade ao ato, o que inexistiu no caso dos autos.
> Das atas das sessões do Conselho, suas publicações e anexos, vê-se que apenas foi considerado o imóvel do Autor como bem cultural isolado e integrante do conjunto urbano tombado, sem apresentar qualquer fundamento (fls.22/95 e 115/193).[301]

Do mesmo Tribunal recolheu-se o seguinte julgado:

> De volta ao caso dos autos, vê-se que não se precisou qual seria o valor histórico, cultural ou paisagístico que justificaria o tombamento dos referidos imóveis, mostrando-se insuficiente a descrição das características arquitetônicas e o fato de o projeto ser de autoria do arquiteto italiano Raffaelo Bertti.
> Pelo que se extrai do laudo pericial de fls. 526/538, inexiste fato histórico relevante que torne necessária a proteção e conservação do imóvel e, embora haja algum excesso do perito ao fazer juízo de valor que não lhe competia, valho-me de seu substrato, no sentido de que a região já se encontra bem descaracterizada, daí a dificuldade de inserir o imóvel no Conjunto Urbano da Avenida Álvares Cabral, sendo que, nesta, sim, encontra-se um conjunto bem preservado e com mérito de proteção [...].
> Sem motivação, pois, viciado está o ato, daí a incensurabilidade da sentença revisanda, quando declarou a nulidade postulada na exordial.[302]

---

[300] Julgado do Tribunal de Justiça Catarinense admitiu, contrariando fundamentação técnica, que o Poder Executivo excluísse determinado bem de um tombamento, considerando que "o cancelamento da inscrição do bem tombado, sendo ato discricionário, não comporta o exame pelo Judiciário sobre sua justiça, ou conveniência" (SANTA CATARINA. Tribunal de Justiça. Apelação Cível n. 38.926-1. Relator Des. Alcides Aguiar. J. em 11 jun. 1993. Disponível em: http://tjsc5.tj.sc.gov.br. Acesso em: 16 dez. 2005).

[301] MINAS GERAIS. Tribunal de Justiça. Apelação Cível n. 1.0000.00.345581-3/000(1). Relator: Des. Maciel Pereira. J. em 03.06.04. Disponível em: www.tjmg.gov.br/juridico/jt/inteiro_teor. Acesso em: 02 set. 2005.

[302] MINAS GERAIS. Tribunal de Justiça. Apelação Cível n. 1.0000.00.333891-0/000(1) Relator: Des. Francisco Figueiredo. J. em 30 set. 2003. Disponível em: www.tjmg.gov.br/juridico/jt/inteiro_teor. Acesso em: 16 dez. 2005.

A lição contida nessas decisões serve de alerta aos órgãos públicos encarregados dos tombamentos para que a fundamentação se dê da maneira mais explícita e direta possível, mercê de um elenco de valores previamente estabelecido como referencial e avaliado, item por item, no caso concreto, afastando a possibilidade de anulação posterior.

Num segundo grupo, há os acórdãos que enfrentam a questão da deficiente motivação. Aresto do Tribunal de Justiça carioca estampa a situação de um tombamento em cujos motivos não constou a importância cultural do bem nem sua relevância para a tipologia de determinado bairro. Em que pese tais valores terem sido afirmados em perícia judicial encartada nos autos do processo no qual se discutia a legalidade do tombamento, aquela Corte optou por proclamar sua anulação. Do corpo do julgado, transcreve-se o seguinte excerto:

> Segundo dispõe o art. 5º, inc. XXXV, a lei não pode excluir da apreciação do Poder Judiciário qualquer lesão de direito individual; constando dos decretos que determinaram o tombamento do imóvel dois motivos, o valor cultural do prédio e sua importância dentro da tipologia do bairro, no exercício do controle da legalidade, cumpre ao Judiciário verificar a existência dos alegados motivos, que conferem legalidade ao tombamento; constatada a inexistência deles, cumpre ser declarada a impossibilidade de manutenção do referido ato administrativo, pouco importando se no laudo foi afirmada a importância do prédio para a memória do bairro, pois este não foi fundamento para o tombamento.[303]

Num terceiro grupo, é possível reunir julgados que adentraram na questão do abuso de poder, compreendendo que o tombamento, ao invés de ter por escopo o interesse público, objetivara privilegiar interesses particulares ou, numa segunda via, teria simplesmente desgarrado da moldura legal. Modelo da primeira situação tem-se na seguinte decisão:

> Tombamento de prédio. Representando restrição ao direito de propriedade, necessário se torna a existência de razões ponderáveis para sua adoção, devendo ela estar ligada a fatos históricos ou culturais de relevo. [...] Tombamento desarrazoado e para atender a interesses particulares passível de anulação, por constituir ato abusivo da Administração Pública.[304]

Já, da segunda, podemos apontar julgados que incorrem em grave incorreção por considerarem que a noção de bem cultural ainda em vigor é aquela excessivamente restrita contida no art. 1º do Decreto-Lei nº 25/37, como, por exemplo, os seguintes arestos do Tribunal de Justiça do Rio de Janeiro e do Superior Tribunal de Justiça:

---

[303] RIO DE JANEIRO. Tribunal de Justiça. Embargos de Declaração na Apelação Cível n. 7135/97. Relatora: Desa. Valéria Maron. J. em 19 maio 1998. Disponível em: www.tj.rj.gov.br. Acesso em: 13 dez. 2005.

[304] RIO DE JANEIRO. Tribunal de Justiça. Apelação Cível n. 1996.001.01252. Relator: Des. Ferreira Pinto. J. em 08.07.97. Disponível em: www.tj.rj.gov.br. Acesso em: 13 dez. 2005.

Necessidade de vinculação do ato a fatos memoráveis da história, ao excepcional valor arqueológico, etnográfico, bibliográfico ou artístico. Improvimento do apelo. É inconsistente decreto de tombamento que se mostra ausente de metodologia científica a fundamentar o ato, de acordo com a prova técnica realizada, demonstrando que as pequenas casas que formam a vila tombada, sobre serem de ínfimo valor pecuniário, não apresentam qualquer linhagem histórica ou arquitetônica que justifique a limitação imposta ao direito de propriedade, consistindo o tombamento, na verdade, em arbitrariedade a consubstanciar abuso de poder, impondo-se sua anulação. A intervenção do Judiciário, para dirimir controvérsia entre o particular e o Poder Público municipal, não pode ser considerada em quebra do princípio da harmonia e independência dos Poderes e, muito menos, em subtração da competência do Executivo e do Legislativo. Longe disso, o Estado Juiz está arrimado no princípio constitucional de que "a lei não excluirá da apreciação do Poder Judiciário lesão ou ameaça a direito" (art. 5°, XXXV, da Constituição Federal).[305]

O tombamento é um exemplo muito expressivo daquilo que se caracteriza como ato que exige uma apreciação de motivos, quer do ponto de vista fático, quer do ponto de vista jurídico: isto é, não só os aspectos de fato, como com relação, e aí entra a discricionariedade técnica, à apreciação do valor artístico, turístico, quando aparece a qualificação jurídica dessa matéria fática [...] A lei qualifica de modo muito contundente e, conseqüentemente, muito limitativo, os bens que podem e devem ser objeto de tombamento. É preciso que haja, do ponto de vista histórico, a vinculação a fatos memoráveis da história. Quanto ao resto, principalmente o artístico, que seja de *excepcional* valor.[306]

Digno de realce o julgado do Tribunal de Justiça carioca que implicou na anulação de uma lei que tombava determinado imóvel, sob o argumento de que esse tombamento desviaria de sua natural finalidade de preservar o patrimônio cultural, convolando-se em "tombamento de uso".[307] Integra a fundamentação do aresto o seguinte trecho:

Ademais, a suposta preservação da cultura local se efetivaria, apenas, através do bem, não apresentando este, por si só, características que denotem a cultura local e que mereçam ser preservadas, o que revela um tombamento simplesmente para fins de uso do bem.

À luz do que se expôs, nota-se que além de não ter sido seguido o correto trâmite para a efetivação do tombamento, este, em seu próprio objeto, se afigura ilegal.[308]

Na mesma diretriz rumou o Supremo Tribunal Federal, ao manter decisão do Tribunal de Justiça mineiro que retirava do ato de notificação de

---

[305] RIO DE JANEIRO. Tribunal de Justiça. Apelação Cível n. 1998.001.0079. Relator: Des. José Affonso Rondeau. J. em 02 jun. 1998. Disponível em: www.tj.rj.gov.br. Acesso em: 13 dez. 2005.

[306] BRASIL. Superior Tribunal de Justiça. RESP n. 30.519-0. Relator: Ministro Antônio de Pádua Ribeiro. J. em 25 maio 1994. *Revista do Superior Tribunal de Justiça*, Brasília, v. 8, n. 78, p. 149-160, 1996.

[307] A propósito do tema, conferir lição de Castro que explicita ser insuscetível de tombamento o uso específico de determinado bem. "Ainda que se tombe o imóvel, não poderá a autoridade tombar o seu uso, uma vez que o uso não é objeto móvel ou imóvel" (CASTRO, 1991, p. 108).

[308] RIO DE JANEIRO. Tribunal de Justiça. Apelação Cível n. 2004.001.23916. Relator: Des. Mario Guimarães Neto. J. em 17 nov. 2004. Disponível em: www.tj.rj.gov.br. Acesso em: 13 dez. 2005.

tombamento o item que se referia ao tipo de destinação que o proprietário deveria conferir a imóvel tombado, considerando que esse ato não poderia limitar o uso de imóvel a "atividades artístico-culturais", eis que não previsto no Direito pátrio o chamado "tombamento de uso".[309]

Analisando a jurisprudência pátria, é possível concluir que o Judiciário não se esquiva de adentrar, especialmente quando for para preservar a integralidade das faculdades relacionadas ao direito de propriedade, até mesmo na avaliação técnica quanto a ser ou não o bem digno de alguma espécie de proteção.

A escassa disciplina legal que recai sobre os instrumentos de preservação do patrimônio material, em especial o tombamento e o inventário, dá ensejo às mais diversas interpretações. Nas demandas envolvendo bens sujeitos a tais restrições há espaço largo de aplicação dos princípios constitucionais e dos métodos técnicos de dirimir colisões entre eles. Mas o que acaba por prevalecer é muito mais uma postura ideológica do magistrado e sua sensibilidade frente às questões ambientais, especialmente no tocante à vertente cultural.

3.2.4. A reparação dos danos causados ao meio ambiente cultural

Pensar juridicamente sobre a reparação de danos a determinado bem jurídico pressupõe uma razoável clareza sobre o seu estatuto e as suas especificidades, o que já foi anteriormente esgrimido; sobre o que vem a ser um dano juridicamente relevante na esfera do bem jurídico referenciado e, por fim, quais os princípios que deverão presidir a imputação.

Os danos ao meio ambiente cultural podem adquirir variadas feições.

Conforme já positivado quando da análise do princípio do poluidor-pagador, a poluição estética aparece sob a forma de inserções que rompem a beleza dos bens integrantes do patrimônio material ou pela supressão ou demolição total ou parcial desses bens ou, ainda, pela deterioração das ambiências ou paisagens que acabam por afetar negativamente a qualidade de vida.

Essas inserções podem se dar sob a forma da chamada "poluição visual", rubrica que designa a proliferação de veículos publicitários tais como cartazes, luminosos, banners e letreiros de toda a sorte. Esse tipo de propaganda atua compulsoriamente,[310] ou seja, independe de qualquer ato voluntário de parte do consumidor para acessá-la, ao contrário, por exemplo, daquela veiculada pela mídia tradicional da televisão, rádio e jornal.

---

[309] BRASIL. Supremo Tribunal Federal. Agravo de Instrumento n. 219.292-1. Relator: Ministro Octavio Gallotti. J. em 07 dez. 1999. Disponível em: http://gemini.stf.gov.br. Acesso em: 26 set. 2005.
[310] Nesse sentido, MINAMI; GUIMARÃES JÚNIOR, 2005, p. 5.

Também pode decorrer da proliferação desordenada de elementos aparentes de infra-estrutura urbana, tais como postes de energia elétrica, de iluminação pública, de telefonia, internet, televisão a cabo, antenas e torres de telecomunicações que desqualificam o entorno dos bens culturais e, em especial, dos centros e conjuntos de valor cultural.

Antenas de telecomunicações, especialmente as de telefonia móvel, proliferam em meio a sítios de valor histórico, sem que as administrações e até mesmo o Judiciário consigam frear a degradação das condições estéticas do ambiente, sempre sob os auspícios da "modernidade", como aliás foi declarado em acórdão do Tribunal de Justiça gaúcho que aquiesceu com a permanência de uma estação de rádio-base no entorno do centro histórico do Município de São José do Norte, todo ele protegido pelo Instituto do Patrimônio Histórico do Estado.[311] Nesse acórdão exterioriza-se a desconsideração com a idéia de conjunto. Uma cidade ou centro histórico (como é o caso de São José do Norte) não constitui um mero aglomerado de edificações, mas um conjunto no qual tanto o edificado como o não edificado têm peso: o cheio e o vazio, a casa e a distância entre uma casa e outra, as diversas visões panorâmicas, as múltiplas perspectivas.

Não se pode arredar o feixe de valores e sentimentos relacionados à memória que se concentram nas cidades. A cidade se constitui em um texto que pode ser lido nas suas ambiências, nas suas edificações, passagens, ruas e avenidas. Ela própria contém uma narrativa de sua história.

Nas cidades não deve ser quebrada, como enfatiza Condesso, a

ponte entre os homens e a natureza. Da mesma forma, as cidades devem encerrar, em si, a história, a arte e a sua cultura próprias, elementos unificadores das gerações passadas com as gerações presentes e destas com as futuras gerações. O factor passado é, também ele, factor essencial à vida dos homens, por permitir-lhes construir e manter uma identidade própria.[312]

Em Paris, a Prefeitura antecipou-se ao caos e logrou celebrar com as operadoras de telefonia móvel e com a Agência Nacional de Freqüências[313] (ANFR) um protocolo de concertação[314] focado especialmente na questão paisagística e ambiental. Um dos pilares do documento é a necessária integração das antenas, mastros e armários técnicos às edificações, a fim de não macularem a paisagem urbana.

---

[311] RIO GRANDE DO SUL. Rio Grande do Sul. Apel. Cível n. 70010530327. Relator: Des. Araken de Assis. Acórdão de 23 mar. 2005. Disponível em: : www.tjrs.gov.br. Acesso em: 17 maio 2005.
[312] CONDESSO, 2001, p. 1201.
[313] "Agence Nationale des Fréquences" (ANFR).
[314] Texto integral disponível em: www.paris.fr/portail/environnement. Acesso em 22 nov. 2005.

Importante assentar que, em relação a bens culturais, o entorno é por vezes tão ou mais relevante que o próprio bem,[315] sendo que essas antenas, como propugna o especialista espanhol Molina Giménez:

> Podem entrar em colisão com esses valores, rompendo a harmonia visual dos entornos ambientais ou culturais. Centrando-nos na proteção cultural, é preciso abordar dois aspectos fundamentais: a tutela da paisagem e a dos entornos de proteção de bens de interesse cultural. Com respeito à paisagem, é incontestável que junto a valores ambientais implícitos se encontram valores próprios da civilização que implicam uma proteção também desde a ótica cultural.[316]

Em tese apresentada no 9º Congresso Internacional de Direito Ambiental, a Procuradora do Município de Porto Alegre, Andrea Vizzotto, aborda a questão da privatização do espaço público. Destacando que a paisagem urbana é um bem cultural porquanto representativa da "cena da cidade", não se esgotando na estética, mas concretizando os valores e sentimentos próprios do lugar (memória local), ela sustenta que essa resulta agredida, dentre outros fatores, pela *verticalização*, a qual, além de se materializar na construção desenfreada de arranha-céus, também se apresenta pela instalação de torres e de estações de telefonia celular, "imposta de forma nada sutil no cenário urbano. Não há como mirar a paisagem sem que sobressalte aos olhos a imagem primeira de um prédio alto ou de uma torre de telefonia".[317]

O entorno dos bens culturais pode ser afetado pela inserção desarmônica da sinalização, que se subdivide[318] em sinalização de trânsito, nomenclatura de logradouros públicos (placas toponímicas), numeração das edificações e informações cartográficas da cidade. Toda essa carga informativa há de estar afastada, tanto quanto possível, dos centros históricos, dos locais de interesse histórico e dos bens individualmente considerados como integrantes do patrimônio cultural.

O processo civilizatório, especialmente de formação das cidades, tem expurgado desses espaços diversos bens integrantes do patrimônio cultural

---

[315] O tombamento de um bem requer a delimitação de seu entorno e a ele estende um regime de proteção. Não tombado o bem, ainda assim pode-se proteger a cidade dessas máculas mercê das normas que protegem a paisagem como valor ambiental.

[316] "Las antenas de telefonía móvil pueden entrar en colisión con estos valores, rompiendo la armonía visual de entornos ambientales o culturales. Centrándonos en la protección cultural, es preciso abordar dos aspectos fundamentales: la tutela del paisaje y la de los entornos de protección de bienes de interés cultural. Respecto al paisaje, es incontestable que junto a los valores ambientales implícitos se encuentran valores propios de civilización que implican una protección también desde la óptica cultural"(MOLINA GIMÉNEZ, Andrés. *Las antenas de telefonia móvil:* Régimen jurídico, Análisis de los impactos visuales y radioeléctricos en las comunicaciones móviles. Madrid: Aranzadi, 2002, p. 165-166).

[317] VIZZOTO, Andrea Teichmann. A paisagem urbana e a privatização do espaço coletivo. In: CONGRESSO INTERNACIONAL DE DIREITO AMBIENTAL, 9., 2005, São Paulo. *Anais...* São Paulo: Imprensa Oficial, 2005, v. 1, p. 514.

[318] SILVA, J.A., 1995, p. 284.

brasileiro, com destaque para os imóveis. Provados os pressupostos para a responsabilização civil (a saber: a atividade, o dano e a conexão entre eles – nexo causal),[319] o responsável pela destruição ou deterioração desses bens deve ser compelido à reparação do dano, mercê da aplicação do princípio do poluidor-pagador, o qual, por vezes, se reconduz ao da responsabilização em sentido amplo.

Da mesma forma, ao intervir em um imóvel integrante do patrimônio cultural, o empreendedor é compelido necessariamente a incorporar os custos relativos a uma restauração consentânea com as recomendações externadas pelo órgão responsável pela gestão daquele bem.[320]

Por derradeiro, impende destacar que a poluição atmosférica, que tem crescido de forma avassaladora no meio urbano, afeta diretamente a conservação dos bens integrantes do patrimônio cultural, os quais passam a sofrer da chamada "enfermidad de la piedra" que, no dizer de Pérez Luño, não é outra coisa que não a decomposição dos materiais de construção pelos óxidos sulfurosos e outros agentes contaminantes.[321]

Considerando a unicidade e a irrepetibilidade[322] inerente aos bens tomados individualmente ou em conjunto integrantes do patrimônio cultural, toda e qualquer ação poluidora pode ser enquadrada como dano sujeito à reparação.

Sempre que possível, a via da reparação "in natura" deve ser a escolhida, em obediência ao princípio da "restauração natural" incorporado nas entrelinhas do art. 225, § 1º, inc. I, combinado com o art. 23, incs. III, IV e V, da CF. "A obrigação de indenizar ou ressarcir, em soma pecuniária, é medida secundária, subsidiária daquela constitucionalmente referida. Deve, por isso, ser usada apenas quando esgotadas as possibilidades de recomposição do bem lesado".[323]

Debruçando-se sobre o tema mais recentemente, Salles considera ser a tutela específica a única medida judicial capaz de cumprir integralmente a função jurisdicional na proteção dos bens coletivos, porquanto restaura a distri-

---

[319] Para uma imersão nos pressupostos da responsabilidade, v. STEIGLEDER, 2004, p. 195-208.

[320] IPHAN, na esfera federal; os institutos estaduais, como, por ex., o IPHAE, no Rio Grande do Sul, na esfera estadual, e as equipes, fundações ou secretarias municipais da cultura, na esfera municipal.

[321] PÉREZ LUÑO, 1999, p. 511.

[322] Essas características também acarretam como conseqüência a crescente relevância, já apontada por Marinoni, das tutelas inibitórias negativas, porquanto voltadas para evitar ou impedir a repetição ou obstruir a continuidade de práticas danosas (MARINONI, Luiz Guilherme. *Tutela específica:* arts. 461, CPC, e 84, CDC. 2. ed. São Paulo: Revista dos Tribunais, 2001, p. 92-93).

[323] SALLES, Carlos Alberto de. *Execução judicial em matéria ambiental.* São Paulo: Revista dos Tribunais, 1999, p. 309.

buição de recursos sociais existentes antes do fato lesivo. Ao reconstituir o próprio bem coletivo, logra contemplar igualmente a todos os afetados.[324]

A reparação do dano por essa via importa na imposição de uma obrigação de fazer que irá se ajustar ao tipo de lesão e às características específicas do bem lesado.[325]

Inclusive do ponto de vista processual, tendo por norte a efetividade, é possível afirmar que o ordenamento jurídico pátrio privilegia o cumprimento da obrigação de fazer pelo devedor,[326] condicionando sua conversão em indenização na opção do credor (coisa que inexiste no caso dos bens ambientais) ou na impossibilidade de tutela específica ou obtenção de resultado prático equivalente.[327] Esse princípio, chamado por Watanabe de "maior coincidência possível entre o direito e sua realização",[328] restou francamente fortalecido com a reforma do Código de Processo Civil promovida pela Lei nº 10.444, de 7 de maio de 2002.[329]

Mirra elenca, dentre as diversas espécies de obrigações de fazer passíveis de imposição,

a restauração e conservação de imóvel de valor histórico e cultural para resguardo da arquitetura local e preservação da memória da cidade; demolição de construção realizada nas imediações de bem tombado pelo serviço de proteção ao patrimônio cultural comprometedora da visibilidade da coisa; adaptação de obra aos padrões arquitetônicos de cidade tombada como bem integrante do patrimônio histórico-cultural; desfazimento de pavimentação nova de logradouro público de cidade histórica e refazimento nos moldes da antiga pavimentação.[330]

Também a Lei da Política Nacional do Meio Ambiente permite concluir haver uma hierarquia nas soluções reparatórias, assegurando primazia à reparação "in natura", quando possível.[331]

O art. 4º da Lei nº 6.938/81 insere, dentre os objetivos da Política Nacional do Meio Ambiente, a "preservação e restauração dos recursos

---

[324] SALLES, 2005, p. 87.
[325] Julgado do Tribunal de Justiça de Minas Gerais considerou "legítimo, pois, o interesse do Ministério Público, a quem cabe a defesa do patrimônio histórico, em requerer a demolição do acréscimo efetuado, a apresentação de projeto de reparação e a efetiva reparação de todo o imóvel" no caso de obras realizadas no entorno de bens tombados, sem a prévia aquiescência do IPHAN (MINAS GERAIS). Tribunal de Justiça. 7ª Câmara Cível. Reexame Necessário n. 1.0461.01.002950-6/001(1). Relator Des. Pinheiro Lago. J. em 21/06/05. Disponível em: www.tjmg.gov.br. Acesso em 23 dez. 2005).
[326] GOMES, L. R., 2003, p. 267.
[327] Art. 84, § 1º, da Lei n. 8.078/90 e 461, § 1º, do CPC.
[328] WATANABE, Kazuo. *Código brasileiro de defesa do consumidor*. 7. ed. Rio de Janeiro: Forense Universitária, 2001, p. 772.
[329] GOMES, L. R., 2003, p. 268.
[330] MIRRA, 2002, p. 312.
[331] Cf. STEIGLEDER, 2004, p. 236-237.

ambientais com vistas à sua utilização racional e disponibilidade permanente, concorrendo para a manutenção do equilíbrio ecológico propício à vida"[332] e a "imposição, ao poluidor e ao predador, da obrigação de recuperar e/ou indenizar os danos causados e, ao usuário, da contribuição pela utilização de recursos ambientais com fins econômicos".[333]

A importância dos elementos integrantes do meio ambiente e de seu equilíbrio com vistas à concretização da qualidade de vida conduz a uma hermenêutica tendente a priorizar a reparação do bem em si, salvo quando essa solução não se apresentar factível, o que, lamentavelmente, não será raro de ocorrer em se tratando do meio ambiente cultural.

Por essa razão, quando plasmada a ocorrência de danos (quase sempre irreversíveis), a tendência prevalente tem sido a da reparação pela via da indenização.[334]

Passa-se agora a examinar como a jurisprudência vem-se comportando em relação à reparação dos danos e, por sua vez, à aplicação do princípio do poluidor-pagador face ao meio ambiente cultural.

3.2.4.1. Indenização ou reconstrução: o caso do imóvel de valor histórico que dá lugar à construção de um shopping center

Em julgado envolvendo um imóvel situado em Juiz de Fora, Minas Gerais, o Tribunal de Justiça daquele estado, em decisão não unânime, afastou os pedidos sucessivos de reconstrução e de indenização (essa como sucedâneo, acaso impossível a primeira opção), sob o argumento de que o

---

[332] Inc. IV.

[333] Inc. VII.

[334] Não se deve desconsiderar a dimensão moral ou extrapatrimonial do dano ambiental, introduzida no ordenamento jurídico pátrio pela chamada Lei Antitruste (Lei nº 8.884/94), a qual acrescentou ao art. 1º da Lei n. 7.347/85 a possibilidade de responsabilização pelos danos morais coletivos. No dizer de Leite, "Trata-se da consagração, em nosso ordenamento jurídico, da reparação de toda e qualquer espécie de dano coletivo, no que toca à sua extensão" (LEITE, 2000, p. 286). Especificamente relacionado ao viés cultural, aflora como exemplo marcante de reconhecimento do dever de indenizar imposto a uma empresa que causou danos estéticos à chamada fonte "Las Nereidas" situada no Município argentino de Tandil. Nesse precedente, o Tribunal de Azul considerou que a comunidade local merecia ser indenizada, à guisa de dano moral, em razão da privação do gozo estético que estaria a justificar o cuidado com a ornamentação urbana (o acórdão está integralmente reproduzido na *Revista de Direito Ambiental*, São Paulo, v. 2., n. 6, p. 128-142, abr./jun. 1997). Na esteira da reflexão formulada por Paccagnella, é possível, por exemplo, identificar o dano moral ambiental na degradação de uma paisagem notável que venha a afetar o sentimento da comunidade da região (PACCAGNELLA, Luís Henrique. Dano moral ambiental. *Revista de Direito Ambiental*, São Paulo, v. 4, n. 13, jan./mar. 1999, p. 45-46). Bittar Filho chega a dizer que "Quando se fala em dano moral coletivo, está-se fazendo menção ao fato de que o patrimônio valorativo de uma certa comunidade (maior ou menor), idealmente considerada, foi agredido de maneira absolutamente injustificável do ponto de vista jurídico: quer isso dizer, em última instância, que se feriu a própria cultura, em seu aspecto material" (BITTAR FILHO, Carlos Alberto. Do dano moral coletivo no atual contexto jurídico brasileiro. *Direito do Consumidor*, São Paulo, v. 12, 1994, p. 55).

prédio, em que pese pré-inventariado pelos idos de 1981, permaneceu no esquecimento do Município até 1991, quando notificado o proprietário e dele só lembrou a municipalidade quando do ingresso do pleito de demolição. Afirma o Des. Relator:

> Tal inação, automática, permite admitir-se que não mais se interessou pelo prédio. Essa inércia, injustificada, licencia admitir-se que houve tácita renúncia ao interesse cultural do prédio. Voltou a lembrar-se dele, quando o proprietário desejou demoli-lo, para no terreno construir um "shopping". Diante disso, pode-se pensar que se o embargado não se movesse em busca de demolição, o prédio ruiria pelas ações do tempo e do abandono. É de concluir-se que o interesse cultural não era tão importante para o Município.
>
> Embora bem postas teses jurídicas, que recomendam o autor delas, há um fato invencível para a decisão da causa: o Município de Juiz de Fora inventariou e parou, não se desincumbindo de prosseguir no processo, com o conseqüente tombamento; vendo-o ruir aos poucos, pela ação do tempo, nenhuma providência tomou; demolido, busca-se a reconstrução, mas tardiamente, porque se reconstruído não será o mesmo, réplica sem qualquer valor histórico.
>
> Bem observou o em. Des. Pinheiro Lago ao dizer que "parece que a única penalidade passível, ao proprietário, seria o pagamento da multa administrativa, prevista na legislação municipal, pelo fato de a demolição parcial não ter sido precedida da necessária autorização do órgão competente" (fls. 674/05-TJ).[335]

O referido acórdão enfrenta vários temas relevantes relacionados ao patrimônio cultural.

O primeiro deles diz com a possibilidade de ser pleiteada a reconstrução[336] do imóvel demolido, ao invés da indenização.

Eventual reconstrução, acaso admitida, conduziria a uma réplica "sem qualquer valor histórico", como fez questão de sublinhar o Desembargador prolator do voto condutor da maioria.

A Carta de Atenas, documento internacional produzido por ocasião do Congresso Internacional de Arquitetura Moderna (CIAM) de 1931, contém diversas recomendações acerca do patrimônio cultural que deve ser preservado nas cidades. Na recomendação nº 70, considera que o emprego de estilos do passado em construções novas, bem como a manutenção e a introdução de tais usos não são toleráveis. E acrescenta:

---

[335] MINAS GERAIS. Tribunal de Justiça. Embargos Infringentes n. 1.0000.00.119895-1/001(1). Relator Des. Lúcio Urbano J. em 16 maio 2000. Disponível em: www.tjmg.gov.br. Acesso em: 20 abr. 2005.

[336] La Regina relata que, na Itália, não mais são aceitas as *intervenções reconstitutivas*, por mais filologicamente perfeitas que o sejam. A tendência cada vez maior é a de consolidar o monumento antigo, evitando qualquer dano à sua estabilidade, coerência, o que pode ser obtido até mesmo pela inserção de estruturas modernas desde que claramente discerníveis do original (LA REGINA, 1982, p. 66-67).

Tais métodos são contrários à grande lição da história. Nunca foi constatado um retrocesso, nunca o homem voltou sobre seus passos. As obras-primas do passado nos mostram que cada geração teve sua maneira de pensar, suas concepções, sua estética, recorrendo, como trampolim para sua imaginação, à totalidade de recursos técnicos de sua época. Copiar servilmente o passado é condenar-se à mentira, é erigir "o falso" como princípio, pois as antigas condições de trabalho não poderiam ser reconstituídas e a aplicação da técnica moderna a um ideal ultrapassado sempre leva a um simulacro desprovido de qualquer vida. Misturando o "falso" ao "verdadeiro", longe de se alcançar uma impressão de conjunto e dar a sensação de pureza de estilo, chega-se somente a uma reconstituição fictícia, capaz apenas de desacreditar os testemunhos autênticos, que se tinha empenho em preservar.[337]

Sem embargo de tais ponderações, que objetivam evitar anacronismos nos contextos urbanos, não é de ser afastada de plano a hipótese da reconstrução impositiva, como forma de inibir um uso especulativo[338] do imóvel e até como registro histórico de um ato ilícito que atentou contra o patrimônio cultural.

No caso registrado pelo acórdão antes referido, a reconstrução e até mesmo a indenização foram rechaçadas, porquanto se entendeu ter havido inércia do Administrador no sentido de proteger o bem por tombamento ou desapropriação.

3.2.4.2. A reconstrução de imóvel protegido e a proteção do entorno – o caso da Praça da Independência no Município paulista de Itu

Retomando o ponto específico da possibilidade de reconstrução do imóvel, em atenção ao primado da repristinação ou reparação do dano "in natura", é de se referir sentença prolatada em ação civil pública manejada pelo Ministério Público Federal de São Paulo em litisconsórcio ativo com o Instituto Brasileiro do Patrimônio Cultural (órgão que antecedeu ao IPHAN), que impôs ao proprietário a obrigação de reconstruir um edifício por ele demolido e que se achava no entorno de imóveis tombados na esfera federal,

---

[337] BRASIL. Ministério da Cultura. Instituto do Patrimônio Histórico e Artístico Nacional (IPHAN). *Caderno de documentos:* cartas patrimoniais. Brasília: IPHAN, 1995, p. 61.

[338] A especulação imobiliária é uma das causas da destruição no patrimônio cultural, especialmente no meio urbano. Define-se tecnicamente pelo conflito entre usos do solo, ao nível individual, cujo resultado envolve o desbancar por usos de categoria supostamente superior dos usos de categoria imediatamente inferior (que por sua vez farão o mesmo ao uso seguinte na hierarquia abaixo) resultando num padrão de crescimento espontâneo no qual os limites entre usos contíguos estão em movimento centrífugo constante tendo de vencer a rigidez do capital fixo materializado em estruturas físicas (dentro e fora das localizações individuais), independentemente da taxa de obsolescência ou do estágio de desvalorização destas (DEÁK, Csaba. *Sobre especulação urbana.* Disponível em: www.usp.br/fau/docentes/depprojeto/c_deak/CD/3publ/855spec/ – 31k. Acesso em: 17 maio 2005).

em plena Praça da Independência, no Município de Itu.[339] Reconheceu a magistrada a obrigação do particular recompor os aspectos externos do imóvel (fachada e volumetria), recuperando suas características originais, em face do comando contido no art. 18 do DL nº 25/37.[340]

Conquanto a decisão não tenha invocado qualquer princípio ou mesmo artigo atinente à legislação ambiental, andou ela na senda aberta pelo princípio do poluidor-pagador, determinando a recondução do bem lesado, tanto quanto possível, ao seu estado anterior .

3.2.4.3. Preservação de sítio arqueológico localizado em dunas: indenização e recuperação da área degradada

Constatando danos em dunas nas quais se assentavam achados arqueológicos, especialmente ligados à tradição Vieira, em Rio Grande, o Ministério Público daquela Comarca ajuizou, em 19 de agosto de 1992, ação civil pública contra um Clube local cuja sede se situa na Rodovia Cassino-Rio Grande, objetivando, em síntese, a condenação do réu a obrigações de não fazer consistentes na abstenção de destruição ou danificação de dunas e sítios arqueológicos existentes em suas dependências, bem como na abstenção de cata, destruição ou danificação de peças dotadas de valor arqueológico e, ainda, na obrigação de indenizar os danos causados ao meio ambiente, com base em valores a serem apurados em liquidação de sentença.[341]

Julgada integralmente procedente a ação,[342] o Tribunal gaúcho houve por bem dar provimento parcial ao apelo do Clube, afastando a indenização, sob o singelo argumento de que "ante a existência de alguma dúvida quanto à ciência do valor paleontológico das peças de cerâmica, dada à pouca familiaridade com tais valores, e à prática de desrespeito generalizado em outros locais, nas proximidades, aos sítios arqueológicos".[343]

---

[339] SÃO PAULO. Vara Federal. Julgadora: Marisa Ferreira dos Santos. Processo n. 93.0011941-9. J. em 27 mar. 1998. *Revista de Direito Ambiental*, São Paulo, v. 12, p. 152-154, out./dez. 1998.

[340] Em sentido diametralmente oposto, o Superior Tribunal de Justiça considerou desnecessária a prévia autorização do IPHAN para a execução de projeto edilício situado em área tombada da Capital Federal. O acórdão afastou a aplicação do art. 17 do Decreto-Lei nº 25/37 e indeferiu o pedido de demolição, sob o argumento de que a construção atendera aos requisitos impostos pela lei ao tempo de sua aprovação e que, além disso, gozava do competente alvará construtivo (BRASIL. Superior Tribunal de Justiça. REsp. 290460. Relator: Min. Franciulli Netto. J. em 13 maio 2003. Disponível em: www.stj.gov.br. Acesso em: 14 nov. 2005).

[341] Inicial encartada nos autos do processo n. 19.976/495 da Vara Cível da Comarca de Rio Grande.

[342] RIO GRANDE. Vara Cível. Julgador Bento Fernandes de Barros Júnior. Processo n. 19.976/495. Julgado em 19 abr. 1995.

[343] RIO GRANDE DO SUL. Tribunal de Justiça. Apelação Cível n. 595149709. Relator: Des. Arnaldo Rizzardo. J. em 06 dez. 1995. Disponível nos autos do processo acima referido da Comarca de Rio Grande. Autos em arquivo.

O fundamento para arredar a verba indenizatória é de um conformismo sem precedentes. Justifica-se a prática de ações deletérias ao patrimônio arqueológico com base em outras que a precederam. A natureza e as funções da responsabilidade civil ambiental resultaram totalmente desconsideradas, especialmente a questão da irrelevância do elemento subjetivo, que, aliás, fora objeto de excelente digressão por ocasião da sentença, bem como a função pedagógica da responsabilização do poluidor frente à sociedade lesada pela destruição do sítio. O poluidor-pagador foi praticamente ignorado em sua face responsabilizatória na medida em que mantidas somente as obrigações de *non facere*.

Mas não foi esse o desfecho do caso. O Superior Tribunal de Justiça, em acórdão da lavra do Ministro Ruy Rosado de Aguiar Júnior, houve por bem repristinar o entendimento do juízo monocrático, considerando "presentes todos os pressupostos para o reconhecimento da responsabilidade civil do agente causador do dano ao ambiente, com agressão às dunas e ao patrimônio cultural e arqueológico, destruindo-se jazidas de precioso material da cerâmica indígena". Na ementa ficou registrado que:

> O autor da destruição de dunas que encobriam sítios arqueológicos deve indenizar pelos prejuízos causados ao meio ambiente, especificamente ao meio ambiente natural (dunas) e ao meio ambiente cultural (jazidas arqueológicas com cerâmica indígena da Fase Vieira). Recurso conhecido em parte e provido.[344]

Devido à longa tramitação do processo e à má condição financeira do Clube onerado com a dupla condenação, o Ministério Público acabou celebrando com o réu uma transação pondo fim ao litígio, então em fase de liquidação de sentença, segundo a qual ficou o réu encarregado de elaborar e executar projeto técnico para o desenvolvimento de mata ciliar nativa às margens do Arroio Vieira, localizado na área e limite ao norte de sua sede. Além de preservar as matas ciliares já existentes, o Clube encarregou-se, ainda, de elaborar e executar um outro projeto para implantação de um bosque de espécies nativas na sua área com no mínimo 1 ha. No tocante ao patrimônio arqueológico, obrigou-se a colocar uma placa voltada para a RS 734 da qual deveriam constar um dos seguintes dizeres: "Neste local há sítio arqueológico da tradição Vieira" ou "Aqui preservamos sítio arqueológico da tradição Vieira" e a construir um expositor, para agrupar e tornar acessível ao público que freqüentasse sua sede, as peças provenientes dos salvamentos realizados no aludido sítio.

---

[344] BRASIL. Superior Tribunal de Justiça. REsp. 115599/RS. Relator: Min. Ruy Rosado de Aguiar Júnior. J. 27 jun. 2002. Disponível em: www.stj.gov.br. Acesso em: 23 dez. 2004.

O acordo[345] final bem posicionou a questão centrando-a na reparação "in natura" e na preservação do patrimônio arqueológico. O poluidor, no caso, pagou tanto quanto devia, inclusive permitindo o ingresso de pesquisadores no terreno particular para garimpar achados arqueológicos.

3.2.5. O regime da responsabilidade civil aplicável aos danos ao meio ambiente cultural

Em que pese a concepção unitária ou sistêmica de meio ambiente assentada logo ao início desta obra, a questão do regime jurídico aplicável à responsabilidade civil pelos danos causados ao patrimônio cultural ainda está a merecer um maior aprofundamento, por conta da escassa abordagem doutrinária e jurisprudencial ainda lançada sobre o tema.

A Lei nº 6.938/81 introduziu no Direito brasileiro a responsabilidade civil objetiva para os danos causados ao meio ambiente em geral, de tal sorte que ampliou aquilo que já era previsto para os danos decorrentes de atividades nucleares.[346]

Por sua vez, a Constituição de 1988 manteve o sistema da responsabilidade civil objetiva fundada no risco da atividade, ao impor, no art. 225, § 3º, que "as condutas e atividades consideradas lesivas ao meio ambiente sujeitarão os infratores, pessoas físicas ou jurídicas, a sanções penais e administrativas, independentemente da obrigação de reparar os danos causados", não condicionando a obrigação reparatória à apuração de culpa.[347]

No cerne dessa moldura legal é possível concluir, não sem a ajuda de Sendim, que a responsabilidade civil no Direito brasileiro também caminha na trilha de uma evolução, *pari passu* com o Direito português, "de um *modelo puramente liberal* – assente no dogma da vontade e da culpa, cuja principal função era a defesa de ordem social e económica estática – para um modelo social, em que o instituto da responsabilidade se assume como instrumento de realização de justiça material e de concretização de direitos fundamentais".[348]

Como a visão predominante do Direito brasileiro acerca da tutela do patrimônio cultural ainda se acha em muito atada aos instrumentos do Direito Administrativo, não é difícil supor que boa parte da doutrina e, por via reflexa, da jurisprudência, persevere com dúvidas a respeito do tipo de responsabilidade civil que estaria a proteger essa dimensão do meio ambiente.

---

[345] Termo de Ajustamento de Conduta celebrado em juízo formulado pelo 1º Promotor de Justiça Especializado de Rio Grande, Dr. Francisco Luiz da Rocha Simões Pires, nos autos do processo n. 19.976/495 da Vara Cível da Comarca de Rio Grande.
[346] Art. 4º da Lei n. 6.453/77.
[347] MAZZILLI, 2002, p. 447.
[348] SENDIM, 1998, p. 61.

Embora não o faça de forma explícita, é possível inferir que o setor da doutrina[349] que exclui do conceito de meio ambiente sua dimensão cultural também considere que, em relação a esse patrimônio, a regra será a da responsabilidade civil fundada na culpa, com arrimo no art. 186 do Código Civil.

O fato é que poucos são os autores que enfrentam essa problemática e, quando o fazem, são por demais sintéticos.

Oliveira, em pioneiro artigo sobre o tema, limita o regime da responsabilidade civil objetiva aos danos causados ao patrimônio cultural ecológico, especialmente os sítios ecológicos, por ela entendidos como as unidades de conservação criadas pelo Poder Público e classificadas nas categorias de estações e reservas ecológicas; áreas de proteção ambiental; parques nacionais, estaduais e municipais; monumentos naturais, jardins botânicos e zoológicos; hortos florestais e áreas de relevante interesse ecológico.[350]

Mazzilli também restringe um pouco da abrangência do regime da responsabilidade civil objetiva ao considerar que somente aquelas ofensas com dimensão "ambiental" é que estarão sujeitas a ele. Excepciona: "há lesões ao patrimônio cultural que não atingem o meio ambiente (a destruição de peças raras em museu, p. ex.). Mas a destruição ou o dano a uma obra de arte, integrada ao meio ambiente, ou ao chamado meio ambiente artificial, também poderão coincidir com a lesão ambiental".[351]

Essa posição é contraditada por Fink em artigo específico sobre o tema da responsabilidade civil pelos danos ao patrimônio cultural. Segundo ele, ao condicionar a lesão ao patrimônio cultural a uma necessária identificação com lesão ao meio ambiente, para que daí possa receber o tratamento mais rigoroso da responsabilidade objetiva, referido jurista acaba por criar uma incabível dissociação entre os conceitos. Sendo o patrimônio cultural uma das expressões do próprio meio ambiente, não considera possível falar-se em cultura como algo apartado da vida humana.[352] Explicita, com detalhada argumentação:

---

[349] RODRIGUES, M.A., 2002, p. 63-67.

[350] OLIVEIRA, Helli Alves de. Responsabilidade pelos danos ao patrimônio cultural. *Revista Forense*, Rio de Janeiro, v. 319, jul./set. 1992, p. 54-55.

[351] MAZZILLI, 2002, p. 494-495.
Esse entendimento foi albergado por julgado do Tribunal de Justiça de São Paulo oriundo de ação civil pública aforada pelo Ministério Público objetivando a vedação de transferência, reforma, retirada ou descaracterização de mobiliário destinado a espaço cultural criado pela Santa Casa de Misericórdia, sem prévia aprovação do CONDEPHAAT e do COMPHAC (SÃO PAULO. Tribunal de Justiça. Agravo de Instrumento n. 392.442-5/0-00. Relator Des. Danilo Panizza. J. em 28 ago. 2005. Disponível em: http://tj.sp.gov.br. Acesso em 20 dez. 2005).

[352] FINK, Daniel. Meio ambiente cultural: regime jurídico da responsabilidade civil. In: LEITE, José Rubens Morato; DANTAS, Marcelo Buzaglo (Org.). *Aspectos processuais do direito ambiental*. Rio de Janeiro: Forense Universitária, 2003, p. 52.

A localização geográfica de obras que reconhecidamente integram o patrimônio cultural (galerias, museus, bibliotecas, ou, mesmo residências) é irrelevante, e afastar o regime de responsabilidade objetiva com base nesse critério se mostra perigoso para a manutenção de valores ditos civilizados. A relevância ambiental dessas obras não está na sua localização espacial momentânea, temporal e mutável, mas no papel que desempenham na vida das pessoas e na capacidade de influir em sua qualidade de vida, seu modo de ser, pensar e se expressar, ainda que seja sob o ponto de vista intelectual e emocional, e ainda que não estejam expostos na via pública [...].

Pouco importa onde essas obras estejam momentaneamente situadas e, ainda que estivessem encerradas em locais absolutamente privados, compõem o patrimônio cultural e, como tal, merecem proteção do direito, inclusive quanto ao regime de responsabilidade civil objetiva.[353]

Milaré alerta que o "regime jurídico da responsabilidade civil por danos ao patrimônio cultural pauta-se pela teoria da responsabilidade objetiva onde tão-somente a lesividade é suficiente a provocar a tutela judicial, no teor do que dispõem os arts. 14, § 1º, da Lei 6.938/81, e 225, § 3º, da Constituição Federal",[354] posição essa também defendida expressamente por Mirra,[355] Andrade,[356] Barreto Júnior,[357] Richter[358] e Machado.[359]

Veementes são as assertivas de Andrade ao demonstrar adesão não só ao regime da responsabilidade civil objetiva como também à sua modalidade mais rigorosa – a do risco integral. Afirma ele que, para a aferição da responsabilidade, apresentam-se prescindíveis eventuais provas da legalidade ou não do ato ou atividade[360] (aderindo à doutrina da irrelevância da licitude da atividade presente no Direito Ambiental brasileiro), "assim como de sua anterioridade, bem como afastando a necessidade de perquirição sobre os elementos subjetivos da ação ou omissão, ou mesmo do caso fortuito e força maior".[361]

Como a grande maioria das condutas lesivas ao meio ambiente cultural decorre de omissão e, em especial, de omissão do Poder Público, resta indagar se em tais casos a responsabilidade civil será norteada pela regra do art. 14, § 1º, da Lei nº 6.938/81 (objetiva) ou pela do art. 37, § 6º, da Constituição Federal (objetiva somente nas hipóteses de condutas ativas).

---

[353] FINK, 2003, p. 52-53.
[354] MILARÉ, 2000, p. 197.
[355] MIRRA, 2002, p. 11.
[356] ANDRADE, F. A. V., 2001, p. 405.
[357] BARRETO JÚNIOR, 2004, p. 160.
[358] RICHTER, 2004, p. 69.
[359] MACHADO, 1987, p. 48.
[360] Sobre o afastamento da alegação de "direito adquirido", v. OLIVEIRA, 1992, p. 53.
[361] ANDRADE, op. cit., p. 405.

Partindo-se da premissa, em bom tempo lembrada por Freitas, de que a responsabilidade estatal não se fulcra no risco integral, mas no risco administrativo, de sorte que as pessoas jurídicas de direito público e as de direito privado prestadoras de serviços públicos "arcam com os riscos inerentes à atuação intervencionista, daí decorrendo que a vítima, em razão de sua presumida vulnerabilidade, resulta sem ter o ônus de provar culpa ou dolo da Administração Pública ou das pessoas jurídicas prestadoras de serviço público",[362] há que se distinguir duas situações.

Na primeira delas, o Poder Público, na condição de proprietário de determinado bem cultural, deixa de conservá-lo e, por tal razão, uma série de danos são constatados. Assim, omitiu-se no dever de agir no sentido de manter as características essenciais do bem. Entre o seu não-agir e o resultado danoso há um liame causal direto, pelo que a responsabilidade objetiva há de informar o juízo de reparação, por força da incidência conjugada do art. 14, § 1º, da Lei nº 6.938/81 e do art. 37, § 6º, da Constituição Federal.

Outra deve ser a solução para a hipótese de omissão quanto ao dever de fiscalizar e coibir práticas nocivas ao patrimônio cultural, especialmente em se tratando de atividades clandestinas, não autorizadas, a doutrina se divide quanto à melhor solução.

Andrade posiciona-se pela aplicação irrestrita do regime da responsabilidade civil objetiva,[363] associando-se ao que apregoam Machado,[364] Mancuso[365] e Vianna.[366]

Recento aresto do Superior Tribunal de Justiça considerou cabível a responsabilidade civil objetiva do Município de Foz de Iguaçu, em situação configuradora de omissão do Poder Público, de acordo com a seguinte ementa:

> AÇÃO CIVIL PÚBLICA. DANO CAUSADO AO MEIO AMBIENTE. LEGITIMIDADE PASSIVA DO ENTE ESTATAL. RESPONSABILIDADE OBJETIVA. Responsável direto e indireto. Solidariedade. Litisconsórcio facultativo. Art. 267, IV, do CPC. [...]
> 4. O repasse de verbas pelo Estado do Paraná ao Município de Foz do Iguaçu (ação), a ausência das cautelas fiscalizatórias no que se refere às licenças concedidas e as que deveriam ter sido confeccionadas pelo ente estatal (omissão), concorreram para a produção do dano ambiental. Tais circunstâncias, pois, são aptas a caracterizar o

---

[362] FREITAS, Juarez. *O controle dos atos administrativos e os princípios fundamentais.* 2. ed. São Paulo: Malheiros, 1999, p. 88. Do mesmo autor, v. FREITAS, Juarez. *Estudos de direito administrativo.* São Paulo: Malheiros, 1997, p. 122.

[363] ANDRADE, F. A. V., 2001, p. 405.

[364] MACHADO, *Direito ambiental...*, p. 276.

[365] MANCUSO, Rodolfo de Camargo. *Ação civil pública:* em defesa do meio ambiente, patrimônio cultural e dos consumidores. 4. ed. São Paulo: Revista dos Tribunais, 1996, p. 212.

[366] VIANNA, José Ricardo Alvarez. *Responsabilidade civil por danos ao meio ambiente:* à luz do Novo Código Civil. Curitiba: Juruá, 2004, p.125.

nexo de causalidade do evento, e assim, legitimar a responsabilização objetiva do recorrente.[367]

Em outro pólo radica a visão liderada por Bandeira de Mello, para quem, em se tratando de atividades clandestinas, a responsabilidade do Poder Público depende de culpa, embora se possa partir de uma presunção *juris tantum* de responsabilidade condicionada ao dever legal de agir,[368] de sorte que, na prática, há uma inversão do ônus da prova em favor da vítima, que não tem o dever de provar a culpa ou dolo do Administrador, pois, como esclarece Silveira, "não se pode exigir do administrado que conheça o funcionamento interno da máquina estatal, os meios que necessita dispor para realizar o serviço e outras questões técnicas".[369] Do mesmo ponto de vista compartilha Pasqualotto, sob o argumento de que entre a falta de fiscalização e o dano interpõe-se o ato comissivo (que também pode ser – e na maioria das vezes o é – omissivo) do causador direto do evento.[370]

Oliveira salienta que o art. 37, § 6°, da CF só incide sobre a atuação ou inação dos servidores públicos, não responsabilizando a Administração por atos predatórios de terceiros, nem por fenômenos naturais que causem danos a particulares. "Para a indenização destes fatos e atos estranhos à atividade administrativa, nota-se o princípio geral da culpa civil, manifestada pela imprudência, negligência ou imperícia na realização do serviço público que causou ou ensejou o dano".[371]

Inexistente o nexo de causalidade direto entre o dano ambiental e a inação estatal, é possível dizer que o Estado omitiu-se ilicitamente quando, embora detendo o dever legal de agir, não o faz ou o faz aquém do padrão que lhe era exigível. No entender de Bandeira de Mello, na responsabilidade civil do Estado fulcrada na omissão (modulada pela teoria importada do Direito francês conhecida como "falta de serviço") além do elemento subjetivo (culpa por negligência, imprudência ou imperícia ou dolo), é imperativo que o "Estado haja incorrido em ilicitude, por não ter acorrido para impedir o dano ou por haver sido insuficiente neste mister, em razão de comportamento inferior ao padrão legal exigível".[372]

---

[367] BRASIL. Superior Tribunal de Justiça. Resp. n. 604.725-PR.Relator Ministro Castro Meira. Julgado em 21 jun. 2005. Disponível em: www.stj.gov.br. Acesso em: 23 fev. 2006.
[368] BANDEIRA DE MELLO, 2002, p. 863.
[369] SILVEIRA, Paulo Antônio Caliendo Velloso da. Responsabilidade civil da administração pública por dano ambiental. *Revista Ajuris*, Porto Alegre, n. 72, mar. 1998, p. 180.
[370] PASQUALOTTO, Adalberto. Responsabilidade civil por dano ambiental: considerações de ordem material e processual. In: BENJAMIN, Antonio Herman (Coord.). *Dano ambiental, prevenção, reparação e repressão*. São Paulo: Revista dos Tribunais, 1993, p. 452.
[371] OLIVEIRA, Helli Alves. *Da responsabilidade civil do estado por danos ambientais*. Rio de Janeiro: Forense, 1990, p. 48.
[372] BANDEIRA DE MELLO, op. cit., p. 872.

Em relação aos bens integrantes do patrimônio cultural, existe um dever carreado aos entes públicos, ditado pelos arts 23, incs. III e IV; 30, inc. IX, e 216, § 1º, da CF, de protegê-los, pelas mais diversas formas. No cumprimento desse dever, a União, estados-membros, Distrito Federal e municípios devem se haver com a máxima diligência, não se afigurando escusa aceitável a costumeira invocação da escassez de recursos[373] que leva a déficits materiais e de pessoal na implementação de políticas públicas de preservação.[374]

Na prática, a dimensão cultural não difere das demais facetas do meio ambiente no tocante ao paradoxo que traduz uma abissal distância entre os deveres enraizados em nosso ordenamento jurídico e o seu escasso cumprimento.

A preservação ambiental, nela inserida a cultural, é incompatível com o modelo de Estado mínimo, o qual tem sido a tônica na atual quadra da história, conforme já se discorreu no capítulo 1.

Os órgãos incumbidos especificamente da proteção ao patrimônio cultural não contam com um quadro funcional condizente com a magnitude de suas funções.

Praticamente inexiste uma fiscalização preventiva, o que propicia a disseminação de atos de vandalismo cultural, realização de reformas e obras em imóveis protegidos ou no entorno deles, sem a prévia aprovação do projeto, bem como a proliferação de práticas caracterizadoras de toda a sorte de poluição estética.

Se é certo que o Estado não tem como estar em todos os lugares ao mesmo tempo, também não se afigura equivocado afirmar que a preservação dos bens integrantes do patrimônio cultural é tarefa primordial, a ser desempenhada com a colaboração da comunidade, de sorte que as políticas públicas devem propiciar a criação de mecanismos capazes de ampliar a vigilância estatal em relação a esses bens.

Destarte, havendo prova da culpa por negligência, imprudência ou imperícia por parte do ente estatal omisso, haverá responsabilidade desse pelos danos ao ambiente cultural.

Inexistente prova da culpa, há precedentes do Tribunal de Justiça do Distrito Federal arredando a responsabilidade civil do ente estatal em casos de omissão:

---

[373] Cf. OLIVEIRA, 1992, p. 53.

[374] Em precedente do Tribunal de Justiça do Distrito Federal envolvendo danos ao conjunto urbanístico tombado na Capital Federal, houve a exclusão da responsabilidade do ente estatal, por omissão, sob o argumento de que "face à crise do Estado brasileiro que não dispõe de meios suficientes para reprimir a ação desenfreada de particulares que avançam sobre áreas públicas sem que a fiscalização consiga evitar eficazmente" (DISTRITO FEDERAL.Tribunal de Justiça. Apelação Cível n. 2000.01.5.001886-4. Relator: Des. Jair Soares. J. em 09/10/00. Disponível em: www.tjdf.gov.br. Acesso em: 29 dez. 2005).

I – Improcede a condenação do Distrito Federal na obrigação de fazer consistente na demolição das obras irregulares eis que o pedido não foi direcionado a este ente federativo, e sim individualmente a cada particular que invadiu as áreas públicas, não podendo ser condenado a desfazer obra que não erigiu.
II – Improcede, também, sua condenação na indenização pelos danos causados ao patrimônio público, cultural, estético e paisagístico, arquitetônico e social do Distrito Federal uma vez que não comprovada sua omissão na fiscalização das áreas púbicas, não se podendo o Poder Público erigir a condição de segurador universal das condutas dos particulares, lesivas à coletividade, devendo-se provar sua culpa ou dolo no evento, pois que não se trata de responsabilidade objetiva. (Precedentes deste Tribunal) [...]
A responsabilidade do Poder Público por atos omissivos requer a comprovação do efetivo nexo causal entre o dano e a omissão, que se consubstancia na falta do serviço ou na sua prestação defeituosa, tratando-se no caso, de responsabilidade subjetiva, exigindo a prova da negligência, imprudência ou imperícia, conforme vem decidindo o Supremo Tribunal Federal, em interpretação ao art. 37, §6º, da Constituição Federal (RE 369820).
No caso em apreço não restou demonstrado que o Distrito Federal tenha agido de forma dolosa ou culposa quanto ao seu poder-dever de fiscalização, não se comprovando o ato omissivo a ele imputado, ao contrário, ao que se vê dos documentos de fls. 422/457 e 565/614, buscou ele fiscalizar as áreas públicas, notificando seus ocupantes, sendo certo, porém, que não alcançou a contento a realização de sua atividade fiscalizadora como deveria, mas sem que isto configure ato omissivo doloso ou culposo, capaz de atribuir-lhe a responsabilidade pela atividade exercida por terceiros.[375]

Não havendo nos autos prova de propósital omissão do Distrito Federal, deixando de coibir a ocupação irregular das áreas públicas, não há como condená-lo pelos atos dos invasores. Ninguém pode ser punido, nem mesmo o Estado, pela sua impotência ou sua incapacidade de defesa.
Escorreita se mostra a sentença que, julgando ação civil pública, impõe aos invasores de áreas públicas a obrigação de demolir as construções erigidas e condena-os a reparar os danos causados.[376]

Nos arestos supratranscritos restou afastada a responsabilidade do Poder Público do Distrito Federal quanto à fiscalização das ocupações em contrariedade ao plano urbanístico distrital, tombado pelo IPHAN como bem cultural de expressão nacional, por não demonstrados culpa ou dolo dos administradores.

Com a devida vênia, tal leitura dos fatos parece por demais ingênua, na medida em que essas ocupações (bares, restaurantes, locadoras de vídeo,

---

[375] DISTRITO FEDERAL. Tribunal de Justiça. Apelação Cível e Remessa *ex officio* n. 2005.01.5.005104-9 .Relator: Des. Nivio Gonçalves. J. em 19 set. 2005. Disponível em: www.tjdf.gov.br. Acesso em: 29 dez. 2005.
[376] DISTRITO FEDERAL.Tribunal de Justiça. Apelação Cível e Remessa *ex officio* n. 02001.01.5.007852-2. Relator: Des. Romão Oliveira. J. em 07 nov. 2002. Disponível em: www.tjdf. gov.br. Acesso em: 29 dez. 2005.

lavanderia) ocorrem às escâncaras, descabendo qualquer raciocínio em termos de clandestinidade.

3.2.5.1. Os agentes responsáveis e a solidariedade

Na teoria geral do Direito Ambiental não paira qualquer dúvida sobre a solidariedade entre todos os causadores diretos ou indiretos do dano ambiental.[377] A jurisprudência também tem convergido para tal entendimento, assentando, inclusive, que o pólo passivo da ação conforma-se através de um litisconsórcio facultativo.[378]

Em que pese não constar da Lei da Ação Civil Pública qualquer dispositivo delimitando a legitimação para o pólo passivo da ação,[379] essa pode ser proposta contra a pessoa física ou jurídica, de direito privado ou público, direta ou indiretamente responsável pela degradação ao meio ambiente. Essa demarcação em termos de responsabilização dimana do conceito de poluidor – norma de direito material – insculpido no art. 3º, inc. IV, da Lei nº 6.938/81.

A solidariedade não se presume,[380] há de derivar de lei ou de vontade das partes[381] e, no caso dos danos relacionados ao meio ambiente, a lei base é a da Política Nacional do Meio Ambiente. Mas não é só nela que residem os fundamentos dessa regra, como se recolhe da doutrina e da jurisprudência mais abalizada.

A Constituição de 1988, ao dar um tratamento unitário ao meio ambiente por ela considerado "bem de uso comum de todos" e ao proclamar que os poluidores "no plural" estão obrigados a reparar os danos,[382] recepcionou, também nesse aspecto, a Lei nº 6.938/81.

O atual Código Civil, nos arts. 258, 259, 260, 275 e 942, repisando e até aperfeiçoando, nesse norte, o seu predecessor, estatui o regime da soli-

---

[377] Nesse sentido, é possível enumerar como elucidativos os escritos de BITTENCOURT, Darlan Rodrigues; MARCONDES, Ricardo Kochinski. Lineamentos da responsabilidade civil ambiental. *Revista dos Tribunais*, São Paulo, v. 740, p. 82-95, jun. 1997; MANCUSO, 1996, p. 237; MAZZILLI, 2002, p. 448, e NERY JÚNIOR, Nelson. Responsabilidade civil por dano ecológico e a ação civil pública. *Justitia*, São Paulo, n. 126, p. 168-189, jul./set. 1984.

[378] BRASIL. Superior Tribunal de Justiça. Resp. n. 166.714-SP. Relator: Ministro Ari Pargendler. Julgado em: 21 ago. 2001. Disponível em: www.stj.gov.br. Acesso em: 23 dez. 2005; BRASIL. Superior Tribunal de Justiça. Resp. n. 37.354-9. Relator: Ministro Antônio de Pádua Ribeiro. Julgado em: 30 ago. 1995. *Revista do Superior Tribunal de Justiça*, v. 8, n. 82, p. 124-127, jun. 1996.

[379] Cf. MIRRA, 2002, p. 203.

[380] NERY JUNIOR, Nelson; ANDRADE NERY, Rosa Maria de. *Código Civil comentado e legislação extravagante*. 3. ed. São Paulo: Revista dos Tribunais, 2005, p. 322.

[381] Art. 265 do CC.

[382] BENJAMIN, 1998, p. 38.

dariedade entre os causadores do dano ambiental, visualizado esse como um fato único e indivisível, disso derivando a impossibilidade de fragmentação do dano e a comunialidade no nexo causal.[383]

Tamanha é a força da solidariedade a iluminar a responsabilidade civil pelos danos ambientais que mesmo o adquirente de área degradada tem sido condenado à repristinação dos danos. Entendeu o Superior Tribunal de Justiça que a "obrigação de conservação é automaticamente transferida do alienante ao adquirente, independentemente deste último ter responsabilidade pelo dano ambiental",[384] devido ao caráter *propter rem* desse encargo.

Entretanto, em relação ao meio ambiente cultural, esse posicionamento não logrou guarida, tendo o Tribunal de Justiça mineiro deixado de impor ao adquirente o dever de restaurar o bem justamente por ter ele provado que a penúria já o caracterizava antes da aquisição, *in literis*:

> Logo, resta evidente na r. sentença um encargo ou ônus extremo na conservação do imóvel pelo proprietário que, como constatado, não se omitiu sozinho na preservação do bem cultural objeto desta ação. Mesmo não tendo o *Parquet* trazido aos autos desta ação civil pública o procedimento administrativo de tombamento do imóvel autuado sob o nº 01.102.823/98.52 (vide. f. 12), há, no entanto, a documentação fotográfica de fl. 15/18 dos autos (06/09 do procedimento administrativo ministerial nº 44/02), que mostra a deterioração do imóvel desde 1998, (onde se pode observar ainda uma preservação dos dois pavimentos), até 2001 (onde o telhado já se encontra bem avariado). Portanto, se houve negligência esta adveio tanto do sujeito ativo como do sujeito passivo do tombamento.[385]

No aresto supracolacionado, o colegiado sufragou a tese de que a responsabilidade maior pela deterioração do bem seria do próprio ente público, no caso o Município de Belo Horizonte, que jamais tomou providências no sentido de conservá-lo.

Em que pese a total convergência doutrinária e jurisprudencial a proclamar a solidariedade passiva na responsabilidade civil ambiental restrita à dimensão natural, no que pertine ao meio ambiente cultural, outros têm sido os regimes jurídicos eleitos para gerir a responsabilidade dos diversos causadores do dano.

A doutrina costuma distinguir as seguintes situações: a) danos a bem tombado de propriedade pública; b) danos a bem tombado de propriedade do particular; c) danos a bem não tombado, mas dotado de valor cultural.

---

[383] STEIGLEDER, 2004, p. 217.

[384] BRASIL. Superior Tribunal de Justiça. Resp. 343.741-PR. Relator: Ministro Franciulli Netto. Julgado em: 04 jun. 2002. Disponível em: www.stj.gov.br. Acesso em: 23 dez. 2005.

[385] MINAS GERAIS. Tribunal de Justiça. Apelação Cível n. 1.0024.02.829365-2/001(1). Relator: Des. Brandão Pereira. Julgado em 29 nov. 2005. Disponível em: www.tjmg.gov.br. Acesso em: 07 fev. 2006.

Danos a bem tombado de propriedade pública:

Estando o bem tombado sob o domínio do Poder Público, a doutrina e a jurisprudência[386] não controvertem sobre a responsabilidade desse em relação à sua guarda e conservação,[387] tendo por suporte legal os arts. 17 e 21 da Lei do Tombamento.

No caso desses bens públicos distinguidos pelo tombamento virem a sofrer agressões causadas por terceiros, serão esses responsabilizados pelos danos causados, "seja através da indenização pecuniária, seja na obrigação de fazer, ou reparar o dano causado".[388]

Em julgado no qual se apreciava a responsabilidade por danos causados a Parque Estadual tombado cujo uso fora cedido a ente particular, o Tribunal de Justiça de São Paulo eximiu o Estado de responder pela demolição de obras clandestinas e subseqüente restauração do Parque, em acórdão assim ementado:

> AÇÃO CIVIL PÚBLICA – Condenação da Fazenda do Estado de São Paulo a promover demolição de obra irregular feita por entidade particular no interior de parque tombado – Inadmissibilidade – Poder de polícia exercitado anteriormente objetivando a preservação do patrimônio público – Inexistência de conduta omissiva da Administração a autorizar sua integração à lide – Responsabilidade exclusiva do co-réu, que desenvolveu suas atividades no local, auferindo proveito econômico – Recursos oficial e da Fazenda providos.[389]

Nesse julgado, o Relator afirmou que não poderia o povo, destinatário da ação preservacionista, através da Fazenda Pública paulista, ser condenado ao ressarcimento dos danos decorrentes da alteração do bem tombado. Tal argumentação, de forma isolada, afigura-se inadequada, porquanto em muitos casos é a Fazenda Pública que terá de arcar com a reparação desses bens que desempenham um papel civilizatório inquestionável. Todavia, nesse caso específico, o que parece justificar o acerto da decisão foi de fato a conduta solerte do Estado que de há muito buscava com o particular o desfazimento da construção, arredando a hipótese de omissão lesiva.

Os danos advindos de caso fortuito ou força maior recaindo sobre bens públicos tombados ou, incluímos, inventariados hão de ser reparados pelo

---

[386] Em caso envolvendo a preservação dos bens tombados pelo Patrimônio Histórico Nacional integrantes do Parque da Independência sob a responsabilidade administrativa da Secretaria Municipal da Cultura de São Paulo, o juízo monocrático condenou o Município de São Paulo à obrigação de realizar as obras de restauro, dentre outras obrigações (SÃO PAULO. Justiça Estadual da Capital. Ação Civil Pública n. 1.644/98. Prolator: Juiz Egberto de Almeida Penido. J. em 26 abr. 1999. *Revista de Direito Ambiental*, São Paulo, v. 4, n. 16, p. 335-342, out./dez., 1999).

[387] OLIVEIRA, 1992, p. 52; PIRES, 1994, p. 158.

[388] OLIVEIRA, 1992, p. 52.

[389] SÃO PAULO. Tribunal de Justiça. Apelação Cível n. 71.234-5/0. Relator: Des. Paulo Dimas Mascaretti. Acórdão de 11 ago. 1999. Disponível em: www.tj.sp.gov.br. Acesso em 3 jan. 2006.

órgão público detentor de seu domínio e, no caso de o sujeito ativo do tombamento não coincidir com o proprietário (por ex., quando a União tomba bem do estado-membro), há responsabilidade solidária entre eles, por força do disposto nos arts. 19 e 20 da Lei do Tombamento. Instituído o tombamento, a instância governamental que teve tal iniciativa passa a ser co-responsável pela preservação do bem.

Danos a bem tombado de propriedade particular:

Na lição da doutrina, os danos causados a bem tombado, pertencente a particular, pessoa física ou jurídica, sujeitarão, em regra, o proprietário e o ente público responsável pelo tombamento à reparação. Para que haja o concurso do Poder Público na adoção das condutas positivas tendentes à recomposição do bem ou, quando impossível essa via preferencial, à indenização pelos danos causados, sustentam Oliveira,[390] Machado[391] e Andrade[392] a concorrência de dois pressupostos: não ser o proprietário o causador do dano e ser realmente necessária a reparação.

Para esses autores, os danos advindos da ação ou omissão do proprietário não acarretam o dever jurídico de reparação para a Administração, sendo essa responsável pelos danos perpetrados por terceiros ou aqueles provenientes de caso fortuito ou força maior.

Esse entendimento, *data venia*, não condiz com os deveres de preservação do patrimônio cultural impostos pela Constituição aos entes estatais nos arts. 23, incs. III, IV e VI; 30, inc. IX, e 216, § 1º, da CF.

Em primeiro lugar, porque a grande maioria dos danos deriva da omissão dos proprietários que simplesmente ignoram o seu dever de preservar o patrimônio sobre o qual detêm a dominialidade.

Em segundo lugar, porque há proprietários que, embora sabendo dar valor ao bem por eles gerido, não dispõem de recursos financeiros para promover os reparos necessários e, muitas vezes por ignorância, deixam de tomar a providência, prevista no art. 19 do Decreto-Lei nº 25/37, de levar ao conhecimento do órgão público encarregado da gestão patrimonial a necessidade das obras e sua falta de condições para custeá-las.

Nessas hipóteses, o Poder Público, especialmente representado pela instância responsável pelo tombamento, há de se fazer presente, fiscalizando as condições do bem, induzindo o proprietário a realizar as intervenções imprescindíveis e, na persistência da conduta omissiva, há de realizá-las (mesmo as não emergenciais) em prol do interesse público, indo ao encontro

---

[390] OLIVEIRA, 1992, p. 53.
[391] MACHADO, 2000, p. 822-823.
[392] ANDRADE, F. A. V., 2001, p. 404.

do princípio, aprofundado alhures, "in dubio pro monumento". Oportuna a reprodução das palavras de Andrade, quando diz que, "em decorrência do princípio da supremacia do interesse difuso sobre os interesses público e privado, os deveres de proteção e preservação do meio ambiente cultural afiguram-se verdadeiramente inafastáveis, sendo indistintamente atribuído a todos, Poder Público e coletividade".[393]

Se o proprietário dispuser de meios, deverá o gestor público acioná-lo para que faça o devido ressarcimento pelos recursos que, afinal de contas, foram investidos em seu patrimônio pessoal.

Não tomadas tais providências, caracterizada está a omissão do Poder Público, induzindo sua co-responsabilidade.

A jurisprudência não evoluiu no sentido de proclamar a responsabilidade solidária plenamente consolidada no tocante ao meio ambiente natural.

Exemplo disso é o aresto do Tribunal de Justiça paulista, no caso do Mosteiro de São Bento, em Sorocaba, que acabou por reformar sentença que condenara solidariamente o proprietário com o Governo daquele Estado e o Município respectivo a repararem e conservarem referido acervo histórico.

No corpo do acórdão foi considerada inadequada a leitura feita pelo juízo monocrático e pelo autor da demanda (o Ministério Público) dos arts. 23, III, e 30, IX, da Constituição Federal, sob o fundamento de serem elas de conteúdo meramente programático e enunciativo, não obrigando tais entes governamentais a responderem pelos danos sofridos pelos bens culturais devido à ação do tempo e forças externas. "A proteção se faz através da proteção na forma de usar e conservar". Na ementa está dito o seguinte:

> Ação civil pública ajuizada pelo Ministério Público em face do Governo do Estado; da Municipalidade Sorocaba e do Mosteiro de São Bento. Pretensão de proteger bens de valor histórico e cultural pertencentes ao Mosteiro de São Bento, tombados pelo CONDEPHAAT, apresentando ruína e deterioração, através do concurso e da ação das partes colocadas no pólo passivo. Inadmissibilidade. Preliminares rejeitadas. Desobrigação do Poder Público de responsabilizar-se pela reforma e conservação de bens particulares tombados. Obrigação exclusiva do proprietário.[394]

Nesse mesmo diapasão posicionou-se o Superior Tribunal de Justiça em demanda ajuizada pelo proprietário particular contra a União, buscando a indenização pela deterioração de imóvel tombado ou a execução das obras de reparos.

---

[393] Ibidem, p. 402.
[394] SÃO PAULO. Tribunal de Justiça. Apelação Cível n. 119.950-5/6. Relator: Des. Rui Stoco. Acórdão de 30/05/00. Disponível em: www.tj.sp.gov.br. Acesso em: 23 abr. 2005. No mesmo sentido: SÃO PAULO. Tribunal de Justiça. Apelação Cível n. 099.120-5/5-00. Relator: Des. Torres de Carvalho. Acórdão de 08 set. 1999. Disponível em: www.tj.sp.gov.br. Acesso em: 23 abr. 2005; PARANÁ. Tribunal de Justiça. Apelação Cível n. 82532-9. Relator: Des. Roberto Pacheco Borba. Acórdão de 18 dez. 2000. Disponível em: www.tj.pr.gov.br. Acesso em: 29 ago. 2005.

Em sede de fundamentação, os ministros entenderam que a União só poderia vir a ser condenada a um desses dois pedidos se o proprietário carecesse de recursos e levasse tal fato ao conhecimento do Serviço do Patrimônio Histórico de Artístico Nacional (atual IPHAN), na esteira do comando insculpido no art. 19 do Decreto-Lei nº 25/37, situações essas que inocorreram naquele caso, remanescendo com o proprietário, que manteve ininterruptamente a posse do imóvel, a obrigação de reparar os danos ostentados pelo bem convertido em patrimônio.[395]

Já numa situação na qual o proprietário alegava não ter condições financeiras para assumir os reparos dos quais o imóvel necessitava, o e. Tribunal Regional Federal da 2ª Região proclamou que, apesar dele ser também titular do domínio sobre outros vinte imóveis (argumento usado pelo IPHAN para exigir dele a reparação), não poderia ser compelido a canalizar seus recursos pessoais (possivelmente através da venda de outros bens integrantes de seu patrimônio) para a concretização das obras necessárias. Da ementa extrai-se a seguinte passagem:

DIREITO CONSTITUCIONAL E ADMINISTRATIVO. PATRIMÔNIO CULTURAL BRASILEIRO. TOMBAMENTO. EFEITOS. OBRIGAÇÃO DE FAZER. REPARAÇÃO E CONSERVAÇÃO DO BEM. FALTA DE RECURSOS FINANCEIROS DO PROPRIETÁRIO.
[...] No caso em questão, ficou demonstrado que, a despeito de ser proprietário de outros imóveis, o Réu, com idade aproximada de noventa e cinco anos, se mantinha e à sua família com frutos civis decorrentes dos contratos de locação dos imóveis. Assim, diante da condição pessoal e financeira do proprietário, a magnitude das obras que exigiam recursos vultosos, bem como a constatação da impossibilidade material do Réu, outra solução não poderia ser dada a não ser a improcedência do pedido condenatório.
4. O dispositivo legal não exige que a pessoa do proprietário seja de classe desfavorecida economicamente para fins de sua aplicação. Deve-se considerar a hipossuficiência financeira diante das condições e circunstâncias do caso concreto, a ensejar a conclusão a respeito da impossibilidade de o proprietário custear as obras de conservação e reparação do imóvel tombado.[396]

Desse julgado merece destaque o sentido humanitário da opção feita para não afetar o direito à sobrevivência do proprietário do imóvel que, numa ponderação de princípios, acabou suplantando o direito difuso à preservação do patrimônio cultural.

Acolhendo posicionamento diametralmente oposto, o sodalício estadual gaúcho considerou como sendo exclusivamente do Poder Público responsá-

---

[395] BRASIL. Superior Tribunal de Justiça. Recurso Especial n. 25.371-1/RJ. Relator: Ministro Demócrito Reinaldo. Julgado em: 19 abr. 1993. *DJ*. 24 maio 1993. No mesmo sentido BRASIL. Superior Tribunal de Justiça. Recurso Especial n. 97.852. Relator: Ministro Garcia Vieira. Julgado em 17 abr. 1998. *DJ* 08 jun. 1998.
[396] BRASIL. Tribunal Regional Federal da 2ª Região. Apelação Cível n. 1996.51.06.000996-6. Relator: Juiz Federal Convocado Guilherme Calmon Nogueira da Gama. Julgado em 05 abr. 2005. Disponível em: www.trf2.gov.br/iteortif. Acesso em: 18 set. 2005.

vel pela iniciativa do tombamento a reparação dos danos ostentados pelo bem ou obras de restauração, como decorrência da limitação ao exercício do direito de propriedade oriunda do tombamento. Sem ingressar na questão da possibilidade financeira ou não do proprietário particular, assim se pronunciou:

> Restauração de imóvel tombado. Prédio em ruínas. Isenção de IPTU. Ação ordinária de obrigação de fazer c/c tutela antecipada. Improcedência na origem. Sentença que se confirma. Ao Poder Público que restringe o direito à propriedade pelo tombamento de imóvel, compete a responsabilidade pelos encargos de preservação ou obras de restauração decorrentes dessa limitação.[397]

Em outro aresto do mesmo Tribunal, envolvendo danos a bem de propriedade particular e tombado pelo Estado, esse ente público e o município restaram condenados à reparação dos danos e conservação do bem, com exclusão do proprietário, sob o argumento de que tanto o Estado que tombou o bem como o município que a ele requereu dita medida são por ele co-responsáveis, cumprindo ao proprietário colaborar para a consecução das obras, mas não custeá-las.[398]

Sui generis a decisão prolatada pelo Tribunal de Justiça mineiro em demanda ajuizada pelo Ministério Público contra a execução de obra em imóvel tombado integrante do conjunto arquitetônico de Ouro Preto. Nesse caso, além de o proprietário ter sido condenado ao desfazimento das obras e reparação integral do bem, o Município foi condenado a fiscalizar eventual continuidade das obras, sob pena de responsabilização pessoal de seu representante legal.[399]

Da avaliação conjunta da jurisprudência recolhida sobre o tema, sobressai a idéia de que a exegese do art. 19 da Lei do Tombamento ainda continua sendo feita de forma completamente desgarrada do Texto Constitucional e da Lei da Política Nacional do Meio Ambiente.

Danos a bem não tombado dotado de valor cultural:

Na hipótese de perpetração de danos a bem que, embora dotado de valor cultural, ainda não se ache guarnecido por qualquer instrumento de proteção, a situação é um pouco mais complexas porque envolverá uma questão preliminar conotada à necessária prova da sua importância enquanto bem portador

---

[397] RIO GRANDE DO SUL. Tribunal de Justiça. Reexame Necessário n. 70002586337. Relator: Des. Wellington Pacheco Barros. Julgado em 22 ago. 2001. Disponível em: www.tj.rs.gov.br. Acesso em: 07 fev. 2006.

[398] RIO GRANDE DO SUL. Tribunal de Justiça. Apelação Cível n. 595049412. Relator: Des. Araken de Assis. J. 13 set. 1995. *Revista de Jurisprudência do Tribunal de Justiça do Rio Grande do Sul*, Porto Alegre, v. 31, n. 176, t. 2., p. 603-607, jun. 1996.

[399] MINAS GERAIS. Tribunal de Justiça. Apelação Cível n. 1.0461.01.002950-6/001(1). Relator: Des. Pinheiro Lago. J. 21 jun. 2005. Disponível em: www.tjmg.gov.br. Acesso em: 02 set. 2006.

de referência à identidade, à ação, à memória dos diferentes grupos formadores da sociedade brasileira.

Superada essa fase, a responsabilidade se estabelecerá "in solidum" entre o proprietário[400] e a instância do Poder Público identificada com a representatividade do bem (caso não seja ela própria a proprietária), pois, como sustenta Andrade, o "Poder Público é efetivamente responsável direto ou indireto pela preservação do patrimônio cultural" .

Havendo indícios de que o bem goza de prestígio suficiente a revesti-lo com a aura de patrimônio, a jurisprudência tem proclamado a responsabilidade do proprietário,[401] ao menos em relação a obras emergenciais que possam levar à ruína da edificação,[402] causando também riscos à integridade e à vida de eventuais transeuntes que passem pelo imóvel, por força do art. 937 do Código Civil.[403]

Considerações finais acerca da responsabilidade civil pelos danos causados ao meio ambiente cultural:

Um exame alentado da jurisprudência e da doutrina relacionada à responsabilização pelos danos causados ao patrimônio cultural permite concluir imperar nesse aspecto ainda uma notável incongruência entre o entendimento assentado para a tutela do meio ambiente natural no sentido de se definir como solidária a responsabilidade civil entre os diversos co-autores dos danos advindos de ação ou omissão e o que se tem aplicado para a proteção do patrimônio cultural.

Nesse ponto é possível inferir, com singular nitidez, que o tratamento dado ao tema ainda se norteia, basicamente, pela doutrina administrativista. O direito ambiental acaba sendo convenientemente deixado de lado para que

---

[400] Conclui Tuglio que "o proprietário do bem imóvel que tenha interesse histórico, tombado ou não, é obrigado a preservá-lo e conservá-lo para esta e futuras gerações" (TUGLIO, 2005).

[401] Nesse sentido: RIO GRANDE DO SUL. Tribunal de Justiça. Agravo de Instrumento n. 599327285. Relator: Des. Vasco Della Giustina. J. em 19 abr. 2000. Disponível em: www.tj.rs.gov.br. Acesso em: 31 mar. 2005; RIO GRANDE DO SUL. Tribunal de Justiça. Agravo de Instrumento n. 70000431890. Relator: Des. Irineu Mariani. Acórdão de 21 jun. 2000. Disponível em: www.tj.rs.gov.br. Acesso em: 19 jul. 2005; MINAS GERAIS. Tribunal de Justiça. Agravo de Instrumento n. 1.0508.04.911352-7/001(1). Relator: Des. Edilson Fernandes. J. em 12 abr. 2005. Disponível em: http://tjmg.gov.br. Acesso em: 07 fev. 2005.

[402] Nesse sentido: RIO GRANDE DO SUL. Tribunal de Justiça. Agravo de Instrumento n. 70012628079. Relator: Des. Henrique Osvaldo Poeta Roenick. J. em 28 set. 2005. Disponível em: www.tj.rs.gov.br. Acesso em: 08 mar. 2005. No acórdão em questão, o proprietário pleiteava a exclusão do bem da zona de preservação do patrimônio cultural de Pelotas ou, sucessivamente, indenização em face do tombamento. Apreciando cautela antecipada postulada pelo particular para que o Município custeasse obras de restauração emergenciais, o colegiado considerou "absolutamente delirante" a pretensão do autor de transferir ao ente público a responsabilidade pela conservação e limpeza dos imóveis e pelos possíveis e eventuais danos causados a terceiros face à má conservação deles.

[403] Correspondente ao art. 1.528 do anterior Código Civil.

se contemple a um só tempo a necessidade de não se enfrentar o sacrossanto direito de propriedade e a hipossufiência do Estado frente aos encargos que ainda o consagram como o grande promotor da cultura da Nação.

Argumentos de conveniência não podem, entretanto, passar por cima do Texto Excelso que aderiu a uma noção sistêmica de meio ambiente relacionada à sadia qualidade de vida.

Partindo-se da noção de poluidor contida no art. 3°, inc. IV, da Lei da Política Nacional do Meio Ambiente, impõe-se o regime da solidariedade, por imperativo legal, independentemente de qualquer concerto de vontades entre os possíveis co-responsáveis .

É claro que, sendo o particular o titular do domínio do bem dotado de valor a que se pretende proteger, e sendo ele o primeiro a dele desfrutar e o seu natural gestor, sobre ele há de recair o dever inicial de preservação para além das meras obrigações negativas, alcançando igualmente as de índole positivas – obrigações de fazer (realizar reparos emergenciais; ancorar fachadas que ameacem desabar; realizar ações de descupinização; efetuar pinturas consentâneas com as características do imóvel; recuperar a volumetria, etc.).

Revelando-se o proprietário comprovadamente desprovido de recursos materiais para realizar tais intervenções, inarredável o dever do Poder Público de levá-las adiante.

Assim, além da necessidade das obras, o requisito para que o Poder Público seja co-responsável com o particular pela preservação do bem diz com a falta de condições desse de satisfazer, primariamente, essa obrigação, independentemente de ter ou não sido ele o causador dos danos.

Conclusão

Existem razões de sobra para a real inserção da proteção do meio ambiente cultural *tangível* no manancial de instrumentos e princípios do Direito Ambiental e que se isso vier de fato a se concretizar, considerando os avanços apresentados pelo ordenamento jurídico pátrio na esfera ambiental, redundará em ganhos expressivos para a tutela desses bens que, afinal de contas, conformam a personalidade, estabelecem diálogos intra e intergeracionais, permitindo a formação de indivíduos vocacionados à emancipação.

Do estudo sobre a idéia multiforme de cultura nas ciências humanas de maior conexão com o tema abordado foi possível extrair, em primeiro lugar, que sua afirmação como síntese de conhecimentos, crenças, arte, moral, costumes e outras capacidades ou hábitos adquiridos pelo homem enquanto membro da sociedade desenvolveu-se paralelamente à idéia de que dentre esse conjunto de expressões culturais, há algumas sobre as quais deve o Direito incidir.

A proteção jurídica há de recair justamente sobre os bens integrantes do patrimônio cultural, o qual, mesmo quando encarado sob uma perspectiva aberta, não pode ser inchado ao ponto de abarcar todo e qualquer bem dotado de algum valor cultural, ou seja, todos aqueles fruto da criação ou da especial valoração humana, pois isso provocaria uma inconcreção também geradora de problemas.

Assim, passou-se à exaustiva tarefa de se tentar definir o estatuto do patrimônio cultural.

Partindo-se da premissa de que a memória é, por natureza, uma capacidade seletiva, buscou-se a nota diferencial inerente aos bens que, como num passe de mágica, conseguem ingressar no seleto grupo do patrimônio cultural. Ousou-se, então, definir o patrimônio cultural como o conjunto de bens, práticas sociais, criações, materiais ou imateriais de determinada nação que, por sua peculiar condição de estabelecer diálogos temporais e espaciais relacionados àquela cultura, servindo de testemunho e de referência às gerações presentes e futuras, constitui valor de pertença pública, merecedor de proteção jurídica e fática por parte do Estado.

O estudo da história do patrimônio cultural – quase que uma história da história – permitiu-nos concluir que sua afirmação conceitual tal e qual o percebemos hoje deu-se sobretudo na modernidade, associada ao Estado-Nação.

O nacionalismo trouxe a reboque um fortalecimento da idéia de preservação do patrimônio cultural e, em tempos de regimes menos democráticos, recebeu ela um reforço ainda maior.

Na legislação brasileira isso é extremamente visível, tanto assim que o diploma que ainda regra o principal instrumento usado na tutela do patrimônio cultural material – o Decreto-Lei nº 25/37 – emergiu logo ao início da Ditadura Vargas.

Apesar disso, não concluímos que preservar o patrimônio cultural seja uma idéia reacionária, associada a períodos totalitários, a regimes ditatoriais.

Em tempos de pós-modernidade, o homem necessita de referenciais sólidos pelos quais possa se guiar, a fim de não sucumbir frente às leis ditadas pelo mercado e por sua mais forte ideóloga – a mídia. Assim, o fortalecimento do Estado-Nação e de seus mecanismos de reforço e vitalização apresenta-se, na atual quadra da história, dotado de um conteúdo emancipatório, afirmativo das múltiplas identidades presentes nas nações.

O patrimônio cultural é prova evidente da existência de vínculos com o passado e alimenta no ser humano uma sensação reconfortante de continuidade no tempo e de identificação com uma determinada tradição.

Partindo-se da noção dinâmica da cultura e da orientação sociológica fundada na *tolerância*, o cientista e também o operador do direito hão de reconhecer dignidade e legitimidade a valores existentes em cada sociedade, especialmente aqueles que destoem da sua.

Com apoio em Santos, concluiu-se ser possível – e até recomendável – o estabelecimento de um diálogo intercultural capaz de promover a idéia de dignidade humana em qualquer local do mundo,[404] de molde a que essa visão também influencie o estatuto contemporâneo do patrimônio e a sua abrangência.

Essa concepção multicultural dos direitos humanos adquiriu visibilidade sem precedentes nas diversas cartas patrimoniais internacionais e, no que tange à ordem jurídica interna, na Constituição de 1988, a qual conceituou o patrimônio cultural como abrangente dos "bens de natureza material e

---

[404] SANTOS, B. 1997, p. 105-123.

imaterial, tomados individualmente ou em conjunto, portadores de referência à identidade, à ação, à memória dos diferentes grupos formadores da sociedade brasileira" (art. 216, "caput").

Da noção de patrimônio passou-se ao exame do bem ambiental e de como ele é definido pela doutrina e jurisprudência estrangeira e nacional. Desse estudo de direito comparado identificou-se uma tendência de síntese em relação à ontologia do bem ambiental.

O patrimônio natural não se descola da cultura, no mínimo porque nele se assenta parte de nossa memória. Historicamente, a forma como o homem preservou, moldou, reproduziu – e, por vezes, destruiu – a natureza é por si um testemunho sem voz do modo de vida das diversas civilizações. A dimensão territorial alia-se à temporal para produzir um texto não escrito capaz de concretizar a transmissão cultural.

Entretanto, no julgamento de casos envolvendo a tutela de bens culturais, os tribunais pátrios parecem operar convenientemente uma cisão entre as dimensões natural e cultural do meio ambiente, de molde a não estender a essa vertente alguns dos importantes princípios e instrumentos que compõem a panacéia da tutela do meio ambiente .

Além disso, o direito de propriedade ainda paira quase que absoluto frente aos interesses difusos consagrados no texto constitucional, ficando a função social reduzida muitas vezes à órbita dos direitos de vizinhança, como se também ela não estivesse contida na arquitetura estrutural da ordem econômica nele idealizada.

Ao nos debruçarmos sobre o ordenamento jurídico pátrio, especialmente o de índole constitucional, concluímos que o direito ao meio ambiente sadio e ecologicamente equilibrado (nele inserido organicamente o meio ambiente cultural) é direito fundamental, por força da abertura material expressa no art. 5º, § 2º, da CF. Corolário, afirma-se que esse direito sujeita-se aos rigores estabelecidos no art. 60 do mesmo texto, constituindo cláusula pétrea e, como tal, passível de ser removido ou reduzido em sua amplitude somente através de um especial poder constituinte (poder constituinte originário).

Inserido no espectro desses direitos que gozam de "status" privilegiado, o direito fundamental ao meio ambiente, com o seu indissociável viés cultural, requer uma interpretação adequada e que atenda aos anseios de uma sociedade repleta de carências materiais como o é a brasileira.

Na Nova Hermenêutica Constitucional, comprometida que é com a concretização dos direitos fundamentais, concluímos que os princípios adquirem inegável força normativa e aparecem como protagonistas de destaque na realização do escopo maior do Direito Ambiental, que é o desenvolvimento sustentável aliado ao prolongamento da vida humana (dotada de qualidade) no planeta, para cuja realização a proteção dos valores atinentes à cultura é imperativa.

Da análise do elenco de princípios recolhidos da lei, da doutrina e da jurisprudência jusambiental, alguns foram destacados pela sua total pertinência com o meio ambiente cultural. Tratamos, ainda, de apontar alguns outros típicos dessa dimensão. Esse estudo escancarou o fato de que, por vezes, existem algumas dificuldades em relação a aplicá-los para a tutela dos bens culturais intangíveis (por exemplo, os princípios da preservação do bem no próprio sítio; o do uso compatível com a natureza do bem), porquanto dotados de uma dinâmica própria que rechaça qualquer intenção de estagnação, sendo ainda incongruente com a idéia de uso, mais afeita aos bens providos de tridimensionalidade.

Sobressaiu, dessa avaliação sobre os princípios, a idéia de que é na esfera do patrimônio cultural que o princípio da eqüidade intergeracional opera com toda a sua pujança, religando as gerações pretéritas, presentes e futuras através da comunicação estabelecida pelos bens que o integram.

Do estudo sobre a competência material relacionada à tutela do meio ambiente cultural inferiu-se a relevância conferida a esse bem jurídico pela Constituição de 1988, a qual envolveu todos os entes políticos, com a participação da comunidade, na preservação desses bens/valores imprescindíveis ao desenvolvimento espiritual do indivíduo, enquanto "portadores de referência à identidade, à ação, à memória dos diferentes grupos formadores da sociedade brasileira"[405] e essenciais à sadia qualidade de vida.[406] Completa-se o ciclo dessa forma. Se, de um lado, há o *direito* fundamental ao meio ambiente sadio e ecologicamente equilibrado, essencial à sadia qualidade de vida; de outro, aflora o *dever* fundamental de preservar esse mesmo bem jurídico, integrado pelo viés cultural.

Na identificação dos valores associados ao bem cultural a justificarem sua preservação, partiu-se de uma incursão no conceito adotado pelo "caput" do art. 216 da Constituição. Concluiu-se ser a indeterminação um traço dele inarredável, adstrito ao dinamismo e historicidade que impregnam a noção de patrimônio cultural numa perspectiva ambiental.

Fruto de toda uma evolução científica em torno à idéia de patrimônio, esse conceito revela a adesão a uma concepção não estática, nem meramente reativa assentada tão-somente no dever de "proteção" de bens capazes de testemunhar fatos significativos da memória dos diferentes grupos formado-

---

[405] Art. 216 da CF.
[406] Art. 225.

res da sociedade brasileira, mas uma perspectiva dinâmica, voltada à preservação, à valorização e à democratização.

Na identificação dos valores que irão nortear a eleição dos bens dignos de transcenderem de nossa era para as futuras há também uma mutabilidade influenciada pelo contexto social. A par disso, só se valoriza o que se conhece, de sorte que o sentido de preservação também sofre influências do grau de instrução da população sensibilizada pelo bem cultural, aparecendo em destaque o papel supremo da educação ambiental/patrimonial como vetor de máxima importância nesse cenário.

O exame dos instrumentos administrativos de tutela do meio ambiente cultural descortinou que, na prática, o mais utilizado e a despertar um maior número de questões jurídicas ainda é o tombamento, que reina absoluto nesse campo.

Por seu caráter complexo, os instrumentos urbano-ambientais, que ganharam um detalhamento e uma visibilidade sem precedentes em face da entrada em vigor do "Estatuto da Cidade" (Lei n. 10.257/01), são aqueles que melhor dialogam com o direito ambiental e permitem uma avaliação panorâmica, transdisciplinar da questão.

No que tange à tutela judicial, a pesquisa jurisprudencial revelou, como já se suspeitava, que a quase totalidade das demandas têm sido propostas pelo Ministério Público ou pelos órgãos governamentais encarregados da defesa dos bens culturais. A participação direta na defesa do meio ambiente – via ação popular – de larga tradição em prol do patrimônio público, escasso manejo tem experimentado para tutelar bens culturais, em que pese de há muito ser aceita pela doutrina para tal finalidade.

Em relação ao inquérito civil, normalmente precedente ao ajuizamento das ações civis públicas de iniciativa do Ministério Público, apresenta-se ele como valioso instrumento de tutela acautelatória e reparatória dos danos ambientais. Na área do patrimônio cultural são eloqüentes os exemplos de inquéritos civis que se prestam a fomentar políticas públicas voltadas a ações preservacionistas desencadeadas pelos governos e pelos particulares.

Partindo-se do dado fático consistente em consagrar a omissão como a grande algoz do patrimônio cultural, procurou-se ingressar no árduo campo da possibilidade de o Judiciário vir a suprir ou a corrigir a omissão estatal lesiva.

Em relação ao meio ambiente cultural, verificou-se que a jurisprudência alterna-se entre esses dois eixos: ora reconhecendo a capacidade de o Judiciário reconhecer a omissão e determinar a sua supressão, sem que isso represente afronta ao princípio republicano da separação dos poderes; ora considerando impossível tal conduta, estabelecendo uma verdadeira blindagem no tocante ao controle de certos temas.

Desse ponto específico, o importante a reter diz com a constatação de que, ao acolher esse tipo de pleito veiculado pelo Ministério Público ou por outro qualquer co-legitimado à ação civil pública, ou por cidadão, no caso da ação popular, não é propriamente o Judiciário quem está suprindo a omissão dos demais Poderes, mas sim a sociedade organizada, numa atuação legitimada constitucionalmente pela possibilidade de participação direta no exercício do poder (art. 1º, parágrafo único) e, no tocante ao patrimônio cultural, pelo art. 216, § 1º (o qual vincula a comunidade a colaborar com a preservação), ambos da Constituição Federal.

Se é cabível ao Judiciário abolir as omissões da Administração quando deixa de declarar o valor cultural inerente a determinado bem, impondo coercitivamente sua preservação ou, no caso de bens já revestidos por algum tipo de proteção jurídica, determinar a sua restauração, vislumbra-se igualmente viável objetar a avaliação positiva da Administração para embasar tombamentos, desapropriações, inventários, delimitações urbanísticas que mapeiem áreas especiais de interesse cultural ou prioritárias para o exercício do direito de preempção, operando-se essa avaliação circunscrita a determinados limites.

Pensar sobre a reparação dos danos ao meio ambiente cultural implica delimitar da forma mais clara possível a abrangência das ações danosas. Os danos ao meio ambiente cultural podem adquirir variadas feições, confundindo-se com a noção de poluição estética. Essa aparece sob a forma de inserções que rompem a beleza dos bens integrantes do patrimônio material ou pela supressão ou demolição total ou parcial desses bens ou, ainda, pela deterioração das ambiências ou paisagens que acabam por afetar negativamente a qualidade de vida.

Considerando a unicidade e a irrepetibilidade inerente aos bens conformadores do patrimônio cultural, a via da reparação "in natura" goza de total prioridade frente ao sucedâneo da indenização ou até da compensação.

Quer pela obediência ao princípio da "restauração natural" incorporado nas entrelinhas do art. 225, § 1º, inc. I, combinado com o art. 23, incs. III, IV e V, da CF; quer pela tendência da processualística contemporânea, que, tendo por norte a efetividade, prioriza o cumprimento da obrigação de fazer pelo devedor e condiciona sua conversão em indenização à impossibilidade de tutela específica ou obtenção de resultado prático equivalente; quer pela importância dos elementos integrantes do meio ambiente e de seu equilíbrio com vistas à concretização da qualidade de vida, tudo isso conduz a uma hermenêutica tendente a priorizar a reparação do bem em si, salvo quando essa solução não se apresentar factível, o que não raras vezes sucede em se tratando do meio ambiente cultural.

No tocante ao regime da responsabilidade civil a regrar a imputação dos danos ao patrimônio cultural, a pesquisa demonstra ser esse um dos pontos onde a visão unitária ou sistêmica de meio ambiente – dominante em termos conceituais – acaba sendo deixada de lado, aparecendo uma série de correntes que restringem a aplicação desse regime mais protetivo.

Como a grande maioria das condutas lesivas ao meio ambiente cultural decorre de omissão e, em especial, de omissão do Poder Público, e, partindo-se da idéia de que a responsabilidade estatal não se fulcra no risco integral, mas no risco administrativo, concluiu-se como mais adequada, nessas hipóteses, a incidência do art. 37, § 6º, da Constituição Federal (objetiva somente nas hipóteses de condutas ativas).

Por fim, quanto à responsabilização de todos aqueles que, direta ou indiretamente, concorreram à perpetração dos danos, tanto a doutrina como a jurisprudência – essa completamente desnorteada nesse ponto – têm dificuldades em eleger a regra da imputação *in solidum*, em que pese sua aplicação ser praticamente pacífica em relação à dimensão natural.

Findo esse trajeto que na nossa vida pessoal e profissional representa apenas o início de uma longa caminhada de estudos relacionados ao tema, pensamos ter contribuído para uma sistematização da dogmática e da operacionalidade da doutrina jurídica, permeada por um enfoque transdisciplinar, voltada à tutela do patrimônio cultural.

Referências Bibliográficas

ABELHA, Marcelo. *Ação civil pública e meio ambiente*. Rio de Janeiro: Forense Universitária, 2003.

ACADEMIA PAULISTA DE MAGISTRADOS (Org.). *Direito ambiental:* legislação, doutrina, jurisprudência e prática forense. São Paulo: Plenum/Petrobrás. CD-ROM.

ACKEL FILHO, Diomar. *Município e prática municipal:* à luz da Constituição Federal de 1988. São Paulo: Revista dos Tribunais, 1992.

ADORNO, Theodor; HORKHEIMER, Max. *Dialética do esclarecimento:* fragmentos filosóficos. Rio de Janeiro: Jorge Zahar, 1985.

AFONSO, Simonetta Luz. Património cultural: reflexões sobre a sua prática. In: MIRANDA, Jorge; CLARO, João Martins; ALMEIDA, Marta Tavares de (Org.). *Direito do património cultural*. Oeiras: INA, 1996. p. 517-525.

AIELLO, Victor. A mitologia de um antropólogo. *Revista Eletrônica Rever*. Disponível em: www.pucsp.br/rever/rv3_2001/i_geertz.htmo. Acesso em 17 set. 2004.

ALESSI, Renato. *Principi di diritto amministrativo*. Milano: Giuffrè, 1978.

ALEXANDER, Franz. *Nuestra era irracional:* un estudio de las fuerzas irracionales de la vida colectiva. Buenos Aires: Poseidón, 1944.

ALEXY, Robert. Colisão de direitos fundamentais e realização de direitos fundamentais no Estado de direito democrático. *Revista da Faculdade de Direito da Universidade Federal do Rio Grande do Sul*, v. 17. p. 267-279, 1999a.

——. *El concepto y la validez del derecho*. 2. ed. Barcelona: Gedisa, 1997a.

——. Direitos fundamentais no estado constitucional democrático. *Revista da Faculdade de Direito da Universidade Federal do Rio Grande do Sul*, Porto Alegre, v. 16, p. 203-214, 1999b.

——. *Teoria de los derechos fundamentales*. Madrid: Centro de Estudios Constitucionales, 1997b.

ALIBRANDI, Tommaso; FERRI, Piergiorgio. *I beni culturali e ambientali*. Milão: Giuffrè, 1985.

ALIER, Joan Martínez. *Da economia ecológica ao ecologismo popular*. Blumenau: Furb, 1998.

ALMEIDA, Fernanda Dias Menezes de. *Competências na Constituição de 1988*. 3. ed. São Paulo: Atlas, 2005.

ALONSO, Araceli Pereda. La Sobreexplotación en el uso de monumentos. *Debates de patrimonio*. Hispania Nostra. 16 fev. 2005. Disponível em: www.hispanianostra.es/patrimonio/docs/resumen. Acesso em: 22 ago. 2005.

ALVES, Alexandre Ferreira de Assumpção. O tombamento como instrumento de proteção ao patrimônio cultural. *Revista Trimestral de Direito Civil*, Rio de Janeiro, v. 10, p.29-57, 2002.

ALVES, José Augusto Lindgren. *A declaração dos direitos humanos na pós-modernidade*. Disponível em: www.dhnet.org.br/direitos/militantes/lindgrenalves/lindgren_100.html. Acesso em: 20 jan. 2005.

AMARAL, Diogo Freitas do (Coord.). *Direito do ambiente*. Oeiras: INA, 1994.

AMARAL, Guilherme; CARPENA, Márcia Louzada Carpena (Coord.). *Visões críticas do processo civil:* uma homenagem ao Prof. Dr. José Maria Tesheiner. Porto Alegre: Livraria do Advogado, 2005.

ANDRADE, Almir de. O direito constitucional e a ordem social. *Revista de Informação Legislativa*, Brasília, v. 3, n. 11, p. 21-38, set. 1966.

ANDRADE, Filippe Augusto Vieira de. O patrimônio cultural e os deveres de proteção e preservação. In: FREITAS, José Carlos de (Org.). *Temas de direito urbanístico 3*. São Paulo: Imprensa Oficial do Estado: Ministério Público do Estado de São Paulo, 2001. p. 387-407.

ANDRADE, Rodrigo Melo Franco de. Conferência. *Revista do IPHAN*, Rio de Janeiro, n. 17, 1969.

ANNONI, Ambrogio. *Scienza ed arte del restauro archittetonico:* idee ed esempli. Milano: Edicioni Artistiche Framar, 1946.

ANTUNES, Luís Filipe Colaço. Colocação institucional, tutela jurisdicional dos interesses difusos e "acção popular de massas". Disponível em: www.diramb.gov.pt. Acesso em: 17 set. 2004.

──. *A tutela dos interesses difusos em direito administrativo:* para uma legitimação processual. Coimbra: Livraria Almedina, 1989.

──. *O procedimento administrativo de avaliação de impacto ambiental*. Coimbra: Almedina, 1998.

ANTUNES, Paulo de Bessa. *Direito ambiental*. 2. ed. Rio de Janeiro: Lumen Juris, 1998.

ARAGÃO, Maria Alexandra de Souza. *O princípio do poluidor-pagador:* pedra angular da política comunitária do ambiente. Coimbra: Coimbra, 1997.

ARANHA, Maria Lúcia de Arruda; MARTINS, Maria Helena Píeres. *Filosofando:* introdução à filosofia. 2. ed. São Paulo: Moderna, 2002.

ARAÚJO, Suely Mara Vaz Guimarães de. O estatuto da cidade e a questão ambiental. Disponível em: www2.camara.gov.br/publicacoes. Acesso em: 06 nov. 2005.

ARISTÓTELES. *A política*. São Paulo: Martins Fontes, 1991.

AYALA, Patryck de Araújo. *Direito e incerteza:* a proteção jurídica das futuras gerações no Estado de Direito Ambiental. 2002. 495 p. Dissertação (Mestrado em Direito) – Universidade Federal de Santa Catarina, Florianópolis, 2002.

AZEVEDO, Eurico de Andrade. Direito de preempção. In: ESTATUTO da Cidade. Brasília: Fundação Prefeito Faria Lima – CEPAM, Governo do Estado de São Paulo, 2001. CD-ROM.

AZEVEDO, Roberto Marinho de. Algumas divagações sobre o conceito de tombamento. *Revista do Patrimônio Histórico e Artístico Nacional*, n. 22, p. 80-85, 1987.

BAHIA, Carolina Medeiros. A farra do boi à luz do princípio da proporcionalidade. In: LEITE, José Rubens Morato; BELLO, Ney de Barros (Orgs). *Direito ambiental contemporâneo*. Barueri: Manole, 2004. p. 75-98.

BAINES, John. *Chuva ácida*. São Paulo: Scipione, 1995.

BALANDIER, Georges. *El poder en escenas:* de la representación del poder al poder de la representación. Barcelona: Paidós, 1994.

BALLART, Josep. *El patrimonio histórico y arqueológico:* valor y uso. 2. ed. Barcelona: Ariel, 2002.

BANDEIRA DE MELLO, Celso Antônio. Apontamentos sobre o poder de polícia. *Revista de Direito Público*, São Paulo, n. 9, p. 55-68, 1969.

──. *Curso de direito administrativo*. 15. ed. São Paulo : Malheiros, 2002.

──. Tombamento e dever de indenizar. *Revista de Direito Público*, São Paulo, n. 81, p. 65-73, 1987.

BARBOSA MOREIRA, José Carlos. Ação civil pública. *Revista Trimestral de Direito Público*, São Paulo, n. 3, p. 187-203, 1993.

BARCELLONA, Pietro. *El individualismo propietario*. Madrid: Editorial Trotta, 1996.

BARRETO JÚNIOR, Luiz Fernando Cabral. O controle judicial das omissões do Poder Público no dever de proteção ao patrimônio cultural. In: ENCONTRO NACIONAL DO MINISTÉRIO PÚBLICO NA DEFESA DO PATRIMÔNIO CULTURAL, 1., 2003, Goiânia. *Anais...* Goiânia: Instituto Centro-Brasileiro de Cultura, 2004.

BARROSO, Luís Roberto. Fundamentos teóricos e filosóficos do novo direito constitucional brasileiro (Pós-modernidade, teoria crítica e pós-positivismo). In: GRAU, Eros Roberto; CUNHA, Sérgio Sérvulo da (Org.). *Estudos de direito constitucional em homenagem a José Afonso da Silva*. São Paulo: Malheiros, 2003. p. 23-59.

BAUDRILLARD, Jean. *A sociedade de consumo*. Lisboa: Edições 70, 2003.

BAUMAN, Zygmund. *Globalização:* as conseqüências humanas. Rio de Janeiro: Jorge Zahar, 1999.

──. *O mal-estar da pós-modernidade*. Rio de Janeiro: Jorge Zahar, 1998.

BECK, Ulrich. *La sociedad del riesgo:* hacia una nueva modernidad. Barcelona: Paidós Ibérica, 1998.

──. *Políticas ecológicas en la edad del riesgo.* Antídotos. La irresponsabilidad organizada. Barcelona: El Roure, 1998b.

BELL, Stuart; MCGILLIVRAY, Donald. *Environmental law.* 5. ed. Londres: Blackstone Press, 2000.

BENJAMIN, Antonio Herman V. Função ambiental. In: BENJAMIN, Antonio Herman V. (Coord.). *Dano ambiental:* prevenção, reparação e repressão. São Paulo: Revista dos Tribunais, 1993. p. 9-82.

──. Objetivos do direito ambiental. In: CONGRESSO INTERNACIONAL DE DIREITO AMBIENTAL, 5. 2001, São Paulo. *Anais* São Paulo: IMESP, 2001. p. 57-78.

──. O princípio poluidor-pagador e a reparação do dano ambiental. In: BENJAMIN, Antonio Herman V. (Coord.). *Dano ambiental:* prevenção, reparação e repressão. São Paulo: Revista dos Tribunais, 1993.

──. Reflexões sobre a hipertrofia do direito de propriedade na tutela da reserva legal e das áreas de preservação permanente. CONGRESSO INTERNACIONAL DE DIREITO AMBIENTAL, 2. *Anais...*, São Paulo: Imprensa Oficial, 1997.

──. Responsabilidade civil pelo dano ambiental. *Revista de Direito Ambiental.* São Paulo, n. 48, p. 5-52, jan./mar. 1998.

BESSONE, Darcy. *Direitos reais.* São Paulo: Saraiva, 1996.

BIFULCO, Raffaele. Lavorare nei beni culturali: le possibilitá di inserimento. Disponível em: www.diritto.it/materiali/informatica/cv_fuxa.html. Acesso em: 10 dez. 2005.

BINS, Milton. *O que é sociologia ?* introdução à sociologia. Porto Alegre: Feplam, 1980.

BITTAR FILHO, Carlos Alberto. Do dano moral coletivo no atual contexto jurídico brasileiro. *Direito do Consumidor*, São Paulo, v. 12, p. 50-56, 1994.

BITTENCOURT, Darlan Rodrigues; MARCONDES, Ricardo Kochinski. Lineamentos da responsabilidade civil ambiental. *Revista dos Tribunais*, São Paulo, v. 740, p. 82-95, jun. 1997.

BO, João Batista Lanari. *Proteção do patrimônio na Unesco:* ações e significados. Brasília: Unesco, 2003.

BOAS, Franz. *Race, language and culture.* New York: Macmillan, 1940.

BONAVIDES, Paulo. *Curso de direito constitucional.* 8. ed. São Paulo: Malheiros, 1999.

──. *Direitos fundamentais, globalização e neoliberalismo.* Disponível em: www.oab-sc.com.br/oab-sc/outros/discursos/discurso_paulo.doc. Acesso em: 14 fev. 2006.

BONNETTE, Michel. *Urban conservation and sustainable development:* a theoretical framework. In: INTERNATIONAL SEMINAR: conservation and urban sustainable development, 2, 1999, Recife. *Anais...* Recife: Universidade Federal de Pernambuco, 1999.

BORGES, Marco Antônio. O tombamento como instrumento jurídico para a proteção do patrimônio cultural. *Revista de Direito Ambiental*, São Paulo, n. 22, p. 259-263, abr./jun. 2001.

BORGES, Roxana Cardoso Brasileiro. *Função ambiental da propriedade rural.* São Paulo: LTr, 1999.

BRASIL. Ministério da Cultura. Instituto do Patrimônio Histórico e Artístico Nacional (IPHAN). *Caderno de documentos:* cartas patrimoniais. Brasília: IPHAN, 1995.

CABANILHAS SÁNCHEZ, Antonio. *La reparación de los daños al medio ambiente.* Pamplona: Aranzadi, 1996.

CAMARGO FERRAZ, Antonio Augusto Mello de. Ação civil pública, inquérito civil e Ministério Público. In: MILARÉ, Édis (coord.). *Ação civil pública*: Lei 7.347/1985 – 15 anos. São Paulo: Revista dos Tribunais, 2001.

──. Inquérito civil: dez anos de um instrumento de cidadania. In: MILARÉ, Édis (Coord.) *Ação civil pública.* São Paulo: Revista dos Tribunais, 1995. p. 62-69.

CAMPILLO GARRIGÓS, Rosa. *La gestión y el gestor del patrimonio cultural.* Murcia: Editorial KR, 1998,

CANARIS, Claus-Wilhelm. *Pensamento sistemático e conceito de sistema na ciência do direito.* Lisboa: Calouste, 1989.

CANOTILHO, José Joaquim Gomes. *Direito constitucional.* 6. ed. Coimbra: Almedina, 1993.

──. *Fundamentos da Constituição.* Coimbra: Coimbra, 1991.

――. A responsabilidade por danos ambientais: aproximação juspublicística. In: AMARAL, Diogo Freitas do (Coord.). *Direito do ambiente*. Oeiras: INA, 1994. p. 397-408.

CANOTILHO, José Joaquim Gomes; MOREIRA, Vital. *Constituição da república portuguesa anotada*. 3. ed. Coimbra: Coimbra, 1993.

CANTARINO, Carolina. *A consciência do valor*. Disponível em: www.revista.iphan.gov.br. Acesso em: 01 fev. 2005.

CAPPELLETTI, Mauro. *Juízes legisladores ?* Porto Alegre: Sérgio Antônio Fabris, 1993.

CAPPELLI, Sílvia. Ação civil pública ambiental: a experiência brasileira, análise de jurisprudência. *Revista do Ministério Público*, Porto Alegre, n. 52, p. 279-310, jan./abr. 2004.

――. Atuação extrajudicial do ministério público. *Revista do Ministério Público*, Porto Alegre, n. 46, p. 230-260, jan./mar. 2002.

CÁRDENAS, Rocío Silvia Cutipé. *El rol social del patrimonio:* nos hemos olvidado de la gente Disponível em: www.esicomos.org/nueva_carpeta/omdex_2esicomos.htm. Acesso em: 20 set. 2005.

CARSALADE, Flavio de Lemos. *Cultura como chave de compreensão da realidade*. Disponível em: www.pdturismo.ufsj.edu.br/artigos/culturachave.shtml. Acesso em: 20 nov. 2005.

CARTA de Restauro de 1987. Disponível em: http://web.tiscali.it/restauroantico/carta_1987.htm. Acesso em: 20 ago. 2005.

CARTA de Veneza. Disponível em: www.iphan.gov.br/legislac/cartaspatrimoniais/veneza-64.htm. Acesso em: 26 abr. 2005.

CARTA de Washington. Disponível em: www.icomos.org.br/washington.htm. Acesso em: 15 ago. 2005.

CARVALHO, Ana Luisa Soares de; PRESTES, Vanêsca Buzelato. Plano diretor e proteção às ambiências urbanas como elemento do patrimônio cultural – a possibilidade de aplicação do princípio da precaução no caso de Porto Alegre. In: CONGRESSO INTERNACIONAL DE DIREITO AMBIENTAL, 9., 2005, São Paulo. *Anais...* São Paulo: Imprensa Oficial, 2005. v. 1. p. 443-457.

CARVALHO FILHO, José dos Santos. *Ação civil pública:* comentários por artigo. Rio de Janeiro: Freitas Bastos, 1995.

CASINI, Lorenzo. La valorizzazione dei beni culturali. *Rivista Trimestrale di Diritto Pubblico*, n. 3, p. 651-707, 2001.

CASTELLI, Maria Erminda. *Protección jurídica del patrimonio cultural de la humanidad*. Buenos Aires: Bias Editora, 1987.

CASTILLO RUIZ, José. *El entorno de los bienes inmuebles de interés cultural*. Granada: Universidad, 1997.

CASTRO, Sonia Rabello de. *O estado na preservação de bens culturais*. Rio de Janeiro: Renovar, 1991.

――. Estatuto da cidade e a preservação do patrimônio cultural federal. In: FINK, Daniel Roberto (Org.). *Temas de direito urbanístico 4*. São Paulo: Imprensa Oficial do Estado: Ministério Público do Estado de São Paulo, 2005. p. 39-51.

CASTRO, Gustavo de; DRAVET, Florence. *Sob o céu da cultura*. Brasília: Thesaurus; Casa das Musas, 2004.

CERULLI IRELLI, Vincenzo. Beni culturali, diritti collettivi e proprietá pubblica. In: SCRITTI in onore di Massimo Severo Giannini, I. Milano: Giuffrè, 1988.

CHAGAS, Maurício. Patrimônio cultural. In: ENCONTRO NACIONAL DO MINISTÉRIO PÚBLICO NA DEFESA DO PATRIMÔNIO CULTURAL, 1., 2003, Goiânia. *Anais...* Goiânia: Instituto Centro-Brasileiro de Cultura, 2004. p. 13-19.

CHAUÍ, Marilena. *Convite à filosofia*. 12. ed. São Paulo: Ática, 2002.

――. Natureza, cultura, patrimônio ambiental. In: LANNA, Ana Lúcia Duarte (Org). *Meio Ambiente:* patrimônio cultural da USP. São Paulo: Edusp, 2003.

――. Política cultural, cultura política e patrimônio histórico. In: CUNHA, Maria Clementina Pereira (org.). *O direito à memória:* patrimônio histórico e cidadania/DPH. São Paulo: DPH, 1992. p. 37-46.

CHOAY, Françoise. *A alegoria do patrimônio*. São Paulo: Unesp, 2001.

CIRNE LIMA, Ruy. Das servidões administrativas. *Revista de Direito Público*, São Paulo, n. 5, p. 18-27, jul./set. 1968.

COMISSÃO FRANCESCHINI. Relatório final. *Rivista Trimestrale di Diritto Pubblico*, Milano, v.16, p. 119-244, 1966.

COMISSÃO MUNDIAL SOBRE MEIO AMBIENTE E DESENVOLVIMENTO. *Nosso futuro comum*. Rio de Janeiro: Fundação Getúlio Vargas, 1988.

COMPARATO, Fábio Konder. *A afirmação histórica dos direitos humanos*. 2. ed. São Paulo: Saraiva, 2001.

——. Direitos e deveres fundamentais em matéria de propriedade. Disponível em: www.cjf.gov.br/revista/numero3/artigo11.htm. Acesso em: 30 mai. 2004.

——. O ministério público na defesa dos direitos econômicos, sociais e culturais. In: GRAU, Eros Roberto; CUNHA, Sérgio Sérvulo da (Org.). *Estudos de direito constitucional:* em homenagem a José Afonso da Silva. São Paulo: Malheiros, 2003.

CONDESSO, Fernando dos Reis. *Direito do ambiente*. Coimbra: Almedina, 2001.

CONSELHO EUROPEU DE LAEKEN. *Relatório formulado pela Comissão das Comunidades Européias, em 17/10/01*. Disponível em: http://64.233.179.104/search?q=cache:ZPJOM79VMK4N:pdf. Acesso em: 20 jun. 2005.

CONVENÇÃO de Paris. Disponível em: www.iphan.gov.br/legislac/cartaspatrimoniais/cartaspatrimoniais.htm. Acesso em 20 set. 2005.

CORDINI, Giovanni. O direito do ambiente em Itália. In: AMARAL, Diogo Freitas do (Coord.). *Direito do ambiente*. Oeiras: INA, 1994.

CORRÊA, Roberto Lobato. Monumentos, política e espaço. *Revista Eletrônica de Geografía y Ciencias Sociales*, Barcelona, v. 9, n. 183, 2005. Disponível em: www.ub.es/geocrit/sn/sn-183.htm. Acesso em: 30 mar. 2005.

CORREIA, Fernando Alves. Propriedade de bens culturais: restrições de utilidade pública, expropriações e servidões administrativas. In: MIRANDA, Jorge; CLARO, João Martins; ALMEIDA, Marta Tavares de (Org.). *Direito do património cultural*. Oeiras: INA, 1996.

CORTESE, Wanda. *I beni culturali e ambientali:* profili normativi. 2. ed. Milão: Cedam, 2002.

CORTIANO JÚNIOR, Eroulths. *O discurso jurídico da propriedade e suas rupturas*: uma análise do ensino do direito de propriedade. Rio de Janeiro: Renovar, 2002.

COSTA NETO, Nicolao Dino de Castro e. *Proteção jurídica do meio ambiente*. Belo Horizonte: Del Rey, 2003.

CRETELLA JÚNIOR, José. *Controle jurisdicional do ato administrativo*. 2. ed. Rio de Janeiro: Forense, 1992.

——. Regime jurídico do tombamento. *Revista de Direito Administrativo*, São Paulo, n. 112, p. 50-68, 1973.

CUCHE, Denys. *A noção de cultura nas ciências sociais*. Bauru: EDUSC, 1999.

CUNHA, Danilo Fontenele Sampaio. *Patrimônio cultural:* proteção legal e constitucional. Rio de Janeiro: Letra Legal, 2004.

CUREAU, Sandra. Algumas notas sobre a proteção do patrimônio cultural. *Boletim Científico da Escola Superior do Ministério Público da União*, n. 9, p. 189-195, out./dez. 2003.

CURTIS, Júlio Nicolau de. Patrimônio ambiental urbano de Porto Alegre. In: CICLO DE PALESTRAS SOBRE PATRIMÔNIO CULTURAL, 1, 1979, Porto Alegre. *Conferências realizadas no 1º Ciclo de Palestras sobre patrimônio cultural*. Porto Alegre: Secretaria Municipal de Educação e Cultura, 1979.

——. *Vivências com a arquitetura tradicional do Brasil:* registros de uma experiência técnica e didática. Porto Alegre: Editora Ritter dos Reis, 2003.

CUSTÓDIO, Helita Barreira. Normas de proteção ao patrimônio cultural brasileiro em face da Constituição Federal e das normas ambientais. *Revista de Direito Ambiental*, São Paulo, n. 6, p. 17-39, abr./jun.. 1997.

——. A questão constitucional: propriedade, ordem econômica e dano ambiental. Competência legislativa concorrente. In: BENJAMIN, Antonio Herman (Coord.). *Dano ambiental:* prevenção, reparação e repressão. São Paulo: Revista dos Tribunais, 1993. p. 115-143.

CUSTÓDIO, Luiz Antônio Bolcato. E o futuro da metrópole... Disponível em www.revista.iphan.gov.br. Acesso em: 09 nov. 2005.

DALLARI, Adilson Abreu. Tombamento. *Revista de Direito Público,* São Paulo, n. 86, p. 37-41, abr./jun. 1988.

DAROCA, Eva Desdentado. *Los problemas del control judicial de la discrecionalidad técnica.* Madrid: Civitas, 1997.

DE VENANZI, Augusto. *Globalización y corporación*: el orden social en el siglo XXI. Barcelona: Anthropos, 2002.

DEÁK, Csaba. *Sobre especulação urbana.* Disponível em: www.usp.br/fau/docentes/ depprojeto/c_deak/CD/3publ/855spec/ – 31k. Acesso em: 17 maio 2005.

DECLARAÇÃO do Rio de Janeiro. Princípio n. 22. Disponível em: www.iphan.gov.br/legislac/cartaspatrimoniais/cartario-92.htm. Acesso em: 18 jul. 2005.

DECLERIS, Michael. *The law of sustainable development:* general principles, a report produced for the Europe Comission. Bruxelas: European Communities, 2000.

DELL'ANNO, Paolo. *Manualle di diritto ambientale.* 4. ed. Pádua: Cedam, 2003.

DEMIURGO. In: DICIONÁRIO Aurélio eletrônico, século XXI.

DERANI, Cristiane. *Direito ambiental econômico.* São Paulo: Max Limonad, 1997.

——; COSTA, José Augusto Fontoura (Org.). *Direito ambiental internacional.* Santos: Editora Universitária Leopoldianum, 2001.

DERETTI, Tarcísio. Cultura. *Introdução à sociologia.* Porto Alegre: Feplam, 1980.

DI PIETRO, Maria Sylvia Zanella. *Direito administrativo.* 3. ed. São Paulo: Atlas, 1992.

——. *Discricionariedade administrativa na Constituição de 1988.* São Paulo: Atlas, 1991.

DINAMARCO, Cândido Rangel. *A Instrumentalidade do processo.* 3. ed. São Paulo: Malheiros, 1993.

——. O poder judiciário e o meio ambiente. *Revista dos Tribunais,* São Paulo, n. 631, p. 24-28, mai. 1988.

DOMPER FERRANDO, Javier. *El medio ambiente y la intervencion administrativa en las actividades clasificadas:* planteamientos constitucionales. Madrid: Civitas, 1992. v. 1.

DUGUIT, Léon. *Fundamentos do direito.* Porto Alegre: Sérgio Antonio Fabris, 2005.

DUPUY, René-Jean. *Lavenir du droit international de l'environnement.* Dordrecht: Martinus Nijhoff, 1985.

DWORKIN, Ronald. *Los derechos en serio.* Barcelona: Ariel, 1997.

EAGLETON, Terry. *As ilusões do pós-modernismo.* Rio de Janeiro: Jorge Zahar, 1998.

ELIZABETH, Grace. Sociedade e patrimônio cultural. In: ENCONTRO NACIONAL DO MINISTÉRIO PÚBLICO NA DEFESA DO PATRIMÔNIO CULTURAL, 1., 2003, Goiânia. *Anais...* Goiânia: Instituto Centro-Brasileiro de Cultura, 2004.

ENCICLOPÉDIA Eletrônica Wikipedia. Disponível em: http://pt.wikipedia.org/wiki/Terror_(Revolu%C3%A7%C3%A3o_Francesa). Acesso em: 28 jun. 2005.

ENTOURAGE. In: DICIONÁRIO Larousse de bolso. Paris: Larousse, 2001.

FAGÚNDEZ, Paulo Roney Ávila. O significado da Modernidade. In: LEITE, José Rubens Morato; BELLO, Ney de Barros. *Direito ambiental contemporâneo.* Barueri: Manole, 2004.

FARIA, José Eduardo. Democracia e governabilidade: os direitos humanos à luz da globalização econômica. In: FARIA, José Eduardo (Org.). *Direito e globalização econômica*: implicações e perspectivas. São Paulo: Malheiros, 1996.

FARIAS, Bernadete Ferreira. *Zonas de proteção*: novas limitações ao direito de propriedade. Florianópolis: Obra Jurídica, 1994.

FARIAS, Paulo José Leite. *Competência federativa e proteção ambiental.* Porto Alegre: Sérgio Antonio Fabris, 1999.

FERNÁNDEZ RODRÍGUEZ, Tomás-Ramón. De nuevo sobre el poder discrecional y su ejercicio arbitrario. *Revista Española de Derecho Administrativo,* Madrid, n. 80, p. 577-612, out./dez. 1993.

FERRAZ, Sérgio. Responsabilidade civil por dano ecológico. *Revista de Direito Público*, São Paulo, v. 49-50, p. p. 34-41, jan./jun. 1979.

FERREIRA, Maria Manuela Flores. *Responsabilidade civil ambiental em Portugal*: legislação e jurisprudência. Disponível em: http://www.diramb.gov.br/mainframes.htm. Acesso em: 17 dez. 2004.

FERREIRA, Ximena Cardozo. *A atuação do ministério público na implementação de políticas públicas da àrea ambiental*. Disponível em: www.mp.rs.gov.br. Acesso em: 21 nov. 2005.

——. A possibilidade do controle da omissão administrativa na implementação de políticas públicas relativas à defesa do meio ambiente. In: CONGRESSO INTERNACIONAL DE DIREITO AMBIENTAL, 9., 2005, São Paulo. *Anais*... São Paulo: Imprensa Oficial, 2005. v. 2. p. 499-517.

FERRI, Pier Giorgio. Os bens culturais no direito italiano. In: MIRANDA, Jorge; CLARO, João Martins; ALMEIDA, Marta Tavares de (Org.). *Direito do património cultural*. Oeiras: INA, 1996. p. 111-148.

FIGUEIREDO, Guilherme José Purvin de. *A propriedade no direito ambiental*. Rio de Janeiro: Esplanada, 2005.

FINK, Daniel. Alternativa à ação civil pública ambiental (Reflexões sobre as vantagens do termo de ajustamento de conduta). In: MILARÉ, Édis (Coord.). *Ação civil pública*: Lei 7.347/1985 – 15 anos. São Paulo: Revista dos Tribunais, 2001. p. 114-139.

——. Meio ambiente cultural: regime jurídico da responsabilidade civil. In: LEITE, José Rubens Morato; DANTAS, Marcelo Buzaglo (Org.). *Aspectos processuais do direito ambiental*. Rio de Janeiro: Forense Universitária, 2003. p. 44-55.

FIORILLO, Celso Pacheco. *Curso de direito ambiental brasileiro*. 2. ed. São Paulo: Saraiva, 2001.

FIGUEIREDO, Guilherme José Purvin. Direito ambiental internacional e o controle e eliminação do uso do amianto no direito do trabalho. In: DERANI, Cristiane; COSTA, José Augusto Fontoura (Org.). *Direito ambiental internacional*. Santos: Editora Universitária Leopoldianum, 2001. p. 163-198.

FONSECA, Maria Cecília Londres da. *Referências culturais:* base para novas políticas de patrimônio. Disponível em: www.ipea.gov.br/pub/bps/bps_02.pdf. Acesso em: 19 mar. 2005.

——. *Patrimônio em processo:* trajetória da política federal de preservação no Brasil. Rio de Janeiro: UFRJ/IPHAN, 1997.

FOSTER, Hal (Org). *Postmodern culture*. Londres: Pluto Press, 1987.

FREITAS, José Carlos de. O estatuto da cidade e o equilíbrio no espaço urbano. In: FREITAS, José Carlos de (Org.). *Temas de direito urbanístico 3*. São Paulo: Imprensa Oficial do Estado: Ministério Público do Estado de São Paulo, 2001. p. 441-457.

FREITAS, Juarez. *O controle dos atos administrativos e os princípios fundamentais*. 2. ed. São Paulo: Malheiros, 1999.

——. *Estudos de direito administrativo*. São Paulo: Malheiros, 1997.

FREITAS, Vladimir Passos de. *A Constituição Federal e a efetividade das normas ambientais*. 2. ed. São Paulo: Revista dos Tribunais, 2002.

FREITAS, Vladimir Passos de (Coord.) *Direito ambiental em evolução 3*. Curitiba: Juruá, 2003.

FREUD, Sigmund. *O mal-estar na civilização*. Rio de Janeiro: Imago, 2002.

FRONER, Yacy Ara. *Patrimônio histórico e modernidade:* construção do conceito a partir da noção de revitalização de sítios, monumentos e centros urbanos. Disponível em: www.ufop.br/ichs/conifes/ac2.htm. Acesso em: 11 ago. 2005.

GALLI, Rocco. *Corso di diritto amministrativo*. Padova: Cedam, 1994.

GALVÃO JÚNIOR, José Leme. *O instituto do tombamento:* a importância de Brasília. Disponível em: www.mpdft.gov.br/orgaos/promoj/prourb/deb_joseleme.htm. Acesso em: 11 dez. 2004.

——. *Patrimônio cultural urbano:* preservação e desenvolvimento. 2001. 261 f. Dissertação (Mestrado em Arquitetura) – Faculdade de Arquitetura e Urbanismo, Universidade de Brasília. Brasília, 2001.

GARCÍA DE ENTERRÍA, Eduardo. *Democracia, jueces y control de la administración*. 4. ed. Madrid: Civitas, 1998.

GARCÍA DE ENTERRÍA, Eduardo; FERNÁNDEZ, Tomás-Rámon. *Curso de derecho administrativo*. 11. ed. Madrid: Civitas, 2002. v. 1.

GARCÍA GIL, Alberto. El patrimonio cultural. In: ACTAS de las primeras jornadas del patrimonio histórico artístico. Burgos, 1982. p. 79-82.

GASPARINI, Diógenes. *Direito administrativo*. 4. ed. São Paulo: Saraiva, 1995.

——. Tombamento II. In: ENCICLOPÉDIA Saraiva do direito. São Paulo: Saraiva, 1977, v. 74. p. 14-30.

GASTAL, Susana de Araújo. *Alegorias urbanas:* o passado como subterfúgio. Tempo, espaço e visualidade na pós-modernidade. 2002. 278 f. Tese (Doutorado em Comunicação Social) – Curso de Pós-graduação em Comunicação Social, Pontifícia Universidade Católica do Rio Grande do Sul. Porto Alegre, 2002.

GAVIÃO FILHO, Anizio Pires. *Direito fundamental ao ambiente*. Porto Alegre: Livraria do Advogado, 2005.

GELLNER, Ernest. *Nations and nationalism*. Oxford: Basil Blackwell, 1983.

GIAMPIETRO, Franco. *La responsabilità per danno all'ambiente:* profili aministrativi, civili e penali. Milão: Giuffrè, 1988.

GIANNINI, Massimo Severo. Ambiente: saggio sui diversi suoi aspetti giuridici. *Rivista Trimestrale di Diritto Pubblico*, Milano, n. 26, 1976a.

——. *I beni pubblici*. Roma: Librería Ricerche, 1963.

——. *Instituzioni di diritto amministrativo*. Milano: Giuffrè, 1981.

GIDDENS, Anthony. *As conseqüências da modernidade*. São Paulo: Unesp, 1991.

GOGLIANO, Daisy. *Direitos privados da personalidade*. São Paulo: FADUSP, 1982.

GOMES, Luís Roberto. *O ministério público e o controle da omissão administrativa*. São Paulo: Forense Universitária, 2003.

GOMES, Luís Roberto. Princípios constitucionais de proteção ao meio ambiente. *Revista de Direito Ambiental*, São Paulo, n. 16, p. 164-191, dez. 1999.

GOMES, Orlando. *Introdução ao Direito Civil*. 4. ed. Rio de Janeiro: Forense, 1974.

GÓMEZ, José María. *Política e democracia em tempos de globalização*. Petrópolis: Vozes, 2000.

GOODMAN, Mary Ellen. *El individuo y la cultura*. Cidade do México: Pax-México, 1971, p. 50.

GOVERNANÇA global. Disponível em: www.geocities.com/gladys_yoy_98/globalizacao.htm. Acesso em: 21 jan. 2005.

GRAU, Eros Roberto. Proteção do meio ambiente: o caso do parque do povo. *Revista dos Tribunais*, São Paulo, v. 702, abr. 1994.

——; CUNHA, Sérgio Sérvulo da (Org.). *Estudos de direito constitucional*: em homenagem a José Afonso da Silva. São Paulo: Malheiros, 2003.

GRISOLIA, Massimo. *La tutela delle cose d'arte*. Roma: Foro Italiano, 1952.

GROSSI, Paolo. *La propriedad y las propriedades:* un análisis histórico. Madrid: Civitas, 1992.

GUATTARI, Félix. *As três ecologias*. 14. ed. São Paulo: Papirus, 2003.

GUERRA FILHO, Willis Santiago. *Introdução ao direito processual constitucional*. Síntese: Porto Alegre, 1999.

——. *Teoria processual da Constituição*. 2. ed. São Paulo: Celso Bastos, 2002.

GUIMARAENS, Maria Etelvina. Instrumentos de proteção do patrimônio cultural. In: CONGRESSO BRASILEIRO DE DIREITO URBANÍSTICO, 2, 2002, Porto Alegre. Anais Porto Alegre: Editora Evangraf, 2002.

HÄBERLE, Peter. La protección constitucional y universal de los bienes culturales: un analisis comparativo. *Revista Española de Derecho Constitucional*, n. 54, p. 11-38, set./dez. 1998.

HABERMAS, Jürgen. *Direito e democracia:* entre facticidade e validade II. 2. ed. Rio de Janeiro: Tempo Brasileiro, 2003.

——. *O discurso filosófico da modernidade*: doze lições. São Paulo: Martins Fontes, 2002.

——. Modernity: an incomplete project. In: FOSTER, Hal (Org.) *The Anti-Aesthetic, essays on postmodern culture*, 1983, p. 3-15.

——. *Teoría de la acción comunicativa*. Madrid: Taurus, 1987. 2 v.

HALL, Peter. *Cidades do amanhã*. São Paulo: Perspectiva, 1988.

HALL, Stuart. *A identidade cultural na pós-modernidade*. 2. ed. Rio de Janeiro: DP&A, 1998.

HARRIS, Marvin. *El materialismo cultural*. Madrid: Alianza, 1982.

HARVEY, David. *Condição pós-moderna*. 13. ed. São Paulo: Loyola, 2004.

HERSKOVITS, Melville. *Antropologia cultural*. São Paulo: Metre Jou, 1963.

HOBBES, Thomas. *O Leviatã ou matéria:* forma e poder de um estado eclesiástico e civil. 4. ed. São Paulo: Nova Cultural, 1998.

HOBSBAWN, Eric. A produção em massa de tradições: Europa, 1870 a 1914. In: HOBSBAWN, Eric; RANGER, Terence (Org.). *A invenção das tradições*. 3. ed. São Paulo: Paz e Terra, 1997.

HORKHEIMER, Max. *Dialética do esclarecimento: fragmentos filosóficos*. Rio de Janeiro: Jorge Zahar, 1985.

HORTA, Maria de Lourdes Parreiras. Patrimônio cultural e cidadania. In: POSSAMAI, Zita Rosane; LEAL, Elisabete. *Museologia social*. Porto Alegre: Unidade Editorial, 2000. p. 11-20.

HUYSSEN, Andreas. *Memórias do modernismo*. Rio de Janeiro: UFRJ, 1996.

——. *Seduzidos pela memória*: arquitetura, monumentos, mídia. Rio de Janeiro: Aeroplano, 2000.

IBÁÑEZ, María del Rosario Alonso. Direito do património cultural em Espanha: situação actual e perspectivas. In: MIRANDA, Jorge; CLARO, João Martins; ALMEIDA, Marta Tavares de (Org.). *Direito do património cultural*. Lisboa: INA, 1996.

JAMESON, Fredric. *Pós-modernismo:* a lógica cultural do capitalismo tardio. São Paulo: Ática, 1996.

JIMÉNEZ DE PARGA Y MASEDA, Patricia. *El principio de prevención en el derecho internacional del medio ambiente*. Madrid: Ecoiuris, 2001.

JOLLIVET, Marcel; PAVE, Alain. L'Environnement: questions et perspectives pour la recherche. *Lettre du programme environnement du CNRS*, n. 6, 1992.

JUCOVSKY, Vera Lúcia. Considerações sobre a ação civil pública no direito ambiental. Disponível em: www.cjf.gov.br/revista/numero3/artigo03.htm Acesso em: 06 dez. 2005.

——. O papel do juiz na defesa do meio ambiente. *Revista do Tribunal Regional Federal da 3ª Região*, n. 42, p. 56-70, abr./jun. 2000.

KANT, Immanuel. *Crítica da faculdade de juízo*. Lisboa: Imprensa Nacional, 1998.

KISS, Alexandre. Os direitos e interesses das gerações futuras e o princípio da precaução. In: VARELLA, Marcelo Dias; PLATIAU, Ana Flávia Barros (Org.) *Princípio da precaução*. Belo Horizonte: Del Rey, 2004. p. 1-12.

KOTHE, Flávio. *Para ler Benjamin*. Rio de Janeiro: Francisco Alves, 1976.

KRELL, Andreas Joaquim. *Discricionariedade administrativa e proteção ambiental*. Porto Alegre: Livraria do Advogado, 2004.

——. A recepção das teorias alemãs sobre 'conceitos jurídicos indeterminados' e o controle da discricionariedade no Brasil. *Revista do Instituto de Hermenêutica Jurídica*, Porto Alegre, v. 1, n. 2, p. 33-65, 2004.

KROEBER, Alfred; KLUCKHOHN, Clyde. *Culture:* a critical review of concepts and definitions. New York: Vintage Books, 1963.

KUHN, Thomas. *A estrutura das revoluções científicas*. 8. ed. São Paulo: Perspectiva, 2003.

KUPER, Adam. *Cultura:* a visão dos antropólogos. Bauru: EDUSC. 2002.

LA REGINA, Adriano. *Preservação e revitalização do patrimônio cultural na Itália*. São Paulo: FAUUSP, 1982.

LAFARGA, Antonio-José Mas-Guindal. La sobreexplotación en las rehabilitaciones de los monumentos. *Debates de patrimonio*. Hispania Nostra. 16/02/05. Disponível em: www.hispanianostra.es/patrimonio/docs. Acesso em: 22 ago. 2005.

LAMARQUE, Jean. *Droit de la protection de la nature et de l'environnement*. Paris: Pedone, 1973.

LARAIA, Roque de Barros. *Cultura*: um conceito antropológico. 3. ed. Rio de Janeiro: Jorge Zahar, 1988.

LARENZ, Karl. *Metodologia da ciência do direito*. 3.ed. Lisboa: Calouste Gulbenkian, 1997.

LASSALE, José Maria. *Locke, liberalismo y propriedad.* Madrid: Fundacion Beneficentia et peritia iuris, 2003.

LEITE, José Rubens Morato. *Dano ambiental:* do individual ao coletivo extrapatrimonial. São Paulo: Revista dos Tribunais, 2000.

——; AYALA, Patrick Araújo. *Direito ambiental na sociedade de risco.* Rio de Janeiro: forense Universitária, 2002.

——; BELLO, Ney de Barros. *Direito ambiental contemporâneo.* Barueri: Manole, 2004.

LEMOS, Carlos A. C. *O que é patrimônio histórico.* 5. ed. São Paulo: Brasiliense, 1987.

LEMOS, Cristian Iribarrem. O comércio de materiais de demolição. Análise histórica e conceitual sobre a proteção do patrimônio histórico e cultural. Disponível em: www.vitruvius.com.br/arquitextos/arq000/esp239.asp. Acesso em: 08 ago. 2005.

LETTERA, Francesco. Lo stato ambientali e le generazioni future. *Rivista Giuridica dell'Ambiente*, v. 8, n. 2, p. 235-255, giug. 1992.

——. *Lo stato ambientale.* Il nuovo regime delle risorse ambientali. Milão: Giuffrè, 1990.

LÉVI-STRAUSS, Claude. *Race et histoire.* Paris: UNESCO, 1952.

LOCKE, Jonh. *Segundo tratado sobre o governo.* São Paulo: Martin Claret, 2003.

LOPERENA ROTA, Demetrio. *Los principios del derecho ambiental.* Madrid: Civitas, 1998.

LOPES, Tânia Fedotovas. *Orgulho e exclusão social caracterizam a vida dos moradores de Ouro Preto.* Disponível em: www.comciencia.br/200405/noticias/3/patrimonio.htm. Acesso em: 21 set. 2005.

LÓPEZ, David Senabre. *La especulación urbana en el uso y transformación del patrimonio.* Disponível em: www.international.icomos.org/publications/ga_madrid.htm. Acesso em: 20 set. 2005.

LYNCH, Kevin. *De que tiempo és este lugar ?* Barcelona: Gustavo Gili, 1973.

MACHADO, Paulo Affonso Leme. *Ação civil pública:* ambiente, consumidor, patrimônio cultural e tombamento. 2. ed. São Paulo: Revista dos Tribunais, 1987.

——. *Direito ambiental brasileiro.* 8. ed. São Paulo: Malheiros, 2000.

——. Meio ambiente e Constituição Federal. In: FIGUEIREDO, Guilherme Purvin de (Org.). *Direito ambiental em debate.* Rio de Janeiro: Esplanada, 2004. v. 1.

——. Princípio da precaução no direito brasileiro e no direito internacional e comparado. In: VARELLA, Marcelo Dias; PLATIAU, Ana Flávia Barros (Org.). *Princípio da precaução.* Belo Horizonte: Del Rey, 2004. p. 351-372.

MADALLENA, Paolo. Las transformaciones del derecho a la luz del problema ambiental: aspectos generales. *Revista del Derecho Industrial,* Buenos Aires, n. 41, p. 345-372, maio/ago. 1979.

MAGALHÃES, Aloísio. *E triunfo ?* A questão dos bens culturais no Brasil. Rio de Janeiro: Nova Fronteira; Fundação Nacional Pró-Memória, 1985.

MALHANO, Clara Emília Sanches Monteiro de Barros. *Da materialização à legitimação do passado:* a monumentalidade como metáfora do Estado. Rio de Janeiro: FAPERJ/Lucena, 2002.

MANCUSO, Rodolfo de Camargo. *Ação civil pública:* em defesa do meio ambiente, patrimônio cultural e dos consumidores. 4. ed. São Paulo: Revista dos Tribunais, 1996.

——. Interesses difusos: conceito e colocação no quadro geral dos interesses. *Revista do Processo,* São Paulo, v. 55, p. 165-179, jul./set. 1989.

——. *Interesses difusos*: conceito e legitimação para agir. 6. ed. São Paulo: Revista dos Tribunais, 2004.

MANTOVANI, Waldir. O que a USP faz com seu patrimônio ambiental ? In: LANNA, Ana Lúcia Duarte (Org.). *Meio ambiente:* patrimônio cultural da USP. São Paulo: Edusp, 2003.

MARCHESAN, Ana Maria Moreira. A importância da preservação do patrimônio cultural na pós-modernidade. In: FREITAS, Vladimir Passos de (Coord.) *Direito ambiental em evolução 4.* Curitiba: Juruá, 2005. p. 49-77.

——. Inquérito civil e ação civil pública na tutela do patrimônio cultural. In: ENCONTRO NACIONAL DO MINISTÉRIO PÚBLICO NA DEFESA DO PATRIMÔNIO CULTURAL, 1., 2003, Goiânia. *Anais...* Goiânia: Instituto Centro-Brasileiro de Cultura, 2004. p. 121-137.

——. A proteção constitucional ao patrimônio cultural. *Revista de Direito Ambiental,* São Paulo, n. 20, p. 111-120, out./dez. 2000.

MARCHESAN, Ana Maria Moreira; STEIGLEDER, Annelise Monteiro; CAPPELLI, Sílvia. *Direito ambiental*. 2. ed. Porto Alegre: Verbo Jurídico, 2005.
MARINONI, Luiz Guilherme. *Tutela específica:* arts. 461, CPC e 84, CDC. 2. ed. São Paulo: Revista dos Tribunais, 2001.
MARIUZZO, Patricia. *Tombamento não é sinônimo de prejuízo*. Disponível em www.revista.iphan.gov.br. Acesso em: 09 nov. 2005.
MARTINS, Carlos Estevam. A questão da cultura popular. In: FÁVERO, Osmar (Org.). *Cultura popular, educação popular*: memória dos anos 60. Rio de Janeiro: Graal, 1983.
MARX, Karl. *Formações econômicas pré-capitalistas*. Rio de Janeiro: Paz e Terra, 1985.
MATEO, Rámon Martín. *Tratado de derecho ambiental*. Madrid: Trivium, 1991. v. 1.
——. ——. Madrid: Edisofer, 2003. v. 4.
MATHEWS, Gordon. *Cultura global e identidade individual*. Bauru: Edusc, 2002.
MAZZILLI, Hugo Nigro. *A defesa dos interesse difusos em juízo*. 15. ed. São Paulo: Saraiva, 2002.
——. *O inquérito civil*. São Paulo: Saraiva, 1999.
——. Pontos controvertidos sobre o inquérito civil. In: MILARÉ, Édis (Coord.). *Ação civil pública*: Lei 7.347/1985 – 15 anos. São Paulo: Revista dos Tribunais, 2001.
——. *Tutela dos interesses difusos e coletivos*. 4. ed. São Paulo: Damásio de Jesus, 2004.
MCINTYRE, Owen; MOSEDALE, Thomas. "The precautionary principle as a norm of customary international law". *Journal of environmental law*, v. 9, n. 2, p. 220-241, 1997.
MEDAUAR, Odete. *Direito administrativo moderno*. 2. ed. São Paulo: Revista dos Tribunais, 1998.
MEDEIROS, Fernanda Luiza Fontoura de. *Meio ambiente*: direito e dever fundamental. Porto Alegre: Livraria do Advogado, 2004.
MEIRA, Ana Lúcia. *O passado no futuro da cidade:* políticas públicas e participação popular na preservação do patrimônio cultural de porto alegre. Porto Alegre: Editora da UFRGS, 2004.
MEIRELLES, Hely Lopes. *Direito administrativo brasileiro*. 23. ed. São Paulo: Malheiros, 1998.
——. *O direito de construir*. São Paulo: Revista dos Tribunais, 1965.
MELLO FILHO, José Celso de. *Constituição Federal Anotada*. São Paulo: Saraiva, 1984.
MENDES, Antônio Arthur Barros. *A tutela do patrimônio cultural imaterial brasileiro*: breves reflexões. Disponível em: http://jus2.uol.com.br/doutrina/texto.asp?id=6543. Acesso em: 18 out. 2005.
MENESES, Ulpiano Bezerra de. *Memória e cultura material:* documentos pessoais no espaço público. Disponível em: www.cpdoc.fgv.br/revista/arq/238.pdf. Acesso em: 26 set. 2005.
——. A paisagem como fato cultural. In: YÁZIGI, Eduardo (Org.). *Turismo e paisagem*. São Paulo: Contexto, 2002. p. 29-64.
——. O patrimônio cultural entre o público e o privado. In: CUNHA, Maria Clementina Pereira (Org.). *O direito à memória:* patrimônio histórico e cidadania/DPH. São Paulo: DPH, 1992.
MESNARD, André-Hubert. Política e direito do patrimônio cultural em França: situação actual e perspectivas. In: MIRANDA, Jorge; CLARO, João Martins; ALMEIDA, Marta Tavares de (Coord.). *Direito do patrimônio cultural*. Oeiras: INA, 1996.
MESSINEO, Francesco. *Manual de derecho civil y comercial*, Buenos Aires: Ejea, 1954. v. 2. t.1.
MILARÉ, Édis. *Direito do ambiente*. São Paulo: Revista dos Tribunais, 2000.
——. A nova tutela penal do ambiente. In: CONGRESSO INTERNACIONAL DE DIREITO AMBIENTAL, 3., 1999, São Paulo. *Anais...* São Paulo: IMESP, 1999. v. 1. p. 139-183.
MILET, Vera. *A teimosia das pedras*. Olinda: Prefeitura de Olinda, 1988.
MINAMI, Issao; GUIMARÃES JÚNIOR, João Lopes. *A questão da estética no meio urbano*. Disponível em: www.ambientebrasil.com.br. Acesso em: 07 maio 2005.
MIRANDA, Evaristo Eduardo de. *Natureza, conservação e cultura*. São Paulo: Metalivros, 2004.
MIRANDA, Jorge. O patrimônio cultural e a Constituição: tópicos. In: MIRANDA, Jorge; CLARO, João Martins; ALMEIDA, Marta Tavares de (Coord.). *Direito do patrimônio cultural*. Oeiras: INA, 1996.
MIRRA, Álvaro Luiz Valery. *Ação civil pública e a reparação do dano ao meio ambiente*. São Paulo: Juarez de Oliveira, 2002.

———. Ação civil pública em defesa do meio ambiente: a representatividade adequada dos entes intermediários legitimados para a causa. In: MILARÉ, Édis (Coord.). *A ação civil pública após 20 anos:* efetividade e desafios. São Paulo: Revista dos Tribunais, 2005. p. 33-57.

———. Princípios fundamentais de direito ambiental. *Revista de Direito Ambiental*, São Paulo, v. 2, p. 50-70, abr./jun. 1996.

MOLINA GIMÉNEZ, Andrés. *Las antenas de telefonia móvil:* Régimen jurídico, Análisis de los impactos visuales y radioeléctricos en las comunicaciones móviles. Madrid: Aranzadi, 2002.

MONNET, Jérôme. O álibi do patrimônio. *Revista do IPHAN*, n. 24, 1996.

MONTERO, Juan Monterroso. *Protección y conservación del patrimonio:* principios teóricos. Santiago de Compostela: Tórculo, 2001.

MONTESQUIEU. *O espírito das leis.* Introdução, tradução e notas Pedro Vieira Mota. 2. ed. São Paulo: Saraiva, 1992.

MOREIRA NETO, Diogo de Figueiredo. *Curso de direito administrativo.* 11. ed. Rio de Janeiro: Forense, 1996.

———. *Direito de participação política.* Rio de Janeiro: Renovar, 1992.

MORIN, Edgar. O diálogo supõe a igualdade. In: CASTRO, Gustavo de; DRAVET, Florence. *Sob o céu da cultura.* Brasília: Thesaurus; Casa das Musas, 2004. p. 19-24.

———. *Os sete saberes necessários à educação do futuro.* 2. ed. São Paulo: Cortez, 2000.

MORIN, Edgar; KERN, Anne Brigitte. *Terra-pátria.* 4. ed. Porto Alegre: Sulina, 2003.

MUSGRAVE, Richard. *The theory of public finance.* Nova Iorque: McGraw-Hill, 1959.

NASCIMENTO, Tupinambá Miguel Castro do. *A ordem social e a nova Constituição:* arts. 193 a 232. Rio de Janeiro: AIDE, 1991.

NEGRI, Antonio; HARDT, Michael. *Império.* 5. ed. Rio de Janeiro: Record, 2003.

NERY JÚNIOR, Nelson. Responsabilidade civil por dano ecológico e a ação civil pública. *Justitia*, São Paulo, n. 126, p. 168-189, jul./set. 1984.

———; ANDRADE NERY, Rosa Maria de. *Código Civil comentado e legislação extravagante.* 3. ed. São Paulo: Revista dos Tribunais, 2005.

———. *Código de processo civil comentado e legislação processual civil extravagante em vigor.* 4. ed. São Paulo: Revista dos Tribunais, 1999.

NICKEL, James. Intergenerational equity, future generations, and sustainable development. In: CONGRESSO INTERNACIONAL DE DIREITO AMBIENTAL, 2., 1997, São Paulo. *Anais...* São Paulo: Imprensa Oficial, 1997.

NICOLESCU, Basarab. A evolução transdisciplinar da Universidade. *Condição para o desenvolvimento sustentável.* Tailândia, nov. 1997. Disponível em: www.cetrans.futuro.usp.br/thailandiaport.html. Acesso em: 27 nov. 2004.

O VALOR das coisas. *Zero Hora*, Porto Alegre, 01 ago. 2004. Caderno Donna.

ODUM, Eugene. *Ecologia.* Rio de Janeiro: Guanabara Koogan, 1983.

OLIVEIRA, Helli Alves. *Da responsabilidade civil do estado por danos ambientais.* Rio de Janeiro: Forense, 1990.

———. Responsabilidade pelos danos ao patrimônio cultural. *Revista Forense*, Rio de Janeiro, v. 319, p. 49-56, jul./set. 1992.

OST, François. *A natureza à margem da lei:* a ecologia à prova do direito. Lisboa: Piaget, 1995.

———. *Un héritage sans testament:* patrimoine et générations futures. Disponível em: http://64.233.161.104/search?q=cache:5jxPSo2reWQJ:www.fgf.be/pdf/heritage_sans_testament.doc +fran%C3%A7ois+ost+un+h%C3%A9ritage+sans+testament+&hl=pt-BR. Acesso em: 18 jul. 2005.

PACCAGNELLA, Luís Henrique. Dano moral ambiental. *Revista de Direito Ambiental*, São Paulo, v. 4, n. 13, p. 45-51, jan./mar. 1999.

PADILHA, Telmo. E-mail remetido em 15 nov. 2005. Site da organização: www.defender.org.br.

PAOLI, Maria Célia. Memória, história e cidadania: o direito ao passado. In: CUNHA, Maria Clementina Pereira (Org.). *O direito à memória:* patrimônio histórico e cidadania/DPH. São Paulo: DPH, 1992.

PARDO, Guilhermo Orozco; ALONSO, Esteban Pérez. *La tutela civil y penal del patrimonio histórico, cultural o artístico.* Madrid: McGraw-Hill, 1996.

PASQUALOTTO, Adalberto. Responsabilidade civil por dano ambiental: considerações de ordem material e processual. In: BENJAMIN, Antonio Herman (Coord.). *Dano ambiental, prevenção, reparação e repressão.* São Paulo: Revista dos Tribunais, 1993. p. 444-470.

PELIZZOLI, Marcelo Luiz. *A emergência do paradigma ecológico:* reflexões ético-filosóficas para o século XXI. Petrópolis: Vozes, 1999.

PELLEGRINI FILHO, Américo. *Ecologia, cultura e turismo.* 4. ed. Campinas: Papirus, 2000.

PEREIRA DA SILVA, Vasco. O património cultural da Igreja. In: MIRANDA, Jorge; CLARO, João Martins; ALMEIDA, Marta Tavares de (Org.). *Direito do património cultural.* Oeiras: INA, 1996. p. 475-497.

PEREIRA, César Augusto Guimarães. Discricionariedade e apreciações técnicas da administração. *Revista de Direito Administrativo*, Rio de Janeiro, n. 231, p. 217-267, jan./mar. 2003.

PÉREZ LUÑO, Antonio Enrique. *Comentarios a las leyes políticas.* Constitución Española de 1978. Madrid: Edersa, 1984.

──. *Derechos humanos, estado de derecho e constitución.* 6.ed. Madrid: Tecnos, 1999.

PÉRINET-MARQUET, Hugues. La protection publique des biens culturels en droit français. *Revue Internationale de Droit Comparé*, Paris, n. 2, p. 789-804, abr./jun. 1990.

PERRINI, Raquel Fernandes. A ação popular como instrumento de defesa ambiental. *Cadernos de Direito Constitucional e Ciência Política*, São Paulo, n. 11, abr./jun. 1995.

PERROT, Michelle. Maneiras de Morar. In: PERROT, Michelle (Org.). *História da vida privada:* da revolução francesa à primeira guerra. São Paulo: Cia. das Letras, 1991. p. 307-324.

PIRES, Maria Coeli Simões. *Da proteção ao patrimônio cultural.* Belo Horizonte: Del Rey, 1994.

PIVA, Giorgio. Cose d'arte. In: ENCICLOPEDIA del diritto. Milano: Giuffrè, 1962. v. 11.

PIVA, Rui Carvalho. *Bem ambiental.* São Paulo: Max Limonad. 2000.

POLÍTICA In: DICIONÁRIO Aurélio eletrônico, século XXI.

PONTES DE MIRANDA, Francisco Cavalcanti. *Tratado das ações.* Atualizado por ALVES, Vilson Rodrigues. Campinas: Bookseller, 1998. v. 1.

POSSAMAI, Zita Rosane; LEAL, Elisabete. *Museologia social.* Porto Alegre: Unidade Editorial, 2000.

PRIEUR, Michel. *Droit de l'environnement.* 4. ed. Paris: Dalloz, 2001.

──. *Vers un droit de l'environnement renouvelé.* Disponível em: www.conseil-constitutionnel.fr/cahiers/ccc15/env2.htm. Acesso em: 15 dez. 2004.

PROENÇA, Luís Roberto. *Inquérito civil:* atuação investigativa do Ministério Público a serviço da ampliação do acesso à Justiça. São Paulo: Revista dos Tribunais, 2001.

PROTEÇÃO e revitalização do patrimônio cultural no Brasil: uma trajetória. Brasília: Ministério da Educação e Cultura, Secretaria do Patrimônio Histórico e Artístico Nacional, Fundação Nacional Pró-Memória, 1980.

PUGLIATTI, Salvatore. *Beni e cose in senso giuridico.* Milão: Giuffrè, 1962.

PUREZA, José Manuel; FRADE, Catarina. *Direito do ambiente.* Coimbra: Faculdade de Economia da Universidade de Coimbra. 2001, v. 1: Parte: a ordem ambiental portuguesa.

QUINTANILHA, Ellen de Castro. Ensaio sobre competência do município para legislar sobre meio ambiente. *Boletim de Direito Municipal*, São Paulo, p. 36-38, jan.1990.

RÁMON, Fernando López. *La conservación de la naturaleza:* los espacios naturales protegidos. Bolonia: Colégio de España, 1980.

RANGEL, Paulo Castro. *Concertação, programação e direito do ambiente*: a propósito do sentido e da causa-função do contrato-programa de redução da carga poluente. Coimbra: Coimbra, 1994.

RAWLS, John. *Uma teoria da justiça.* Lisboa: Presença, 1993.

REISEWITZ, Lúcia. *Direito ambiental e patrimônio cultural*: direito à preservação da memória, ação e identidade do povo brasileiro. São Paulo: Juarez de Oliveira, 2004.

RIBEIRO, Darcy. *O processo civilizatório:* etapas da evolução sociocultural. 11. ed. São Paulo: Companhia das Letras, 1998.

RIBEIRO, Maurício Andrés. Abordagem ecológica da cultura. Disponível em: www.jornaldomeioambiente.com.br. Acesso em: 16 mar. 2005.

RICHTER, Rui Arno. *Meio ambiente cultural:* omissão do Estado e tutela judicial. Curitiba: Juruá, 1999.

———. Omissão do Poder Público na gestão do patrimônio cultural. In: ENCONTRO NACIONAL DO MINISTÉRIO PÚBLICO NA DEFESA DO PATRIMÔNIO CULTURAL, 1., 2003, Goiânia. *Anais...* Goiânia: Instituto Centro-Brasileiro de Cultura, 2004, p. 68.

RIEGL, Aloïs. *El culto moderno a los monumentos:* caracteres y origem. 2. ed. Visor: Madrid, 1999.

RIOS, Arthur. A ordem social: da moralidade, eticidade, legitimidade, eqüidade e da axiologia do direito. *Revista Trimestral de Jurisprudência dos Estados,* São Paulo, v. 145, p. 35-41, fev. 1996.

RODRIGUES, Francisco Luciano Lima. *A proteção do patrimônio cultural:* competências constitucionais municipais e o direito de construir regulado pela Lei n. 10.257/01 (Estatuto da Cidade). Disponível em: www1.jus.com.br/doutrina/texto.as?id=3160. Acesso em: 21 mar. 2005.

RODRIGUES, Geisa de Assis. *Ação civil pública e termo de ajustamento de conduta:* teoria e prática. Rio de Janeiro: Forense, 2002.

RODRIGUES, José Eduardo Ramos. Da proteção ao patrimônio cultural arqueológico e paleontológico. In: ENCONTRO NACIONAL DO MINISTÉRIO PÚBLICO NA DEFESA DO PATRIMÔNIO CULTURAL, 1., 2003, Goiânia. *Anais...* Goiânia: Instituto Centro-Brasileiro de Cultura, 2004. p. 109-120.

———. Meio ambiente cultural: tombamento, ação civil pública e aspectos criminais. In: MILARÉ, Édis (Coord.). *Ação civil pública.* Lei 7.347/1985 – 15 anos. São Paulo: Revista dos Tribunais, 2001b. p. 309-360.

———. Patrimônio cultural: análise de alguns aspectos polêmicos. *Revista de Direito Ambiental,* São Paulo, n. 21, p. 175-191, jan./mar. 2001a.

———. Tombamento e patrimônio cultural. In: BENJAMIN Antonio Herman Vasconcellos (Org.) *Dano Ambiental*: prevenção, reparação e repressão. São Paulo: Revista dos Tribunais, 1993. v. 2.

RODRIGUES, Marcelo Abelha. *Instituições de direito ambiental.* São Paulo: Max Limonad, 2002. v. 1.

RODRIGUES, Marcelo Abelha; FIORILLO, Celso Pacheco. *Manual de direito ambiental e legislação aplicável.* 2. ed. São Paulo: Max Limonad, 1999.

ROLAND, Ana Maria. *Fronteiras da palavra:* fronteiras da história. Brasília: EdUnb, 1997.

ROLNIK, Raquel (Org.). *Estatuto da cidade.* Guia para implementação pelos municípios e cidadãos. Brasília: Câmara dos Deputados, Coordenação de Publicações, 2001.

ROUSSEAU, Jean-Jacques. *Do contrato social.* São Paulo: Martin Claret, 2004.

RUSKIN, John. *As pedras de Veneza.* São Paulo: Martins Fontes, 1992.

———. *Las siete lámparas de la arquitectura.* Valencia: F. Sempere, 1910.

———. *The seven lamps of architecture.* Londres: Dent and Sons, 1956.

SACHS, Ignacy. *Caminhos para o desenvolvimento sustentável.* 3. ed. Rio de Janeiro: Garamond, 2002.

———. *Estratégias de transição para o século XXI:* desenvolvimento e meio ambiente. São Paulo: Studio Nobel e Fundação de Desenvolvimento Administrativo, 1993.

SADELEER, Nicolas de. O estatuto do princípio da precaução no direito internacional. In: VARELLA, Marcelo Dias; PLATIAU, Ana Flávia Barros (Org.). *Princípio da precaução.* Belo Horizonte: Del Rey, 2004. p. 47-74.

SALAVERRÍA, Juan Igartua. *Discrecionalid técnica, motivación y control jurisdiccional.* Madrid: Civitas, 1998.

SALLES, Carlos Alberto de. Execução específica e ação civil pública. In: MILARÉ, Édis (Coord.). *A ação civil pública após 20 anos:* efetividade e desafios. São Paulo: Revista dos Tribunais, 2005. p. 85-96.

———. *Execução judicial em matéria ambiental.* São Paulo: Revista dos Tribunais, 1999.

SAMPAIO, Francisco José Marques. *Evolução da responsabilidade civil e reparação de danos ambientais.* São Paulo: Renovar, 2003.

SAMPAIO, José Adércio. Constituição e meio ambiente na perspectiva do direito constitucional comparado. In: SAMPAIO, José Adércio; WOLD, Chris; NARDY, Afrânio. *Princípios de direito ambiental*: na dimensão internacional e comparada. Belo Horizonte: Del Rey, 2003.

SAMPAIO, José Adércio; WOLD, Chris; NARDY, Afrânio. *Princípios de direito ambiental: na dimensão internacional e comparada*. Belo Horizonte: Del Rey, 2003.

SANDULLI, Aldo. Beni pubblici. In: ENCICLOPEDIA del diritto. Milano: Giuffrè, 1959. v. 5.

SANTOS JÚNIOR, Valdeci dos. A influência das cartas internacionais sobre as leis nacionais de proteção ao patrimônio histórico e pré-histórico e estratégias de preservação dos sítios arqueológicos brasileiros. *Dossiê Arqueologias Brasileiras*, v. 6, n. 13, p. 1-16, dez. 2004/jan. 2005, p. 7-8. Disponível em: www.seol.com.br/mneme. Acesso em 15 ago. 2005.

SANTOS, Boaventura de Sousa. *A crítica da razão indolente:* contra o desperdício da experiência. 3.ed. São Paulo: Cortez, 2001a.

———. Os processos de globalização. In: SANTOS, Boaventura de Sousa (Org.) *A globalização e as ciências humanas*. São Paulo: Cortez, 2002.

———. *Pela mão de alice*. 8. ed. São Paulo: Cortez, 2001b.

———. Por uma concepção multicultural de direitos humanos. *Revista Lua Nova*, São Paulo, n. 39, p. 105-123, 1997.

SANTOS, Mariza Veloso Motta. Nasce a Academia SPHAN. *Revista do Patrimônio Histórico e Artístico Nacional*, Brasília, n. 24, p. 77-95, 1996.

SANTOS, Mariza Veloso Motta; OLIVEIRA, Ana Gita de. A relação possível entre a questão indígena e o patrimônio cultural. *Subsídio Inesc*, Brasilía, n. 31, maio 1997.

SANTOS, Marcelo de Oliveira. Tombamento: uma análise constitucional. Aspectos da discricionariedade aplicáveis ao instituto. *Revista de Direito Constitucional e Ciência Política*, Rio de Janeiro, n. 6, p.192-213, jan./jun. 1988.

SARLET, Ingo Wolfgang. *A eficácia dos direitos fundamentais*. Porto Alegre: Livraria do Advogado, 1998.

SEMIÓTICA. In: DICIONÁRIO Aurélio eletrônico, século XXI.

SENDIM, José de Sousa Cunhal. *Responsabilidade civil por danos ecológicos:* da reparação do dano através da restauração natural. Coimbra: Coimbra, 1998.

SENTENÇA n. 641/1987. *Rivista Giuridica Ambientale*, 1988.

SILVA, Elsa Peralta da. *Património e identidade*: os desafios do turismo cultural. Disponível em: www.aguaforte.com/antropologia/Peralta.html. Acesso em: 10 set. 2005.

SILVA, Fernando Fernandes da. *As cidades brasileiras e o patrimônio cultural da humanidade*. São Paulo: Petrópolis-EDUSP, 2003.

SILVA, José Afonso da. *Curso de direito constitucional positivo*. 5. ed. São Paulo: Malheiros, 1998.

———. *Direito ambiental constitucional*. São Paulo: Malheiros, 1994.

———. *Direito urbanístico brasileiro*. 2.ed., São Paulo: Malheiros, 1995.

———. *Ordenação constitucional da cultura*. São Paulo: Malheiros, 2001.

SILVA, Maria Beatriz Setubal de Rezende. Preservação na gestão das cidades. *Revista do Patrimônio Histórico e Artístico Nacional*, n. 24, p. 165-174, 1996.

SILVA, Solange Teles da. Princípio da precaução: uma nova postura em face dos riscos e incertezas científicas. In: VARELLA, Marcelo Dias; PLATIAU, Ana Flávia Barros (Org.). *Princípio da precaução*. Belo Horizonte: Del Rey, 2004. p. 75-92.

SILVEIRA, Patrícia Azevedo da. A proteção jurídica dos sítios paleontológicos no Brasil. In: FREITAS, Vladimir Passos de (Coord.) *Direito ambiental em evolução 3*. Curitiba: Juruá, 2003. p. 293-311.

SILVEIRA, Paulo Antônio Caliendo Velloso da. Responsabilidade civil da administração pública por dano ambiental. *Revista Ajuris*, Porto Alegre, n. 72, p. 162-185, mar. 1998.

SIMÃO, Maria Cristina Rocha. *Preservação do patrimônio cultural em cidades*. Belo Horizonte: Autêntica, 2001.

SOUZA FILHO, Carlos Frederico Marés de. *Bens culturais e proteção jurídica*. Porto Alegre: Unidade Editorial, 1997.

———. O dano socioambiental e sua reparação. In: FIGUEIREDO, Guilherme Purvin de (Org.). *Direito ambiental em debate*. Rio de Janeiro: Esplanada, 2004. v. 1.

SOUZA, Marcelo Lopes de. *Mudar a cidade:* uma introdução crítica ao planejamento e à gestão urbanos. 2. ed. Rio de Janeiro: Bertrand Brasil, 2003.

STEIGLEDER, Annelise Monteiro. Áreas contaminadas e a obrigação do poluidor de custear um diagnóstico ambiental para dimensionar o dano ambiental. *Revista de Direito Ambiental.* São Paulo: Revista dos Tribunais, n. 25, p. 59-77, jan./mar. 2002.

——. *A função sócio-ambiental da propriedade privada.* Disponível em: www.mp.rs.gov.br. Acesso em: 07 jun. 2005.

——. *Responsabilidade civil ambiental:* as dimensões do dano ambiental no direito brasileiro. Porto Alegre: Livraria do Advogado, 2004.

SUBIRATS, Eduardo. *A cultura como espetáculo.* São Paulo: Nobel, 1989.

TALLEYRAND-Perigord. In: LAROUSSE cultural: grande enciclopédia. São Paulo: Nova Cultural, 1998. v. 22.

TAYLOR, Charles. *As fontes do self:* a construção da identidade moderna. São Paulo: Loyola, 1997.

TEIXEIRA, Carlos Adérito. *Da protecção do património cultural.* Disponível em: www.diramb.gov.pt. Acesso em: 17 set. 2004.

TELLES, Augusto da Silva. Patrimônio Edificado I: conservação/restauração. In: MESA-redonda realizada em 30 de outubro de 1986 na sede da Fundação Nacional Pró-Memória, Rio de Janeiro. *Revista do Patrimônio Histórico e Artístico nacional,* n. 22, p. 90-105, 1987.

THIEFFRY, Patrick. *Direito europeu do ambiente.* Lisboa: Instituto Piaget, 1998.

TSU, Victor Aiello. A mitologia de um antropólogo. *Revista Eletrônica Rever.* Disponível em: www.pucsp.br/rever/rv3_2001/i_geertz.htmo. Acesso em: 17 set. 2004.

TUGLIO, Vania Maria. Patrimônio histórico: uma lacuna legal? Disponível em: www.mp.sp.gov.br/caouma/doutrina/amb/teses. Acesso em: 21 mar. 2005.

TUPIASSU, Lise Vieira da Costa. O direito ambiental e seus princípios informativos. *Revista de Direito Ambiental, São Paulo,* v. 30, p. 155-178, abr./jun. 2003.

URBAN environment: heritage conservation. Disponível em: www.unchs.org/ Acesso em 10 set. 2005.

VARELLA, Marcelo Dias; PLATIAU, Ana Flávia Barros (Org.). *Princípio da precaução.* Belo Horizonte: Del Rey, 2004.

VARINE-BOHAN, Hügues. *Patrimônio cultural:* a experiência internacional. Curso ministrado na Faculdade de Arquitetura e Urbanismo da Universidade de São Paulo. 12 de agosto de 1974. 28 f. Notas de Aula. Mimeografado.

——. Patrimônio e educação popular. *Revista Ciências e Letras,* Porto Alegre, n. 31, p.287-298, jan./jun. 2002.

VASAK, Karel. Les institutions internationales de protection et de promotion des droits de l'homme. In: VASAK, Karel (Org.). *Les dimensions internationales des droits de l'homme.* Paris: Unesco, 1978.

VIANNA, José Ricardo Alvarez. *Responsabilidade civil por danos ao meio ambiente:* à luz do Novo Código Civil. Curitiba: Juruá, 2004.

VIEIRA, Fernando Grella. A transação na esfera da tutela dos interesses difusos e coletivos e a posição do Ministério Público. In: MILARÉ, Édis (Coord.). *Ação civil pública:* Lei 7.347/1985 – 15 anos. São Paulo: Revista dos Tribunais, 2001. p. 221-249.

VIEIRA, Paulo Freire. Meio ambiente, desenvolvimento e planejamento. In: VIOLA, Eduardo et al. *Meio ambiente, desenvolvimento e cidadania:* desafios para as ciências sociais. 2. ed. São Paulo: Cortez, 1998. p. 45-98.

VIOLLET-LE-DUC, Eugène. *Dictionnaire raisonné de l'architecture française:* du XIe au XVIe siècle. Paris: Nobele, 1967. v. 8.

VIVER cada dia como se fosse o último, intensamente. Disponível em: www.sonoo.com.br/Carpediem.html. Acesso em: 19 jul. 2005.

VIZZOTO, Andrea Teichmann. A paisagem urbana e a privatização do espaço coletivo. In: CONGRESSO INTERNACIONAL DE DIREITO AMBIENTAL, 2005, São Paulo. *Anais...* São Paulo: Imprensa Oficial, 2005. v. 1.

VOLKMER, José Albano. Operacionalidade dos bens culturais. In: CICLO DE PALESTRAS SOBRE PATRIMÔNIO CULTURAL, 1, 1979, Porto Alegre. *Conferências...* Porto Alegre: Secretaria Municipal de Educação e Cultura, 1979.

WATANABE, Kazuo. *Código brasileiro de defesa do consumidor.* 7. ed. Rio de Janeiro: Forense Universitária, 2001.

WEBER, Max. *Ensaios de sociologia.* 2. ed. Rio de Janeiro: Zahar, 1971.

WEIL, Pierre. Axiomática transdisciplinar para um novo paradigma holístico. In: WEIL, Pierre; DÁMBROSIO, Ubiratan; CREMA, Roberto. *Rumo à nova transdisciplinaridade.* São Paulo: Summus, 1993.

WEIL, Pierre; D'AMBROSIO, Ubiratan; CREMA, Roberto. *Rumo à nova transdisciplinaridade.* São Paulo: Summus, 1993.

WEISS, Edith Brown. *O Direito da biodiversidade no interesse das gerações presentes e futuras.* Disponível em: www.cjf.gov.br/revista/numero8/confer%C3%AAncia.htm. Acesso em: 12 jul. 2005.

——. In fairness do future generations: intergenerational law: common patrimony and intergenerational equity. In: WEISS, Edith (Org.). *International environmental law and policy.* New York: Aspen Law and Business, 1998.

WOLD, Chris. Introdução ao estudo dos princípios de direito internacional do meio ambiente. In: SAMPAIO, José Adércio; WOLD, Chris; NARDY, Afrânio. *Princípios de direito ambiental:* na dimensão internacional e comparada. Belo Horizonte: Del Rey, 2003. p. 5-42.

YÁZIGI, Eduardo (Org.). *Turismo e paisagem.* São Paulo: Contexto, 2002.

ZANETI JÚNIOR, Hermes. Direitos coletivos *lato sensu:* a definição conceitual dos direitos difusos, dos direitos coletivos *stricto sensu* e dos direitos individuais homogêneos. In: AMARAL, Guilherme; CARPENA, Márcia Louzada (Coord.). *Visões críticas do Processo Civil:* uma homenagem ao Prof. Dr. José Maria Tesheiner. Porto Alegre: Livraria do Advogado, 2005. p. 227-244.

ZANOBINI, Guido. *Corso di diritto amministrativo.* Milano: Giuffrè, 1958. v. 4.

ZSÖGÖN, Silvia Jaquenod de. *El derecho ambiental y sus principios rectores.* 3. ed. Madrid: Dykinson, 1991.

Impressão:
Evangraf
Rua Waldomiro Schapke, 77 - P. Alegre, RS
Fone: (51) 3336.2466 - Fax: (51) 3336.0422
E-mail: evangraf.adm@terra.com.br